Daniel Krochmalnik

Schriftauslegung Die Bücher Levitikus, Numeri, Deuteronomium im Judentum

Verlag Katholisches Bibelwerk GmbH, Stuttgart

Für Judith und Yadcha

ISBN 3-460-07335-7

Druck: Druckerei Neubert, Bayreuth

Inhaltsverzeichnis

VORWORT DES HERAUSGEBERS 7

I. LEVITIKUS 9
1. Opfer 9
2. Speisen 19
3. Aussatz 27
4. Sündenbock 35
5. Unzucht 45
6. Heiligkeit 59
7. Heiligung 71
8. Feste 80
9. Revolution 98
10. Reich 107

II. NUMERI 131
1. Lager 131
2. Heer 135
3. Volk 140
4. Gemeinde 145
5. Band 148
6. Verführer 153
7. Führer 159
8. Erlöser 164
9. Eiferer 168

III. DEUTERONOMIUM 174
1. Land 174
2. Bekenntnis 187

3. Götzendiener 203
4. Götzendienst 209
5. Gottesstaat 216
6. Gotteskrieg 237
7. Menschlichkeit 242
8. Bauer 259
9. Umkehr 261
10. Lernen 279

Anmerkungen 290

Literaturverzeichnis 317

Vorwort des Herausgebers

Die Kommentarreihe des *Neuen Stuttgarter Kommentars – Altes Testament* (NSK-AT) versucht die Wirkungsgeschichte der biblischen Texte aus der Einsicht, dass in ihr oft das aufbricht, was im Text verborgen angelegt ist, in die Auslegung mit einzubeziehen. Auf diesem Wege wird nicht selten ein tieferer Zugang zu den Aussagen des Textes selbst gefunden. Der Zentralpunkt der Wirkungsgeschichte »alttestamentlicher« Texte liegt dort, wo dieselben Texte in verschiedenen Kontexten ausgelegt werden. Greifbar ist das in der jüdischen und christlichen Auslegung dieser Texte. Die »Bibel Israels« hat eine zweifache Nachgeschichte, im Judentum als Jüdische Bibel, die im Horizont der jüdischen Tradition gelesen wird, und im Christentum als Altes Testament, das den ersten Teil der *zweieinen* Heiligen Schrift (AT und NT) im Christentum bildet.

Um von dieser Besonderheit her die biblischen Texte verstehen zu können, bieten die vorliegenden Ergänzungsbände »Schriftauslegung« Parallelbeispiele des Umgangs mit diesen Texten bei den Kirchenvätern und den Rabbinen, um Gemeinsames und Eigenes von Juden und Christen auf der Basis der Heiligen Schrift sichtbar werden zu lassen und so ein neues und tieferes Verständnis der biblischen Texte zu ermöglichen.

In diesem Band finden sich am Ende des Textes ausnahmsweise ausführliche Anmerkungen. Sie belegen zitierte rabbinische Texte und fuhren angesprochene Gedanken weiter. In Anbetracht der weitgehend unbekannten Thematik ist auch ein sehr ausführliches Literaturverzeichnis beigefügt.

Christoph Dohmen

I. Levitikus

1. Opfer

Das dritte Buch Mose heißt in der jüdischen Tradition auch »*Priester-Tora*« (*Torat Kohanim*), denn es handelt in erster Linie vom Priesterdienst, vor allem vom Opferdienst (1,2). Die Stellung dieses Buches in der traditionellen und in der modernen Bibelexegese könnte unterschiedlicher nicht sein. Für die jüdische Tradition steht das dritte Buch nicht nur buchstäblich im Mittelpunkt der fünf Bücher Mose. Es enthält die meisten der 613 Gebote und Verbote der Tora, insbesondere jene Gebote, welche Juden von Nichtjuden sichtbar unterscheiden, wie z. B. Reinheits- und Speisegesetze. Der traditionelle jüdische Kinderunterricht begann mit diesem technisch schwierigsten und pädagogisch wohl auch ungeeignetsten der fünf Bücher Mose. Die traditionelle Begründung, die Kinder seien für diesen Stoff besonders empfänglich, weil sie selber so rein wie die Opfer seien, dürfte wohl schon Ausdruck didaktischer Verlegenheit gewesen sein. Vielmehr zeigt die Stellung dieses Buches in der Erziehung, worauf es dem traditionellen Judentum vor allem ankam: Einhaltung der religiösen Gesetze und Erhaltung der religiösen Identität. Die Christen hatten zu diesem Buch ein ambivalentes Verhältnis. Einerseits steht die Idee des Opfers theologisch im Zentrum des Christentums, die Opfer des Alten Testaments gelten als unvollkommene Vorbilder des Opfers Jesu (Hebr 9 – 10) und sind als solche nach dem Neuen Testament – wie alle spezifisch jüdischen »*Zeremonialgesetze*« – hinfällig. Die moderne historische Exegese sah im dritten Buch Mose einen glatten »*Rückfall*« des Glaubens der Propheten in eine primitive Religion. Der Begründer der modernen Bibelkritik, Julius Wellhausen, schrieb dazu in seiner *Geschichte Israels*: »*Der Kultus ist das heidnische Element in der israelitischen Religion* (...). *Wenn er nun im Priesterkodex zur Hauptsache gemacht wird, so scheint das einem systematischen Rückfall in das Heidentum gleichzukommen, welches die Propheten unausgesetzt bekämpfen und doch nicht entwurzeln konnten*« (Bd. I, Berlin 1878, S. 439). Wenn man diese Aussage dem

Stellenwert des dritten Buches Mose in der jüdischen Tradition gegenüberstellt, dann folgt daraus, dass auch das Judentum eine religiöse Regression darstellt. Die wichtigsten modernen Bibelkritiker waren, wie zunächst auch Julius Wellhausen selber, evangelische Theologen, und die Zurücksetzung des israelitischen und jüdischen Kultes diente der Bestätigung des Christentums als einzige legitime Nachfolge der Propheten. Dabei vergaßen die Theologen freilich, dass nicht in den Synagogen, sondern in den Kirchen geopfert wird und dass das Verdikt der Rückständigkeit auf sie selber zurückfällt. Wir wollen aber versuchen herauszufinden, welche Bedeutung der Pentateuch selber den Opfern gibt.

Es ist bezeichnend, dass die Anweisung zum Bau eines Opferaltars im unmittelbaren Anschluss an die zehn Gebote im zweiten Buch Mose steht, was schon den hohen Stellenwert der Opfer anzeigt.[1] Der Abschnitt des Dekalogs schließt mit den Worten: »*Ihr habt gesehen, dass ich vom Himmel herab mit euch geredet habe. Ihr sollt nichts von dem, was bei mir ist, nachahmen; silberne Götter oder goldene Götter sollt ihr euch nicht machen. Einen Altar aus Erde sollst du mir errichten und auf ihm deine Ganz- und deine Friedensopfer, deine Schafe und deine Rinder schlachten. An allen Orten, wo ich will, dass meines Namens gedacht werde, will ich zu dir kommen und dich segnen. Wenn du mir aber einen Altar aus Steinen errichtest, so darfst du ihn nicht aus behauenen Steinen erbauen; wenn du dein Eisen über ihn geschwungen hast, hast du ihn entweiht. Du darfst nicht auf Stufen zu meinem Altar steigen, damit nicht deine Blöße neben ihm aufgedeckt werde*« (Ex 20,19-23). Selten hat man ein so sprödes Finale zu so einem feierlichen Stück gehört. Der Dekalog gilt immerhin als Höhepunkt des ganzen Alten Testaments, ja der ganzen religiösen Weltliteratur. Zeugt da eine solche Umrahmung über Baumaterialien, Werkzeuge und Kleiderordnungen nicht von schlechtem Geschmack? Doch eine genauere Betrachtung der Stelle zeigt, dass die beiden Schrifttexte nicht nur in einem notwendigen Zusammenhang stehen, sondern dass sie einander sogar genau entsprechen. Wenn wir begreifen wollen, welche Bedeutung den Opfern in den fünf Büchern Mose gegeben wird, dann müssen wir die innere Notwendigkeit dieses Textzusammenhangs verstehen.

Die Offenbarung am Sinai war ein ebenso großartiges wie schreckenerregendes Spektakel: »[15]*Das ganze Volk*, heißt es dort, *hatte die Donnerschläge und die Feuerflammen, den Posaunenschall und den rauchenden Berg wahrgenommen. Und als das Volk es wahrnahm, da bebten sie zurück und blieben von ferne stehen.* [16]*Und sie sprachen zu Mose: Rede du mit uns, so wollen wir hören; nicht aber möge Gott mit uns reden, sonst möchten wir sterben.* [17]*Da sprach Mose zum Volke: Fürchtet euch nicht! Denn euch zu prüfen, ist Gott gekommen (Ba HaElohim), und damit die Ehrfurcht vor ihm stets auf euch ruhe, dass ihr nicht sündigt.* [18]*So stand das Volk von ferne, Mose aber trat an das dunkle Gewölk heran, in dem Gott war«* (Ex 20,15-18). Schon vor der Offenbarung hatte sich Gott in ähnlicher Weise angesagt: »*Siehe, ich komme zu dir (Anochi Ba Elecha) in dichtem Gewölk, damit das Volk es höre, wenn ich mit dir rede, und sie auch an dich immer glauben«* (Ex 19,9). Obwohl Gott also »*kommt*«, hält er doch Abstand zum Volk und das Volk zu ihm. Mose muss als Vermittler eingeschaltet werden und die Offenbarung wird zu einer »*mosaischen Religion*«. Gegen eine solche Engführung wendet sich unser abschließender Abschnitt. Er sagt ja aus, dass Gott keineswegs nur einmal, zu einer bestimmten Zeit und an einen bestimmten Ort »*gekommen*« ist und dann und dort mit einem bestimmten Menschen gesprochen hat. Er verspricht vielmehr in den selben Worten: »*an allen Orten, wo ich will, dass meines Namens gedacht werde, werde ich zu dir kommen (Awo Elecha)*« (20,21). Der rauchende Altar aus unbehauenen Steinen gleicht also nicht nur äußerlich dem rauchenden Berg der Offenbarung, sondern erfüllt auch genau die gleiche Funktion: Dass sich nämlich die Offenbarung überall und jederzeit wiederholen kann. Dabei »*kommt*« Gott nicht nur zu einem über dem Volk stehenden Mittler, sondern, wie der Text sagt, zu »*dir*«, d. h. zu jedem, der ihn zum Essen einlädt. Er »*kommt*« diesmal nicht als furchterregender Fremder, sondern als freundlicher Gast und bekommt beim Festschmaus den besten Teil, ja manchmal den ganzen Braten. Er ist kein »*steinerner Gast*«, wie der Text ausdrücklich sagt: »*silberne oder goldene Götter sollt ihr euch nicht machen*« (Ex 20,20). Bei aller Freundschaft, ja Familiarität dürfen wir dabei aber nicht vergessen, dass unser Gast »*vom Himmel herab*« kommt (Ex 20,19) und nicht unseresgleichen ist. Die letzte

Anweisung, dass man sich auf dem Altar keine Blöße geben soll (Ex 20,23), darf vielleicht so verstanden werden, dass die Feste dieses *»kommenden Gottes«* keine Orgien sind, sondern so sittsam ablaufen sollen wie die Sinaioffenbarung selbst, vor der Gott ausdrücklich gebietet: *»nahet nicht einem Weibe«*(Ex 19,16). Insgesamt erweist sich unser Text also als genaues symbolisches Gegenstück zur Sinaioffenbarung und nicht als ein umherirrendes Fragment. Er besagt, dass Gott sich nicht nur einmal zu uns Menschen herabließ, sondern sich überall da gnädig einfindet, wo er würdig empfangen wird. Das Opfermahl ist gleichsam eine permanente Revelation und der Zion ein auf Dauer gestellter Sinai. Nach der Zerstörung des Tempels wird ein Ersatz für die unverzichtbare religiöse Funktion des Opfermahls gesucht. Die Synagoge gilt in der Diaspora nach einer grammatikalisch etwas fragwürdigen Übersetzung Ezechiels (11,16) als *»kleines Heiligtum«* (*Mikdasch Me'at*). Die Rabbinen behaupten, dass das Studium der Gesetze, insbesondere der Tempel- und Opfergesetze, die Opfer ersetzt (bMen 110a). Die Kabbalisten setzen anstelle der Pilgerreise zu den heiligen Hallen in Jerusalem die Himmelsreise zu den himmlischen Hallen (Hechalot) und zum Thron Gottes.[2]

Über den Sinn der Tieropfer, die in der Schrift immer nur geboten, aber nie gedeutet werden, ist in der klassischen jüdischen Bibelauslegung im Anschluss an den Vers aus dem ersten Kapitel des dritten Buches Mose: »(...) *lasse das Ganze auf dem Altar in Rauch aufgehen als ein Ganzopfer, ein Feueropfer von lieblichem Geruch, dem Ewigen«* (Lev 1,9) viel spekuliert worden. Die Bandbreite der Deutungen umfasst historische, juristische, moralische und mystische Überlegungen. Die historische Deutung der Tieropfer, die im klassischen Zeitalter der jüdischen Bibelauslegung vor allem von Maimonides vertreten wurde, unterscheidet sich gar nicht so sehr von der modernen Deutung Wellhausens und interpretiert sie als vorläufige Überbleibsel des Heidentums (vgl. LevR XXII, 8; Führer der Verirrten III, 32 u. 46). Die juristische Deutung hebt hervor, dass die Tiere, im speziellen Fall des Sündopfers, als Stellvertreter des Sünders geschlachtet werden (nach Lev 16,21). Nach der moralischen Deutung versinnbildlichen die Tiere die animalische Natur der Sünde (Sefer HaChinuch, Gebot Nr. 95) und ihre Opferung führt dem Sünder die Strafe vor Augen, die eigentlich er verdient hätte (Raschi zu Gen 22,13 u. Nachmanides zu Lev 1,9). Die mystische Deutung geht von dem hebräischen Wort für »*Opfer*«, »*Korban*« aus und versteht es wörtlich als »*Nahung*« (M. Buber). Durch das Opfer werden die widerstreitenden göttlichen Bestrebungen theurgisch versöhnt (Sefer HaBahir, Ed. Scholem §78, Nachmanides zu Gen 4,4, Esra von Gerona; Kommentar zum Hohelied 4,16). Alle diese gesuchten Erklärungen lassen aber eine einfache Tatsache außer Acht. Aus der Sicht der Bibel sind die Opfermähler gar nicht erklärungsbedürftig. Die Opfermähler sind selbstverständliche Festmähler, bei denen die wichtigsten Erzeugnisse der damaligen Landwirtschaft und Viehzucht, Rinder und Schafe, Mehl und Öl, Brot und Wein, serviert wurden. Die ersten Kapitel des Levitikus, die penibel beschreiben, wie die Tiere auf dem Altar »*zum lieblichen Geruch*« (Lev 1,9 u.ö.) zubereitet werden sollen, könnten als Kochbuch und Speisekarte für die Empfänge Gottes gelesen werden. Besonders reich wird der Tisch natürlich gedeckt, wenn die Opfergemeinde im Zustand der Sünde längere Zeit eines solchen hohen Besuchs nicht würdig war. Der Mahlcharakter des Opfers wird in den narrativen Texten der Bibel noch deutlicher als in den legislativen: »[18]*Geh nicht fort*«, heißt es im *Richter*-Buch, »*bis ich wieder zu dir komme und bringe meine Gabe und lege sie vor dir hin. Der Engel sprach: Ich will bleiben, bis du wiederkommst.* [19]*Und Gidon kam und richtete ein Ziegenböcklein zu und ungesäuerte Brote von einem Scheffel Mehl und legte das Fleisch in einen Korb und tat die Brühe in einen Topf und brachte es zu ihm hinaus* (...). [20]*Der Engel sprach zu ihm: Nimm das Fleisch und die Brote und lege es hin auf den Fels hier und gieß die Brühe darüber. Und er tat es.* [21]*Da streckte der Engel des Herren den Stab aus, den er in der Hand hatte, und berührte mit der Spitze das Fleisch und die Brote. Da fuhr Feuer aus dem Fels und verzehrte das Fleisch und die Brote*« (Ri 6,18-20) Nicht, dass der Gott Israels, wie die babylonischen Götter, verhungern wurde, wenn er nicht mehr von den Menschen mit Fleisch verköstigt wird (Gilgamesch-Epos, Tafel 11, Zeile 160). Der Prophetenabschnitt, der zum ersten Wochenabschnitt des dritten Buches Mose in den Synagogen gelesen wird, schärft vielmehr unmissverständlich ein, dass man Gott nicht mit einem guten Braten bestechen kann: »*Du hast mich nicht gesättigt*«, sagt Jesaja, »*mit dem Fett deiner Opfer*« (Jes 43,23; 50,5; Mi 6,6-8;

Jer 7,21-23; Ps 40,7; 50,12-13; 51,18 u.ö.). Aber derartige Sprüche wollen keineswegs die Opferfeiern als solche absagen, sondern nur den unwürdigen Gastgebern ins Gewissen reden.

Die jüdische Religion zeichnet sich nichtsdestotrotz durch einen progressiven Opferverzicht aus. Schon die Religion Israels ersetzt das Menschen- durch das Tieropfer – und zwar genau in dem kritischen Augenblick, wo nach herrschendem Brauch ein menschliches »*Gründungs- und Einweihungsopfer*« fällig gewesen wäre (Gen 22). Der Patriarch Abraham opferte aber anstelle (»*Tachat*«) seines Erben ein Tier – genau an dem Ort, wo später der Opferaltar des Tempels stehen sollte (2 Chr 3,1). Das Menschenopfer wurde also nach der Erzählung in Israel buchstäblich *ab ovo* abgeschafft und die heidnischen Kinderopfer galten als abscheuliche Gräueltat (Lev 18,21; 20,2 ff.; Dtn 12,31; 18,9f.; 2 Kön 23,10; 2 Chr 28,3; 33,6; Jer 19,3-6; Ez 16,20f.). Das Blut war ferner streng tabu und durfte unter keinen Umständen genossen werden (Lev 7,26-27; 17,10-14). Nach der Zerstörung des zweiten Tempels in Jerusalem hörten die Tieropfer im Judentum ganz auf. Das Schächten, Wassern und Salzen (»*Kaschern*«) des zum Verzehr geeigneten Tierfleisches sollte ferner jeglichen Blutgenuss ausschließen – ja nur ein einziger Blutstropfen in einem Ei macht dieses nach dem Religionsgesetz ungenießbar.[3] Die Juden verzichteten in einer Zeit auf blutige Tieropfer, als noch alle Welt ihre Götter mit solchen Opfern verehrte und der Opferschmaus eine selbstverständliche Geselligkeitsform war. Es gibt eine Theorie, die den Antisemitismus sogar aus diesem Opferverzicht ableitet.[4] Opferverzicht und Bluttabu haben allerdings die Judenhasser nie daran gehindert, Juden rituelle Menschenopfer und rituellen Menschenblutgenuss zu unterstellen. Ja, die Antisemiten haben die Juden ganz buchstäblich zu »*Blutsaugern*« erklärt.[5]

Die Ritualmordbeschuldigungen gegen Juden sind im Christentum, das anstelle des Tieropfers wieder ein Menschenopfer setzte (Hebr 9 – 10), weiter tradiert worden. Im Zentrum des christlichen Abendmahls stehen die Worte Jesu über Brot und Wein: »*das ist mein Leib*« und »*das ist mein Blut*« (Mt 26,26-28; Mk 14,22-24; Lk 22,19-20; 1 Kor 11,23-25). Den ungläubigen Juden schleudert er nach Johannes entgegen: »*Wahrlich, wahrlich ich sage euch: Werdet ihr nicht essen das Fleisch des Menschensohnes und trinken sein*

Blut, so habt ihr kein Leben in euch. (...) *Denn mein Fleisch ist die rechte Speise und mein Blut ist der rechte Trank. Wer mein Fleisch isst und trinkt mein Blut, der bleibt in mir und ich in ihm«* (Joh 6,53-56). Je wörtlicher diese Worte genommen wurden, desto stärker wurde der Verdacht, die Juden könnten die Mittel der Versöhnung zur Verhöhnung missbrauchen. Das jüdische Pessachmahl, das ja der historische Ursprung des christlichen Abendmahls war (Mt 26,14-19; Mk 14,12-16; Lk 22,7-13), erschien den Christen plötzlich als eine Art Gegenkommunion der Feinde Christi und ihr »Paschafest« als eine Kontrafaktur des Osterfestes. So wie die Christen alljährlich den Kreuzestod und die Auferstehung Jesu rituell wiederholten, so die Juden, glaubten sie, seine Verspottung und Hinrichtung. Die Lateransynode von 1059 hat mit seiner konkretistischen Formulierung: »*der wahre Leib und das wahre Blut Christi* (werde) *mit den Händen des Priesters behandelt und gebrochen, von den Zähnen der Gläubigen zerrieben*«[6] dem Aberglauben sicherlich Vorschub geleistet, dass Juden geweihte Hostien marterten und Christenblut in ihren Oblaten verarbeiteten.[7] Die »*Freiheitszeit*« (»*S'man Cherutenu*«) von Pessach wurde für die Juden zur Schreckenszeit! Heinrich Heine hat in seiner Erzählung *Der Rabbi von Bacherach* 1824 den Fall des angeblichen Ritualmordopfers Sankt Werner (*Gesta Treverorum* IV,4) aufgegriffen und beschreibt nach eingehendem Quellenstudium das Phänomen mit folgenden pointierten Worten: »*Eine* (...) *Beschuldigung, die* (den Juden) *schon in früher Zeit, das ganze Mittelalter hindurch bis Anfang des vorigen Jahrhunderts, viel Blut und Angst kostete, das war das läppische, in Chroniken und Legenden bis zum Ekel oft wiederholte Märchen: dass Juden geweihte Hostien stählen, die sie mit Messern durchstächen, bis das Blut herausfließe, und dass sie an ihrem Paschafeste Christenkinder schlachteten, um das Blut derselben bei ihrem nächtlichen Gottesdienste zu gebrauchen. Die Juden, hinlänglich verhasst wegen ihres Glaubens, ihres Reichtums, und ihrer Schuldbücher, waren an jenem Festtage ganz in den Händen ihrer Feinde, die ihr Verderben nur ganz leicht bewirken konnten, wenn sie das Gerücht eines solchen Kindermords verbreiteten, vielleicht gar einen blutigen Kinderleichnam in das verfemte Haus eines Juden hineinschwärzten und dort nächtlich die betende Judenfamilie überfielen; wo alsdann gemordet, geplündert und getauft wurde, und große Wunder geschahen durch das vorgefundene tote Kind, welches die Kirche am Ende gar kanonisierte«* (1. Kap.). Die wiederholten Einsprüche von Kaisern und Päpsten gegen diese Beschuldigungen verhallten wirkungslos. Der sonst keineswegs judenfreundliche Papst Innozenz IV. hat in einer Bulle vom 25. September 1253 die Unvereinbarkeit der Blutbeschuldigungen mit dem strengen Blutverbot der Juden geltend gemacht. Doch die Kirche hat auch immer wieder dem »Druck von unten« nachgegeben und angebliche jüdische Ritualmordopfer selig und heilig gesprochen.[8] Schließlich gab es ca. drei Dutzend solcher offiziell anerkannter Märtyrer mit eigenen Kirchen, Wallfahrten und so genannten »*Judenspielen*«. Auch die Aufklärung konnte diese Ritualmordlegenden nicht ausrotten. Im Jahr 1840, in dem Heinrich Heine seine Erzählung veröffentlichte, wurden die Juden von Damaskus justament eines Ritualmords an einem Mönch beschuldigt. Die Ältesten der jüdischen Gemeinde wurden verhaftet und unter den Augen der Schutzmacht Frankreich gefoltert. Aus Paris fragte Heinrich Heine ungläubig: *»ist das Frankreich, die Heimat der Aufklärung, das Land, wo Voltaire gelacht und Rousseau geweint hat? Sind das die Franzosen, die einst der Göttin der Vernunft in Notredame huldigten, allem Priesterbetrug abschworen und sich als Nationalfeinde des Fanatismus in der ganzen Welt proklamierten?«* (Damaskus-Briefe, 30.7.1840). Aber diese Affäre war nur der Auftakt zu einer langen Reihe von Ritualmordanklagen. Um die Jahrhundertwende wurde der jüdische Ritualmord in Mittel- und Osteuropa wieder allen Ernstes vor Gerichten verhandelt und in wissenschaftlichen Veröffentlichungen diskutiert. Die Passionsspiele waren längst zu folkloristischen Darbietungen in entlegenen Herrgottswinkeln geworden, aber die »Judenspiele« standen immer noch auf dem Programm, ja ihr letzter, blutigster Akt stand noch bevor. In Deutschland tischte *Der Stürmer* im 20. Jahrhundert die alten bluttriefenden Ritualmordmärchen in Sonderausgaben wieder auf und die deutsche Jugend sang begeistert: »*Wenn erst das Judenblut vom Messer spritzt*«. Hellmut Schramm zählt in seinem 1944 in Berlin erschienenen pseudowissenschaftlichen Machwerk *Der jüdische Ritualmord. Eine historische Untersuchung* zwischen 419 und 1913 rund 130 angeblich nachgewiesene Ritualmorde auf. Zur gleichen Zeit wurden hunderttausende jüdischer Kinder geschlachtet und verbrannt. Es bestätigt sich jener Satz, den Adorno und Horkheimer im gleichen Jahr in ihrer *Dialektik der Aufklärung* schrieben: »*die Pogrome sind die wahren Ritualmorde*«.[9] Die Wahrheit der alten Ritualmordlegende kommt durch einfache Umkehrung ans Licht: Nicht die Juden dürsteten nach Christenblut, sondern die Christen nach Judenblut, nicht die geschändeten Herrenlaiber bluteten, sondern die geschundenen Judenleiber, nicht die armen Christenkinder wurden geschächtet, sondern die unschuldigen Judenkinder, nicht der Gottessohn wurde geopfert, sondern das Gottesvolk. Natürlich hatten die Ritualmordexperten auch jüdische Zeugen. Thomas Mann lässt in seinem im gleichen Jahr verfassten Schlüsselroman *Doktor Faustus* (Kap. 28) ausgerechnet einen Juden für die »*neue Welt der Anti-Humanität*« einstehen.[10] Gemeint war der jüdische Sonderling Oskar Goldberg, der in den krausen biologistischen Spekulationen seines 1925 veröffentlichten Buches *Die Wirklichkeit der Hebräer* die biblischen Opferrituale als eine magische Technik zur Herstellung göttlicher Realpräsenz interpretiert hatte – Gott braucht das Blut und Fett der Tiere, um unter seinem Volk da zu sein (*Die Wirklichkeit der Hebräer* IX, B, I, S. 160). In maßloser Polemik attackierte er spirituellere Opferauffassungen der israelitischen Propheten, Psalmisten, Weisheitslehrer, Talmudisten und Religionsphilosophen als spätzeitliche Dekadenzerscheinungen. 1935 steigert er in seinem Buch *Maimonides Kritik der jüdischen Glaubenslehre* noch seine Polemik: »*Es steht expressis verbis im Pentateuch – das Opfer wird als ‚lechem Elohim', als Speise für den Elohim bezeichnet -; dennoch entblöden sich die so überaus sittlichen Psalmen nicht, Gott unter nichtachtender Hintansetzung seines Thoratextes von der anthropomorphen Vorstellung zu reinigen und zu versichern, dass er doch unmöglich das Fleisch der Stiere essen und das Blut der Böcke trinken könne'. Statt dessen ‚opfern' sie ihrem lieben Gott am besten ‚Dank und Demut'*« (Wien 1935, S. 62). Gewiss, auch wir haben die Opfer als Gastmähler interpretiert,[11] aber die Feste Gottes haben nichts mit einem »Tanz der Vampire« gemein und Gott ist ganz gewiss nicht, wie die von Goldberg diskreditierten Propheten unablässig predigen, auf unseren Opferschmaus angewiesen. Thomas Mann, für dessen Organ *Maß und Wert* Goldberg in jenen Jahren arbeitete, notierte über ihn in seinem Tagebuch: »*Das innere Verhalten dieses Schriftstellers zum neuen Staat muss recht schwierig (sein). Er muss theoretisch billigen, dass er ihn mit Füßen tritt*«« (Eintrag v. 15.7.34). Der erwähnte Ritualmordexperte aus dem Amte Rosenberg, Hellmut Schramm, beruft sich dann auch auf den »*Jud Goldberg*«: »*Den letzten Sinn des Blutopfers, seine letzte Deutung aber*«, schließt er seine vierhundert Seiten starke Beweisaufnahme, »*vermag vielleicht nur ein Jude selbst zu geben. Es erschien da vor etwa sechzehn Jahren ein philosophisches Werk des Juden Oskar Goldberg in Berlin, betitelt: ‚Die Wirklichkeit der Hebräer. Einleitung in das System des Pentateuch'. Das äußerst seltene Buch wurde nur leitenden Juden zugänglich gemacht und ängstlich gehütet.* (...) *Goldberg nun, einer jener ‚Wissenden in Israel', spricht klar aus, dass es der Zweck des jüdischen Opferdienstes sei, durch Blut, in dem die biologische Kraft des Lebens enthalten sei, den Jahweh dauernd gegenwärtig zu halten und immer wieder das Volk zusammenzuhalten im Kampf gegen die anderen Elohim (Götter!).* (...). *Gegen die fanatische Blutpolitik der Juden bäumt sich das nicht-jüdische Blut auf. Deutschland ist von der Geschichte die Führerrolle in diesem gigantischen Ringen zugedacht worden* usw. usw.« (ebd., S. 41f.). Unter den deutschjüdischen Intellektuellen seiner Zeit, auch jenen, die dem Archaismus und Irrationalismus zusprachen, war Goldberg und seine Interpretation der Opfer eine isolierte, wenn auch interessante Randerscheinung. Franz Rosenzweig spricht von »*Wahnsinn*« (Br. an Buber v. 1927) und Gershom Scholem nennt ihn den »*Repräsentanten des Teufels in unserer Generation*« (Von Berlin nach Jerusalem, 1977, S. 186). Außerdem hat Goldberg nicht von Menschopfern oder Menschenblut gesprochen – »*Tut nichts!*«, könnte man mit Lessings christlichem Patriarchen sagen, »*Der Jude wird verbrannt*«. Ausgerechnet die Angehörigen einer Religion, die seit Jahrtausenden auf blutige Opfer verzichtet hat, werden erst von einer Opferreligion und dann von einer Opferideologie als Opferer angegriffen und schließlich als Opfer ausgewählt und in einem gigantischen »Holocaust« vernichtet. Diese atemberaubende *Dialektik* schreit nach Aufklärung. Sie ist aber nur das erste Beispiel einer systematischen Perversion der levitischen und jüdischen Symbole und Riten in der antijüdischen Propaganda. Man warf den Juden bereits im Altertum ihre »*amixia*« (»*Unge-*

selligkeit«) und ihre »*misanthropia*« (»*odium generis humani*«, »*Menschenhass*«) vor[12] und die antijüdische Propaganda hat die Juden mit Vorliebe mit allem identifiziert und stigmatisert, wovon sie sich distanzierten. Erklärten die Juden z. B. die Menschen- und Kinderopfer zu Gräueln, so wurden sie solcher Opfer verdächtigt; verboten sie sich den Blutgenuss, so galten sie als »*Blutsauger*«; stempelten sie das Schwein zum unreinen Tier, so wurden sie mit der »*Judensau*« diffamiert oder als »*Saujud*« beschimpft; verlangten sie eine Quarantäne für Aussätzige, so wurden sie selber wie Aussätzige behandelt usw. Kurz, die antijüdische Literatur hat allmählich einen Anti-Levitikus geschrieben, der das Judenbild noch stärker prägte als der Levitikus. Wir wollen hier darum auch diese Geschichte erzählen. Nach den Herrenmählern kommen wir zu den Menschenspeisen.

2. Speisen

Die frommen Juden unterscheiden sich auch durch ihre Essgewohnheiten von Nichtjuden. Dabei handelt es sich aber nicht um eine besondere jüdische Nationalküche, wie sie handelsübliche »*jüdische Kochbücher*« vermitteln, denn in der Regel schmecken die jüdischen Gerichte bei den osteuropäischen Juden osteuropäisch, bei den orientalischen Juden orientalisch und bei den chinesischen Juden chinesisch. Ob ein Gericht »*koscher*«, das heißt im Sinne des jüdischen Religionsgesetzes zum Verzehr erlaubt ist, hängt mehr von den verwendeten Ingredienzen und weniger von der Zubereitung ab – auch wenn das Bluttabu, die Trennung von »*milchigen*« und »*fleischigen*« Produkten, das Kochverbot an Feiertagen den Speisezettel beeinflussen. Bestimmte Sorten von Fleisch, Fisch und Geflügel und ihre Derivate sind erlaubt, andere verboten. Dem Religionsgesetz kommt es nicht darauf an, dass der Fisch »*gefillt*«, sondern, dass er »*koscher*« ist. Das bekannteste jüdische Speisegesetz ist das Schweinefleischverbot, an das sich bis heute auch viele nicht ganz so fromme Juden halten. Dabei spielt das Schwein in der Liste der unreinen Tiere gar keine besondere Rolle. Wieso konnte es dann zum unumstrittenen Star unter den unreinen Tieren aufsteigen? Um diese und andere Fragen zu beantworten, müssen wir zuvor die ziemlich verwirrende Liste der

»*koscheren*« und »*nichtkoscheren*« Tiere im 11. Kapitel des Levitikus verstehen. »[2]*Dies sind die Tiere,* sagt Gott an dieser Stelle, *die ihr von den Tieren auf der Erde essen dürft: [3]Alle Tiere, die gespaltene Klauen haben und denen die Klauen ganz durchgespalten sind, wenn sie zugleich Wiederkäuer sind, die dürft ihr essen. [4]Aber folgende dürft ihr von den Wiederkäuern und von denen mit gespaltenen Klauen nicht essen: das Kamel, denn es ist ein Wiederkäuer, hat aber keine gespaltenen Klauen, unrein sei es euch, [5]und der Klippdachs, denn er ist ein Wiederkäuer, hat aber keine gespaltenen Klauen, unrein sei er euch, [6]und der Hase, denn er ist ein Wiederkäuer, hat aber keine gespaltenen Klauen, unrein sei er euch, [7]und das Schwein, denn es hat gespaltene Klauen, und die Klauen sind ganz durchgespalten, es ist aber kein Wiederkäuer, unrein sei es euch. [8]Von ihrem Fleisch dürft ihr nicht essen und ihr Aas sollt ihr nicht berühren, unrein seien sie euch. [9]Folgendes dürft ihr von dem, was im Wasser lebt, essen: Was (...) Flossen und Schuppen hat, das dürft ihr essen. [10]Was aber im Meere oder in den Flüssen (...) keine Flossen und Schuppen hat, das sei euch ein Gräuel. (...) [13]Und von den Vögeln seien euch folgende ein Gräuel, sie dürfen nicht gegessen werden (...): [14]der Adler, der Habicht, der Fischaar, [15]der Geier und die Weihe in ihren Arten; [16]alle Raben in ihren Arten, der Strauß, der Kuckuck, der Falke in seinen Arten, [17]der Uhu, der Kormoran und die Nachteule, [18]die Schleiereule, der Pelikan und der Schmutzgeier, [19]der Storch, ferner der Fischreiher in seinen Arten, der Wiedehopf und die Fledermaus. [20]Alle geflügelten kleinen Tiere, die auf Vieren gehen, seien euch ein Gräuel. [21]Doch dürft ihr von den geflügelten kleinen Tieren, die auf Vieren gehen, diejenigen essen, die oberhalb der Füße Springfüße haben, um damit auf der Erde zu hüpfen, [22]folgende dürft ihr von ihnen essen: die Zugheuschrecke in ihren Arten, die Fressgrille in ihren Arten, die Laubheuschrecke in ihren Arten und die Feldheuschrecke nach ihren Arten. (...). [27]Alle vierfüßigen Tiere, die auf ihren Handflächen gehen, seien euch unrein (...). [29]Und von den kleinen Tieren, die sich auf der Erde bewegen, seien diese euch unrein: das Wiesel, die Maus, die Kröte in ihren Arten, der Waran, der Molch, die Eidechse, die Blindschleiche und der Maulwurf. (...) [41]Und alle kleinen Tiere, die sich auf der Erde bewegen, sind ein Gräuel (...). [42]Was auf dem Bauch kriecht oder auf vier oder mehreren Füßen geht, ist ein*

Gräuel (...). [43]*Macht euch nicht selbst zum Gräuel durch alles, was da kriecht und fliegt, sorget, dass ihr nicht unrein werdet* (...). [44]*Denn ich bin der Ewige, euer Gott, ihr sollt euch heiligen, damit ihr heilig werdet, denn ich bin heilig* (...). Diese Liste mit ihren zahlreichen unbekannten zoologischen Begriffen, ihren seltsamen Unterscheidungsmerkmalen, ihren inneren Unstimmigkeiten hat die Ausleger immer wieder ratlos gemacht. Für die älteren Ausleger war ihre Richtigkeit und ihre Verbindlichkeit als Gotteswort über alle Zweifel erhaben, aber sie scheiterten in ihren Versuchen, sie im Einzelnen zu begründen, und kapitulierten in der Regel demütig vor dem göttlichen Geheimnis. Die neueren Ausleger sehen in ihr hingegen meist nur ein kunterbunt zusammengewürfeltes und zusammengewachsenes Sammelsurium aus traditionellen Essgewohnheiten. Es gibt aber auch einige Versuche, das dieser Liste zu Grunde liegende Klassifikationssystem der Lebewesen zu verstehen. Dabei kommt alles darauf an, welcher Begriff der *Reinheit* und *Heiligkeit* vorausgesetzt wird, denn es ist die erklärte Absicht der Speisegebote, vor dem Verzehr oder der Berührung von unreinen Tieren zu bewahren und damit zur Heiligkeit zu gelangen.

Die nächstliegende Erklärung des Wortes *Reinheit* ist die hygienische, im Sinne von »*Reinlichkeit*«, »*Sauberkeit*«, »*Gesundheit*« im Gegensatz zu »*Unreinheit*«, »*Unreinlichkeit*«, »*Unsauberkeit*«, »*Schädlichkeit*«. Der moderne hygienische Reinheitsbegriff ist mit dem alten rituellen Reinheitsbegriff nicht ganz deckungsgleich, doch ist er auch schon in der alten Welt belegt. So sagt ein mesopotamischer Text aus dem 8. Jh. vor unserer Zeit: »*Das Schwein ist unheilig (...) bespritzt sein Hinterteil, verursacht Gestank auf den Straßen, verschmutzt die Häuser. Das Schwein ist ungeeignet für den Tempel (...) ein Gräuel für alle Götter*« (zit. bei Th. Staubli, NSK-AT 3, S. 98). In der jüdischen Tradition war der mittelalterliche Arzt, Gesetzeslehrer und Philosoph Moses Maimonides (1138-1204) der klassische Vertreter einer hygienischen, diätetischen und medizinischen Auslegung der Speisegebote. In seinem Werk »*Führer der Unschlüssigen*« schrieb er darüber zum Beispiel: »*Alle Speisen, die uns das Gesetz verbietet, sind schädliche Nahrungsmittel, und es gibt unter allem uns Verbotenen nichts, worüber man in Zweifel sein könnte, ob es uns schädlich ist, ausgenommen das Schwein* (...). *Aber dem ist nicht so, denn das Schwein hat mehr*

Feuchtigkeit als angemessen ist, und viel untaugliche und überflüssige Bestandteile. Hauptsächlich aber verabscheut es das Gesetz wegen seiner großen Unreinlichkeit und weil es sich von abscheulichen Dingen nährt. Du weißt ja, wie streng das Gesetz darauf achtet, dass sogar im freien Gefilde und in einem Feldlager kein Schmutz sichtbar sei und um so weniger im Inneren einer Stadt. Wäre aber der Genuss des Schweinefleisches gestattet, dann wären die Straßen samt den Häusern noch unreiner als ein Abort, wie man jetzt an den Ländern der Franken sehen kann« (III, 48, Bd. 2.2, S. 310f, vgl. aber auch R. Samuel ben Meir zu Lev 11,3). Für die Kritiker des Maimonides war es leicht, diese Argumentation zu widerlegen, denn wenn Mose uns tatsächlich eine medizinische Abhandlung über schädliche Nahrungsmittel hinterlassen wollte, dann hätte er z. B. auch ein paar Worte über giftige Pflanzen verloren. Außerdem hätte Maimonides selber beobachten können, dass die Schweinefleisch essenden Franken während der Kreuzzüge nicht schwächer waren als ihre Schweinefleisch verabscheuenden moslemischen Gegner.[13] Schließlich besteht bei dieser Art von Erklärung immer die Gefahr, dass die Speisegebote für ungültig erklärt werden, sobald sich die hygienischen und tiermedizinischen Bedingungen ändern (Sefer HaChinuch, Nr. 73 zu Ex 22,30).

Die traditionellen Kritiker des hygienischen Ansatzes behaupten dagegen, dass die Bibel unter *Reinheit* keinen physischen, sondern einen moralischen Zustand versteht, so wie man von »*reinem Gewissen*« oder »*reinen Sitten*« spricht. Bereits im Altertum argumentierten jüdische Apologeten, die im kosmopolitischen Alexandrien die Essgewohnheiten der Juden gegen ihre Verächter rechtfertigen mussten, dass der jüdische Gesetzgeber die Tiere aus moralischen Rücksichten erlaubt oder verboten hätte. So verkörpern erlaubte Tiere Eigenschaften wie *Mäßigkeit* und *Friedfertigkeit* und verbotene *Gefräßigkeit* und *Grausamkeit*. Aus der Forderung, dass die reinen Landtiere Wiederkäuer sein müssen, folgt zum Beispiel oder, so muss man heute leider sagen, folgte, dass nur Pflanzenfresser zum Verzehr gestattet sind. Eine griechische Verteidigungsschrift eines alexandrinischen Juden aus dem 1. Jh. v. der Zeitrechnung behauptet ferner, dass die Liste des verbotenen Geflügels alle fleisch- oder aasfressenden Vögel aufzählt und folglich nur die körnerfressenden Vögel wie »*Tauben, Turteltauben,*

Hühner, Rebhühner, Gänse und die übrigen dieser Art« erlaubt seien (Pseudo-Aristeasbrief XV, 143-48, Sefer HaChinuch Nr. 161). Der berühmte hellenistisch-jüdische Philosoph Philo von Alexandrien deutete schließlich um die Zeitenwende sogar die Unterscheidungsmerkmale der reinen Fische und Heuschrecken moralisch: Fische mit Flossen und Schuppen können sich gegen den Strom bewegen und symbolisieren daher moralische Widerstandskraft und Beherrschung, während die glatten Fische dem Sog ihrer Begierden folgen und im Strudel ihrer Leidenschaften untergehen. Nach dem Motto: »*Der Mensch ist, was er isst*«, gehören die unreinen Fische gleichsam auf die Speisekarte der Stromlinienförmigen, Aalglatten und Kriecher. Die Springbeine der reinen Heuschrecken symbolisieren natürlich die Überwindung der Trägheit des Herzens und den Aufstieg des freien Menschen zum Himmel (Über die Einzelgesetze IV, 110-115, dtsch. Werke, Bd. 2, S. 278-280). Diese fabelhafte Moral aus den Speisegesetzen ist ebenso erbaulich wie willkürlich, denn es ließe sich auch viel Positives über die Tugend des Löwen, den Gleichmut des Elefanten und über die Schlauheit der Schlange sagen – die bekanntlich unrein sind.

Am nächsten kommen wir aber dem Sinn des biblischen Begriffs der Reinheit (*Tahara*, *Kaschrut*), wenn wir das hebräische Wort: »*rein*« (*Tahor*) in unserem Abschnitt mit den deutschen Wörtern »*unvermischt*«, »*gesondert*«, »*geläutert*« wiedergeben. Das biblische Reinheitsgebot entspricht ziemlich genau dem, was man auch in Deutschland unter »*Reinheitsgebot*« versteht, nämlich die gesetzliche Bestimmung, nach der beim Brauen von Bier nur Gerstenmalz, Hopfen, Wasser und Hefe verwendet werden dürfen – ohne Beimischung anderer Ingredienzen.[14] Wenn wir nun diesen Reinheitsbegriff zu Grunde legen, dann wird schlagartig die Gesetzmäßigkeit hinter der scheinbar willkürlichen Einteilung der reinen und unreinen Tiere in unserem Abschnitt sichtbar.[15] »*Rein*« sind solche Tiere, die genau ihrer Natur und ihrem Element entsprechen, »*unrein*« solche, die irgendein ihrer Natur oder ihrem Element fremdes Merkmal aufweisen. Diese Unterscheidung setzt allerdings voraus, dass es Tiernormen oder Normtiere gibt. Solche zoologischen Normen liegen in der Tat im priesterlichen Schöpfungsbericht vor. Am fünften Tag erschuf Gott die Wasser- und die Lufttiere, die sich in ihrem jeweiligen Element mittels Flossen und

Schuppen bzw. mittels zweier Füße und Flügel fortbewegen; am sechsten Tag erschuf er die Landtiere, die sich im allgemeinen auf vier Beinen fortbewegen und auf dem Land grasen – daher Paarzeher und Wiederkäuer. Alle Tiere nun, die sich demgegenüber in- oder außerhalb ihres Elements auf eine unnatürliche Weise fortbewegen oder ernähren, gelten als unrein, wie z. B. fliegende Vierfüßer (11,20-26), behende Vorderbeiner (11,27-31), kriechende Insekten oder Amphibien (11,41-44) – kurz: alle Arten, die von der skizzierten Schöpfungsordnung irgendwie abweichen. Gewiss, alle Tiere sind nach der Bibel Gottes Geschöpfe und gleichermaßen der Obhut des Menschen anvertraut (Gen 6,19-21), sie sind nicht an sich *»unrein«*, sondern, wie sich die Bibel genau ausdrückt, *»für **euch** unrein«* (*Tame Hu **Lachem***, 11,9 z. B.). Aber die Reinen sollen unreine »Mischwesen« meiden (11,44). Somit wären die Speisegebote ein Sonderfall der zahlreichen Mischungstabus (*Kilajim*, Lev 19,9 u. Dtn 22,9). Diese Gesetze bergen trotz des Wandels unseres Naturverständnisses eine immer noch wichtige Lehre, die ein mittelalterlicher jüdischer Ausleger R. Josef Bechor Schor (12. Jh., Frankreich) in seinem Kommentar zu dem Vers: »*Von deinem Vieh sollst du nicht zweierlei Arten sich begatten lassen*« (Lev 19,19) folgendermaßen ausdrückt: »*Wenn du ein Pferd und einen Esel sich begatten lässt, dann entsteht ein Maulesel, den Gott nicht erschaffen hat. Das gilt für alle zwo Arten, wie z. B. Schaf und Ziege, denn du würdest dich selber zum Schöpfer machen* (...), *du würdest ein unnatürliches Geschöpf erschaffen und die Weltordnung verändern – und das ist verboten*«. In jedem Fall sind die so verstandenen Speisegebote keine himmlische Methode, die Juden vom Rest der Welt abzusondern, sondern eine Anleitung zu einer natur- und schöpfungsgemäßen Ernährung.

Wie aus diesem naturgemäßen Speiseplan der widernatürliche Speisezettel des Ghettos wurde, wollen wir jetzt am Beispiel des Schweines zeigen. An sich ist das Schwein in der biblischen Liste als nichtwiederkäuender Paarzeher nur eine Ausnahme unter anderen. Zum unreinen Tier *par excellence* wurde es erst durch die jüdische Reaktion auf die antijüdische Reaktion gegen die levitischen Reinheitsgesetze. Die Griechen und Römer aßen Schwein *à toutes les sauces*: gebraten, geräuchert, gepökelt. Als besondere Leckerbissen galten Schweinsohren in Essig, gekochte Schweinefüße, -rüssel und -knöchel. Das Schwein war zudem ihr häufigstes Opfertier. Für das gemeinorientalische Schweinefleischtabu hatten sie nur Spott übrig. Das Schwein wurde vor allem zwischen Juden und Griechen zum Reizthema. Die »*Schweinefleisch*«-Märtyrer im 2. Makkabäerbuch ließen sich eher umbringen als öffentlich Schweinefleisch zu essen (2 Makk 6,18 – 7,42). Im 4. Makkabäerbuch forderte ein Tyrann den Märtyrer Eleasar auf, vom »*vorzüglich schmeckenden*« Schweinefleisch zu kosten (5,8). Dieser weigerte sich, das göttliche Gesetz, das den Genuss dieses, wie er sagt, »*widerlichen*« Fleisches verboten hat, zu übertreten (5,26), und wurde hingerichtet. Der berüchtigte römische Kaiser Caligula fragte eine jüdische Abordnung aus Alexandrien, der auch Philo angehörte: »*Warum wollt ihr kein Schweinefleisch essen?*« Für den Talmud gehörte deshalb das Verbot des Genusses von Schweinefleisch (*Achilat Chasir*) zu den jüdischen Gesetzen »*gegen die sich die Völker der Welt wenden*« (bJoma 69b). Eigentlich müsste es die »*vorherrschenden Völker der Welt*« heißen, das waren die Griechen und Römer, denn die Nachbarn Israels, die Ägypter, die Phönizier, die Syrer und die Araber verabscheuten gleichfalls das Schweinefleisch. Das Schweinefleischtabu ist also erst in den Kulturkämpfen des Judentums in der hellenistischen Welt für Juden zu einer Frage von *Sein oder Nichtsein* geworden. Aber auch in der christlichen Welt, in der die biblischen Speisegebote nicht mehr galten, wurden die Juden geradezu zwanghaft mit dem Schwein assoziiert. Max Horkheimer und Theodor W. Adorno haben diese typische Tabuinversion in ihrer *Dialektik der Aufklärung* mit den Worten beschrieben: »*Weil sie den Begriff des Koscheren erfunden haben, werden sie als Schweine verfolgt.*« (Elemente des Antisemitismus. Grenzen der Aufklärung V, ebd., S. 167). Im Mittelalter war die so genannte »*Judensau*« ein weit verbreitetes Spottbild an deutschen Kirchen. In Bamberg, Regensburg, Erfurt und Magdeburg kann man solche Judensäue noch heute besichtigen. Eduard Fuchs, der Verfasser des Werkes *Die Juden in der Karikatur* (München 1921), schreibt über die »*Judensau*«: »*keine einzige Karikatur der Welt, und zwar nicht bloß keine Karikatur auf die Juden* (hat) *eine solche lang andauernde Beachtung gefunden. Keine einzige wurde im Lauf der Zeit von so vielen Menschen gesehen und beachtet*«

(S. 122f). Zu trauriger Berühmtheit ist die Judensau am Südostgiebel der Pfarrkirche in der Lutherstadt Wittenberg gelangt, weil der Reformator ihre Überschrift »*Rabini Schem HaMphoras*(ch)« – d. i. der ausgesprochene heilige Gottesname der Rabbinen – eines pseudogelehrten Kommentars würdigte: »*Es ist hie zu Wittenberg*, schreibt er, *an unser Pfarrkirchen eine Sau in Stein gehauen, da liegen junge Ferkel und Jüden drunter, die saugen. Hinter der Sau steht ein Rabbiner, der hebt der Sau das rechte Bein empor und mit seiner linken Hand zieht er den Bürzel* (d.i. Schwanz) *über sich, und guckt mit großem Fleiß der Sau unter dem Bürzel in den Talmud hinein, als wollte er etwas Scharfes und Sonderliches lesen und ersehen. Daselbst haben sie gewisslich ihr Schem Ha Mphoras.* (...) *Dass etwa ein gelehrter und ehrlicher Mann solch Bild hat angeben und abzeichnen lassen, der den unflätigen Lügen der Juden feind gewesen ist. Denn also redet man bei den Deutschen von einem, der große Klugheit ohne Grund vorgibt: Wo hat er's gelesen? Der Sau im Hintern.*« (Erlanger Ausgabe, Bd. XXXII, S. 298). Von der »*Judensau*« stammt wohl auch das Wort »*Saujud*« ab, und auf den deutschen Reformator darf sich die unflätige Fäkalsprache der deutschen Antisemiten berufen.[16] Ja sogar getaufte Juden wurden mit dem Schwein assoziiert. Die zwangsgetauften Juden in Spanien und Portugal wurden etwa als »*Marranen*« bezeichnet, was vermutlich vom spanischen »*marrana*«, »*Sau*«, »*marrano*« »*schweinisch*« herkommt. Die Statuten der »*Blutreinheit*« (»*estatutatos de limpieza de sangre*«) sollten den »*Marrane*« genannten »*Neuchristen*« (»*cristiano nuevo*«) vom »*Altchristen*« oder »*Reinen*« (»*limpio*«) unterscheiden und von allen staatlichen und kirchlichen Ämtern ausschließen. Sie übertreffen an Schärfe noch das 1935 verabschiedete deutsche »*Gesetz zum Schutze des deutschen Blutes und der deutschen Ehre*«, das ebenfalls die »*Reinheit des Blutes*« zum Ziel hatte.[17] Auch hier sehen wir wieder jene fatale Dialektik am Werk, die das reine Volk als Quelle aller Befleckung stigmatisiert – ein Judenfleck, den nicht einmal Taufwasser entfernen kann, das schon so viele Barbaren rein gewaschen hat; eine Dialektik, die beim nächsten Thema des Levitikus, dem Aussatz, noch deutlicher wird.

3. Aussatz

Einer der verheerendsten Seuchenzüge des Mittelalters war die Lepra. Europa war übersät mit Leprahäusern, die man »Leproserien« oder nach Lazarus, dem Patron der Aussätzigen (Lk 16,20), »Lazarette« nannte. Eine Quelle aus dem 13. Jahrhundert berichtet von 19 000 Leprakolonien. Auch wenn diese Zahl übertrieben ist, so sagen doch alle Quellen, dass es fast an jedem größeren Ort eine solche Einrichtung gab. Die weltlichen und kirchlichen Behörden erließen strenge Vorschriften, um die Kranken vom Rest der Bevölkerung abzusondern. In den Kirchen wurde für sie die Totenmesse gelesen und ein symbolisches Begräbnis veranstaltet. Sie mussten fortan besondere Kleider tragen und mit Klappern auf sich aufmerksam machen. Für die strikten Quarantänemaßnahmen konnte man sich auf das Alte Testament, genaugenommen auf das 13. Kapitel des Buches Levitikus, berufen.[18] Dort heißt es: »[2]*Wenn bei einem Menschen auf der Haut* (...) *eine Erhebung oder ein Ausschlag oder ein Fleck entsteht, so werde er zu* (...) *den Priestern gebracht.* [3]*Sieht nun der Priester den Schaden* (Nega) *auf der Haut* (...), *und das Haar in dem Schaden hat sich in weiß verwandelt, und der Schaden erscheint tiefer als die Haut* (...), *so ist es ein Aussatzschaden* (Nega Zara'at) (...). [45]*Und der Aussätzige, an dem der Schaden ist, soll zerrissene Kleider tragen, sein Haupthaar soll wild wachsen, und bis über die Lippe soll er sich verhüllen, und ‚unrein', ‚unrein'* (Tame) *soll er rufen.* [46]*Die ganze Zeit, da er den Schaden an sich hat, soll er unrein sein,* (...), *abgesondert soll er bleiben, außerhalb des Lagers sei seine Wohnung.*« In der alten griechischen Übersetzung der Bibel wird der hebräische Begriff für Aussatz, *Zara'at* in der Tat mit *Lepra* wiedergegeben. Aber die Krankheit, die man im Mittelalter als *Lepra* bezeichnete und deren Erreger 1874 von dem norwegischen Arzt Gerhard Henrik Armauer Hansen gefunden worden ist, hieß bei den griechischen Ärzten nicht *lepra*, sondern *elephantiasis*. Bisher sind alle Versuche gescheitert, die biblische *Lepra* (*Zara'at*) zu identifizieren.[19] Es ist überhaupt fraglich, ob wir es bei der Veränderung und Verfärbung von Haut und Haar, die die Bibel sorgfältig beschreibt, mit einem pathologischen Zustand zu tun haben und ob die vorgeschriebene Quarantäne einen epidemiologischen Sinn hatte. Dagegen spricht schon, dass die fraglichen Symptome nach der Bibel nicht nur an Menschen, sondern auch an Kleidern und Häusern auftreten können (13,47-59; 14,34-54) und dass die Schutzmaßnahmen nach den Rabbinen nicht für die Heiden und außerhalb des heiligen Landes gelten (mNeg III,1 u. XII,1). Am ehesten dürften die von den Priestern beobachteten Symptome beim Menschen auf eine Art Schuppenflechte schließen lassen, wie ja auch der griechische Begriff *Lepra* vom Eigenschaftswort *»leprós«, »rau«, »schuppig«* herkommt. Alle übrigen biblischen Zeugnisse über diese Krankheit deuten darauf hin, dass die alten Hebräer weniger ihren bösartigen Verlauf oder die von ihr ausgehende Ansteckungsgefahr fürchteten als das Aussehen des von ihr Befallenen: Er glich, so die Beschreibungen, einem bei lebendigem Leib Verwesenden. So sagte Aaron in seiner Fürbitte für seine vom Aussatz (*Zara'at)* befallene Schwester Mirjam: »*Lass sie doch nicht wie ein Totes* (KaMit) *sein* (...), *dessen Leib*, (...), *schon halb verwest ist*« (Num 12,12), und ein »*Freund*« sagt über den vom Aussatz geschlagenen Ijob: »*Stückweise frisst ihm die Haut ab, stückweise der Erstling des Todes*« (18,13). Als »*unrein*« gilt der Aussätzige also nicht etwa, weil er – wie bei der Hansenschen Krankheit – ekelhaft riecht oder weil er ansteckend wäre, sondern weil der Tod, als die Quelle aller Unreinheit, als »*Vater der Väter der Unreinheit*« (*Awi Awot HaTuma*) von ihm Besitz ergriffen hat. Von daher erklären sich auch die Vorschriften, der Aussätzige solle zerrissene Kleider tragen und das Haupthaar wild wachsen lassen – was ja nichts anderes ist als der gewöhnliche Trauerbrauch, wobei in diesem besonderen Fall der Betroffene sein eigenes Sterben beklagt.

Aus den Reinigungsriten, die der vom Aussatz Genesene über sich ergehen lassen muss (Lev 14), legt sich der gleiche Schluss nahe, denn sie sind mit den Reinigungsriten, die nach der Berührung mit einem Toten erforderlich sind, nahezu identisch (Num 19,11-21). Die Einzelheiten dieses Rituals sind für die biblische Auffassung der Krankheit bezeichnend. »[3]*Der Priester,* so heißt es im 14. Kapitel des Buches Levitikus, *gehe vor das Lager hinaus, und sieht der Priester, dass der Aussatzschaden an dem Aussätzigen geheilt ist,* [4]*so befehle der Priester, dass man für den, der sich reinigen lässt, zwei lebendige reine Vögel* (Zipporim Chajot) *bringe, Zedernholz, karmesinfarbene Wolle und Ysop.* [5]*Und der*

Priester befehle, dass man den einen Vogel über lebendigem Wasser (Majim Chajim) *schlachte, das in einem irdenen Gefäß ist.* [6]*Den lebendigen Vogel aber, den nehme er und das Zedernholz mit der karmesinfarbenen Wolle und den Ysop, und tauche diese samt dem lebendigen Vogel in das Blut des über dem frischen Wasser geschlachteten Vogels.* [7]*Und er sprenge siebenmal auf den, der sich vom Aussatze reinigen lässt, und reinige ihn, und er lasse den lebendigen Vogel aufs Feld hinaus fliegen.* [8]*Dann wasche der, der sich reinigen lässt, seine Kleider, schere sein ganzes Haar und bade sich in Wasser, dann wird er rein; hernach darf er ins Lager kommen*«. Der vom Aussatz Genesene muss danach insbesondere ein Schaf als Schuldopfer darbringen: »[14]*Und der Priester*, heißt es weiter, *nehme vom Blut des Schuldopfers, streiche es an den rechten Ohrknorpel dessen, der sich reinigen lässt, und an den Daumen seiner rechten Hand und an die große Zehe seines rechten Fußes* (...), [19]*so erwirke ihm der Priester Sühne vor dem Ewigen*«. Dieses komplizierte Ritual ist sicher keine Desinfektionsmethode, wie einige übereifrige moderne Apologeten beweisen wollten. Es handelt sich vielmehr um eine Reihe von symbolischen Mitteln und exorzistischen Handlungen, die wir deuten müssen, wenn wir die Natur der »Krankheit« begreifen wollen, die sie beseitigen sollen. Alle Ingredienzen der Lösung, mit der der wiederhergestellte Aussätzige besprengt wird, stellen in der einen oder anderen Form das Leben dar und sollen den Totgesagten gleichsam wieder auferwecken. Da ist zunächst das Blut, das nach der Bibel die Lebenssubstanz selber ist (»*Seele des Leibes*«, *Nefesch HaBassar*, Lev 17,10). Es wird von einem »*lebendigen*« Vogel genommen und mit »*lebendigem*«, das heißt quellendem Wasser vermischt. Der Zusatz von rötlichem Zedernholz und rotem Farbstoff verstärkt das lebhafte Kolorit noch und alles zusammen soll dem von der Leichenblässe Angekränkelten wieder Farbe geben. Sodann werden mit dieser potenzierten Lebenssubstanz die Grenzen des Körpers – Ohrläppchen, Daumen und Zehe – markiert und der Tod aus diesem Gebiet ausgetrieben. Schließlich symbolisiert die vollständige Rasur und das Auftauchen aus dem Wasser die Neugeburt des Genesenen.

Die biblische Erklärung der Zara'at-Krankheit ergibt sich ferner aus dem Opfertarif für den Genesenen. Er muss zwei männliche Schafe und ein weibliches, sowie Mehl und Öl und noch eine extra

Portion Öl (14,10) für ein Schuldopfer (*Ascham*, 14,12-14), ein Sündopfer (*Chattat*, 14,19), ein Ganzopfer (*Olah*, 14,19-20) und ein Speiseopfer (*Mincha*, 14,20) darbringen (respektive nach Lev 5,17-19; 5,1-6; 1,10-13; 2,1-3). Daraus wird ersichtlich, dass die Bibel die Zara'at-Krankheit als Folge einer Sünde interpretiert, die nur eine langwierige und kostspielige Sühne wiedergutmachen kann. Allerdings sagt sie uns nicht, um welche Sünde es sich handelt. Die rabbinischen Bibelerklärer haben versucht, diese Lücke aufgrund der biblischen Erzählungen über Aussätzige zu schließen. Das klassische Beispiel ist Mirjam, die ihren Bruder Mose verleumdet hat. Daraufhin entbrannte, so heißt es, »*der Zorn des Ewigen über sie, und (...) siehe da war Mirjam aussätzig, weiß wie Schnee*« (Num 12,10; Dtn 24,8-9). Daraus haben die Rabbinen geschlossen, dass der Aussatz eine Folge der Verleumdung sei (bAr 15b). Ja, sie lasen aus dem hebräischen Ausdruck: »*aussätzig*«, »*mezora*« den Ausdruck »*Mozi Ra*«, »*der Böses aufbringt*« heraus und versuchten von daher auch alle Einzelheiten der biblischen Vorschriften zu erklären: So trenne sich die Gemeinschaft vom Aussätzigen, weil er mit seinen Verleumdungen die Menschen trennt; so werde ein Vogel zu seiner Sühne geopfert, weil er »*wie ein Schnatterer gehandelt hat, und daher Schnatternde als Opfer bringen soll*« (bAr 16b). Auch wenn solche moralischen »*Erklärungen*« kaum allen Einzelheiten des biblischen Krankheitsbildes gerecht werden, so zeigen sie zumindest, wie die Rabbinen die biblische Lepra verstanden, nämlich als *lepra moralis*. Sie wollten nicht eine bestimmte physische Krankheit, wie die Schuppenflechte, moralisch stigmatisieren und den Kranken auch noch die Schuld an ihren Leiden zuweisen, sondern auf die Gefährlichkeit einer moralischen Krankheit hinweisen. Sie verbreitet sich in der Tat wie eine Seuche und bringt jeden um, der damit in Berührung kommt, »*sie tötet*, sagt der Talmud, *den Erzähler, den Zuhörer und den Betroffenen*« (bAr 15b). Zwar scheint uns der Klatsch so harmlos wie Gänsegeschnatter zu sein, doch in Wahrheit ist er die Vorstufe zur gesellschaftlichen Ächtung und zum sozialen Tod. Weil alle den Klatsch fürchten, kann sich ihm keiner entziehen, jeder muss sich an ihm beteiligen, um die bösen Zungen der anderen im Zaum zu halten; jeder ist Täter und Opfer, Jäger und Gejagter, normal und aussätzig zugleich. Die Psalmisten und Propheten klagen über kaum ein Übel häufiger als über üble Nachrede (Jer 9; Ps 12). Da es sich bei der Klatschsucht um eine schleichende Krankheit handelt, haben die jüdischen Ausleger den biblischen Aussatz nicht nur als Strafe, sondern auch als Gnade betrachtet (Owadja Sforno zu Lev 13,47), denn er zeigt öffentlich den Urheber des sozialen Übels an. Zuerst, wie der mittelalterliche Arzt und Philosoph Maimonides sagt, an seinem Haus, dann an seinem Gewand und schließlich, wenn alles nicht hilft, an seinem Körper (Führer der Verirrten, III, 47) – nicht der Verleumdete, der Verleumder wird angezeigt, wer andere mit üblen Nachreden befleckt, wird mit Aussatzflecken ausgeschlagen. Eine ideale Gesellschaft, wie sie Israel in der Wüste nach Ansicht der Propheten und Rabbinen bildete, reagiert sozusagen psychosomatisch auf das moralische Gift der üblen Nachrede. Man könnte aber auch sagen, dass die rabbinische Erklärung den biblischen Text gegen sich selbst wendet. Während der biblische Text gebietet, Personen aufgrund gewisser körperlicher Symptome aus der Gemeinschaft auszugrenzen, so werden nach der rabbinischen Auslegung gerade solche Personen von diesen körperlichen Symptomen befallen, die andere unberufen aus der Gemeinschaft ausgrenzen wollen. Die jüdischen Weisen haben jedenfalls nicht weniger scharfe Vorschriften gegen die »moralische Lepra« erlassen als die Priester gegen die somatische.

Es entsteht aber ein schiefes Bild vom biblischen Priester, wenn man ihn als abergläubischen Medizinmann vorstellt, der »Kranke« unnachsichtig »aussetzt« und ihrem »wohlverdienten« Schicksal überlässt. Um dieses Bild zurechtzurücken, genügt ein Blick auf eine »*Gesetzvorschrift*« (*Chukkat HaTora*) zur Reinigung von der Totenunreinheit aus dem gleichnamigen Abschnitt des vierten Buches Mose (Num 19,1 – 21,35), der starke Parallelen zu unserem Abschnitt aufweist. Kam ein Israelit mit einem Toten in Berührung, so galt er als unrein und wurde aus dem Lager Israels ausgeschlossen. Einen Priester traf diese Unreinheit noch härter, denn er durfte das Heiligtum nicht mehr betreten und von den Opfergaben nicht mehr genießen. Zur Reinigung von der Totenunreinheit war folgende Prozedur vorgesehen: Ein Priester schlachtete und verbrannte eine rote Kuh (*Para Aduma*), vermischte ihre Asche mit Quellwasser und den gleichen Ingredienzien, die auch bei der Reinigung von der Aussatzunreinheit verwendet wurden.

Dann besprengte er mit der blutähnlichen Lösung den Totenunreinen, um wohl wie beim Aussatzunreinen die Ausbreitung der Leichenblässe zu verhüten. Das Paradoxe an diesem Ritual war nun, dass der Priester, der die rituelle Reinigung vornahm, oder jeder andere, der mit dem so genannten »*Entsühnungswasser*« (*Mei Chattat*) in Berührung kam, selber unrein wurde. Die Erklärer stellten sich aber die Frage, wie es sein kann, dass die gleiche Lösung den Unreinen reinigt und den Reinen verunreinigt (*Metaher HaTmeim UMetame HaTehorim*)? Das Ritual der roten Kuh galt ihnen deshalb als klassischer Fall eines absurden Gesetzes (*Chok*). Der Vater der mittelalterlichen jüdischen Philosophie, Saadja Gaon, hat folgende Lösung des Paradoxes vorgeschlagen: Er vergleicht das »*Entsühnungswasser*« mit einer Arznei – nimmt sie der kranke Patient ein, so hilft sie ihm; nimmt sie aber der gesunde Arzt ein, so schadet sie ihm (Buch vom Glauben und Wissen III, V). Wie man sich diese paradoxe Vorschrift auch immer erklären mag, sie verlangt jedenfalls vom Priester, der sich am meisten vor Verunreinigung schützen musste, dass er sich durch die Reinigung des Unreinen verunreinigt. Ja, wenn der Hohepriester auf dem Weg zum »Hochamt« des Versöhnungstages, das er nur im Zustand absoluter ritueller Reinheit verrichten durfte, auf einen unbestatteten Toten stieß (*Met Mizwa*), musste er sich an ihm verunreinigen und ihn beisetzen. Allgemeiner gesagt, religiöse Funktionäre dürfen keine Berührungsängste haben, sie müssen sich der Unreinheit aussetzen, um die ausgeschlossenen Unreinen wieder in die Gemeinschaft zurückzuholen. Die chassidischen Führer (*Zaddikim*) in Polen und in der Ukraine des 18. Jahrhunderts haben dieses Ethos in die Formel gegossen: »*Hinabsteigen, um zu heben!*« (*Jerida LeZorech Alija*).

Nach allem, was wir über den antijüdischen Anti-Levitikus wissen, wird es nicht mehr überraschen, dass ausgerechnet die Juden von ihren Feinden auch mit den Aussätzigen identifiziert wurden. Bereits im Altertum liefen zahlreiche Geschichten um, wonach die Juden von einer ägyptischen Leprakolonie (*aigyptíon leprôn*) abstammten (Flavius Josephus, Contra Apionem I,26,229; I, 32,289, I,34,305: *ton laon ton Iudaion, leprous ontas kai psyrous kai alla nosemata* ; II,1,1 ff., Loeb Classical Library, Josephus, Bd. I, S.

256; 280; 285f.; 292ff.).[20] Diese Geschichten waren eigentlich Gegengeschichten zum Buch Exodus, das erzählt, wie Gott bzw. Mose die Ägypter mit zehn Plagen schlug, bis sie ihre israelitischen Sklaven ziehen ließen (Ex 7,16 – 12,30). Eine dieser Plagen, die sechste – waren die »*Geschwüre*« an Menschen und Tieren (*Sch'chin*, Ex 9,9; in Dtn 28,27 heißt es geradezu *S'chin Mizrajim*), die mit dem gleichen Terminus bezeichnet werden wie Symptome des Aussatzes in unserem Kapitel (Lev 13,18-20). Im ägyptischen, griechischen und lateinischen Anti-Exodus wird aus dieser göttlichen Strafe der Ägypter eine Seuche der Juden, aus dem levitischen Führer Mose ein aussätziger ägyptischer Priester und aus dem Auszug der Israeliten eine Vertreibung und Säuberung des Landes. Der jüdische Geschichtsschreiber Flavius Josephus hat vergeblich versucht, die innere Unwahrscheinlichkeit dieser Legende durch die Anführung der mosaischen Maßnahmen gegen die Aussätzigen zu erweisen: »*Es erübrigt mir*, schreibt er, *nun noch, ein Wort (...) über Moyses zu reden. Diesen halten auch die Ägypter für einen bewundernswerten und gottgesandten Mann; sie möchten ihn aber sich selbst aneignen, indem sie die unglaubliche Verleumdung ausstreuen, er sei ein Priester aus Heliopolis gewesen und wegen seines Aussatzes vertrieben worden, (...). Dass er aber an keinem derartigen Gebrechen litt, geht aus seinen eigenen Anordnungen deutlich hervor. Den Aussätzigen verbot er, in der Stadt zu bleiben oder in einem Dorf Wohnung zu nehmen – sondern sie sollen allein und mit zerrissenen Kleidern im Freien umherwandeln, und wer sie auch nur berührt oder unter einem Dache mit ihnen zusammenwohnt, den erklärt er für unrein. Ja, selbst für den Fall, dass die Krankheit geheilt wird und der Leib seine frühere Beschaffenheit wiedererlangt, schrieb er gewisse Reinigungen vor, nämlich Abwaschungen und Bäder in Quellwasser und das Abscheren aller Haare; und erst wenn der Geheilte viele und mannigfaltige Opfer dargebracht hat, erlaubt er ihm den Eintritt in die heilige Stadt. Wäre er nun selbst mit diesem Gebrechen behaftet gewesen, so hätte man doch im Gegenteil eine gewisse menschenfreundliche Fürsorge für seine Leidensgenossen von ihm erwarten dürfen.*« (Contra Apionem I, 31, 279ff., ebd., S. 276f., deutsch v. H. Clementz, Wiesbaden o. J., S. 136f.). Der größte römische Historiker, P. Cornelius Tacitus, hat diese Gegengeschichte mit seiner klassischen Autorität gedeckt

(Historien V 3-5) und ihr einen Platz im humanistischen Bildungskanon gesichert. Aber auch im christlichen Mittelalter wurden die Juden und die Aussätzigen oft im gleichen Atemzug genannt und in den gleichen Farben stigmatisiert.[21] Im Jahre 1321 wurden sie in Frankreich einer gemeinsamen Verschwörung bezichtigt. Die Moslems hätten, so die vollständige Version des Gräuelmärchens, einen biologischen Angriff auf die Christenheit geplant und die Juden angestiftet, die Aussätzigen für die Kontaminierung der Brunnen zu bezahlen. Die Aussätzigen wurden verbrannt oder weggesperrt, die Juden verbrannt oder vertrieben.[22] Die Beschuldigung der Brunnenvergiftung sollte, wie wir im nächsten Abschnitt sehen werden, noch weit schlimmere Folgen haben.[23] Die Aufklärung wollte auch mit diesen alten Gräuelmärchen aufräumen, doch auch sie schöpfte aus den alten antijüdischen Quellen. Friedrich Schiller berief sich bei der Schilderung von Israel in Ägypten in seiner historischen Schrift *Die Sendung Moses* (1789/90) auf diese Quellen, wenn er schreibt: »*Die schrecklichste Plage dieses Himmelsstrichs, der Aussatz, riss unter ihnen ein und erbte sich durch viele Generationen hinunter. Die Quelle des Lebens und der Zeugung wurde langsam durch ihn vergiftet, und aus einem zufälligen Übel entstand endlich eine erbliche Stammesconstitution. Wie allgemein dieses Uebel gewesen, erhellt schon aus der Menge der Vorkehrungen, die der Gesetzgeber dagegen gemacht hat*« (Nationalausgabe, Bd. 17, Weimar 1970, S. 379, S. 19-25). Für Schiller sind die jüdischen Aussatzgesetze (*Torat HaMezora*, Lev 14,1) also keine Widerlegung, sondern ein weiterer Beleg für die antijüdische Ursprungslegende aus dem Altertum. Er schließt von den Gesetzen auf die Zustände: Wer so strenge Maßnahmen gegen den Aussatz ergreift wie Mose, muss auch viel unter diesem Übel gelitten haben! Freilich, Schiller schreibt im Gegensatz zu Tacitus *sine ira et studio* und kehrt die antijüdische Tendenz dieser Abstammungslegende gegen ihre Kolporteure. Die Verhältnisse in den zeitgenössischen Judenvierteln vor Augen, macht er die schlechten Judengesetze der Ägypter für die hygienischen Missstände verantwortlich: »*Dieser Aussatz also*, schreibt er, *eine natürliche Folge ihrer engen Wohnung, ihrer schlechten und kärglichen Nahrung und der Misshandlung, die man gegen sie ausübte, wurde wieder zu einer neuen Ursache derselben.* (...) *Gegen Menschen, die der Zorn der Götter auf eine so schreckliche Art ausgezeichnet, hielt man sich alles für erlaubt und trug kein Bedenken, ihnen die heiligsten Menschenrechte zu entziehen. Kein Wunder, dass die Barbarey gegen sie in eben dem Grade stieg, als die Folgen dieser barbarischen Behandlung sichtbarer wurden, und dass man sie immer härter für das Elend strafte, welches man ihnen doch selbst zugezogen hatte. Die schlechte Politik der Egypter* etc.. « (ebd., S. 379,31-380,8).[24] Die »*schlechte Politik der Egypter*« war aber zweihundert Jahre nach dem deutschen Klassiker wieder offizielle deutsche Politik. Die Juden wurden in »*Seuchengebiete*« genannte Ghettos ausgegrenzt und dann von so genannten »*Desinfektoren*« mit einem Schädlingsbekämpfungsmittel, wie es in der *Lingua Tertii Imperii* so unauffällig hieß, »*entwest*«.[25] Die Identifikation der Juden mit Schädlingen im 20. Jahrhundert ist also kein Rückfall ins dunkle Mittelalter, sondern gleichsam das Symptom einer fortschreitenden Krankheit, die seit dem Altertum ungebrochen immer wieder und immer heftiger grassiert[26] – ein weiteres Kapitel im Buch *Anti-Levitikus*!

4. Sündenbock

Die Bibelausleger haben stets nach der Mitte der Tora des Mose gesucht, nicht wörtlich nach der Textmitte, sondern nach der Sinnmitte, nach dem Kernsatz, auf den sich alle ihre Geschichten und Gesetze zurückbringen lassen, gleichsam ein Leuchtturm, der bei der Auslegung als Orientierungspunkt dienen kann. Jesus hat diese Sinnmitte bekanntlich im Doppelgebot der Gottes- und der Nächstenliebe ausgemacht. Nach dem Matthäus-Evangelium sagte er: »[37]*‚Du sollst lieben Gott, deinen Herren, von ganzem Herzen, von ganzer Seele und von ganzem Gemüte‘* (Dtn 6,5). [38] *Dies ist das vornehmste und größte Gebot.* [39] *Das andere aber ist ihm gleich: ‚Du sollst deinen Nächsten lieben wie dich selbst‘* (Lev 19,18). [40]*An diesen beiden Geboten hanget das ganze Gesetz und die Propheten*« (Mt 22,37-40). Wir werden auf diese Zentrierung des Textes im übernächsten Kaptel noch zurückkommen, hier wollen wir nur fragen, welches Wort tatsächlich in der Mitte der fünf Bücher Mose steht? Es ist das unbestimmte Tunwort »*Darosch*«, »*untersuchen*«, »*erforschen*«, »*erfragen*« im sechzehnten Vers des zehnten Kapitels des dritten Buches Mose (Lev 10,16). Dieser Fund muss jeden Bibelausleger und -erklärer elektrisieren, denn dasselbe Wort bedeutet auch: »*auslegen*« und »*erklären*«. Von ihm kommen die Hauptwörter: »*Midrasch*«, »*Auslegung*« und »*Drascha*«, »*Predigt*« her. Als ob die Schrift ihrem Leser von dieser exponierten Stelle aus einen Wink geben und ihm zurufen wollte: »*erkläre mich!*« (*Darscheni*). Man ist auch gespannt zu erfahren, welche Sache denn zu »*untersuchen*« und zu »*erforschen*« ist. Das fragliche Wort steht im Vers: »*Und Mose fragte nach dem Sündenbock* (...)«, (*WeEt Se'ir HaChattat Darosch Darasch Mosche*, Lev 10,16). Es geht an dieser prominenten Stelle also um den »*Sündenbock*«, mit dem das Volk entsühnt werden soll (9,7 u. 15). Etwas später, im 16. Kapitel des Buches Levitikus – das nach Abschnitten gezählt wiederum in der Mitte des Buches Levitikus liegt – kommt die Schrift nach einer längeren Unterbrechung (Lev 11 – 15) wieder auf die Opferung des Sündenbocks am Versöhnungstag (*Jom Kippur*) zurück. Dürfen wir von der buchstäblich zentralen Position des Themas auf seine zentrale Bedeutung schließen? Dafür gäbe es gute Gründe. Mit dem Blut des Sündenbocks wurden nämlich die mit Sünden verunreinigten Räume der Wohnung Gottes gereinigt (Lev 16,15-20; 17,11ff.) und der Bewohner dieser Räume besänftigt und zum Dableiben überredet (Ex 25,9; 29,45; Lev 26,11; Num 2,3; Ez 10 – 11; 37,27). Der Lebenssaft der Tiere war gleichsam ein Allzweckreiniger, mit dem sämtliche leiblichen und seelischen Befleckungen behandelt und entfernt werden konnten (Lev 17,11ff.). Jedenfalls gibt dieses Ritual eine Antwort auf die entscheidende Frage, wie sich der sündhafte Mensch reinigen kann. Die Bibel nennt den Versöhnungstag einen hohen Feiertag (*Schabbat Schabbaton* 16,31) und in der jüdischen Religion ist er der höchste. Vielleicht wird man nun einwenden, dass dieses Zusammentreffen von Text- und Sinnmitte der Tora rein zufällig ist. Doch die Bibel arbeitet auch sonst mit solchen Mitteln. Wir finden z. B. symmetrisch aufgebaute Verse, die einen zentralen Begriff durch zwei gleiche, aber gegenläufige Wortreihen einrahmen, etwa den Spruch: »*Wer vergießt Blut des Menschen, durch Menschen soll sein Blut vergossen werden*« (*Schofech Dam HaAdam BaAdam Damo Jischafech*). Damit wird der Begriff »*Adam*«, »*Mensch*« hervorgehoben und dem ethischen Axiom, dass Blutvergießen Maß für Maß zu vergelten ist, durch den Gleichklang der Wörter »*Adam*«, »*Mensch*« und

»*Dam*«, »*Blut*« eine ästhetische Evidenz verliehen. Mit dem gleichen Stilmittel wird die zentrale Bedeutung des Versöhnungstages unterstrichen: »[16,29]*Und*«, heißt es in unserem Abschnitt, »*dies sei euch zum ewigen Gesetz: im siebenten Monat, am zehnten des Monats, sollt ihr euch kasteien und keinerlei Arbeit verrichten, der Einheimische und der Fremde, der in eurer Mitte weilt.* [30]*Denn an diesem Tag erwirkt er euch Sühne, um euch zu reinigen; von allen euren Sünden sollt ihr vor dem Ewigen rein werden.* [31]*Ein hoher Ruhetag sei er euch, ihr sollt euch kasteien; ein Gesetz für die Ewigkeit*« (Lev 16,19-31). Die Reihe: Ewigkeitsgeltung, Enthaltsamkeitsgebot und Arbeitsverbot wird am Schluss des Textes nicht etwa aus Versehen in umgekehrter Reihenfolge wiederholt, vielmehr laufen beide Reihen aus entgegengesetzten Richtungen auf die zentrale Aussage der Reinigung von Sünden zu und setzen sie gleichsam räumlich ins Relief. Warum sollte nicht auch der ganze Pentateuch nach dem gleichen Konstruktionsgesetz aufgebaut sein? Schöpfung und Verheißung des gelobten Landes im 1. Buch Mose, Auszug aus dem fremden Land und Wüstenwanderung im 2. Buch Mose, dann spiegelbildlich dazu Wüstenwanderung im 4. Buch Mose und Weisung vor dem Einzug ins gelobte Land im 5. Buch Mose – in der Mitte die Wohnung Gottes im 3. Buch Mose und in dessen Mitte die Versöhnung mit Gott. Demnach wäre das Sündenbockritual die Achse, um die sich die ganze Tora dreht. Einige moderne kulturanthropologische Überlegungen können die Berechtigung einer übertrieben scheinenden Aussage untermauern.

Der französische Literaturwissenschaftler René Girard hat in einer Reihe von Büchern dargetan, dass Sündenbockrituale nicht nur in der Bibel, sondern in allen Religionen, ja in allen menschlichen Institutionen im Mittelpunkt stehen. In seinem 1972 erschienenen Werk *Die Gewalt und das Heilige* schreibt er: »*Jedes religiöse Ritual geht aus dem Sündenbock hervor und alle großen menschlichen Einrichtungen, religiöse wie profane, gehen aus dem Ritual hervor*«.[27] Die absolut unverzichtbare Rolle des Sündenbocks ist nach der Kulturanthropologie Girards, Frieden zwischen den Menschen zu stiften. Davor herrscht nämlich der Krieg aller gegen alle (der hobbesische »*bellum omnium in omnes*«). Daran ist nicht nur echte Ressourcenknappheit schuld, sondern der angeborene Nachahmungstrieb, der uns eben das wünschen lässt, was Unseresgleichen besitzt oder ist. Der einzige Ausweg aus der Dauerkrise ist die Umlenkung der Gewalt auf ein Opfer, das als Verursacher allen Übels hingestellt wird. Durch die Tötung des »*Sündenbocks*« wird nach dem Prinzip des Hohepriesters: »*es wäre gut, dass ein Mensch würde umgebracht für das Volk*« (Joh 18,14) der chaotische Krieg aller gegen alle in einen Krieg aller gegen einen verwandelt und so auf dessen Kosten innerer Frieden und Ordnung hergestellt.[28] Nach der Theorie Girards steht also nicht die natürliche Geselligkeit oder ein vernünftiger Vertrag an der Wiege der menschlichen Zivilisation, sondern die Komplizenschaft bei der Ermordung eines unschuldigen Opfers. Der deutsche Altphilologe Walter Burkert, dessen Standartwerk *Homo necans* (*Der Mensch, der tötet*)[29] im gleichen Jahr wie das Girards erschienen ist, verweist sogar auf einen vergleichbaren zoologischen Verhaltensmechanismus: »*die Situation der von Raubtieren umlagerten Herde* (...): *ein Mitglied, vielleicht ein Außenseiter, ein junges oder altes, krankes Tier wird zum ‚Opfer' werden. Gerade in dieser Sicht ist der Sündenbock Ausgestoßener und Retter zugleich*«.[30] Auch Burkert führt zahlreiche Beispiele dafür an, wie in verschiedenen Kulturen die entfesselten Gewalten durch derartige Stellvertreter besänftigt werden. Das Sündenbockritual aus unserem Wochenabschnitt ist also das Paradigma für eine allgemeine Ritual- und Verhaltensform.

Sehen wir uns den Text im sechsten Abschnitt des dritten Buches Mose vor diesem weiteren Hintergrund an: »[16,5] (...) *von der Gemeinde der Kinder Israel nehme* (der Hohepriester Aaron) *zwei Ziegenböcke zum Sündopfer* (...). [7]*Dann nehme er die beiden Böcke und stelle sie vor dem Ewigen hin, an den Eingang des Stiftszeltes.* [8]*Und Aaron lege auf die beiden Böcke Lose, ein Los für den Ewigen und ein Los für Asasel.* [9]*Und Aaron bringe den Bock, auf den das Los für den Ewigen gefallen ist, heran und bestimme ihn zum Sündopfer.* [10]*Den Bock aber, auf den das Los für Asasel gefallen ist, stelle man lebendig vor den Ewigen hin, um Buße für ihn zu tun* (*LeChapper Alaw*) *und ihn dann zum Asasel in die Wüste zu schicken.* (...) [15]*Dann schlachte er den Sündopferbock des Volkes, bringe sein Blut hinter den Vorhang* (des Allerheiligsten) *und* (...) *er sprenge es oben gegen den Deckel* (der über dem Gesetz liegt) *und unten vor den Deckel.* [16]*So erwirkt er dem Heiligtum Sühne für das, was die Kinder Israels in ihrer Unreinheit begangen, für ihre*

Freveltaten, für alle ihre Sünden (...). [20]*Wenn er dann (...) die Sühnehandlung beendet hat, so bringe man den lebenden Bock heran.* [21]*Und Aaron stemme sich mit beiden Händen auf den Kopf des lebenden Bockes und bekenne, auf ihn gelehnt, alle Schuld der Kinder Israels, alle ihre Freveltaten, alle ihre Sünden, lege sie so auf den Kopf des Bockes und schicke ihn durch einen dazu bereit stehenden Mann in die Wüste.* [22]*Der Bock nehme auf sich alle Schuld und trage sie in eine entlegene Gegend; und dort in der Wüste stoße er den Bock von sich«* (Lev 16,5-22). Hier kommen zwei Böcke vor und der so genannte »*Sündenbock*« ist gar nicht der Sündenbock. Denn der in der Bibel ausdrücklich so genannte »*Sündenbock*« *(Sse'ir HaChatat)* wird nicht mit den Sünden beladen und der gewöhnlich so genannte »*Sündenbock*« wird nicht geopfert. Der mit den Sünden beladene Bock wird vielmehr nur, wie wir noch heute sagen, in »*die Wüste geschickt*« oder »*zum Teufel gejagt*« und hieße wie in allen anderen Sprachen besser »*Sendebock*« (hebr: *Ssa'ir HaMischtaleach*, lat.: *caper emissarius*, franz.: *bouc emissaire*, engl.: *scapegoat*). Das weitere Schicksal des Sendebocks, den wir »*Sündenbock*« nennen, ist allerdings rätselhaft. Was hat es mit seinem Empfänger *Asasel* auf sich? Schließlich verbietet die Bibel nur wenig später kategorisch: »*nicht sollen sie ferner ihr Schlachtvieh den Bocksgestalten (Sse'irim) opfern, denen sie dienen; dies sei ihnen ein ewiges Gesetz für alle Geschlechter*« (Lev 17,7). Liegt hier aber nicht genau ein solches Opfer vor? Der Name des Empfängers »*Asasel*« könnte dafür ein Beleg sein. Denn »*As*« bedeutet gleichfalls »*Ziegenbock*« und »*Asasel*« wäre eine passende Bezeichnung für einen solchen bocksgestaltigen Wüstendämon. Wegen des Widerspruchs zum Opferverbot in 17,7 zählte die rabbinische Tradition das Gebot des Sendebocks in Lev 16,10 zu den unerklärlichen und angreifbaren Gesetzen (*Chukkim*). Hier muss aber nicht zwangsläufig ein Widerspruch vorliegen, denn der »Sendebock« wurde ja gar nicht geopfert. Der zweite Teil des Namens gibt Aufschluss über sein Schicksal: »*Asal*« bedeutet »*fortgehen*«, »*verschwinden*« (*Asal*), so dass *AsAsel* wiederum »*Bock, der fortgeht*«, »*Bock, der davonkommt*« heißt (Septuaginta: *trágos apopompaios*, Buber-Rosenzweig: »*Räumaus*«). Der zottelige (*Sse'ir Isim*, Lev 16,5), mit den Sünden des Volkes behängte Sendebock gesellt sich demnach zu seines gleichen – ein dritter Bock! – und sie verschwinden auf nimmer Wiedersehen aus der bewohnten Welt. Eine Analyse des Sendebockrituals im Jerusalemer Tempel bestätigt diesen Schluss. In der Mischna heißt es: »(Der Hohepriester) *nähert sich dem wegzuschickenden Bock* (*Ssa'ir HaMischtaleach*), *stützt beide Hände auf ihn und spricht das Sündenbekenntnis* (*Mitwade*). (...). *Dann übergab er* (*den Bock*) *dem, der ihn wegführen sollte.* (...) *Und ein Brückensteg wurde für ihn angefertigt wegen des Pöbels, der ihn an den Haaren zerrte, indem sie riefen: Da nimm und geh, da nimm und geh! Von den Edlen Jerusalems begleiteten ihn einige bis zur ersten Hütte. Zehn Hütten waren von Jerusalem bis zur Felsenkluft* (ca. 12 km, D. K.). *Bei jeder einzelnen Hütte sagte man* (trotz des Fasttages) *zum Führer: ‚Hier ist Speise, hier ist Wasser'. Man geleitete ihn von Hütte zu Hütte bis auf die letzte, deren Gäste nicht mit ihm zur Schlucht gelangten, sondern von ferne standen und seinem Tun zuschauten. Wie ging er vor? Er teilte ein rotes Band, befestigte die eine Hälfte am Felsen, die andere zwischen den Hörnern* (*des Bocks*), *und stieß diesen rückwärts, dass er hinabrollte und, ehe er noch die Mitte des Berges erreicht hatte, in lauter Stücke gerissen wurde. Dann kehrte er um, und verweilte in der letzten Hütte, bis die Nacht hereinbrach* (...). *Man meldete dem Hohepriester, dass der Bock die Wüste erreicht hatte. Woher wusste man aber, dass der Bock die Wüste erreicht hatte? Es wurden Posten aufgestellt, die Fahnen schwenkten, und so erfuhr man, wann der Bock die Wüste erreichte*« (Mischna Joma 7,2-8). Obwohl der Sendebock in den Tod gestürzt wurde, handelte es sich nicht um eine reguläre Opferung. Ja, die Tötung des Bocks war überhaupt keine gottesdienstliche Handlung, denn sobald der Bock die Wüste erreicht hatte, wurde der Hohepriester telegraphisch informiert und setzte noch vor dessen Tötung den Gottesdienst fort. Getötet wurde der Bock vermutlich nur, um zu verhindern, dass er mit den ganzen Sünden in bewohnte Gegenden zurückläuft. Der »Sendebock« den wir »Sündenbock« nennen, wurde also gar nicht geopfert![31] Ganz zu schweigen davon, dass beim jüdischen Versöhnungstag seit der Zerstörung des Tempels auch der eigentliche Sündenbock nicht mehr geopfert wird. Niemand muss mehr für das Volk geopfert und niemand muss mehr vertrieben werden. Vielmehr gilt, was in der Neujahrs- und Versöhnungstagsliturgie steht: »*Umkehr und Gebet und Almosen wenden das böse Verhängnis ab«* (*Utschuwa UTfila UZdaka Mawirin Et Roa HaGesera*).

Ursprünglich mag das biblische Sündenbockritual ein Menschenopferritual ersetzt haben. Hyam Maccoby, der *»Sherlock Holmes der Menschenopferdetektive«*[32], hat dieses zugrundeliegende Ritual folgendermaßen rekonstruiert: Der Sündenbock steht für das Menschenopfer, dessen Blut für das Volk vergoßen wird, der Sendebock für den *»Henker«*, der das Blut vergießt. Da das Opfer durch den Zufall des Loses bestimmt wird und der »Henker« verstoßen wird, bleibt das Volk frei von Schuld. Nur im Sinne einer solchen *»Unschuldskomödie«* könne die seltsame biblische Formulierung verstanden werden, der Sendebock werde in die Wüste geschickt, *»um Buße für ihn zu tun«* (*LeChapper Alaw,* 16,10) – das muss wohl heißen für den geschlachteten Sündenbock.[33] Anstelle des Menschen ist aber im biblischen Ritual ein Tier getreten, der sprichwörtliche »Sündenbock« ist wörtlich ein Bock! Gerade wenn das Sündenbockritual, wie Girard und Burkert gezeigt haben, eine spontane Strategie ist, diffuse Gewalt auf einen designierten oder stigmatisierten Gewaltableiter zu lenken, dann ist eine solche Substitution von weitreichender Bedeutung. Man mag es freilich immer noch recht primitiv finden, dass Sünden des Menschen auf ein unschuldiges Tier abgewälzt und mit ihm eliminiert oder evakuiert werden.[34] Ein Tier ist aber immer noch besser als ein Mensch und es wäre schon viel gewonnen, wenn wir uns in Krisenzeiten mit einem Bock begnügen würden. Natürlich kann man bedauern, dass die Bibel den Sündenbockmechanismus nicht als solchen entlarvt, ja dass sie sogar das Paradebeispiel und die Benennung für diese Art von Umschuldung liefert. Doch die Bibel schweigt nicht, wenn anstelle des Tieres wieder ein Mensch gesetzt wird. Die Leute bekennen beim Propheten vielmehr, dass ein Unschuldiger wegen ihnen und durch sie bestraft worden ist: »[2]*Wir sahen ihn, aber da war keine Gestalt die uns gefallen hätte.* [3]*Er war der Allerverachtetste und Unwerteste, voller Schmerzen und Krankheit. Er war so verachtet, dass man das Angesicht vor ihm verbarg,* (...). [4]*Aber er trug unsere Krankheit und lud auf sich unsere Schmerzen. Wir aber hielten ihn für den, der geplagt und von Gott geschlagen und gemartert wäre.* [5]*Aber er ist um unsrer Misse-*

tat willen verurteilt und um unserer Sünde willen zerschlagen. Die Strafe liegt auf ihm, auf dass wir Frieden hätten und durch seine Wunden sind wir geheilt« (Jes 53,2-5). Girard betont immer wieder, dass sich die Bibel im Gegensatz zu allen anderen Mythen nicht die Deutung der Täter zu eigen macht und die Verteufelung der Opfer nicht mitmacht. Sie beendet vielmehr die übliche »*Unschuldskomödie*« und schlägt sich auf die Seite der »Sündenböcke«. Im *Sündenbock* führt Girard den Beweis dafür hauptsächlich anhand von Texten des Neuen Testaments.[35] Allerdings haben die Kirchenväter im Anschluss an den *Hebräer-Brief* (9 – 13 u. 14) anstelle der Tieropfer wieder das Menschenopfer gesetzt und die Juden als Henker angezeigt.[36] Im *Barnabas-Brief* wird der leidende Jesus mit dem Sendebock und der auferstandene und wiederkehrende Jesus mit dem Sündenbock identifiziert (7,10). Justinus sagt in seinem *Dialog mit dem Juden Trypho*: »*Die beiden für das Fasten befohlenen Böcke, welche ähnlich sein mussten, und von denen der eine verstoßen wurde, der andere als Opfer diente, verkündeten das zweimalige Erscheinen Christi: das erste Erscheinen, so ferne die Ältesten eures Volkes und die Priester ihn verstoßen, Hand an ihn gelegt und ihn getötet haben, seine zweite Parusie dagegen, sofern ihr an dem gleichen Orte Jerusalem ihn, den ihr entehrt habt, erkennen werdet*« (40,4). Als Gottesmörder wurden die ehemaligen Sündenbockopferer selber zu den idealen Sündenböcken.

Es ist kein Zufall, dass Girard seine allgemeine Theorie der Verfolgungstexte mit einem Gedicht von Guillaume de Machaut illustriert, in dem dieser den Juden die Schuld an dem anderen großen Seuchenzug des Mittelalters, der Pest, gibt: »*Daraufhin kam ein Saupack, / falsch, verräterisch und abtrünnig: / es war Judäa, das verscheute, / das böse und ungetreue / das alles Gute hasst und alles Böse liebt. / Sie gaben soviel Gold und Silber / und versprachen den Christen so viel, / dass sie dann Brunnen, Bäche und Quellen, / die klar und gesund waren, / an vielen Orten vergifteten / und viele daran starben; denn all jene, die daraus tranken, / starben ganz plötzlich. / So starben gewiss zehnmal hunderttausend / auf dem Land und in der Stadt, / so dass man inne wurde / dieses tödlichen Vergehens. / Aber jener, der hoch oben thront und weit sieht, / der alles regiert und für alles sorgt, / diesen Verrat geheimhalten/ nicht mehr wollte, sondern ließ ihn enthüllen / und verbreiten so allge-*

mein, / dass sie Leben und Gut verloren. / Alle Juden wurden vernichtet/ die einen gehängt, die andern gekocht, / die einen ertränkt, / den anderen abgetrennt / der Kopf mit der Axt oder dem Schwert. (...)« (V.212-240)[37]. Bezeichnenderweise begann aber der systematische Judenmord vielerorts lange vor dem Ausbruch der Epidemie, also lange bevor das erste christliche Opfer der angeblichen Brunnenvergiftungen zu beklagen war.[38] In der Reichsstadt Nürnberg z.B. wurden am 5. Dezember 1349 fast 600 Juden umgebracht, obwohl die Stadt von der Pest verschont blieb. Der städtische Rat hatte bereits acht Monate vorher mit dem Kaiser über die Verteilung des jüdischen Besitzes zu verhandeln begonnen. Das belegt, dass das »*Judenschlagen*« und »*Judenbrennen*« keineswegs, wie man früher oft angenommen hat, ein spontanes Pogrom angesichts des »*Schwarzen Todes*« war, sondern vielmehr ein langfristiges Programm der Ausraubung und Austreibung und Auslöschung.

Girard macht noch auf einen anderen interessanten Widerspruch aufmerksam (ebd., S. 70-71). Juden gehörten in dieser Zeit trotz zahlreicher kirchlicher Verbote, zu den führenden Ärzten Europas.[39] Einer von ihnen, Abraham ben David Caslari aus Narbonne, verfasste 1349 sogar einen Traktat über die *Pest und andere Fieber*.[40] Die ambivalente Wahrnehmung der Juden als Ärzte und Giftmischer kann Girard jedoch leicht erklären: »*Zeige der Jude uns gegenüber*«, zeichnet Girard den Gedankengang der Verfolger nach, »*seinen schlechten Willen, und er wird uns die Pest bringen; zeige er seinen guten Willen, und er wird uns verschonen oder heilen, falls er bereits zugeschlagen hat. Er erscheint also als letzte Zuflucht, und zwar aufgrund und nicht trotz des Übels, das er uns zufügen kann oder bereits zugefügt hat. (...) Jenseits einer bestimmten Intensität des Glaubens erscheint der Sündenbock nicht mehr nur als passives Aufnahmegefäß der bösen Kräfte, sondern als jener allmächtige Manipulator, (...). Wer sagt, der Sündenbock sei die einzige Ursache der Plage, der sagt, diese Plage werde buchstäblich zu seiner Sache und er könne nach Gutdünken darüber verfügen – zur Strafe oder zur Belohnung, je nachdem, ob ihm jemand gefällt oder missfällt*« (ebd., S. 71f.). Wie im Fall des König Ödipus ist der Heilbringer zugleich Unheilbringer.

Wie alle anderen antijüdischen Stereotype hat die nationalsozialistische Propaganda auch das Sterotyp des Brunnenvergifters aktualisiert. Hitler beschreibt z. B. in *Mein Kampf* die moderne Kunst als »*Pestilenz*«: »*eine geistige Pestilenz, schlimmer als der schwarze Tod von einst, mit der man da das Volk infizierte*«[41] und machte vor allem »*den Juden*« für die Moderne verantwortlich. Der in Nürnberg erscheinende *Stürmer* titelte im März 1932 mit einem *Die Weltpest* überschriebenen Artikel über das Judentum (10. Jahrg., Nr. 10).[42] Juden wurden in diesem Blatt noch vor der Machtergreifung Hitlers regelmäßig als Giftmörder dargestellt[43] und mit Ratten und Flöhen verglichen.[44] Am 15. April 1943, die Ausrottung der Juden mit »Schädlingsbekämpfungsmittel« war auf dem Höhepunkt, veröffentlichte *Der Stürmer* auf Seite 1 unter dem Titel »*Krankheitserreger*« einen Cartoon mit einem Mikroskop. Darunter werden Davidsterne sichtbar, mit den Symbolen des amerikanischen Dollars und des britischen Pfundes, Hammer und Sichel und der rote Stern der Sowjetmacht und das Dreieck der Homosexuellen. Einige Verse erklären: »*Mit seinem Gift zersetzt der Jud/ Der schwachen Völker Blut,/ So das ein Krankheitsbild entsteht,/ Bei dem es rasend abwärts geht./ Doch bei uns lautet der Befund:/ Das Blut ist rein. Wir sind gesund!*« Hitler erklärte die Ausrottung der Juden angesichts der totalen Niederlage für einen »seuchenhygienischen« Sieg : »*In einer moralisch mehr und mehr durch das jüdische Gift verseuchten Welt muss ein gegen dieses Gift immunes Volk schließlich und endlich die Oberhand gewinnen. So gesehen, wird man dem Nationalsozialismus ewig dafür dankbar sein, dass ich die Juden aus Deutschland und Mitteleuropa ausgerottet habe*« (Gespräch vom 2. April 1945). Jüdische Überlebende des Völkermordes wären beinahe noch zu den »Brunnenvergiftern« geworden, als die man sie so lange grundlos verdächtigt hatte. Eine Gruppe von jüdischen »Rächern« plante im Herbst 1945, das Trinkwasser von Nürnberg zu vergiften, doch die sorgfältig vorbereitete Operation ist wieder abgeblasen worden. An diesem Beispiel sehen wir wieder jene grausame Ironie der Geschichte am Werk. Ausgerechnet diejenigen, die dem Sündenbock ihren Namen gegeben haben und sich mit seiner Hilfe von ihren Sünden reinigten, wurden Jahrtausende lang als Sündenböcke betrachtet und als Keime der Unreinheit und der Krankheit behandelt. Einen Höhepunkt erreicht die systematische Inversion der Reinheitsgebote im Zusammenhang mit den Inzestverboten.

5. Unzucht

Der sechste Abschnitt des dritten Buches Mose endet mit einer Reihe von Inzestverboten. Die sehr eindringlichen Ermahnungen in der Präambel und im Postskript der Reihe zeigen die Bedeutung, die die Bibel selber diesen Gesetzen gibt: Die Präambel lautet: »[2](...) *Ich bin der Ewige euer Gott.* [3]*Verübet nicht Taten, wie sie im Lande Ägyten geschehen, verübet nicht Taten, wie sie im Lande Kanaan geschehen, wohin ich euch führen werde; nach ihren Gesetzen sollt ihr nicht wandeln.* [4]***Meine*** *Rechtsvorschriften sollt ihr üben und* ***meine*** *Gesetze beobachten und danach wandeln; ich bin der Ewige, euer Gott.* [5]*Beobachtet meine Gesetze und meine Rechtsvorschriften; wer sie übt, wird durch sie leben; ich bin der Ewige.* [6]*Niemand darf seinen Blutsverwandten nahen und ihre Blöße aufdecken* (*Galot Erwa*)*; ich bin der Ewige*« (Lev 18,2-6). Dann folgen ungefähr zwei Dutzend verschiedene Sexualtabus (Lev 18,7-23). Das Ganze schließt mit einer scharfen Warnung vor der Übertretung dieser Verbote: »[24]*Verunreinigt euch nicht durch irgendeine solcher Taten! Denn durch lauter solche Taten haben sich die Völker verunreinigt, die ich vor euch vertreibe.* [25]*Und das Land wurde unrein; da ahndete ich an ihm seine Schuld, und das Land spie seine Bewohner aus.* [26]*So beobachtet ihr denn meine Gesetze und meine Rechtsvorschriften und begehet keine von diesen Gräueltaten, der Einheimische wie der Fremde, der in eurer Mitte weilt.* [27]*Denn alle diese Gräueltaten haben die Bewohner des Landes, die vor euch waren, begangen, und das Land wurde unrein.* [28]*Das Land würde euch ausspeien, wenn ihr es verunreinigt, wie es das Volk ausgespien hat, das vor euch gewesen.* [28]*Denn wer von diesen Gräueltaten irgendeine begeht – die solches begehen, sollen aus ihrem Volke getilgt werden.* [30]*So beobachtet denn, was ich vorschreibe, übt keine von den grauenhaften Sitten* (*Chukkot HaToewot*)*, die vor euch geübt worden, damit ihr euch dadurch nicht verunreingt; ich bin der Ewige, euer Gott!*« (Lev 18,24-30). Das drakonische Strafregister für Blutschande folgt im übernächsten Kapitel (Lev 20,10-22). Die gebetmühlenartige Wiederholung der Autoritätsformel: »*Ich bin der Ewige*«, des Ekelausdrucks: »*Gräueltat*« (*To'ewa*) und der Strafmetapher: »*Brechen des Landes*« (*Taki HaArez*) zeigt an, dass wir hier an einem kritischen Punkt des Reinheitskodex angelangt sind. Wenn »Reinheit« »Unterscheidung« bedeutet, dann dienen diese sexuellen Reinheitsgebote einer doppelten Unterscheidung. Extern unterscheiden sie »reine« von »unreinen« Völkern und intern »reine« von »unreinen« Beziehungen. Die Sitten der Israeliten sollen sich erstens nicht nach den Unsitten ihres Herkunftslandes (Ägypten) und ihres Zukunftslandes (Kanaan, 18,3) richten. Dabei geht es nicht um beliebige Landessitten, denn der Gesetzgeber bemerkt ausdrücklich, dass auch die anderen Völker verpflichtet gewesen wären, diese Gesetze einzuhalten (18,24.26-30) und dass sie auch in Israel für »Fremde« bindend sind (18,26). Es handelt sich also um allgemeingültige »Naturgesetze« und die Natur bricht gleichsam jene, die sie brechen (18,28; Dtn 9,4). Umgekehrt belohnt sie jene, die sie respektieren, wie es heißt: »*Wenn ihr nach meinen Gesetzes wandelt* (*Im Bechukotai Telechu*) *und meine Gebote beobachtet und sie haltet, so will ich euch Regen zur rechten Zeit geben, der Boden wird seinen Ertrag geben und die Bäume auf dem Felde ihre Frucht*« (26,3-4). Das Leben im heiligen Land verlangt von seinen Einwohnern, Israeliten oder Nicht-Israeliten, tadellose Sitten (18,28). Im Gegensatz zu den »perversen« Vertriebenen sollen die neuen Einwohner sitten- und naturwidrige Geschlechtsbeziehungen meiden. Wie lassen sich aber »natürliche« von »unnatürlichen« Beziehungen unterscheiden? Damit kommen wir zur zweiten, internen Funktion der sexuellen Reinheitsgebote, die definieren, was »normale« exogame und was inzestiöse endogame Paarungen sind.

Die Bibel nennt Blutschande bezeichnenderweise »*schändliche Vermischung*« (*Tewel*, Lev 18,23 und 20,12). Wie schon die Speise- und Aussatzgesetze sind auch die Inzestverbote eine Unterabteilung der Mischungstabus (*Kilajim*). Die Übereinstimmung der Gesetzeskategorien erstreckt sich bis auf den Satzbau: Das Objekt ist vorangestellt, das Verb steht im Imperfekt und die Negation wird durch »*Lo*« ausgedrückt. Die Verbote in unserem Kapitel: »*WeEt Sachar Lo-Tischkaw*« (»*Bei einem Manne sollst Du nicht liegen*«, Lev 18,22); »*UwChol Behema Lo-Titen Sch'chawtecha*« (»*Zu einem Tier darfst Du dich nicht hinlegen*«, Lev 18,23) sind ein genaues Echo zu den Tabus: »*Behemtecha Lo-Tarbia Kilajim*« (»*Von deinem Vieh sollst Du nicht zweierlei Arten sich begatten lassen*«, 19,19), »*Sadecha Lo-Tasrija Kilajim*« (»*auf deinem Felde sollst*

Du nicht zweierlei Arten säen« ebd.) im nächsten Kapitel. Und wie zur Bestätigung folgt auf die Mischungstabus sofort wieder ein Geschlechtstabu, das geschlechtliche Vermischung zwischen einem Freien und einer verlobten Sklavin (Ibn Esra z. St.) untersagt. Nun werden aber gemeinhin die Mischungstabus und somit auch die Inzestverbote als arbiträre Gesetze betrachtet, die von Stamm zu Stamm variieren. Was bei den einen als »schändliche Vermischung« gilt, z. B. die Geschwisterehe, sehen andere – andere Völker – andere Sitten! – als eine Beziehung von unvermischtester Reinheit. Derartige Willkürgesetze bezeichnet die jüdische Tradition mit dem Terminus »*Chukkim*«, »*Satzungen*« (von »*Chakak*«, »*graben*«, »*schreiben*«, »*vorschreiben*«) und die biblischen Mischungstabus im nächsten Kapitel werden ausdrücklich mit der Formel »*Et-Chukkotai Tischmoru* (...)«, »*Meine Satzungen sollt ihr beobachten* (...)« (Lev 19,19) eingeleitet, was Raschi prompt mit »*Königsgesetze, für die es keine Begründung gibt*« (»*Geserot Melech ScheEijn Ta'am LeDawar*«) erklärt. Andererseits werden aber auch die Naturgesetze mit diesem Terminus als »*Chukkot Schamajim WaArez*«, »*Gesetze des Himmels und der Erde*« (Jer 33,25; 31,34; Spr 8,29 und LevRab 35, 4) bezeichnet. Tatsächlich sind Mischungstabus aus der biblischen Innenperspektive keineswegs willkürliche Konventionen, sondern Garanten der göttlichen Schöpfungsordnung. Im Schöpfungsbericht heißt es immer wieder, dass jedes Lebewesen »*nach seiner Art*« (*LeMino*, Gen 1,11.12.21.24.25) hervorgebracht wurde. Dieses Naturgesetz der Artkonstanz darf nun der Mensch nicht durch Schaffung von hybriden Sorten durchkreuzen. Es ist deshalb ganz folgerichtig, wenn die hellenistisch-jüdische Tradition die Mischungstabus vernunft- und naturrechtlich auslegte (Philon, Über die Einzelgesetz IV, §§203-218, Werke, Bd. II, S. 304-308; Josephus, Jüdische Altertümer, IV, 8, 20, S. 230) und gewisse rabbinische Traditionen sie den allgemeingültigen noachidischen Geboten zurechneten (bSan 60a).[45] Wie die Mischungstabus so sind auch die Sexualtabus in diesem normativen Klassifikationssystem der Schöpfung verankert, das »richtiges« von »abweichendem« sexuellen Verhalten und somit »reine« von »unreinen« Beziehungen zu unterscheiden erlaubt. Die Prokreation gilt insbesondere als Fortsetzung der Kreation[46] und somit werden konsequent alle Beziehungen verworfen, die diesem Zweck irgendwie zuwider sind, wie die Inzucht und die Unzucht zwischen Halbgeschwistern, Schwägern (18,9.11.16) und Angehörigen verschiedener Generationen (18,6-8; 10; 12,17), der Geschlechtsverkehr während der Menses (18,19), Ehebruch (18,20), Kindermord (18,21), Homosexualität (18,22) und Sodomie (ebd. 18,23). Das Religionsgesetz bekräftigt die Universalität der Inzestverbote (*Gilui Arajot*) und rechnet sie gleichfalls zu den für alle Menschen verbindlichen »*noachidischen Geboten*« (bSan 57b; tAwSa 8,4; Maimonides, Hilchot Melachim 9, 5 und Hilchot Issure Bia 14,10.)

Kein Volk ist an und für sich »rein«, sondern nur insofern es diese »Naturgesetze« respektiert. Es ist in diesem Zusammenhang bezeichnend, dass die Mischehe nicht zu den verbotenen »Vermischungen« gehört. Allerdings hat Esra (Ende 5. Jh.), »*der Schreiber des Gesetzes des Himmelsgottes*« (Esra 7,12), der wahrscheinlich an der Wende zum 4. Jh. v. diese Gesetze aus dem babylonischen Exil nach Jerusalem brachte und einführte, die Auflösung der Mischehen von Juden und eingeborenen Nichtjüdinnen gefordert (Esra 9,12; 10,2-4; 10,14.17f.44). Dabei berief er sich auf Gebote der Propheten, die allerdings nicht, jedenfalls nicht so, in unserem Text stehen: »*Das Land, dahin ihr kommt*, zitiert er sie, *es einzunehmen, ist ein unreines Land, wegen der Unreinheit der Völker der Länder, da sie es mit ihren Gräueln angefüllt von einer Ecke bis zur anderen mit ihrer Unreinheit. Demnach gebt eure Töchter nicht ihren Söhnen, und ihre Töchter nehmt nicht für eure Söhne, und ihr dürft nicht ihr Wohl und Bestes suchen auf ewig, damit ihr stark bleibt und genießt das Gut des Landes, und es vererbt euren Söhnen auf ewig. (...). Sollten wir wiederum deine Gebote brechen und uns verschwägern mit diesen Völkern der Gräuel* (*Amei HaToewot*)?« (Esra 9,11-14). Das Buch Nehemia berichtet gleichfalls von Maßnahmen der Rückkehrer gegen die Mischehen: »[3]*Und es geschah, wie sie das Gesetz hörten, da sonderten sie alle fremde Beimischung* (*Erew*) *aus Israel* (...) [23]*Auch sah ich in selbigen Tagen Juden, die heimgeführt hatten Weiber von Aschdod, Amon und Moaw. Deren Kinder zum Teil aschdodisch redeten oder in der Sprache eines und des anderen Volkes, aber sie verstanden nicht jüdisch zu reden.* [24]*Da zankte ich mit ihnen und fluchte ihnen und schlug einige von ihnen und raufte sie; und ich beschwor sie bei Gott, dass ihr nicht gebt eure Töchter ihren Söhnen und dass ihr nicht nehmt von ihren*

Töchtern für eure Söhne und für euch (...). [30]*Aber ich reinigte sie von allem Ausländischen* (*WeTihartim MiKol Nechar*) (...) (Neh 13,3ff.; vgl. auch Josephus, Antiquitates XI, 5, 4).

Die Reinheitsgebote sagen aber noch nichts über das sexuelle Leben innerhalb dieses Rahmens aus. Von Verzicht kann keine Rede sein. Die Fortpflanzung ist vielmehr die erste Pflicht des Menschen (Gen 1,28). Indem Sexualität zur Pflicht wird, hört sie aber auf, sich nur nach der Neigung zu richten. Das Gesetz verbannt Eros! Zwar hat die jüdische wie die christliche Mystik die erotischen Bilder des *Hohelieds* ins Religiöse überhöht und mit einer sublimen Auffassung des ehelichen Liebeslebens verbunden; es ist aber ein Irrtum, von den unverblümten erotischen Bildern der Kabbala auf die Wirklichkeit der sexuellen Beziehungen zurückzuschließen, so wenig wie die brünstigen Ergüsse der Teresa von Avila etwas über die christliche Sexualmoral aussagen. Tatsächlich reglementiert die Halacha unter dem Titel »Familienreinheit« (*Taharat HaMischpacha*) die Sexualität bis in die intimsten Details. Der Kulturkampf, den die jüdische Orthodoxie heute ausficht, besteht im Wesentlichen darin, den erotischen Reiz durch Kleiderordnung, Geschlechtertrennung und Heiratsvermittlung zu unterdrücken. Auch die auffällige Rolle von Juden wie Sigmund Freud, Magnus Hirschfeld, Ivan Bloch und Wilhelm Reich in der Sexualreform und Sexualrevolution des 20. Jahrhunderts sagt nichts über die jüdische Sexualmoral aus. Sie haben mit ihren Theorien nicht etwa auf die Repression der Sexualität im Judentum, sondern im europäischen Bürgertum des viktorianischen Zeitalters reagiert. Als Juden standen sie sämtlich außerhalb der jüdischen Tradition, damit aber auch außerhalb jeder verbindlichen religiösen Tradition und konnten so viel ungenierter an den verschwiegenen Dingen rütteln.[47] Eher sind schon Woody Allens *Stadtneurotiker*, Phillip Roths *Portnoy* oder Raphael Seligmanns *Rubinstein* Opfer neurotischer Sexualität in typisch jüdischen Milieus. Ganz sicher ist die erotische Dichtung der neuhebräischen Literatur von Micha Josef Berdischewski, Saul Tschernichowski und Salman Schneur eine Rebellion gegen die sexuelle Repression im heute verklärten *Ghetto* und *Schtetl*.[48] Der antierotische Fundamentalismus der Achtziger Jahre ist aber nicht einfach eine naive Rückkehr ins sichere *Ghetto* und *Schtetl*, sondern auch eine Reaktion auf die zweifelhaften Beglückungen der sexuellen Revolution der Sechziger Jahre. Anstelle zwanghafter Wunschverbote ist eine ebenso zwanghafte Wunschüberflutung getreten; anstelle der puritanischen Sexualfeindlichkeit freudloser Sexualkonsum. Die Pornographie, die man in roten Einzelzellen als Gipfel der sexuellen Befreiung angeboten bekommt, grenzt schon an die Chirurgie. Angesichts solcher Errungenschaften kann sich die Verschleierung und Vermummung als Ausdruck der Würde des Menschen, insbesondere der Frauen, aufspielen. Die Enthemmung schlägt dialektisch wieder in Verklemmung um.

Das jüdische Gesetz schreibt einen mittleren Weg zwischen den Extremen der Askese und der Permissivität vor. Keuschheit würde gegen das erste Gebot verstoßen. Die Schrift kennt zwar den Typus des Asketen, des *Nasirs*, der Gelübde ablegt (Num 6,1-27), seine Enthaltsamkeit bezieht sich aber auf Wein, nicht auf Sex. Das biblische Beispiel eines Nasirs, der Richter Simson (Ri 13,5), ist ausgerechnet ein Opfer seiner sexuellen Neigungen (Ri 14,3.7; 16,1.4.9.12.13.17). Die Lösung des Rätsels, das er anderen aufgibt (Ri 14,14), aber selber nicht lösen kann, buchstäblich bis zur Verblendung nicht lösen kann, heißt: Ein Löwe, den die (flotten) Bienen in Honig verwandeln (Ri 14,8). Der *Nasir* genießt übrigens keine ungeteilte Wertschätzung. Wenn die Zeit seines Gelübdes abgelaufen ist, muss er nach der Schrift sogar ein Sündopfer darbringen (Num 6,14). Auch in der Tradition ist die Einstellung zum religiösen Asketen durchaus zweideutig. Nach Maimonides ist das jüdische Ideal das Mittelmaß (*Midda Beinonit*) und der Mittelweg (*Derech HaEmza'it*).[49] Den »Mittelmäßigen« nennt er einen »*Weisen*« (*Chacham*), den Extremisten, der sich vom *juste milieu* entfernt und sich nach dem außergewöhnlichen Maß der Frömmigkeit (*Middat HaChassidut*) richtet, einen »*Frommen*« (*Chassid*). »*Die früheren Frommen* (*Chassidim HaRischonim*), schreibt Maimonides, *wichen in ihrer Tugend vom Mittelweg zu den beiden Extremen ab, die eine Tugend dem einen, die andere Tugend dem anderen Extrem zuneigend – das heißt innerhalb der Grenzlinie des Gesetzes* (*Lifnim Mischurat HaDin*) *wandeln.* ***Wir*** *sind aber nur gehalten, auf jenen Mittelwegen zu gehen, welche die guten und graden Wege sind.*[50] Gewiss, wer einem Laster verfallen ist, muss vorübergehend zum anderen Extrem, bis er wieder auf die *via media* gelangt.[51] Auf Dauer ist dieses Heilmittel aber ebenso schädlich wie die Krankheit selbst. Wie sehr Maimonides gegen den religiösen Extremismus eingenommen ist, zeigt seine Kritik der Askese. Wer aus Angst vor Sünde allem entsagt, »*bis er kein Fleisch mehr isst, keinen Wein mehr trinkt, keine Frau mehr ehelicht, keine anständige Wohnung mehr hat und keine anständigen Kleider mehr trägt, sondern einen Sack oder groben Wollstoff, wie die götzendienerischen Priester – dies ist auch ein schlechter Weg, und es ist verboten, ihn zu beschreiten. Wer ihn wandelt, wird Sünder genannt* (...). *Ebenso sind auch diejenigen, welche dauernd fasten, auf dem Irrweg, und die Weisen verbieten, sich durch Fasten zu peinigen* (*Mesagef*, von »*Sagfan*«, »*Asket*«).[52] Maimonides belegt seine Kritik der Askese mit der erwähnten Bestimmung für den Nasir. Wer fastet »*wird Sünder genannt. Denn es heißt beim Nasir: ‚Und er bewirke Entsündigung, weil er gesündigt gegen die Seele*‘ (Num 6,11). *Dies deuten unsere Weisen so: Wenn schon der Nasir, der sich doch nur des Weins enthielt, einer Sühne bedarf, um wieviel mehr derjenige, der sich so viele Dinge versagt.*[53] Die Aussagen des Maimonides haben auch aktuelle Adressaten. Wenn Maimonides etwa vom groben Wollstoff der Priester redet, dann meint er, wie Lesarten beweisen, vor allem die christlichen Mönche.[54] In seinem arabischen Moraltraktat, den so genannten *Acht Kapiteln*, gebraucht er im gleichen Zusammenhang für die Gewänder aus Wolle (hebr. *Zemer*) den arabischen Ausdruck *Suf*, der auf die gleichfalls asketischen *Sufis* hinweist.[55] Maimonides waren der islamische Sufismus und seine jüdischen Anhänger zweifellos bekannt. In seinem Moraltraktat bezieht er sich ausdrücklich ablehnend auf die »*Bekenner unseres Gesetzes,* (...) *welche andere Religionen nachahmen*«, die »*ihren Körper kasteien und sich jedes Vergnügens enthalten*«.[56] Wie erklärt dann Maimonides das Verhalten der früheren *Chassidim*, von denen die rabbinische Literatur durchaus positiv spricht? Ihnen billigt Maimonides mildernde Umstände zu. So zogen sie sich nicht etwa aus Misanthropie, sondern wegen der überhandnehmenden Sittenlosigkeit aus den Städten zurück. »*Da nun aber*«, schreibt Maimonides, »*Toren jene Tugendhaften* (Ibn Tibbon übersetzt den arabischen Ausdruck mit »*Chassidim*«) *also handeln sahen, ohne mit deren Absicht bekannt zu sein, so hielten sie diese Handlungen für etwas (an und für sich) Gutes, nahmen sie sich zum Vorbild in der Meinung, sie würden Jenen dadurch gleich werden, peinigten ihren Körper auf jegliche Weise und meinten, sie hätten etwas Tugendhaftes getan und Gutes geübt und man komme dadurch Gott näher, als wenn Gott der Feind des Körpers wäre, der dessen Zerstörung und Untergang wolle; wobei sie nicht merkten, dass jene Handlungen (an und für sich) böse sind und sich dadurch ein Seelenfehler ausbildet.«*[57] Die jüdischen Asketen übersehen also nach Maimonides, dass die Enthaltsamkeit nur im Krankheitsfall ausnahmsweise indiziert ist. Pikant ist, dass sich Maimonides eigener Sohn, Abraham (1186-1237), sowie sein Enkel und Urenkel David und Owadja den jüdischen »Sufis« angeschlossen haben und auch mit muslimischen Sufis Kontakt hielten.[58]

Der »mittlere Weg« ist aber breit. Das Religionsgesetz schränkt den Verkehr auf ihm ein. Alles, was sich gegen die Verkehrsordnung bewegt, wird verworfen; was ihr nicht zuwider ist, wird im legalistischen und funktionalistischen Diskurs versachlicht. Die Reinheitsgebote, die den sexuellen Spielraum einengen, können aber verschieden ausgelegt werden. So deuten etwa die Rabbinen das einwöchige Verkehrsverbot nach der Menses keineswegs fortpflanzungstaktisch, sondern ehehygienisch: »*Weil sie ihm, da er sie immer hat, trivial werden könnte. Daher sagt die Tora, dass sie sieben Tage unrein sei, damit sie ihrem Mann so lieb sei, wie sie es war, als sie unter den Baldachin traten*« (bNid 31b). Die Regulierung des sexuellen Triebes ist eine der wichtigsten kulturellen Leistungen der Religion. Die verschiedenen Religionen haben verschiedene Methoden ausgebildet, um die Sexualität zu »normalisieren«. Die Strategien der Askese und Prohibition sind in dieser Hinsicht kontraproduktiv, weil die dämonisierte oder sublimierte Sexualität mit Macht aus der Verdrängung zurückkehrt und zur Obsession wird. Die Strategie des Judentums ist eine andere. Sie verdrängt den sexuellen Trieb nicht, sie nimmt ihm aber seine gefährlichen Reize.

Christliche Asketen, die dem Mönchsideal des keuschen Zölibats folgten, sahen hier freilich nichts als Ausschweifung.[59] Der Kirchenvater Johannes Chrysostomos bezeichnet die Synagoge in seinem Traktat *Adversos Judaeos* schlicht als »Bordell« (Patrologia Graeca, Ed. Migne, Bd. 48, S. 915) und bezichtigt die zeitgenössischen Juden der Ausschweifung und Geilheit (ebd., S. 846f., 853,

861, 927, 940 mit Bezug auf Jer 5,8).[60] Die Reinheitsgebote in Lev 18 dienen den Kirchenvätern dabei als negativer Beweis für die besondere Lüsternheit der Juden (Justinus, Dialog mit dem Juden Tryphon, XX-XXI), und sie sprechen ihnen daher jegliche Allgemeingültigkeit ab (Eusebius von Caesarea, Demonstratio Evangelica I, 3 u. 9 zum Zölibat). Paulus war schon einen Schritt weiter gegangen und hatte behauptet, dass das Gesetz die fleischlichen Sünden erst errege (Röm 7,5.7-13), und der Evangelist Johannes hielt die »*Juden*« für Menschen, die hoffnungslos »*dieser Welt*« und das heißt für ihn dem »*Teufel*« verfallen seien (Joh 8,23 u. 44). Man kann sich also leicht vorstellen, dass asketische Christen in lebensfrohen Juden mit kinderreichen Familien einen Ausbund der Weltlichkeit, Fleischlichkeit und Lüsternheit sahen und in deren Gestalt mit maßlosen Angriffen ihre eigene verdrängte Sinnlichkeit verfolgten. Gemäß dem Rat des Apostels »*sondert euch ab* (...) *und rühret kein Unreines an, so will ich euch annehmen und euer Vater sein, und ihr sollt meine Söhne und Töchter sein*« (2 Kor 6,17-18) forderten Konzilien seit dem Anfang des vierten Jahrhunderts das Verbot von Mischehen und des Geschlechtsverkehrs zwischen Christen und Juden (so erstmals das Konzil von Elvira, 306 n.; Kanon 16 u. 78). Hier werden die Reinheitsgebote also gegen die Juden gekehrt.

Die Bild vom sexuell zügellosen Juden ist von modernen Antisemiten aufgegriffen[61] und zur Karikatur des ekelhaften Sexungeheuers weiterentwickelt worden. Die Cartoons von Philip Ruprecht, alias *Fips*, in *Der Stürmer* zeichneten mit Vorliebe den jüdischen »Blutschänder«[62], der sich an christlichen oder »arischen« Jungfrauen vergreift.[63] Im Dritten Reich wurde das Monstrum allerorts in »*Stürmerkästen*« an den Pranger gestellt.[64] Bereits eine einmalige sexuelle Berührung durch einen Juden galt einigen Rassisten als eine nie gutzumachende Befleckung und Erbsünde. Artur Dinter (1876-1948) erzählt in seinem Erfolgsroman *Die Sünde wider das Blut* (1917, 12. Aufl. 1922) die Geschichte des Ariers Hermann Kämpfer. Er heiratete die arisch aussehende Tochter eines jüdischen Bordelliers Elisabeth. Seinen ersten Eindruck von ihrem gemeinsamen Kind beschreibt Dinter so: »*Ein dunkelhäutiges, mit pechschwarzem, krausem Kopfhaar bedecktes, menschenunähnliches Etwas schrie ihm entgegen*« (S. 238). Nach dem glücklichen

Exitus von Mutter und Kind heiratet er wieder eine Frau mit rein arischem Stammbaum und erwartet voller Ungeduld arischen Nachwuchs. Doch, o Schreck, auch seine zweite Frau »*gebar ein Kind mit schwarzem Kraushaar, dunkler Haut und dunklen Augen, ein echtes Judenkind*« (ebd., S. 349). Nun stellt sich heraus, dass seine Frau einmal von einem jüdischen Offizier verführt und für immer jüdisch »vergiftet« worden war. Die Mutter tötet ihr Kind und anschließend sich selbst. Hermann Kämpfer beschließt, sich der Bekämpfung der »*jüdischen Teufelsrasse*« zu widmen, und erschießt unter allgemeinem Beifall den »Rassenschänder«.[65] Der perverse Herausgeber des *Stürmer* und Gauleiter Frankens Julius Streicher glaubte die Tierzüchtermär vom bleibenden Einfluss der ersten Begattung und ließ »Rassenschänderinnen« kahl scheren und öffentlich als »*Judensau*« bloßstellen.[66] Eine *bête noire* des *Stürmer* war der jüdische »*Sexualwissenschafter*« Dr. Magnus Hirschfeld, der 1919 in Berlin-Tiergarten das *Institut für Sexualwissenschaft* gegründet hatte.[67] Seit den neunziger Jahren des 19. Jahrhunderts war Hirschfeld in Zeitschriften, wie das *Jahrbuch für sexuelle Zwischenstufen* (seit 1899), für die Normalisierung der sexuellen Devianz und insbesondere für die Entkriminalisierung der Homosexualität eingetreten. Seine Theorie der sexuellen Zwischenstufen, mehr noch seine Utopie der »*panmiktischen*« Rasse schlug dem Reinheitswahn der Nazis direkt ins Gesicht. Im Rassenstaat wurde er zu einer Art »Staatsfeind Nr. 1«. Am 6. Mai 1933 wurde sein Institut gestürmt und lieferte am 10. Mai einen guten Teil des Brennstoffes für das Autodafé auf dem Berliner Opernplatz. Die Entdeckung der menschlichen Bisexualität durch den jüdischen Physiologen Wilhelm Fließ (1858-1928) aus Berlin hatte genaugenommen zwei gegensätzliche »*jüdische*« Reaktionen hervorgerufen: die liberalistische von Magnus Hirschfeld und die machistische von Otto Weininger (1880-1903). Weininger war während der Arbeit an seiner Dissertation durch die Vermittlung von Sigmund Freud auf die Forschung von Fließ aufmerksam geworden und hat sie seinem antifeministischen und antisemitischen Kultbuch *Geschlecht und Charakter* (1. Aufl. 1903, 28. Aufl. 1932) zugrunde gelegt.[68] Aus der Doppelgeschlechtlichkeit des Menschen schloss er aber im Gegensatz zu Hirschfeld die ethische Forderung nach einer radikalen Überwindung des Weibes im

Mann. »*Der Jude ist*« für ihn »*der Grenzverwischer kat exochen. Er ist der Gegenpol des Aristokraten; das Prinzip alles Aristokratismus ist strengste Wahrung der Grenzen zwischen den Menschen. Der Jude ist geborener Kommunist, und immer will der die Gemeinschaft*« (ebd., Kap. XIII, S. 417). Mit solchen Zitaten figurierte der jüdische »Kronzeuge« Weininger in sämtlichen »Judenhämmern« der Zeit.

Gegen die Verunreinigung durch jüdisches Blut verlangten die Antisemiten seit dem Ende des 19. Jh. die Einführung von Reinheitsgeboten. Das erste der *Zehn deutschen Gebote* im *Antisemiten-Katechismus* von Theodor Fritsch lautet: »*Du sollst Dein Blut reinhalten. – Erachte es als Verbrechen, Deines Volkes edle arische Art durch Juden-Art zu verderben. Denn wisse, das jüdische Blut ist unverwüstlich und formt Leib und Seele nach Juden-Art bis in die spätesten Geschlechter*« (1887)[69]. Hitler hat in *Mein Kampf* (1925/26) die »*Reinerhaltung*« der Rasse zum obersten Staatsziel erklärt.[70] Nach seiner Ermächtigung hat er seine Utopie des völkischen Staates in Gesetzesform gießen lassen: »*Durchdrungen von der Erkenntnis*«, heißt es im *Gesetz zum Schutze des deutschen Blutes und der deutschen Ehre* vom 15. September 1935, »*dass die Reinheit des deutschen Blutes die Voraussetzung für den Fortbestand des Deutschen Volkes ist (...) hat der Reichstag einstimmig das folgende Gesetz beschlossen (...). §1. Eheschließungen zwischen Juden und Staatsangehörigen deutschen oder artverwandten Blutes sind verboten (...). §2. Außerehelicher Verkehr zwischen Juden und Staatsangehörigen deutschen oder artverwandten Blutes ist verboten.*« Die Wissenschaft der »*Reinerhaltung*«, die Hygiene, wurde zur Leitwissenschaft des neuen Reiches. Der oberste deutsche Gesundheitshüter, Hans Reiter, forderte eine aktive »*Biopolitik*« und schrieb: »*Weil sämtliche Bestrebungen der deutschen Hygiene darauf abzielen, über die systematische Pflege der Gesundheit des deutschen Menschen die Kraft der deutschen Nation zu erhöhen, werden sie zugleich zu einem machtvollen Faktor nicht nur der deutschen Kultur, sondern auch der deutschen Innen- und Außenpolitik.*«[71] Der Hakenkreuzzug der deutschen Kammerjäger konnte beginnen. Himmler meinte im April 1943 in einer Rede vor seinen Kommandeuren über die Judenvernichtung: »*Es ist keine Weltanschauungsfrage, dass man die Läuse entfernt. Das ist eine Rein-*

lichkeitsangelegenheit« und fügte hinzu: »*Wir sind bald entlaust. Wir haben nur noch 20 000 Läuse, dann ist es vorbei damit in ganz Deutschland.*«[72] Sein Ziel war ein Raum, der, wie er sagte, »*keimfrei*« ist für neues Leben.[73]

Interessant ist nun, dass sich antisemitische Wissenschaftler und Theologen auf die levitischen Reinheitsgebote, insbesondere auf Esra und Nehemia beriefen. So zitiert etwa der evangelische Theologe Gerhard Kittel in einem zusammen mit dem führenden Rassehygieniker Eugen Fischer veröffentlichten Band[74] unter der Überschrift: »*Die jüdischen Rassenreinheitsgesetze*« die oben angeführten Texte aus Esra und Nehemia. Nehemia 13,3: »*Und es geschah, wie sie das Gesetz hörten, da sonderten sie alle fremde Beimischung (Erew) aus Israel*« (13,3) erlaubt sich der große Neutestamentler ganz im Sinne des *Gesetzes zum Schutze des deutschen Blutes und der deutschen Ehre* folgendermaßen zu übersetzen: »*Und als sie das Gesetz vernahmen, schieden sie alle Leute gemischten Blutes aus Israel aus*«. »*Erew*« heißt wohl »*Gemisch*«, aber von »*Blutgemisch*« hatte die Bibel sicher keinen Schimmer. Bereits vor dem dritten Reich hob Hans F. K. Günther (»Rassen-Günther«, 1891-1961), der einen starken Einfluss auf Himmler hatte, in seiner *Rassenkunde des jüdischen Volkes* (1930) die entscheidende Rolle von Esra und Nehemia hervor. Ihnen schrieb er zu, dass »*das Judentum es schließlich als einziges Volk erreicht, ein gewisses Blutbewusstsein in seinem Glauben selbst zu verwurzeln*«.[75] Deshalb warnte er eindringlich vor der Gefahr der »*Entnordung*« und »*Semitisierung*« durch Mischehen und außerehelichen Verkehr mit Juden.[76]

Bleibt die bange Frage, ob die biblischen Reinheitsgebote etwas mit dem »*Ekel vor dem Unsauberen*« und »*Hass auf das Unreine*« zu tun haben, aus dem nach Michel Serres der Faschismus in Europa hervorgegangen ist.[77] Eine Frage, die auch von ganz unverdächtigen Forschern affirmativ beantwortet zu werden pflegt.[78] Sind die Juden am Ende an ihrem Unglück selber Schuld? Haben sie nicht selber den Reinheitswahn in die Welt gebracht, an dem sie schließlich zugrunde gingen? Eine erbbiologische oder rassenhygienische Interpretation der biblischen Reinheitsgebote oder christlichen Judengesetze kann getrost ausgeschlossen werden. Die Frage muss tiefer bei den »*Dichotomien des Puritanismus*« ansetzen und wir wollen sie salopp mit dem franzöischen Epistemologen Michel Serres formulieren: »*Was ist mit dem Käse? Als käsig bezeichnet man eine Wunde, ein nekrotisches Gewebe. Die alte Medizin verbindet den Tod mit Fäulnis, die Degeneration mit Zersetzung. Aber der Käse sagt das Gegenteil* (...). *Der Käse, der echte, jener Käse, der mehr und mehr in Vergessenheit gerät bei einer Zivilisation, die sich sauber nennt und dennoch in ihrem eigenen Dreck zu ersticken droht, der Käse, der aus der Mutter Mittelmeer hervorgegangen ist, dieser Käse ist akklimatisierte Fäulnis. Milch, die man dem Schmutz und dem Dreck überlässt und die sich eben dadurch in etwas Höheres verwandelt. Ein kleiner, gemeiner Pilz erobert und befleckt die weiße Milch. Eine Kultur, eine Kulturbrühe, aus der eine Kultur erwächst. Das Schmutzige zu vertreiben, zu eliminieren, führt dazu, dass man keimfrei und abgeschlossen inmitten eines schmutzigen Raumes lebt. Das ist das Ergebnis der Dichotomie.* (...). *Die eigentliche Krankheit ist die Dichotomie zwischen Unreinem und Reinem,* (...), *die Dichotomie zwischen ‚oben' und ‚unten', kurz, die Teilung als solche. Die Hölle, das ist die Trennung von Paradies und Hölle. Weisheit und wissenschaftliche Wahrheit akklimatisieren das Giftige, Weiche, Verdorbene, Verfaulte, das Übel und die Krankheit selbst, sie lassen sie gewähren im Souterrain des Unsichtbaren, im Dunklen, Schleimigen, Stinkenden; sie vertrauen auf das Leben* (...).[79]

Wie wenig der biblische Reinheitsbegriff jedoch mit Hygiene zu tun hat, können wir gerade an einem der Mischungstabus dartun. Die Bibel untersagt an zwei Stellen das Tragen von Mischgewebe aus Baum- und Tierwolle (*Lewischat Scha'atnes*): »(...) *und ein Kleid aus zweierlei Arten* (*Kilajim*)«, schließt die oben angeführte Reihe der Mischungstabus im Levitikus, »*Mischgewebe soll nicht auf dich kommen* (*Scha'atnes Lo Ja'ale Alecha*)« (Lev 19,19).[80] Die zweite Tabureihe, in der Mischgewebe verboten wird, lautet: »*Du sollst nicht auf deinem Weinberge zweierlei Arten* (*Kilajim*) *säen, dass nicht heilig werde* (*Pen-Tikdasch*), *was in deine Scheuer kommt: die Saat, die Du ausgesät, und der Ertrag des Weinberges. Du sollst nicht Ochse und Esel zusammen zum Pflügen nehmen. Du sollst nicht Mischgewebe* (*Scha'atnes*), *ein Kleid, in dem Wolle und Flachs zusammen sind, anziehen*« (Dtn 22,9-12). Auffällig an dieser zweiten Reihe ist, dass die Mischung verschiedener Sorten beim Weinanbau, Saatgut und bei der Ernte nicht, wie man erwarten würde, verunreinigt, sondern »*heiligt*«. Die Kommentatoren klären uns zwar darüber auf, dass der Begriff der Heiligkeit hier doppeldeutig sei und dass er ganz allgemein das Abgesonderte meine, sei es positiv oder negativ (Raschi zu Dtn 22,9 mit Blick auf die »*Kadesch*« oder »*Kedescha*« genannten männlichen oder weiblichen Tempelprostituierten, Dtn 23,18). Doch im Fall der Mischgewebe ist der Ausdruck »*Heiligkeit*« im gewöhnlichen Sinn des Wortes durchaus angemessen, denn die Stoffe im Tempel, insbesondere die Kleidungsstücke des Hohepriesters, etwa seine Schärpe (*Awnet*), waren aus Mischgewebe. Wie alle anderen Stoffe wurde sie »*aus gezwirntem Leinen und purpurblauer, pupurroter und karmesinfarbener* (*Wolle*)« hergestellt (Ex 26,1 u. ö., insbesondere Ex 39,29). Die Mischna sagt ausdrücklich, dass »*sich nur die Priester beim Dienst im heiligen Tempel in Schafwolle und Flachs kleiden*« (mKil 9,1).[81] Dasselbe gilt aber auch für die wollenen Schaufäden des Gebetsschals, den gewöhnliche Juden in der Synagoge tragen. Im unmittelbar an das Verbot des Mischgewebes anschließenden Gebot heißt es: »*Geflochtene Fäden sollst Du dir an die vier Ecken deines Gewandes machen, mit dem du dich bedeckst*« (Dtn 22,12). Aus der Kontiguität der Verse leiten die Kommentatoren den Schluss ab: »*selbst* (wenn das Gewand dann) *aus Mischgewebe*« ist (Raschi z. St.). Was also unter normalen Bedingungen streng verboten ist und mit Hilfe von chemischen und mikroskopischen Analysen ausgeschlossen wird, ist im heiligen Bezirk geradezu geboten. Man kann daraus umgekehrt schließen, dass das Mischgewebe nur deshalb verboten ist, weil es für das Heiligtum reserviert war, so wie es etwa streng verboten war, die Mischung des Salböls oder des Räucherwerkes aus dem Tempel nachzumachen und für profane Zwecke zu benutzen (Ex 30,32 – 34,37f, vgl. den Kommentar von Da'at Sekenim MiBa'alei HaTossafot). Wir müssen die biblischen Mischungstabus also nicht als Ausdruck eines lebensfeindlichen Reinheitswahnes, einer gefährlichen Säuberungsideologie oder einer neurotischen Entmischungsphantasie deuten, es könnte ebenso gut sein, dass sie darauf abzielen, gewisse heilige Synthesen vor der Profanierung zu schützen. Dass auf diese Weise das Leben selbst geschützt werden soll, zeigt das Bluttabu: »*Denn*, so heißt es im vorigen Kapitel des Levitikus, *die Seele des Leibes ist im Blute (Nefesch HaBassar BaDam), und ich habe es euch für den Altar bestimmt, dass es euren Seelen Sühne erwirke; denn die Seele im Blute ist es, die Sühne erwirkt. Darum habe ich den Kindern Israels gesagt: Niemand von euch soll Blut essen, auch der Fremde, der in eurer Mitte weilt, soll kein Blut essen«* (Lev 17,11-13). Doch damit berühren wir bereits das Thema des nächsten Abschnitts, die Heiligkeit.

6. Heiligkeit

Der siebte Abschnitt des dritten Buches Mose (Lev 19 – 20) heißt *Kedoschim*, »*Seid heilig!*«, weil er mit dem Imperativ beginnt: »*Seid heilig, denn heilig bin ich, der Ewige, euer Gott*« (*Kedoschim Tihju Ki Kadosch Ani HaSchem Elohechem*, 19,2). Was bedeutet das Eigenschaftswort »*heilig*«, »*Kadosch*«, das hier sowohl von Gott als auch vom Menschen ausgesagt wird? Auch wenn die Religionswissenschaftler immer noch über den Begriff des Heiligen streiten, so ist doch wohl unstrittig, dass es etwas Besonderes im Gegensatz zum »*Profanen*«, »*Chol*« bezeichnet. So preisen etwa die Engel in der Vision Jesajas Gott dreimal »*heilig, heilig, heilig*« (6,3, dieser in der orthodoxen und lateinischen Liturgie respektive »*Trishagion*« oder »*Sanctus*« genannte Lobpreis ist auch der Kern der *Keduscha*, dem Höhepunkt des jüdischen Gemeindegebets) und Gott wird in der jüdischen Tradition »*Der Heilige*« (*HaKadosch*) genannt. Um so mehr stellt sich die Frage, wie Gott von Menschen verlangen kann: »*Seid heilig!*«, bzw. wie Menschen Gott ausgerechnet in der Eigenschaft gleichen können sollen, die Gott von allem unterscheidet. Die Weisen haben das Gebot »*Seid heilig!*« (*Kedoschim Tihju*) im Sinne von »*Seid abgesondert!*« (*Hewu Peruschim*) verstanden (Raschi z. St.). Der Israelit könne Gott gleich werden, indem er sich unterscheidet, indem er insbesondere – so fügen sie hinzu – alle sexuellen Tabus (*Arajot*) respektiert, die in der Bibel unmittelbar vor und nach unserem Kapitel aufgezählt werden (Lev 18,6-23; Lev 20,10-22). Die Bibel sagt aber in unserem Kapitel selbst mit aller wünschenswerten Klarheit und Deutlichkeit, was sie von den »*Heiligen*« (*Kedoschim*) erwartet, in genau 36 Versen zählt sie ihre Pflichten auf: »[3]*Vor Vater und Mutter soll ein jeder von euch Ehrfurcht haben, und meine Schabbate sollt ihr beobachten* (...). [4]*Ihr sollt euch nicht den Götzen zuwenden, und gegossene*

Götter sollt ihr euch nicht machen (...). [5] *Wenn ihr ein Friedensopfer dem Ewigen opfert, (...)* [6]*am Tage, da ihr es opfert, und den Tag darauf darf es gegessen werden; was aber bis zum dritten Tag übrig bleibt, muss verbrannt werden. (...)* [9]*Wenn ihr in eurem Land Ernte haltet, so sollst du die Ecke deines Feldes nicht völlig abernten, und bei deiner Ernte keine Nachlese halten.* [10]*In deinem Weinberge sollst du keine Nachlese halten und die einzelnen Trauben auf deinem Weinberge nicht auflesen, dem Armen und dem Fremden sollst du sie überlassen (...)* [11]*Ihr sollt nicht stehlen; ihr sollt einander nichts ableugnen und einander nicht belügen.* [12]*Ihr sollt bei meinem Namen nicht falsch schwören (...).* [13]*Du sollst deinem Nächsten nichts vorenthalten und ihm nichts rauben; du sollst den Lohn des Tagelöhners nicht über Nacht bei dir stehen lassen bis zum Morgen.* [14]*Du sollst einen Tauben nicht fluchen und einem Blinden kein Hindernis in den Weg legen (...).* [15]*Ihr sollt im Gerichtsverfahren kein Unrecht tun, nimm nicht Rücksicht auf den Armen und begünstige nicht den Großen (...).* [16]*Du sollst nicht als Verleumder in deinem Volke umhergehen, bleibe nicht untätig bei der Lebensgefahr deines Nächsten (...).* [17]*Du sollst den Hass gegen deinen Bruder nicht im Herzen bewahren; zurechtweisen sollst du deinen Nächsten, du würdest sonst seinetwegen eine Sünde auf dich laden.* [18]*Du sollst dich (...) nicht rächen und nichts nachtragen. Du sollst deinen Nächsten lieben wie dich selbst (...).* [19]*Von deinem Vieh sollst du nicht zweierlei Arten sich begatten lassen, auf deinem Felde nicht zweierlei Arten säen und ein Kleid aus zweierlei Arten (...) soll nicht auf dich kommen.* [20]*Wenn jemand bei einer Frau liegt (...) und sie ist eine einem Mann verlobte Sklavin und nicht losgekauft worden (...), so soll Züchtigung erfolgen (...).* [23]*Wenn ihr in das Land kommt und Fruchtbäume pflanzt, so sollt ihr ihre Früchte als Vorhaut betrachten; drei Jahre sollen sie euch als unbeschnitten gelten und nicht gegessen werden (...)* [26]*Ihr sollt nicht beim Blute essen, ihr sollt nicht wahrsagen und keine Zauberei treiben.* [27]*Ihr sollt nicht die Ecken eueres Haupthaares ringsherum abnehmen; und die Ecken deines Bartes sollst du nicht zerstören.* [28]*Ihr sollt euch keine Einschnitte um eines Toten willen an euren Leibern machen, und Schriftzeichen sollt ihr euch nicht einätzen (...).* [29]*Entweihe deine Tochter nicht, indem du sie als Prostituierte preisgibst (...).* [30]*Meine Schabbate sollt ihr beobachten, und vor meinem Heiligtum sollt ihr*

Ehrfurcht haben (...). [31]*Ihr sollt euch nicht Totenbeschwörern und Wahrsagern zuwenden (...).* [32]*Vor einem grauen Haupt sollst du aufstehen und das Ansehen eines Greises ehren (...).* [33]*Wenn ein Fremder in eurem Lande weilt, so sollt ihr ihn nicht kränken.* [34]*Gleich dem Einheimischen unter euch sei euch der Fremde, der bei euch weilt, und du sollst ihn lieben wie dich selbst (....).* [35]*Ihr sollt beim Gerichtsverfahren kein Unrecht tun, mag es Längenmaß, Gewicht oder Hohlmaß betreffen.* [36]*Eine richtige Waage und richtige Gewichte (...) sollt ihr haben (...)«*. Moderne, wie traditionelle Exegeten betonen, dass diese Sammlung die Summe des Gesetzes ist (*Row Gufe Tora*, LevR 24,5, R. Chija, zit. bei Raschi). Wenn moderne Ausleger allerdings von »*Sammlung*« sprechen, dann liegt der Akzent eher auf »*Sammelsurium*«. Denn welcher Zusammenhang sollte zwischen erhabenen sittlichen Lehren wie: »*Du sollst deinen Nächsten lieben wie dich selbst!*« (V. 18) und kleinlichen Vorschriften über Obsternte und Tierhaltung, über Haartracht, Textilien und Tätowierungen bestehen? Hier herrscht auf den ersten Blick ein vollkommenes Durcheinander von moralischen, juristischen und kultischen Bestimmungen. Die modernen Exegeten fragen lieber danach, wie ein solch offensichtliches Durcheinander historisch entstanden ist, als nach einem verborgenen Ordnungsprinzip. Die christlichen Theologen insbesondere wissen nicht so recht, ob die Sittengesetze in dieser Aufzählung die Ritualgesetze aufwerten oder ob die Ritualgesetze die Sittengesetze abwerten – jedenfalls loben sie Jesus, der das Liebesgebot aus diesem ganzen Wust herausgehoben habe (Mt 22,37-40; Mk 12,28-34; Lk 10,25-37). Aber jeder wird zustimmen, dass wir niemals begreifen werden, was die Bibel unter Heiligkeit versteht, solange wir nicht imstande sind, das verborgene Gesetz dieser scheinbar so unordentlichen Reihe herauszufinden. Wohlgemerkt ein Gesetz, demzufolge jedes Glied dieser Gesetzreihe ganz natürlich aus dem vorigen folgt und alle zusammen die verschiedenen Aspekte des Begriffs des »Heiligen« darlegen. Wir behaupten nicht, den Schlüssel zu dieser biblischen Botschaft zu besitzen, aber wir wissen, dass wir ihn suchen müssen, denn es ist ziemlich unwahrscheinlich, dass ein Text, der eine durchgängige Ordnung vom göttlichen Bereich bis zum Tier- und Pflanzenreich statuiert, völlig chaotisch, dass ein Text, der allerlei Mischungen verbietet (19,19), selber ein unübersichtlicher Mischmasch ist.

Eine etwas genauere Analyse unseres Textes führt uns wieder auf eine symmetrische, genauer gesagt eine punktsymmetrische Anordnung der Elemente des Textes. Der Symmetriepunkt liegt ziemlich genau in der Mitte des Textes, nämlich im achtzehnten der sechsunddreißig Verse: das Racheverbot und das berühmte Liebesgebot: »*Du sollst deinen Nächsten lieben wie dich selbst!*«. Diesseits und jenseits dieses Punktes wiederholen sich die Bestimmungen in spiegelverkehrter Ordnung: So beginnt die Reihe mit den Geboten, die Eltern zu ehren (19,3a) und Gottes Schabbate zu hüten (19,3b); ihr gegenüber – jenseits der Symmetrieachse – stehen fast die gleichen Gebote in umgekehrter Reihenfolge, nämlich: Gottes Schabbate zu hüten (19,30) und die Alten zu ehren (19,32). Dem Verbot des Götzendienstes hier (19,4) entspricht das Verbot fremder Kulte (19,26-29.31) dort, der Einschränkung des Fleischgenusses hier (19,5-9) entspricht die Einschränkung des Obstgenusses (19,23-25) dort; der Bestimmung, eine Ackerecke für die Armen stehen zu lassen und keine Nachlese zu halten (19,9-11), entspricht die Bestimmung, die Haar- und Bartecken stehen zu lassen (19,27). Wenn man eine geradlinige Entwicklung der Gesetzesreihe erwartet und nach den Regeln des deutschen Schulaufsatzes Wiederholungen rot anstreicht, dann herrscht in diesem Text völliges Durcheinander, wenn man jedoch seine Symmetrie erkennt, dann wird eine exakte Ordnung sichtbar, obschon noch völlig offen ist, was dieses kunstvolle Teppichmuster mit dem Begriff des »Heiligen« zu tun hat.

Die Gesetzesreihe bietet ja inhaltlich ganz und gar nicht, was man sich nach den gewöhnlichen religionswissenschaftlichen Begriffen unter dem Heiligen vorstellt, etwa strenge Askeseübungen, kostspielige Bußtarife, übermenschliche Kasteiungen, schwindelerregende Aufstiegschancen, engelhafte Vorbilder. Es handelt sich vielmehr, wenn man zunächst die schwer verständlichen Mischungstabus außer Acht lässt, um Alltagstugenden, ja um die minimalen Anstandsregeln im Umgang mit Menschen: nicht stehlen, nicht lügen, nicht betrügen, nicht ausbeuten, nicht rauben, nicht herumtragen, nicht nachtragen usw. (19,11-18). Der ganze Abschnitt ist ausdrücklich auch nicht an Ausnahmeerscheinungen, sondern an die ganze »*Gemeinde der Kinder Israels*« (*Kol-Adat Bne-Jisrael*) gerichtet. Der »Heilige« wäre demnach einfach der anständige Mensch! Mit dem deutschen Philosophen Hegel könnte man sagen, mit Israel beginne die »*Prosa*« in der Religions- und Geistesgeschichte (Vorlesungen über die Philosophie der Weltgeschichte I, IV, 3). Aber dieser prosaische Begriff des Alltagsheiligen reicht noch nicht aus, um die zum »Heiligkeitsgesetz« unzweifelhaft dazugehörigen Mischungstabus zu erklären. Wir halten aber erst einmal fest: Wenn Heiligkeit in der Bibel etwas mit Absonderung zu tun hat, so nicht mit der Absonderung des Ausnahmemenschen vom Durchschnittsmenschen und nicht mit seinen absonderlichen religiösen Sonderleistungen.

Der Dreh- und Angelpunkt des ganzen Textes ist gemäß seinem chiastisch-konzentrischen Aufbau, Vers 18: »*Du sollst dich an den Kindern deines Volkes nicht rächen* (*Nakam*) *und nichts nachtragen* (*Natar*). *Du sollst deinen Nächsten lieben wie dich selbst; ich bin der Ewige!*«. Wir dürfen also mit Jesus und Rabbi Akiwa (jNed 41c) annehmen, dass das Gebot der Nächstenliebe auch der Schlüssel zu diesem ganzen Gesetz ist. Was aber heißt hier »Nächstenliebe«? Gewiss kein sentimentales Gefühl! Das Gebot bildet den Abschluss einer kleinen Reihe von kontrastiven Bestimmungen, die bereits im vorigen Vers beginnt: »*Du sollst den Hass gegen deinen Bruder nicht im Herzen bewahren; zurechtweisen sollst du deinen Nächsten, du würdest sonst seinetwegen Sünde auf dich laden*« (ebd. 17). Wenn wir die Glieder dieser Reihe einfach aufzählen: Verbot unausgesprochenen Hasses gegen den Nächsten (17a), Gebot einer offene Aussprache von Vorwürfen (17b), Warnung vor dem Rückstoß der Unversöhnlichkeit (17c), Verbot der Rache (18a), Verbot des Nachtragens (18b), dann ergibt sich ganz von selbst der Sinn des noch fehlenden, letzten Gliedes (18c). Nächstenliebe bedeutet hier einfach die Bereitschaft zur brüderlichen Konfliktlösung. So wie man Streit im engeren Umkreis der Familie, der Verwandtschaft und des Freundeskreises (»*Nächster*«, »*Rea*«) gewöhnlich durch Offenheit, Versöhnungsbereitschaft und Nachsicht beilegt, so soll man ihn auch im größeren Kreis der Volksgemeinschaft (»*Kinder deines Volkes*«) und, wie es 17 Verse später heißt, mit »*Fremden*« (*Gerim*, ebd. V. 34) erledigen.[82] Im Umgang mit den Nächsten und Fernsten fordert das Liebesgebot die gleiche Großzügigkeit wie bei den »*eigenen Leuten*«. Der sozialhygienische Sinn solcher Bestimmungen liegt auf der Hand. Sie verhindern, dass Fehden den Gesellschaftskörper zerstören. Der religiöse

Sinn dieser Bestimmungen (»*Ich bin der Herr*«) wird deutlich, wenn man die kleine Gesetzesreihe (17,18 u. 34) wieder in die große einstellt und insbesondere auf das gebotene Verhältnis zum anderen sieht. Aus der im Liebesgebot impliziten Forderung der Gleichbehandlung der Nächsten und Fernsten (»*wie dich selbst*«) folgt im Umkehrschluss die »Goldene Regel«: Ich darf den anderen wenigstens nicht schlechter behandeln als die Eigenen und nicht geringer achten als mich selbst. Hillel und Jesus haben diese Grundregel gleichermaßen als »*die ganze Tora*« (*Kol HaTora Kula*) bezeichnet (»*Was dir nicht lieb ist, das tue auch deinem Nächsten nicht!*«, »*DaAlach Sne LeChawrach La Tabed*«, bSchab 31a, Mt 7,12)[83]. Nun wird der Bezug zum Begriff der Heiligkeit deutlich, und zwar im Sinne von »*heilig halten*« und »*nicht verletzen*«. Die Würde des anderen ist unantastbar! Was für den Umgang mit Menschen gilt, soll aber auch für den Umgang mit anderen Wesen und Dingen gelten. Jetzt wird auch klar, weshalb unmittelbar nach dem Liebesgebot wieder die Mischungstabus in Bezug auf Tiere und Pflanzen auftauchen (19), denn auch die niederen Lebensreiche verlangen Achtung ihres Eigenseins, Eigensinns und Eigenwertes. Allgemeiner verbietet das Heiligkeitsgesetz, dass wir die Ansprüche von Personen, Zeiten, Lebewesen, Dingen etc. missachten und die Grenzen ihres Eigenseins verletzen. Das gilt insbesondere dann, wenn sie ihre Rechte uns gegenüber nicht selber behaupten können oder wenn eine Verletzung ihrer Rechte nicht geahndet werden kann, so dass sie ihre Sache ganz auf Gott stellen müssen. Deshalb erinnert der Gesetzgeber den Empfänger immer wieder eindringlich: »*ich bin der Ewige, euer Gott*« (*Ani HaSchem Elohechem*, 19,3 u. ö.). »Heiligkeit« bedeutet zwar auch nach unserem biblischen Text Absonderung, aber nicht Absonderung von den Dingen, sondern vielmehr Absonderung und Absicherung der Dinge vor meinen Übergriffen, denen sie sonst wehr- und schutzlos ausgeliefert sind – der Reihe nach: die Eltern, die Alten und die Feiertage, Gott selber und seine Opfer; die Armen, die Betrogenen, die Tagelöhner, die Blinden, die Tauben, die Benachteiligten, die Verleumdeten, die Gehassten, die Sklaven, die Fremden, die Tiere, die Pflanzen und Früchte – und nicht zuletzt unser eigener Leib. Nun wird auch klar, weshalb die Gesetzesreihe so uneinheitlich scheint: die Rücksicht ist zwar einheitlich, aber die Gegenstände sind vielfältig. Insgesamt, so könnte man das Ergebnis dieser Analyse zusammenfassen, ist der Begriff der Heiligkeit (*Kodesch*, *Keduscha*), wie er sich aus der Reihe der Heiligkeitsgesetze herauskristallisiert, ein dreistelliger Relationsbegriff, dessen Relata sind: »*Der Heilige*« (*HaKadosch*), die »*Heiligseinsollenden*« (*Kedoschim Tihju*) und das »*Heiligzuhaltende*«, das »*Geheiligte*« (*Mekudasch*). Heilig werden heißt hier also nicht, Gott direkt nachahmen, sondern das, was »*der Heilige*« (*HaKadosch*) »*heilig spricht*« (*Mekudasch*), in seiner Absonderung von uns respektieren, »*heilig halten*« und uns damit von einer Menschheit absondern, die nichts heilig hält.

Nun hat man mit dem Wort Jesu in der Bergpredigt: »*Ihr habt gehört, dass gesagt ist: ‚Du sollst deinen Nächsten lieben und deinen Feind hassen'. Ich aber sage euch* (...)« (Mt 5,43-44) zeigen wollen, dass die jüdische Nächstenliebe sich nur auf den Volksgenossen beziehe.[84] Obwohl Feindeshass weder im 19. Kapitel des Levitikus, auf das die Lutherbibel als Quelle des Zitats verweist, noch sonst wo im jüdischen Schrifttum geboten wird, ja obwohl im 19. Kapitel des Levitikus und anderswo nebst der Nächstenliebe ausdrücklich die Fremdenliebe geboten wird (19,34 und Ex 23,9; Dtn 23,8), haben antijüdische und antisemitische Schriftsteller unentwegt wiederholt, dass die alttestamentarische, talmudische und jüdische Ethik eine partikularistische »Binnenmoral« sei. Noch im deutschen Kaiserreich wurde über den Sinn des 19. Kapitels des Levitikus vor Gerichten gestritten. Der jüdische Philosoph Hermann Cohen gutachtete 1888 im Zusammenhang mit einer Klage gegen einen antisemitischen Schullehrer für das köngliche Gericht zu Marburg über die *Nächstenliebe im Talmud* und erläuterte, dass das hebräische Wort »*Rea*« in Levitikus 19,18, welches man gewöhnlich mit »*Nächster*« wiedergibt, nur »*Nebenmensch*« oder »*anderer*« bedeute und im biblischen, rabbinischen und jüdischen Verständnis durchaus auch den »*Fremden*« einschließe.[85] In den kommenden Jahren musste er im Streit mit christlichen Theologen diesen Punkt immer wieder klar stellen.[86] Doch zur gleichen Zeit kam noch eine viel verhängnisvollere, lebensphilosophische Kritik der levitischen Heiligkeitsgesetze auf, die sie als Gesetze wider die Natur und das Leben entlarvte. Die Juden wurden immer heftiger als Inkarnation dieses lebensfeindlichen Prinzips beschrieben und bekämpft. Wir wollen das an zwei anderen Heiligkeitsgesetzen dartun: die Achtung vor dem Alter (19,32) und das Verbot des Bartabscherens (19,28).

Nach der Zählung des Maimonides ist das biblische Gesetz: »*Vor einem grauen Haupte stehe auf und ehre den Greis*« (Lev 19,32) das 209. jüdische Gebot. Das hebräische Wort »*Greis*«, »*Saken*« kommt von »*Sakan*«, »*Bart*«. Die jüdischen Weisen wussten freilich so gut wie die heidnischen, dass der Bart allein noch keinen Weisen ausmacht. Darum leiten sie das Wort »*Saken*«, »*Greis*« von dem Ausdruck: »*Säh Kana Chochma*«, »*dieser hat Weisheit erworben*« ab und verstehen die biblische Stelle als Gebot der Weisenehrung (*Mizwat Kibbud Chachamim*). Sie zählen freilich vorderhand alle Greise zu den Weisen, denn was haben diese in ihrem langen Leben nicht alles gesehen, und man darf unterstellen, dass sie dank ihrer langen Erfahrung weise geworden sind (bKid 33a *in fine*, Chinuch, Nr. 257, Schoresch). Wenn die Propheten und die Weisen die äußerste Perversion eines Zeitalters brandmarken wollten, dann gebrauchten sie oft das Bild von der Umkehrung der Altersstufen. »*Es erfrecht sich*«, so der Prophet Jesaja, »*der Knabe gegen den Greis und der Geringe gegen den Geehrten*« (3,5). Eine seiner schwärzesten Zukunftsvisionen für Juda und Jerusalem lautet: »*ich setze Knaben als ihre Fürsten ein, und Unmündige beherrschen sie*« (ebd. 4, vgl. Mi 7,6). Die jüdischen Weisen charakterisieren das Geschlecht, das nur noch von einem Messias gerettet werden kann, durch den gleichen Zug: »*Knaben werden die Alten beschämen, Alte werden vor den Jungen aufstehen*« (*Nearim Pnei Skenim Jalbinu, Skenim Ja'amdu Mipnei Ktanim*, mSot IX,15). Sie vergleichen das Gesicht dieses unverschämten Zeitalters mit dem eines Hundes (*Pne HaDor Kifnei HaKelew*). Die richtige Rangordnung der Generationen drückt der Talmud in einem Paradox aus: »*Wenn das Alter spricht: ‚reiße nieder!' und die Jugend: ‚baue auf!', so reiße nieder und baue nicht auf! Denn das Niederreißen der Alten ist ein Aufbauen und das Aufbauen der Jugend ein Niederreißen*« (bNed 40a). Fortschritt ist demnach ein relativer Begriff. Was zunächst wie Fortschritt aussieht, kann sich, wie wir sehr gut wissen, als zutiefst zerstörerisch erweisen, und was auf den ersten Blick wie eine Zerstörung anmutet, kann für die Gesundung unabdingbar sein und echten Fortschritt bedeuten. Der Talmud macht alles vom Alter abhängig. Denn es ist anzunehmen, dass die Alten die gewachsenen Strukturen berücksichtigen, die gemachten Erfahrungen beherzigen und die notwendigen Renovierungsarbeiten mit äußerster Vorsicht betreiben, während die Jugendlichen für den angeblichen »Aufbau« ihrer neuen Welt bedenkenlos die »Welt von Gestern« drangeben werden. Wie altfränkisch muss aber ein solches Ethos einer Zeit vorkommen, die sich rückhaltlos dem Fortschrittsideal verschrieben hat, die im Wachstum das Maß aller Dinge sieht und in allen ihren Medien die strahlende Jugend feiert. Sogar die weltlichen jüdischen Blätter konnten sich süffisanter Kommentare nicht enthalten, als der fast hundertjährige geistige Führer der Torawelt, Raw Elieser Menachem Schach, verstarb. Sie rechneten genüsslich vor, dass die möglichen Nachfolger Rabbi Josef Schalom Eljaschiw und Rabbi Aharon Leib Steinmann bereits 91 Jahre und 85 Jahre alt seien und ein Kandidat, wie Rabbi Samuel Auerbach, der mit seinen 70 Jahren als »Jüngling« gelte, kaum eine Chance hätte (tachles 45, 9. Nov. 01, S. 18-19). In einem Alter, in dem Universitätsprofessoren endgültig in den Ruhestand gehen, beginnen in der Torawelt also erst die großen Karrieren und in einem Alter, wo die meisten Altersgenossen schon in Altersheimen und Pflegestationen vegetieren, erreichen diese Karrieren ihren Höhepunkt. Gewiss, die Herrschaft der Greise, die »*Gerontokratie*«, scheint in einer Welt, die sich immer rascher verändert, hoffnungslos überholt und kann nur als Ausdruck verknöcherter, verkrusteter, altersschwacher Rückständigkeit gewertet werden. Doch auch umgekehrt wird ein Schuh daraus. In einer Welt, die sich immer rascher verändert, auf einer Erde, die immer schneller immer größeren Katastrophen entgegen rollt, konnte Konservatismus eine überlebenswichtige Tugend sein. Längst ist die Eigendynamik der technischen Zivilisation auch ihren berufensten Zauberlehrlingen nicht mehr geheuer. Unter den Neueinwanderern in die alte Torawelt befinden sich nicht wenige Physiker, Ingenieure und Techniker. Jedenfalls gibt es in diesem Punkt zwischen dem jüdischen Traditionalismus und Ideologien, die Jugend, Fortschritt, Modernität als höchste Werte preisen, Fundamentalopposition!

Das rabbinische Paradox: »*Wenn das Alter spricht: ‚reiße nieder!‘ und die Jugend: ‚baue auf!‘, so reiße nieder und baue nicht auf!*

Denn das Niederreißen der Alten ist ein Aufbauen und das Aufbauen der Jugend ein Niederreißen« hätte als Warnung über der Pforte zum 20. Jahrhundert stehen sollen, denn in keinem Jahrhundert zuvor sind im Namen der »*Jugend*«, der »*Avantgarde*«, des »*neuen Menschen*« so viele Menschen und Werte sinnlos vernichtet worden. Einer der Programmatiker der Jugendbewegung, Georg Barbizon, verkündete um die Jahrhundertwende in der Zeitschrift *Aktion*, das neue Jahrhundert habe die Jugend als »*etwas Welt- und Menschheitsneues*« erfunden und fuhr fort: »*Noch nie ist von dem idealistisch-aggressiven Ausdruck der Jugendlichkeit das ‚Alter' (...) in seiner ganzen Brutalität, Würdelosigkeit, Unfähigkeit oder Unbeholfenheit neuen Werten, Bedürfnissen und Notwendigkeiten gegenüber so platt an die Wand gedrückt worden.*« Die »*abenteuerlichen Herzen*« der Generation von 1900 zogen im August 1914 jubelnd in den Krieg. Viele von ihnen mit Nietzsches *Zarathustra* im Tornister, der sie aus den »*Vater- und Urväterländern*« ins »*Kinderland*« führen wollte und predigte: »*O meine Brüder* (...), *ich sage: was fällt, das soll man auch noch stoßen! Das Alles von heute – das fällt, das verfällt: wer wollte es halten! Aber ich – ich will es noch stoßen!*« (III, Von Alten und Neuen Tafeln, 12 u. 20). Das war eine Losung der Faschisten und Nationalsozialisten. Sie haben die Jugend vergöttert und die ganze alte europäische Welt niederreißen wollen. Die kleinen faschistischen *Avenguardisti* sangen *La bella canzone della giovinezza audace*: »*Jugend, Jugend/ Frühling der Schönheit,/ Du bist des Lebens Rausch* (...)«. Die Nazis begeisterten die Jugend mit Losungen wie: »*Macht Platz, ihr Alten*«, [87] »*Fort mit den Alten!*«[88] und der Führer der *Hitlerjugend* Baldur von Schirach gab die Parole aus: »*Von einem nationalsozialistischen Standpunkt aus hat die Jugend immer recht*«.[89] Dieser naturverbundenen, abenteuerlustigen, kraftstrotzenden Jugend wurde der bärtige, gebeugte, vergilbte ewige Jude gegenübergestellt, der schon als Jugendlicher wie ein Patriarch aussieht und eine leibhaftige Verkörperung des »Alten Testaments« zu sein scheint. Die jüdische Feministin Susannah Heschel beschreibt diesen Antitypus: »*Der sofort als solcher erkennbare Jude ist ein älterer Mann mit langem Bart; selbst die amerikanische Zeichensprache verwendet als Zeichen für ‚Jude' eine Bewegung mit der hohlen Hand vom Kinn nach unten. Ein Mann mit einem Bart und einem Käppchen, einmal mit Gebetsriemen, ein anderes Mal ins Studium eines heiligen Buches vertieft und dann wieder mit auffallend spirituellem Äußeren – so sieht für gewöhnlich die bildliche Darstellung der Juden aus. (...) Die Assoziation des jüdischen Mannes mit dem Bart hat eine lange und ehrwürdige Geschichte. Der Bart ist zu einem derart markanten Kennzeichen der jüdischen Identität geworden, dass Gott und Mose, die beiden berühmtesten Juden, praktisch ausnahmslos mit einem langen, wallenden Bart dargestellt werden. Donatellos glattrasierte Propheten haben im Vergleich dazu eine fast schockierende Wirkung. Den Bart wachsen zu lassen, wird als Erfüllung einer religiösen Verpflichtung angesehen, und den Bart abzuschneiden, betrachten ultraorthodoxe Juden als Bruch des jüdischen Religionsgesetzes. Dies wussten auch die Nazis, und sie machten sich einen Spaß daraus, religiöse jüdische Männer zu erniedrigen, indem sie ihnen öffentlich den Bart abschnitten. (Mein Onkel, der Kopitschinitzer Rebbe von Wien, wurde auf diese Weise von den Nazis bedroht und forderte sie auf, ihm statt dessen einen Arm abzuschneiden)*«.[90] Dieses Zeitalter, indem die Knaben die Alten beschämten, kann man mit den jüdischen Weisen des Altertums ganz wörtlich als »*Generation des Hundes*« bezeichnen, denn der Hund stand in ihm auf einer höheren Stufe als der Mensch. Auf SS-Deutsch hieß der Häftling »*Hund*« und der Befehl an den Hund lautete: »*Mensch fass den Hund*«. Der Triumph der Jugend war freilich eine große Illusion. Die Jugendlichen zogen begeistert den Rattenfängern hinterher und wurden erbarmungslos auf den Schlachtfeldern des Weltkrieges verheizt. Ihre hochfliegenden Jugendträume wurden angesichts der Ruinen ihres neuen Reiches sang- und klanglos begraben. Wie der jüdische Kommentator Abraham ibn Esra unseren Vers kommentiert: Wer den Greis nicht ehrt, ist im Alter selber nichts wert.

Die demonstrative Profanierung der Heiligkeitsgesetze war übrigens eine allgemeine Begleiterscheinung der so genannten »*Endlösung der Judenfrage*«. Dieser Eindruck drängt sich auf, sobald die Quellen etwas ausgiebiger fließen und den dunklen Schleier über das Jahrhundertverbrechen lüften. So etwa über die Pogromnacht vom 9. auf den 10. November 1938. Peter Loewenberg hat diese so genannte »*Reichskristallnacht*« als öffentliches Erniedrigungsritual beschrieben.[91] Die Nazis hatten es keineswegs bloß auf die Juden, sondern auf das Judentum abgesehen. Die Schändungen der Synagogen, die Verspottungen der Rituale, die Verhöhnungen von Rabbinern, die Entweihungen der Ritualgegenstände, die Störungen der Friedhofsruhe sollten die jüdischen Heiligtümer treffen. In Potsdam waren die Mordbrenner auf einen Bildersturm aus und von der bescheidenen Einrichtung der Synagoge enttäuscht. Sie verlangten vom Rabbiner Zutritt zum »*Allerheiligsten*« und zerrissen frenetisch die Torarollen.[92] In Frankfurt mussten junge Juden die Gesetzesrollen selber zerschneiden und einige abergläubische SA-Männer steckten Schnipsel als »Glücksbringer« ein. Ein Rabbiner wurde aufgefordert, die zehn Gebote aufzusagen, während von der Frauenempore ein jüdischer Opernsänger die Arie des Sarastro aus Mozarts Zauberflötte sang: »*In diesen heiligen Hallen kennt man die Rache nicht*«.[93] In Düsseldorf zündeten die Brandstifter die Gesetzesrollen an und tanzten in den Ornaten der Rabbiner und Kantoren um den Scheiterhaufen.[94] In Wittlich, einer kleinen Stadt im Moseltal, »*kletterte ein grölender SA-Mann auf das Dach und wedelte mit den Gesetzes-Rollen: ‚Wischt euch den Arsch damit ab, ihr Juden', brüllte er und schleuderte sie wie Papierschlangen zu Karneval in die Gegend.*«[95] Im Kurort Baden-Baden begann das Pogrom erst am nächsten Morgen, um die Kurgäste nicht zu stören, aber dann wurde den Neugierigen ein echtes Spektakel geboten. Sechzig jüdische Männer mit einem David-Stern, auf dem stand »*Gott verlässt uns nicht*«, wurden von der SS in Galauniformen zur Synagoge eskortiert. Dort mussten sie unter den Schlägen und Beschimpfungen der Menge über Gebetsmäntel in das Gotteshaus gehen und ohne Kopfbedeckung Platz nehmen. Sie wurden gezwungen, das Horst-Wessel-Lied zu singen und vom Vorleserpult aus *Mein Kampf* vorzutragen.[96] Die hartnäckigen Juden sollten in dieser »*schwarzen Messe*« gleichsam in die neue Liturgie einstimmen und das neue Evangelium verkünden. Das Pogrom war zentral gelenkt, aber die Form der Ausschreitungen vor Ort waren der Phantasie der lokalen Parteiführer überlassen. Dass fast alle Ausschreitungen spontan in religiösen Travestien oder antireligiösen Blasphemien gipfelten, spricht eine deutliche Sprache über die tieferliegenden Motivationen der Akteure. In der offiziellen Begründung der »Reichskristallnacht« ging es um die jüdische Rasse, um die jüdische Macht und um das jüdischen Geld, vor Ort ging es aber auch um die jüdische Religion, um die jüdische Moral und den jüdischen Gott – die freilich auch die Religion, die Moral und der Gott der Christen waren. Wenn man den Nationalsozialismus als systematische Profanierung des biblischen Heiligkeitsgesetzes analysiert, dann müssen seine Opfer als »*Heilige*« (*Kedoschim*) im Sinne von »Märtyrer« betrachtet werden, die, wie der terminus technicus heißt, den göttlichen Namen geheiligt haben.

7. Heiligung

Im achten Abschnitt des dritten Buches Mose (Emor, Lev 21,1 – 24,3) stehen ein paar Verse, die der bekannte jüdische Prediger Adolph Jellinek aus Wien (1820-1893) einmal als »*Israels Bibel im Kleinen*« bezeichnete. In ihnen entdeckte der jüdische Philosoph Hugo Bergmann aus Prag (1883-1975) eine der, wie er sagte, »*eigenartigsten religiösen Konzeptionen des jüdischen Volkes*«.[97] Sie bilden den Abschluss der Weisung für die Priester: »*Beobachtet*«, so lauten sie, »*meine Gebote und haltet sie! Ich bin der Ewige. Entweihet nicht meinen heiligen Namen* (*Lo Techallelu Et Schem Kodschi*)*; ich will unter den Kindern Israels geheiligt werden* (*WeNikdaschti Betoch B'nei Jisrael*)*, ich bin der Ewige, der euch heiligt*« (Lev 22,32-33). Das Merkwürdige an diesen Versen liegt, wie Bergmann bemerkt, im Ausdruck, »*WeNikdaschti*«, »*Ich will* (*unter den Kindern Israels*) *geheiligt werden*«. Wieso will Gott, der »*der Heilige*« (*HaKadosch*) ist und von dem alle Heiligkeit ausgeht, von den Israeliten geheiligt werden? Wie kann er auf die Heiligung durch Menschen angewiesen sein, wo doch die Menschen umgekehrt von ihm geheiligt werden (»*ich bin der Ewige, der euch heiligt*«)? Wenn wir diesen Vers ernst nehmen, dann wäre Gott nicht an und für sich und ein für allemal heilig, sondern er könnte vom Menschen ge- oder sogar entheiligt werden. Die Heiligkeit, die mehr als jeder andere Begriff die absolute Andersartigkeit Gottes bezeichnet, wäre dann abhängig von unserem guten Willen. Das wirft das landläufige Bild eines Gottes, der über alle irdischen Dinge erhaben ist und selbstgenügsam über den Wolken schwebt, über den Haufen. Es läge an uns, dass Gott wird, was er ist. Wenn wir diesen Auftrag verstehen wollen, so müssen wir zunächst auf die Frage zurückkommen, was die Bibel mit »*Heiligkeit*« (*Koddesch, Kedduscha*) meint.

Für die Antwort auf diese Frage enthalten die vorausgegangenen Kapitel dieses Abschnitts viele interessante Hinweise. So wird im 21. Kapitel des dritten Buches Mose geboten: »[17]*Wenn* (ein Priester) (...) *einen Leibesfehler hat, dann darf er nicht herantreten, um das Mahl seines Gottes darzubringen.* [18] (...) *er sei blind oder lahm, oder ihm sei das Nasenbein eingedrückt oder ein Glied zu lang,* [19] *Oder er habe den Fuß oder die Hand gebrochen,* [20] *oder er habe zu lange oder zu dünne Augenbrauen oder einen Fleck im Auge oder trockene oder feuchte Krätze oder zerdrückte Hoden.* [23] (...) *er soll meine Heiligtümer nicht entweihen; denn ich, der Ewige, bin es, der sie heiligt.*« Behinderte Priester sind demnach dienstuntauglich, amtierende Priester müssen eine einwandfreie körperliche Konstitution vorweisen. Ferner wird im 22. Kapitel geboten, dass Priester beim Verzehr von Opfern absolut rein sein müssen. Sie sollen, heißt es, »[3]*meinen heiligen Namen nicht entweihen* (...). [4]*Keiner* (von den Priestern), *der aussätzig* (ist) *oder einen Ausfluss hat, darf von den Heiligtümern essen, bis er rein ist; wer einen berührt, der an einer Leiche unrein geworden ist, oder wem Samen abgegangen ist* (...), [6] *darf nicht von den Heiligtümern essen.*« Als unrein gilt allgemeiner, wer ungewöhnliche Körperausscheidungen hat oder mit derartigen Ausscheidungen in Berührung gekommen ist. Der Leib bildet gleichsam ein geschlossenes Gefäß – alles, was unerwartet daraus fließt, verunreinigt ihn. Schließlich wird auch noch über die Opfertiere geboten: »[20]*Was einen Leibesfehler hat,* heißt es, *das dürft ihr nicht darbringen* (...): [22]*Was blind ist, ein gebrochenes Glied hat oder verstümmelt ist, was Warzen, trockene oder feuchte Krätze hat,* (...) [24]*wenn ihm die Hoden zerdrückt, zerquetscht, abgerissen oder abgeschnitten sind, dürft ihr es nicht dem Ewigen darbringen*«. Damit soll nicht nur verhindert werden, dass unnützes Vieh auf dem Altar entsorgt wird, sondern vor allem sichergestellt werden, dass die Tiere das gleiche Kriterium der Makellosigkeit erfüllen, das für die Menschen im Heiligtum gilt. Wenn wir alle diese Bestimmungen zusammenfassen, dann kommen wir zu dem Schluss, dass »*heilig*« hier so viel wie *Heilsein* oder *Ganzsein* bedeutet. Die Kulturanthropologin Mary Douglas hat im Blick auf diese Texte geschrieben: »*Wenn wir davon ausgehen, dass* (die)

Wurzel (des Wortes Heiligkeit) *Getrenntsein bedeutet, so ist die nächste Vorstellung, die sich daraus ergibt, die vom Heiligen als etwas Ganzem und Vollkommenem«* (Reinheit und Gefährdung 3, S. 70). Was kann aber der Auftrag, Gott zu vervollkommnen, bedeuten?

In der jüdischen Tradition wird dieses Gebot scheinbar abgeschwächt. Bereits in unserem Bibelabschnitt war immer wieder davon die Rede, dass der Priester nicht den »*heiligen Namen Gottes entweihen*« solle (*Lo Techallelu Et Schem Kodschi*). Die Entweihung würde sich demnach nicht auf Gott selbst, sondern nur auf seinen Namen beziehen. Entsprechend wurde in der jüdischen, wie in der christlichen Tradition von der Heiligung des Namens Gottes gesprochen (»*Geheiligt werde sein Name*«). Das Gebot heißt nicht: »*Heiligung Gottes*« und das Verbot nicht: »*Entweihung Gottes*«, sondern »*Heiligung des Namens*« (*Kiddusch HaSchem*) und »*Entweihung des Namens*« (*Chillull HaSchem*). Auf dem Spiel steht also nicht das Sein, sondern nur die Reputation Gottes. Dabei handelt es sich zunächst nur um Angelegenheiten des Heiligtums, um Konsekration oder Sakrileg. Doch bereits in der Bibel sprengt die Pflicht zur »*Heiligung des göttlichen Namens*« (*Kiddusch HaSchem*) die engen Grenzen des Heiligtums und die »*Entweihung des göttlichen Namens*« (*Chilllull HaSchem*) bedeutet mehr als bloß ein Verstoß gegen kultische Vorschriften – wie es ja auch in unseren Versen nicht heißt: »*ich will unter den Kindern Aarons, den Priestern geheiligt werden*«, sondern »*ich will unter den Kindern Israels geheiligt werden*«. Die Propheten bezeichnen z. B. Ausbeutung, Unterdrückung und Unzucht als »*Entweihung des göttlichen Namens*« (Am 2,7; Jer 34,16) und die Rabbinen haben nach der Zerstörung des Heiligtums die Pflicht zur *Heiligung des Namens* bzw. zur Vermeidung der *Entweihung des Namens* noch allgemeiner als Verantwortung der Juden für den guten Namen Gottes in der Welt gefasst. Jede Handlung muss daraufhin geprüft werden, ob sie Gott zur größeren Ehre oder zur Schande gereicht. Ja, diese Rücksicht hat vor aller anderen Vorrang. Eine Handlung, die sonst gleichgültig wäre, kann unter dieser Rücksicht höchst lobenswert oder zutiefst tadelnswert sein; eine sonst lässliche Sünde wird zur Todsünde, wenn sie den guten Ruf Gottes ruiniert. Besonders wichtig ist in dieser Hinsicht der Umgang von Juden mit

Nichtjuden (»*WeNikdaschti Bachem LeEnei HaGojim*«, Ez 20,41). Schon kleine Vergehen können das ganze Volk Israel und somit ihren Gott und sein Gesetz in großen Verruf bringen. Wenn zum Beispiel ein Jude etwas von einem Nichtjuden stiehlt, ist das gravierender, als wenn er es von einem Juden gestohlen hätte, weil die unwiderrufliche Entweihung des göttlichen Namens hinzukommt (tBKa 10,15). Alle Sünden, sagen die Weisen, werden am Versöhnungstag verziehen, mit Ausnahme der nicht wiedergutzumachenden Sünde der Entweihung des göttlichen Namens (AdRN 39; bJom 86b). Diese Rücksicht verlangt von frommen Juden, dass sie sich im Verkehr mit Nichtjuden weniger gestatten als ihnen von Rechts wegen eigentlich erlaubt wäre – ganz entgegen dem antisemitischen Vorurteil von der so genannten Binnenmoral der Juden (Maimonides, Mischne Tora, Hilchot Gesela WaAweda 13).

Der jüdische Philosoph Maimonides hat einmal das Muster eines Lebens im Dienst der Heiligung des Namens entworfen. Wer sich diesem Ziel widmet, solle niemals Anlass zum Gerede geben, auch wenn er im juristischen Sinn frei von Schuld ist. Er soll insbesondere keine Schulden machen, keine Gläubiger vertrösten und schlechte Gesellschaft meiden. Andererseits soll er die einfachen Leute nicht verachten, damit sie nicht schlecht von ihm und seiner Religion denken. Wenn ein Konflikt entsteht, soll er nicht auf sein Recht bestehen und das Gesetz nicht streng anwenden (*Lifnim Mischurat HaDin*), ja er soll Beleidigungen hinnehmen und nichts nachtragen. Er soll sich zeitlebens dem Gesetzesstudium widmen, aber auch dabei nicht übertreiben – damit er allen ein Vorbild sein kann. Wer so lebt, heiligt, nach Maimonides, den Namen Gottes. Und auf einen solchen Menschen beziehe sich der Spruch Jesajas (49,3): »*mein Knecht bist du, Israel, in dem ich mich rühme*« (Hilchot Jesode HaTora 5,11). Diese Beschreibung erinnert nicht von ungefähr an das Ideal des aristotelischen Weisen, der immer das Mittelmaß hält und im Vergleich zu den Glaubenshelden der Bibel und der Tradition etwas medioker wirkt (Hilchot Deot I,1 ff.).

Tatsächlich hat die jüdische Tradition unter »*Heiligung des Namens*« aber nicht nur ein vorbildliches moralisches Leben, sondern auch ein heldenhaftes Sterben verstanden. Der Bibelkommentator Raschi erklärt denn auch mit den meisten Auslegern unseren Vers: »*ich will unter den Kindern Israels geheiligt werden* (*WeNik-*

daschti Betoch B'nei Jisrael)« als Gebot, sich unter Umständen selbst für die Sache Gottes zu opfern. Dieser Grenzfall hat den Normalfall vollkommen in den Schatten gestellt, so dass man heute beim Ausdruck »*Heiligung des Namens*«, »*Kiddusch HaSchem*« normalerweise nur noch an das jüdische Martyrium denkt. Maimonides beginnt seine religionsgesetzliche Erörterung dazu allerdings mit der Aufzählung der Fälle, in denen uns nicht die »*Heiligung des Namens*«, sondern die »*Heiligung des Lebens*« (*Kiddusch HaChajjim*) anbefohlen ist. Wenn etwa ein frommer Jude genötigt wird, eines der göttlichen Gesetze zu übertreten, so soll er gehorchen, denn es heißt: »*Ihr sollt meine Satzungen und Rechte halten, denn der Mensch, der sie tut, wird durch sie leben*« (Lev 18,5) – wohlgemerkt: leben und nicht sterben. Entscheidet sich jemand in einem solchen Fall dennoch zum Äußersten, so ist er nach der Meinung des Maimonides ein Selbstmörder. Die Pflicht, sein eigenes Leben zu bewahren, hat aber Grenzen. Wenn ein Jude zum Götzendienst, zum Mord oder zur Unzucht gezwungen wird, muss er sich eher töten lassen als die entsprechenden Verbote zu übertreten. Maimonides grenzt diese Bekenntnisfälle aber sehr genau ein, damit niemand seine Lebensmüdigkeit für Opfermut hält, und er rät, sich derartigen Zwangslagen durch Flucht zu entziehen. Wer die Möglichkeit zur Flucht nicht ergreift, mitmacht und sich danach auf Befehlsnotstand beruft, wird nach Maimonides im letzten Kreis der Hölle schmoren. Erst nachdem Maimonides alle diese Einschränkungen gemacht hat, stimmt er das Loblied der großen jüdischen Märtyrer an (Hilchot Jessode HaTora 5,1-4). Sie schreiten vom Altertum bis in unsere Zeit in einem ununterbrochenen Zug mit dem Einheitsbekenntnis »*Sch'ma Jisrael*« auf den Lippen »*zur Heiligung des Namens*« (*Al Kiddusch HaSchem*) in den Tod. Im Vernichtungslager Belsec wollte ein deutscher Besucher, Professor Pfannenstiel, wissen, was in den Gaskammern vor sich ging. Er hielt das Ohr an die Wand, lauschte eine Weile und bemerkte dann: »*Wie in der Synagoge*«.[98]

Das Thema der »*Heiligung des Namens*« im Leben und Sterben zieht sich als Generalbass durch den synagogalen Gottesdienst. Das aramäische *Kaddisch*-Gebet, eine Art Refrain des Gemeindegebets und zugleich auch das Totengebet, beginnt so ähnlich wie das Vaterunser mit dem Satz: »*Erhoben und geheiligt werde sein großer Name in der Welt«* (*Jitgaddal WeJitkaddasch Scheme Rabba BeAlma*). Und das *Käduscha*-Gebet, ein Responsorium, das den Höhepunkt des Gemeindegebets bildet, beginnt mit dem in ekstatischer Erregung ausgesprochenen Gelöbnis der Gemeinde: »*Wir wollen deinen Namen in der Welt heiligen*« (*Nekaddesch Et-Schimcha BaOlam*) und endet mit dem Gelöbnis: »*Von Geschlecht zu Geschlecht wollen wir deine Größe verkünden und in allen Ewigkeiten deine Heiligkeit aussprechen.*« Mit dieser enthusiastischen Antwort auf den göttlichen Wunsch: »*Ich will unter den Kindern Israels geheiligt werden* (*WeNikdaschti Betoch B'nei Jisrael*)«, verschreibt sich die Gemeinde der Mission der »*Heiligung des Namens*« in der Welt und der Verkündung der Heiligkeit Gottes in der Geschichte.

Die Rede vom »*Namen Gottes*« bedeutet keine Abschwächung gegenüber der Idee von der »*Heiligung Gottes*«. Denn erstens wird Gott in der jüdischen Tradition mit seinem Namen identifiziert und heißt schlicht »*der Name*« (*HaSchem*). Zweitens ist ihm sein Ruf keineswegs gleichgültig, wie die kühne rabbinische Auslegung zu folgendem Jesajawort zeigt: »*Ihr seid meine Zeugen, spricht der Herr* (...), *damit man erkennt und mir glaubt und einsieht, dass ich bin. Vor mir war kein Gott gebildet, noch wird es nach mir einen geben. Ich, ich allein bin der Herr* (...) *und ihr seid meine Zeugen, spricht der Herr, und ich bin Gott (Atem Edai ... WaAni El)*« (Jes 43,10-13), was die Rabbinen so ergänzen: »*Wenn ihr meine Zeugen seid, so bin ich Gott, und wenn ihr nicht meine Zeugen seid, so bin ich nicht Gott*« (Sifre zu 5. Mose 33,5, Jalkut zu Jes 43,10).

Gewiss, im geduckten Leben der Ghettos verkam die »*Heiligung des Namens*« zur Reklame fürs Judentum. Alles, was das Ansehen der Juden erhöhte, galt schon als »*Heiligung des Namens*« und alles, was ihm schadete, als »*Entweihung des göttlichen Namens*«. Die junge Generation von 1900 hat den Zionismus als Ausweg aus dieser Fremdbestimmung durch den Blick der anderen empfunden. Deshalb beendet der junge Hugo Bergmann seinen Aufsatz über *Die Heiligung des Namens* von 1913 mit den Worten: »*Der Zionismus ist unser Kiddusch HaSchem*«.

Kaum eine Generation später war für die europäischen Juden wieder der *Kiddusch HaSchem* in seiner altertümlichsten, mittelalterlichsten Bedeutung fällig. Hugo Bergmann lebte neben anderen deutschen Zionisten in Jerusalem. Vor ihnen verlas am 6. Oktober 1939 der aus Deutschland eingewanderte Philosoph und später weltberühmte Ökosoph Hans Jonas (1903-1993) seinen Aufruf an *»die jüdischen Männer«*, zu den britischen Waffen zu eilen und angesichts der drohenden Vernichtung seines Volkes in einen *»bellum judaicum«* gegen Deutschland einzutreten.[99] Er beschreibt hellsichtig die Natur des vor wenigen Wochen ausgebrochenen Weltkrieges: »*Gegen* ***uns*** *ist es wahrhaft der* ***totale*** *Krieg. Denn* ***wir sind negiert als Menschengattung*** *schlechthin (...). Da ist kein Arrangement, keine Anpassung möglich. Unser bloßes Dasein ist unvereinbar mit dem Dasein des Nazitums. Ein ins Mythologische emporgetriebener Gegensatz waltet hier, und er kann nur mit der Vernichtung des Einen oder Andern enden. (...). Wie ein dämonisches Schicksal die Hitlersche Expansion unfehlbar gerade in die Gebiete jüdischer Massensiedlung treibt und so der Vertilgungsmaschine ständig neuen Stoff zuführt – so ist der Hitlerismus durch das Gesetz, nach dem er angetreten ist, dazu* ***gezwungen****, auf* ***allen*** *Wegen seiner* ***Welt****politik immer wieder* ***uns*** *aufs Korn zu nehmen* (...)« (ebd., S. 81 u. 83). Jonas überlebte den zweiten Weltkrieg als Soldat, aber seine Mutter wurde nach Lodz verschleppt und schließlich in Auschwitz umgebracht. Ihr widmete er seinen *Festvortrag* anlässlich der Verleihung des Dr. Leopold-Lucas-Preises für 1984, *Der Gottesbegriff nach Auschwitz*.[100] Jonas lehnt in dieser Rede zwar den Begriff des *Kiddusch HaSchem* für die Opfer von Auschwitz ab, weil dort keine Gelegenheit für das religiöse Zeugnis gelassen wurde: »*Nicht um des Glaubens* ***willen*** *starben jene dort, und nicht* ***wegen*** *ihres Glaubens oder irgendeiner Willensrichtung ihres Personseins wurden sie gemordet. Deshumanisierung durch letzte Erniedrigung und Entbehrung ging dem Sterben voran* (...)« (S. 31). Aber er knüpft an den *»Mythos«* vom *»werdenden Gott«* an (S. 39). »*Nachdem er* (Gott) *sich ganz in die werdende Welt hineingab, hat Gott nichts mehr zu geben: Jetzt ist es am Menschen, ihm zu geben. Und er kann dies tun, indem er in den Wegen seines Lebens darauf sieht, dass es nicht geschehe oder nicht zu oft geschehe, und nicht seinetwegen, dass es Gott um das Werdenlassen der Welt gereuen muss«* (S. 48). Menschen, die sich diesem *»eindringlich-stummen Werben seines unerfüllten Zieles«* (S. 46) nicht versagen, nennt Jonas mit der jüdischen Tradition »*Gerechte*« (*Zaddikim*). Diese Verantwortung des Menschen für Gott in der Welt ist aber genau das, was die Tradition mit dem Begriff *Kiddusch HaSchem* gemeint hatte.

Hier müssen wir noch etwas über ein naheliegendes Missverständnis des Heiligkeitsideals nachtragen. Die Heiligung Gottes hängt nach unseren Versen von seinem Volk ab, und die Heiligung des Volkes hängt von Gott ab (»*ich will unter den Kindern Israels geheiligt werden, ich bin der Ewige, der euch heiligt*«). Wie diese gegenseitige Heiligung zu verstehen oder besser nicht misszuverstehen ist, kann aus den diesen Pentateuchabschnitten zugeordneten Prophetenabschnitten ersehen werden. Zum oben besprochenen Wochenabschnitt »*Kedoschim Tihju*«, »*Seid heilig!*« ist nach dem deutschen Ritus als Prophetenlesung das neunte Kapitel von Amos angesagt. Der Abschnitt beginnt mit dem Vers: »*Fürwahr, wie die Söhne von Kusch seid ihr mir, Kinder Israel, spricht der Ewige; fürwahr, Israel habe ich heraufgeführt vom Lande Ägypten, die Philister aus Kaftor und Aram aus Kir*« (9,7). Dieses Prophetenwort steht im scharfen Kontrast zum Inhalt des Wochenabschnitts. Die Forderung, heilig zu sein bedeutet, sich so abzusondern, wie Gott sich absondert. Der Prophet erteilt hier aber jeder besonderen Beziehung zwischen Gott und Israel eine klare Absage. Welchen Sinn hat aber dann noch der *Seid-heilig*-Imperativ? Die Antwort auf diese Frage liegt vielleicht in der Form des Verbs: *Seid heilig!* bedeutet nicht, dass das Volk Israel schon heilig *ist*, sondern es erst *werden soll*; die Heiligkeit ist keine erworbene menschliche Eigenschaft, sondern ein unerreichbares göttliches Ziel. Sollten sich die Israeliten dennoch für etwas Besonderes halten, so schärft ihnen der Prophet vorsorglich ein: Ihr seid Gott nicht lieber als die »Neger« (»*Chuschijim*«) und er kümmert sich um euch nicht mehr als um die »Palästinenser« (»*Plischtijim*«)! Auch wo Gott Israel ausdrücklich als »*heiliges Volk*« (*Goi Kadosch*) bezeichnet, nämlich vor der Offenbarung am Berg Sinai, da spricht er im Konditional von einer zu erfüllenden Pflicht: »*Wenn ihr nun auf meine Stimme höret*«, sagt er, »*und meinen Bund haltet, so sollt ihr mir ein Kleinod* (*Segula*) *unter allen Völkern sein;* (...) *ihr sollt mir ein Reich von Priestern, ein heiliges Volk sein* (*Tihju-Li ... Goi Kadosch*) (...)« (Ex

19,5-6). Die Heiligkeit ist mit anderen Worten keine erbliche Anlage, sondern eine kaum erfüllbare Aufgabe. Im übrigen ist die Aussonderung Israels wegen der besonderen Erwartungen, aber auch wegen der zu erwartenden Verleumdungen gar keine erstrebenswerte Auszeichnung, sondern eher eine schwere Heimsuchung, wie der gleiche Prophet an anderer Stelle sagt: »*Nur euch habe ich mich offenbart von allen Geschlechtern der Erde, darum ahnde ich an euch alle Frevel*« (Am 3,7). Es lässt sich kein stärkerer Kontrast denken als der zwischen dem Abschnitt: *Seid heilig!* und dem Prophetenwort: »*Wie die Söhne von Kusch seid ihr mir*«.

Eine ähnliche Tendenz spricht aus der Zusammenstellung des nächsten Wochen- und Prophetenabschnitts. Zu unserem Abschnitt (Lev 21 – 24), der den *Seid-heilig*-Imperativ in der Formel: »*Ich will unter den Kindern Israels geheiligt werden*« variiert, ist als Prophetenabschnitt das 44. Kapitel aus dem Buch Ezechiel vorgesehen. Im Wochenabschnitt war eigentlich weniger von den »*Kindern Israels*« als von den Priestern die Rede. Es wird insbesondere dargelegt, dass die Priester körperlich gut gebaut und gesund sein müssen, um ihr angestammtes Amt im Heiligtum ausüben zu können. Der vorgesehene Prophetenabschnitt bringt noch einige Ergänzungen in Bezug auf die Kleiderordnung im Tempel (vgl. auch Ex 28), fügt dann aber die merkwürdige Bestimmung hinzu: »19 *Wenn* (die Priester) *hinausgehen in den Vorhof, in den äußeren Hof zu dem Volk, sollen sie ihre Gewänder, in denen sie den Dienst versehen, ausziehen und sie niederlegen in den Kammern des Heiligtums und andere Kleider anziehen, damit sie nicht mit ihren heiligen Gewändern das Volk heiligen* (*Jekadeschu*)«. Die Priester sollen mit anderen Worten nur während des Gottesdienstes ihre feierliche Amtstracht tragen, draußen sollen sie nicht in vollem Ornat auftreten, sondern wie jedermann gekleidet sein. Wir wissen nicht genau, auf welche religiöse Gefahren der Nebensatz »*damit sie nicht mit ihren heiligen Gewändern das Volk heiligen* (*Jekadeschu*)« anspielt, aber moderne Ausleger haben ihn so verstanden, dass die Priester mit ihren heiligen Gewändern unterm Volk nicht »*heilig tun*« sollen, dass sie das Volk nicht, wie Martin Buber sprachschöpferisch übersetzt, »*verheiligen*« sollen. Daraus kann man den weiteren Schluss ziehen, dass die religiösen Funktionäre nicht selber heilig sind, sondern nur Kraft ihres Amtes im Gotteshaus am Heiligen teilhaben. Außerhalb des Heiligtums, so R. Naftali Zwi Jehuda Berlin von Woloschin (1817-1894), soll der Priester sich nicht als etwas Besonderes aufspielen und ist genauso unvollkommen wie jedermann. Bei den Mitgliedern der Priesterkaste – zu Schweigen von den Hohepriestern – war die Versuchung, sich etwas auf ihre Herkunft, ihr Amt und ihr Ornat einzubilden, naheliegend. Gegen die Anmaßung solcher »*Heiligkeiten*« wendet sich der Prophet oder zumindest seine modernen jüdischen Ausleger.

Aus diesen Pentateuch- und Prophetenabschnitten spricht jedesmal die Absicht, den Abstand zwischen dem Sakralen und Banalen so klein wie möglich zu halten. Das Heiligkeitsideal begründet kein Heilsmonopol, sei es eines einzelnen Volkes, eines einzelnen Standes oder einer einzelnen Person, vielmehr sind alle unterschiedslos dazu berufen heilig zu werden. Die Wege dahin sind keine schwindelerregenden Sonderwege und keine unerschwinglichen Sonderleistungen, vielmehr ist die Teilhabe am Heiligkeitsideal jedem offen und unter normalen Bedingung zu erreichen. Zur gleichen Aussage gelangen wir, wenn wir uns dem letzten großen Komplex der Heiligkeitsgesetze zuwenden, den heiligen Zeiten (Lev 23 – 25).

8. Feste

Am Schluss des 8. Abschnitts des *Levitikus* steht einer der biblischen Feiertagskalender (*Seder HaMo'adim*). Die Unterscheidung von heiligen und profanen Zeiten ist bei weitem nicht auf die Bibel beschränkt. Der Wechsel von Werk- und Feiertagen, von Fest- und Fasttagen ist vielmehr eine anthropologische Konstante. »*Der Mensch*«, schreibt Jan Assmann, »*ist auf Zweidimensionalität, auf ‚ein Leben in zwei Zeiten‘* (Lope da Vega) *angelegt. Die ursprünglichsten Namen für diese beiden Dimensionen sind ‚Fest‘ und ‚Alltag‘«.*[101]. In der »*anderen*«, »*großen*«, »*heiligen Zeit*« (*hieros chronos*) werden gesellschaftliche Unterschiede unwichtig, wirtschaftliche Überschüsse vergeudet und religiöse Überlieferungen lebendig. Der Ausnahmezustand des Festes ist oft beschrieben worden. Nietzsche betonte besonders den ekstatischen Charakter der Feststimmung: »*Jetzt ist der Sklave freier Mann, jetzt zerbrechen alle die starren feindseligen Abgrenzungen, die Not, Willkür oder ‚freche Mode‘ zwischen den Menschen festgesetzt haben. Jetzt* (...) *fühlt sich jeder mit seinem Nächsten nicht nur vereinigt, versöhnt, verschmolzen, sondern eins (...). Singend und tanzend äußert sich der Mensch als Mitglied einer höheren Gemeinsamkeit: Er hat das Gehen und Sprechen verlernt und ist auf dem Wege, tanzend in die Lüfte emporzufliegen«* (*Geburt der Tragödie*, 1). Ganz ähnlich beschreibt der französische »Sakralsoziologe« Roger Caillois den Gegensatz des Festes zum Alltag: »*Feste sind in der Tat eine Explosion, eine zeitweilige Unterbrechung glanzloser Kontinuität; sie bedeuten aufwühlende Frenesie gegenüber täglicher Wiederholung stets gleichbleibender materieller Beschäftigungen; sie sind der kraftvolle Atem allgemeinen Überschwangs angesichts geruhsamer Tätigkeit, wo jeder seiner Pflicht nachgeht; sie sind Konzentration, die der Zersplitterung der Gesellschaft Einhalt gebietet, sind das Fieber ihrer Kulminationspunkte innerhalb stiller, mühevoller Arbeit in den monotonen Phasen des Lebens.*«[102] Obwohl sich die von Nietzsche, Caillois und Assmann hervorgehobenen Momente zweifellos in Festen wiederfinden, weichen die Feststile auch stark voneinander ab. Die griechischen *Dionysien*, die Nietzsche[103], und die römischen *Saturnalien*, die Caillois[104] vor Augen hatte, sind keine Maßstäbe für die biblischen und jüdischen Feste.[105] Der Hauptunterschied ist, dass sich die biblischen Feiertage nicht als Widerspruch zu den Werktagen verstehen, sondern als deren Vollendung. Das gilt vor allem für den biblischen Maßstab aller Feiertage, den *Schabbat*. Nachdem die Bibel die sechs göttlichen Werktage beschrieben hat, lesen wir die Verse, die bis heute zur »*Heiligung*« (*Kiddusch*) des Schabbats dienen: »*Vollendet* (*Lichlot*) *waren der Himmel und die Erde und all ihr Heer. Da vollendet* (*Lichlot*) *Gott am siebten Tag sein Werk, das er gemacht; er war fertig* (*Lischbot*) *am siebenten Tag mit all seinem Werk, das er gemacht. Gott segnete den siebenten Tag und heiligte ihn; denn an ihm hatte er abgeschlossen* (*Lischbot*) *sein ganzes Werk, das Gott geschaffen hatte, um es zu fertigen* (*La'assot*)« (Gen 2,1-3).[106] Der Schabbat ist also keine Verschnaufpause für den erschöpften Schöpfer, sondern wörtlich der Abschluss der Schöpfung. Auch die Verfluchung der menschlichen Arbeit nach dem Sündenfall (Gen 3,17-19) führt zu keinem radikalen Dualismus von Arbeits- und Freizeit, von Alltags- und Sonntagswelt. Gewiss, es gibt auch Ähnlichkeiten zwischen dem wöchentlichen jüdischen *Dies Saturni* und den jährlichen römischen *Saturnalien*, bei denen die Herren eine Zeit lang die Sklaven zu spielen pflegten. Schließlich soll der Schabbat auch an die Befreiung aus der Skalverei erinnern: »(...) *auf dass feiere dein Knecht und deine Magd wie du* (...), *darum hat der Ewige dein Gott geboten, den Schabbat-Tag zu halten*« (Dtn 5,14-15, vgl. auch Ex 23,12). Ja, Philo von Alexandrien beschreibt den Tag des Schabbats sogar als eine temporäre Revolution, an dem die Freien Sklavenarbeit verrichten und der für die Sklaven ein »*lebendiger Funke und Schimmer der Freiheit*« ist (Über die Einzelgesetze II,67). Die Festkleidung, die Festmähler und der eheliche Verkehr »*zu Ehren des Schabbat*« (*Lichwod Schabbat*) setzen diesen Feiertag schlechthin von den Werktagen ab.[107] Trotzdem hat die *Schabbatfreude* (*Oneg Schabbat*) herzlich wenig mit den orgiastischen Ausschweifungen zu tun, von denen Nietzsche und Caillois träumten. Die übrigen biblischen und jüdischen Feste sind ebensowenig »*religiöse Kontrapunkte zur Alltagswelt*« als vielmehr ihre feierlichen Schlusspunkte.[108] Die drei Wallfahrtsfeste etwa sind ihrem ursprünglichen Sinn nach Erntedankfeste, an denen die Früchte der Arbeit im Tempel geheiligt werden. Mit Ausnahme vielleicht des *Purim*-Festes und der »*Nittelnacht*« genannten Weihnachtstravestie erfüllen die jüdischen Feste nicht die Wünsche nach wilder Erholung von den Zwängen der Kultur und Zivilisation. Natürlich fehlt auch bei jüdischen Festen nicht die Freude (*Chag Sameach*), aber besinnungsloser Rausch, wilder Tanz, sexuelle Freizügigkeit usw. gelten als Juden unwürdige »*unjüdische Vergnügen*« (Jidd.: *Gojim-Naches*). Die jüdischen Feste sind vielmehr ein Hauptgegenstand der halachischen Reglementierung, die den Überschwang in enge Schranken weist.

Diese betonte Nüchternheit der jüdischen Feste könnte dem Stereotyp vom natur- und lebensfeindlichen jüdischen Puritanismus Vorschub leisten. Der Historiker des Kapitalismus Werner Sombart machte anders als sein Kollege Max Weber nicht den protestantischen, sondern den jüdischen Puritanismus für die aus seiner Sicht bedauerliche Rationalisierung des modernen europäischen Lebens verantwortlich. Eine typische Passage seines Bestsellers *Die Juden und das Wirtschaftsleben* (1911) lautet, dass für Juden »*das ganze Menschenleben ein einziger großer Kampf gegen die feindlichen Mächte der Natur* (sei)«. Das, so sagt er, »*ist der Leitgedanke, der die jüdische Moraltheologie beherrscht und dem dann nur das System von Vorschriften und Maßregeln entspricht, mit deren Hilfe das Leben rationalisiert, entnatürlicht, geheiligt werden könne* (...).«[109] Nach Sombart ist die »*Zweckbedachtheit*« und der »*Teleologismus*« ein angestammter jüdischer Wesenszug. »*Der Jude*«, meint er, »*gibt sich nicht unbefangen der Außenwelt hin; er versenkt sich nicht selbstverleugnend in die Tiefen des Kosmos, schweift nicht hin und her in den endlosen Räumen auf den Schwingen seines Denkens, sondern taucht unter,* (...), *um Perlen zu suchen.* (....) *Sein lebendigstes Interesse ist das Erfolgsinteresse* (...). *Unjüdisch ist es, eine Tätigkeit – welche auch immer – als ,Selbstzweck' zu betrachten; unjüdisch, das Leben selber zwecklos, schicksalsmäßig zu leben; unjüdisch, sich der Natur harmlos zu erfreuen* (...)« (ebd., S. 320f.). Die Gleichung von Judentum, Rationalismus, Utilitarismus und Kapitalismus findet sich aber nicht nur bei konservativ-bürgerlichen, sondern auch bei revolutionär-antibürgerlichen Antikapitalisten, vor allem bei Karl Marx selbst. In seiner Frühschrift *Zur Judenfrage* (1843/44) forderte dieser Abkömmling berühmter Rabbiner: »*Betrachten wir den wirklichen weltlichen Juden, nicht den* **Sabbatjuden** (...), *den* **Alltagsjuden**. (...) *Welches ist der weltliche Grund des Judentums? Das* **praktische** *Bedürfnis, der* **Eigennutz**. *Welches ist der weltliche Kultus der Juden? Der* **Schacher**. *Welches sein weltlicher Gott? Das* **Geld**. (...) *Was in der jüdischen Religion abstrakt liegt, die Verachtung der Theorie, der Kunst, der Geschichte, des Menschen als Selbstzweck, das ist (...) die Tugend des Geldmenschen.*«[110] In der hochkapitalistischen Gründerzeit hatten viele jüdische Bürger und Gründer tatsächlich den »*Sabbatjuden*« hinter sich gelassen und erschienen nur noch als »*Alltagsjuden*«. Oftmals sagten sich die begabtesten Söhne und Töchter von ihren jüdischen »*Gründer-Vätern*« los und begaben sich im Gefolge antibürgerlicher und sogar antisemitischer Bewegungen auf die Suche nach der verlorenen Religion. In dieser Hinsicht ist der Fall der Juden aus der Runde der *Kosmiker* um Stefan George an der Wende zum vorigen Jahrhundert sehr symptomatisch.[111] Unter der strengen hieratischen Ägide des Dichters wurde in dieser Runde eine veritable Resakralisierung und Repaganisierung des profanen Lebens angestrebt, mit Jahreszeiten-Feiern, Fackelbränden, Einweihungen, Blutleuchten, Leichen-Begängnissen, Totenbeschwörungen, Mysterienkulten, Fruchtbarkeitsriten, Sonnenwendzügen, Kunfttags-Feiern, Seelenopfern, Ewigungen und dionysischen Tänzen.[112] Für den lebenstötenden herakleischen »*Logozentrismus*« der Moderne machte Ludwig Klages, der Philosoph der *Kosmischen Runde*, den monotheistischen »*Jahwismus*« und den semitischen »*Judaismus*« verantwortlich.[113] Bei Klages und Alfred Schuler, dem Propheten der Runde, steigerte sich der Antimodernismus zu einem regelrechten gnostischen Antisemitismus.[114] Moderner Rationalismus, technischer Fortschritt, kapitalistische Wirtschaft waren in ihren Augen nichts anderes als die satanischen Anschläge des »*Jahwe*«, alias »*Mammon*«, auf das chtonisch-matriarchalische Paradies der Urarier.[115] Ihre Hoffnung setzten diese »*Dithyrambiker des Untergangs*« auf eine neue arische »*Blutleuchte*« und ihr Kampfsymbol wider Juda war das entfesselte »*Feuerrad*«, das Hakenkreuz.[116] Aber auch Juden in diesem Kreis teilten seine radikale lebensphilosophische Kulturkritik, so etwa der Jugendfreund von Klages und spätere zionistische Kritiker des »*Jüdischen Selbsthasses*«, Theodor Lessing.[117] In seinem Hauptwerk *Der Untergang der Erde am Geist* (1918, später: *Europa und Asien*) und Gelegenheitsschriften wie *Die verfluchte Kultur. Gedanken über den Gegensatz von Geist und Leben* (1921)[118] finden wir alle kulturkritischen Antithesen der Kosmiker wieder: die Kultur als »*Übermächtigung des Lebens durch den Geist*« (S. 7), »*Jehova*«, der den Schrecken des Menschen über alle anderen Kreaturen legt (nach Gen 9,2; S. 19), die Wiedergeburt der gemarterten »*großen Mutter*« (S. 50-51), die Überwindung der »*europäischen Mechanerie*« und »*logisch-ethischen Organisation*« durch den »*nordische(n) Menschen*« (ebd.). Lessing stimmt auch in die große Klage über die verlorene Naturreligion ein: »*der hoffärtige ‚Geist' (zerschnitt) die feinen Fäden, welche ihn einverwoben in nun verlorene Seelengründe der Natur. Nun kniet er nicht mehr schauernd vor Sternen und Stürmen, Palme und Panther, Lingam und Lotos, betet nicht zu des Elementes zeitlos immergegenwärtiger Zeugungsfülle; sondern ‚der Geist' – (‚Namen nennen dich nicht' ... und ‚Du sollst dir kein Bildnis noch irgendein Gleichnis machen') – der Geist allein soll herrschen; will herrschen*« (S. 14). Die am jahwistischen Geist untergehende Erde sollte an der Renaissance der heidnischen Kulte und Feste genesen. Der Treffpunkt des Dionysos-

Gefolges Georges war die Schwabinger Wohnung eines wohlhabenden jüdischen Bankierssohnes aus Darmstadt, Herausgeber des Niebelungenliedes, Wiederentdecker Bachofens und Zionistenführer Karl Wolfskehl (1869-1948). Im so genannten »*Kugelzimmer*« seiner Wohnung residierte Stefan George höchstselbst.[119] Zum Münchner Fasching wurden hier rauschende Bacchanale nach alten Beschreibungen inszeniert. »*Heil dir, Dionysos!*«, grüßt Wolfskehl den Gott in Georges *Blätter für die Kunst*, »*brich das reis!* (...) *Hüllen fallen du bräutlicher Werbe/ kränz uns in küssen!*« (*Dithyrambe*, 1892-98, S. 120). Die Gräfin Franziska zu Reventlow, die »Hetäre« der Runde, hat das bunte Treiben dieser Boheme von Schwabing, oder wie sie den Stadtteil auch nannte, »*Wahnmoching*«, in ihrem satirischen Schlüsselroman *Herren Dames Aufzeichnungen oder Begebenheiten aus einem merkwürdigen Stadtteil* (1913) karikiert.[120] Eine Schlüsselszene des Romans ist der große Maskenzug vom Fastnachtssonntag, dem 22. Februar 1903, von dem auch Photographien erhalten sind. Den Zug führte der als »*indischer Dionysos*« verkleidete Wolfskehl in »*purpurrotem Gewand mit Weinlaubkranz und einem langen goldenen Stab*« an. »*Beim Tanzen*«, schreibt die Gräfin, »*raste er wild daher, und seine Augen rollten*« (F. z. Reventlow, ebd., S. 194). Die lustigen Feten hatten aber einen ernsten kulturrevolutionären Anspruch. Mit ihnen sollte ein neues »*dionysisches Zeitalter*« (ebd., S. 203) eingeleitet werden. Im Gedicht *Feste* (1904) aus *Der siebente Ring* (1907) feiert Stefan George rückblickend den hohen Sinn des Maskenzuges: »*Hüllt auch das bild der schnöde werktag heuer./ Hier trat aus zeiten-wirrnis und -gezeter./ Das haupt bekränzt. vortragend offene feuer./ Der erste feierliche zug der beter.*«[121] Viele Jahre später hat Wolfskehl in seinem Essay *Maskenmystik* seine Festtheorie formuliert, die der Nietzsches und Caillois' beinnahe aufs Wort gleicht: »*Eine fremde, mächtige Gewalt durchdringt, ergreift die Sphäre des Einzelmenschlichen. Der Gott oder das Göttliche* (...), *verleiblicht sich im Einzelfall, wird gewissermaßen bewegtes, handelndes Standbild, ‚lebendes'. Von dem* (...) *Schauspieler in der griechischen Tragödie, der als Maske des Dionysos* (...) *den Gott darstellt, bis zu den Vergöttlichungen bei Umzügen und Weihefesten, wo der Träger der Gottesabzeichen für einen Augenblick von diesem durchströmt und durchleuchtet wird, ist das Ich, der Einzelfall bis zur Entselbstung hier rätselvoll durchspült, gewandelt, in andere Sphäre gehoben (...). Das große Staatsvolk Europas, das Stadtrömertum, hat dieses rein triebhafte Ungestüm in ihr öffentliches, klar und ehern fest gezogenes Dasein einreihen können: der berühmte (...) römische Karneval (...), wo die ganze Urbs vom triefenden Taumel erschüttert wurde, alle Schranken für eine Wochenspanne verschwanden, der Gestaltentausch sich bis zum Ständetausch steigerte, das ganze Leben umschwang, Sklaven bedient wurden von ihren Herren. Seitdem hier das Recht alles Außerrechtlichen, Entschlüpfenden, Wechselnden gewissermaßen sanktioniert worden war, ist es lange Jahrhunderte durch Maske, Maskenlust, Maskenfreiheit, Maskenherrschaft für einen kurzen Abschnitt des festgeregelten Jahresumlaufs gesichert geblieben. Lächelnd übergab die kalte Vernunft dann ihre Vorrechte dem Taumel und dem Tand. Zufall und Willkür unordenten ein Reich, dem Lachen und Laune oberste Pflicht war. Zum Thyrsus wurde das Szepter. Das Leben ‚erholte' sich im wahren Sinn, es tauchte nieder in seine letzten Gründe, es wurde Tier, Pflanze, Sternentanz, umrauschte sich selbst. Und der Einzelne, die Welle in diesem Strom.* (...).«[122] Die kosmische Runde zerbrach 1904 am Streit zwischen Juden und »Ariern« über die Möglichkeit einer jüdischen oder gar zionistischen »*Blutleuchte*«. Am Faschingsdienstag 1933 verließ Wolfskehl seine deutsche Heimat und landete schließlich auf Neuseeland, der geographischen Antipode zu Hitler-Deutschland. Die Forschung hat noch in den spätesten *Hiob*-Klagen des *Exul Poeta* Spuren des Dionysos ausgemacht.[123] Aber der weinselige Dionysier hat zuvor selbst zur Umkehr aufgerufen: »*Herr! Ich will zurück zu deinem Wort./ Herr! Ich will ausschütten meinen Wein./* (...)« (Herr!, Ich will zurück, 1933, S. 104); »(...)/ *Immer wieder, wenn wir uns vergaßen, Selig singend mit den Andern saßen,/ Fiel in unsern Wein ein Tropfen Lauge,/ Traf uns böser Blick aus kaltem Auge./* (...) *Die Stimme:* (....)/ *Immer wieder, nun und immer wieder/ Samml' Ich Meines Volks verworfne Glieder/ Zu der Zeltnacht Meiner Passahstunde* (...)« (Am Seder zu sagen, 1934, S. 113). Anstelle des dionysischen Tänzers erscheint nun der chassidische »*Raw*« – »*aus dem im Tanz die Schechinah trat*« (Der vierte Spiegel: Hiob Maschiach, 1947, S. 217).[124] Die Irrungen Wolfskehls bezeugen, dass die jüdische Sehnsucht nach heidnischen Festen im 20. Jhd. weniger mit dem nüchternen Charakter der jüdischen Feste als mit der von den »*Alltagsjuden*« homogenisierten, verlorenen Zeit des Judentums zu tun hat. Wir wollen diese verlorene Zeit anhand des Feiertagskalenders im 23. Kapitel des Buches *Levitikus* darstellen und zeigen, dass das Judentum die biblischen Zeit zwar historisiert, aber niemals denaturiert hat.

»[23,1]*Der Ewige sprach zu Mose*: [2]*Sprich zu den Kindern Israels und sage ihnen: Die Feste des Ewigen, die ihr als heilige Versammlungen ausrufen sollt – dies sind meine Feste:* [3] *Sechs Tage hindurch darf Arbeit verrichtet werden, am siebten Tag aber ist ein hoher Schabbat (Schabbat Schabbaton), eine heilige Versammlung, keinerlei Arbeit dürft ihr verrichten (...).* [5]*Im ersten Monat, am vierzehnten des Monats gegen Abend ist ein Pessach-Mahl dem Ewigen.* [6]*Und am fünfzehnten Tag dieses Monats ist das Fest der ungesäuerten Brote (Chag HaMazzot) (...), sieben Tage lang sollt ihr ungesäuerte Brote essen.* [7]*Am ersten Tag sollt ihr eine heilige Versammlung abhalten; keinerlei Berufsarbeit dürft ihr verrichten.* [8]*Und ihr sollt an sieben Tagen dem Ewigen Feueropfer darbringen, am siebenten Tag sei heilige Versammlung; keinerlei Berufsarbeit dürft ihr verrichten. (...)* [10]*Wenn ihr in das Land kommt (...) und da Ernte haltet, so sollt ihr die Erstlingsgarbe (Omer) eurer Ernte zum Priester bringen.* [11]*Dieser schwinge die Garbe vor dem Ewigen (...), den Tag nach dem Feste soll der Priester sie schwingen. (...)* [15]*Von dem Tage aber nach dem Feste, von dem Tage, da ihr die Garbe der Schwingung dargebracht, sollt ihr zählen: sieben volle Wochen sollen es sein: Bis zu dem Tage nach der siebenten Woche sollt ihr fünfzig Tage zählen (...).* [21]*Und ihr sollt an eben diesem Tage (BaJom HaSe) ausrufen – eine heilige Versammlung (...) keinerlei Berufsarbeit dürft ihr verrichten (...).* [24]*Im siebenten Monat, am ersten des Monats, soll euch ein Tag der Ruhe, der Erinnerung durch Posaunenschall (Sichro Tru'a), eine heilige Versammlung sein. Keinerlei Berufsarbeit dürft ihr verrichten (...).* [27]*Allein am zehnten Tage dieses Monats ist der Versöhnungstag (Jom HaKippurim), eine heilige Versammlung sollt ihr abhalten, ihr sollt euch kasteien (...);* [28] *denn ein Versöhnungstag ist er, der vor dem Ewigen, eurem Gott, für euch Sühne wirkt (...)* [32] *von Abend zu Abend sollt ihr euren Ruhetag halten. (...)* [34] *Am fünfzehnten Tage dieses siebenten Monats ist das Fest der Hütten (Chag HaSukkot) sieben Tage lang (...). Am ersten Tag ist heilige Versammlung, keinerlei Berufsarbeit dürft ihr verrichten.* [36] *An sieben Tagen sollt ihr dem Ewigen Feueropfer darbringen, am achten Tage sollt ihr eine heilige Versammlung abhalten* (...), *ein Tag der Festversammlung* (*Azzeret*) *ist es, keinerlei Berufsarbeit dürft ihr verrichten* (...). [40] *Und nehmet euch am ersten Tag eine Frucht vom Prachtbaum, Palmenzweige, Zweige von einem dichtbelaubten Baum, und Bachweiden, und seid fröhlich vor dem Ewigen sieben Tage lang* (...). [42] *In Hütten sollt ihr sieben Tage lang wohnen* (...). [43] *Auf dass eure Nachkommen wissen mögen, dass ich habe die Kinder Israels in Hütten wohnen lassen, als ich sie aus dem Lande Ägypten führte* (...)« (Lev 23,1-43). Wir erkennen in diesem Kalender unschwer die Hauptfeste wieder, die Juden bis heute feiern: den *Schabbat*, das *Überschreitungsfest* (*Pessach*), das *Wochenfest* (*Schawuot*) und das *Hüttenfest* (*Sukkot*), sowie das *Posaunenfest* (*Jom HaT'rua, Rosch HaSchana*) und den *Versöhnungstag* (*Jom Kippur*). In Einzelheiten jedoch ergeben sich im Vergleich mit anderen biblischen Kultkalendern (Ex 23,12-17; 34,18-26; Num 28f; Dtn 16,1-17; Ez 45,18-25), nicht zu reden vom späteren jüdischen Festkalender, ganz erhebliche Akzent- und Bedeutungsverschiebungen.[125] Manches, was im jüdischen Kalender verbunden ist, wie z. B. das *Festmahl* am Abend des 14. Nissan und das Fest der ungesäuerten Brote (*Mazzen*) wird hier getrennt angeführt (Lev 23,5-8); anderes, was dort nur noch ein untergeordnetes Ritual dieses Festes ist, wird hier als eigenes Fest gezählt, so die Gabe der Erstlingsgarben (*Omer*) (Lev 23,9-14). Auch die vertraute Sinngebung der Feste fehlt oder ist nur schüchtern nachgetragen. Während die drei Wallfahrtsfeste nach der heute üblichen geschichtlichen Deutung an die drei Stationen des Exodus erinnern und Befreiungs-, Gesetzgebungs- und Wanderungsfeste sind, kommt hier vor allem ihre ursprüngliche Deutung als Dankfeste nach der Gersten-, Weizen- und Weinernte zum Tragen. Überhaupt scheint es bei dieser ziemlich stereotypen Aufzählung der Festtermine und Opfertarife weniger um die einzelnen Feiertage als solche zu gehen als vielmehr um die Struktur der heiligen Zeit insgesamt. Wenn wir die biblische und jüdische Form der Heiligung der Zeit verstehen wollen, dann müssen wir das Gesetz dieser Feiertagsreihe erfassen.

Die Strukturzahl des biblischen Kalenders ist die Sieben. Es werden in unserem Kalender nicht zufällig genau sieben Hauptfeste aufgezählt: das *Schabbat-*, das *Mazzen-*, das *Garben-*, das *Wochen-*, das *Neujahrs-*, das *Versöhnungs-* und das *Hütten*fest. Ja, die einzelnen Feste scheinen gerade so zugeschnitten worden zu sein, dass sie zusammen die Zahl Sieben ergeben. Jedes einzelne Fest ist ferner irgendwie durch die Zahl Sieben bestimmt: der Schabbat ist der siebte Tag, das Mazzenfest dauert sieben Tage, mit dem Garbenfest beginnt eine Periode von sieben Wochen bis zum Wochenfest, das Neujahrs- und das Versöhnungsfest fallen auf den Anfang des siebten Monats und das Hüttenfest in der Mitte des siebten Monats dauert wiederum sieben Tage. Genau in der Mitte der »siebenstelligen« Festtagsliste steht nicht zufällig an vierter Stelle jenes Fest, das die Sieben sogar im Namen trägt, das *Siebener-* bzw. *Wochenfest* (»*Schawu'ot*«, von »*Schiw'a*«, »*Sieben*«, Lev 23,16-21; Num 28,26-29), und hier nur schlicht: »*dieser Tag*« (*HaJom HaSe*) genannt wird. Er ist das Ergebnis der Potenz von Sieben und findet, wie gesagt, genau siebenmal sieben Tage nach dem Garbenfest statt. An ihm werden sieben Opferarten (*Bikkurim*, Erstlingsgabe, *Ola*, Ganzopfer, *Mincha*, Speiseopfer, *Nessachim* Trankopfer, *Chattat*, Sündopfer, *Sch'lamim*, Friedensopfer und *Mussaf*, Zusatzopfer, Num 28,31) aus sieben Opfersorten (Brot, Stier, Widder, Ziegenbock, Schaf, Mehl, Wein) dargebracht, namentlich »*sieben im ersten Jahr stehende Schafe*«. Die Wahl der Zahl Sieben und seiner Potenz ist nicht willkürlich, sie entspricht den heptadischen Phasen der Himmelsuhr, von dem sich schon das Heptameron der Schöpfung herleitet. Der Mond zeigt die Zeit aber nicht nur quantitativ an, sondern drückt die ab- und anschwellenden Gezeiten mit seinem Wechsel von Fülle und Mangel auch qualitativ aus. Der mit den lunaren und solaren Zyklen synchronisierte Feiertagskalender mit seinen mageren und fetten Zeiten, seinen Fast- und Festtagen bildet also eine Art Echo des kosmischen Atems. So finden z.B. die Erntefeste im Frühjahr und Herbst bei Vollmond statt (Lev 23,5 u. 34), während die Fastenzeit der hohen Feiertage im siebten Monat bei Neumond beginnt (Lev 23,23-34). Die heilige Zeit, wie sie sich in diesem biblischen Kultkalender darstellt, ist also nichts anderes als die natürliche Zeit. Das Leben nach dem jüdischen Kalender begreift sich, wie das Leben nach dem koscheren Speisezettel oder den Heiratsregeln, als ein Leben im Einklang mit der Natur! Gegen alle Polemiker und Apologeten, die

die Tora zu einem Gesetz wider die Natur oder wider das Leben stilisieren, harmonisiert der ursprüngliche biblische Festkalender die sakrale, die soziale und die astrale Zeit. Gewiss, diesem zyklischen Kalender der Natur wurde bereits in der biblischen und mehr noch in der nachbiblischen Epoche der lineare Kalender der Geschichte aufgepfropft. Aber auch mit den geschichtlichen Sinngebungen der biblischen Feste im rabbinischen Judentum verschwindet ihre natürliche Bedeutung nicht spurlos. Das soll hier an zwei Beispielen deutlich gemacht werden, die im levitischen Kultkalender besonders hervorgehoben sind: an den *Omerwochen* und dem anschließenden *Wochenfest* im Frühjahr sowie am *Hüttenfest* im Herbst.

Die sieben Wochen bzw. neunundvierzig Tage zwischen *Pessach* und *Schawuot* werden als »*Omerwochen*« oder als »*Sfirazeit*« bezeichnet. Eigentlich bezeichnet das Wort »*Omer*« ein biblisches Getreidehohlmaß von 3,6 Liter. In unserem Kultkalender ist damit das Maß der Erstlinge gemeint, die am zweiten Tag des siebentägigen *Pessachfestes* als Opfer im Tempel dargebracht werden sollten. Wir zitieren die einschlägige Vorschrift vollständig: »*Wenn ihr in das Land kommt, das ich euch gebe, und Ernte haltet, so sollt ihr das Erstlings-Omer eurer Ernte zum Priester bringen. Dieser schwinge das Omer vor dem Ewigen, dass es euch wohlgefällig aufgenommen werde; den Tag nach der* (Pessach-) *Feier soll der Priester es schwingen.* (...) *Nicht Brot, noch geröstete noch frische Ähren dürft ihr bis zu eben diesem Tage essen, bis ihr das Opfer eures Gottes dargebracht habt; ein ewiges Gesetz sei es euch in allen Geschlechtern, in allen euren Wohnsitzen. Von dem Tage aber nach der Feier, von dem Tage, da ihr das Omer der Schwingung dargebracht, sollt ihr zählen* (*USfartem*); *sieben volle Wochen sollen es sein, bis zu dem Tage nach der siebenten Woche sollt ihr fünfzig Tage zählen* (...)» (Lev 23,10-16). Die rituelle Zählung (*Sfira*) heißt »*Omerzählen*« (*Sfirat HaOmer*), auf deutschjiddisch: »*Aumer zählen*«, oder einfach »*aumern*«. Bis heute wird in dieser Zeit der Tag und die Woche der *Sfirazeit* feierlich verkündet und mit Hilfe von *Omertafeln* angezeigt. Nach der geschichtlichen Deutung der Feste entspricht die *Sfirazeit* genau der Zeit, die die Israeliten brauchten, um von Ägypten (15. *Nissan*) zum Berg Sinai zu gelangen (6. *Siwan*). So wie im Ritual des Pessachfestes jeder »*verpflich-*

tet (wird), *sich vorzustellen, dass er selbst aus Ägypten ausgezogen ist«* (*Haggada*), so sollte er sich auch in der *Omerzeit* vorstellen, dass er selbst auf dem Weg zur Gesetzgebung ist, und sich darauf vorbereiten. Jeder Tag der *Sfirazeit* wurde mit einer der achtundvierzig Eigenschaften charakterisiert, durch die der Mensch die Tora nach den *Sprüchen der Väter* erwirbt (*Kinjan Tora*). Diese Eigenschaften werden im letzten Abschnitt der *Sprüche der Väter* aufgezählt, die man an den Schabbaten der *Omerzeit* auch zu lesen pflegt: »*Folgende sind es: durch Lernen, durch Aufhorchen des Ohres, durch geordnete Aussprache der Lippen, durch Einsicht des Herzens, durch Scheu, Ehrfurcht, Demut, Freudigkeit, Reinheit, durch Verkehr mit Weisen, durch Anschluss an Studenten, durch Besprechung mit Schülern, durch Bedächtigkeit, durch Kenntnis der Schrift und der mündlichen Lehre, durch wenig Handel, durch wenig weltlichen Verkehr, durch Minderung der Genüsse, durch Beschränkung im Schlafe, Beschränkung in der Unterhaltung und im Scherz, durch Geduld, ein gutes Herz, den Glauben an die Weisen, durch Ertragen von Leiden, dadurch dass man seine Stelle kennt, sich freut mit seinem Los und einen Zaun macht um Gottes Wort und sich selbst kein Verdienst anrechnet; wer beliebt ist, wer Gott liebt und die Menschen liebt und Redlichkeit liebt und die Zurechtweisungen liebt und fern sich hält von Ehren, und der sich nicht überhebt wegen seiner Gelehrsamkeit; wer nicht an Urteilen Freude hat, seinem Nächsten das Joch tragen hilft und ihn stets nach günstiger Seite beurteilt, ihn auf die Wahrheit bringt und ihm zum Frieden verhilft; wer sich bei seinem Lernen besinnt; wer fragt und antwortet, hört und dazu lernt; wer lernt, um zu lehren, lernt, um auszuüben, wer seinen Lehrer weise macht, und wer genau das ihm Überlieferte wiedergibt, und wer ein jedes Wort im Namen seines Urhebers ausspricht«* (Pirke Awot, VI, 6). Jeder Tag der *Sfirazeit* stellt folglich ein ganz eigenes moralisches Problem dar. Noch populärer als dieser moralische Aufstieg zum Sinai wurde aber der kabbalistische. Nach der jüdischen Mystik besitzt der Schöpfer zehn Eigenschaften, die gleichfalls *Sfirot* genannt werden, von denen die sieben unteren nacheinander in der Schöpfung offenbar werden. Dies sind (nach 1 Chr 29,11 u. Spr 3,19f.) die männliche »*Großzügigkeit*« oder »*Gnade*« (*Gdula* oder *Chessed*), die weibliche »*Stärke*« oder »*Gerechtigkeit*« (*Gwura* oder *Din*), die männlich-weibliche »*Herrlichkeit*« (*Tifferet*), der männliche »*Sieg*« (*Nezach*), die weibliche »*Pracht*« (*Hod*), der männliche »*Grund*« (*Jessod*) und das weibliche »*Reich*« Gottes (*Malchut*). Jedem Tag der *Sfirazeit* wird nun das Produkt von zwei göttlichen *Sfirot* zugeordnet. Man könnte auch sagen, in dieser Zeit steigt nicht nur der Mensch zu Gott hinauf, sondern auch Gott in der Fülle seiner Aspekte zum Menschen hinab. Durch die Mischung der sieben offenbaren göttlichen Grundeigenschaften erhält jeder der neunundvierzig Tage der *Omerzeit* seinen unverwechselbaren spirituellen Anstrich. Der 2. Tag ist z. B. der Tag der »*Gerechtigkeit in der Gnade*« (*Gwura ScheBeChessed*) und der 33. der Tag der »*Pracht in der Pracht*« (*Hod ScheBeHod*). Und es braucht sicher einen vollen Tag, um Emanationen und Begriffskomplikationen wie »*Gerechtigkeit in der Gnade*« (*Gwura ScheBeChessed*) ganz auszuloten.

Über diese lineare geschichtliche, moralische und mystische Deutung der *Sfirazeit* hat sich noch eine weitere »märtyrologische« gelegt. Die *Sfirazeit* wurde zu einer ausgedehnten Trauerperiode, in der Männer sich ihr Haupt- und Barthaar wachsen lassen und fröhliche Feste untersagt sind. Eine Ausnahme bildet der 33. Tag des *Omer* (*Lamed Gimel BaOmer* oder kurz: *Lag BaOmer*), der ein spezieller Freudentag für die Schüler ist. Sie unternehmen fröhliche Ausflüge in die Natur, zünden Lagerfeuer an und spielen mit Pfeil und Bogen. Die Trauerperiode wird auf eine verhängnisvolle Epidemie unter den Schülern Rabbi Akiwas zurückgeführt. Der Talmud erzählt: »*Zwölftausend Schülerpaare hatte Rabbi Akiwa von Gabbata bis Antipatris, und sie alle starben in demselben Zeitraum, weil sie einander keine Ehre erwiesen. Und die ganze Welt lag wüst, bis R. Akiwa zu unseren Lehrern im Süden kam und sie die Tora lehrte: Rabbi Meir, Rabbi Jehuda ben Ilai, Rabbi Josse ben Chalafta, Rabbi Schimon ben Jochai und Rabbi Elasar ben Schamua. Und sie richteten die Tora in jener Zeit auf* (*Heemidu Tora*). *Ein Lehrer* (*hat gelehrt*): *Sie alle starben in der Zeit von Pessach bis Pfingsten* (*Azeret*). *R. Chama bar Abba und nach einer anderen Version R. Chija bar Avin hat gesagt: ‚Sie starben alle eines bösen Todes. Was war es?‘ Raw Nachman hat gesagt: ‚Diphterie‘* (»*Asskera*«, vom griechischen »*Eschara*«)«, (bJew 62b).[126] Am 33. Tag der *Sfirazeit* soll nun das große Schülersterben ein Ende gehabt haben, weshalb er für die Schüler zum Freudentag wurde. Der Talmud lässt uns über die Ursache der Epidemie im Unklaren. Die Historiker nehmen an, dass es sich bei den Schülern von Rabbi Akiwa nicht nur um übereifrige Torastudenten gehandelt habe, sondern auch um Freiheitskämpfer, von denen viele im Kampf gefallen seien, bis sie am *Lag BaOmer* – darauf deuten vielleicht noch Pfeil und Bogen hin – einen Sieg gegen die römischen Besatzer errangen. In diesem Fall würden die 24 000 Toten zu den unzähligen Märtyrern aus dem zweiten jüdischen Krieg gegen Rom zählen. Seit dem Mittelalter haben sich in der *Sfirazeit* derartige nationale Katastrophen gehäuft, so die Massenmorde und -selbstmorde während der ersten beiden Kreuzzüge von 1096 und 1146, so die großen Massaker in der Ukraine und Polen während der Kosakenaufstände von 1648. Dieser Märtyrer wird während der *Sfirazeit* in den Synagogen mit besonderen Elegien (*Pjutim*) gedacht. Schließlich fiel im vergangenen Jahrhundert in dieser Zeit die Erhebung und der Untergang des Warschauer Ghettos. Darum wurde der offizielle jüdische Gedenktag der Vernichtung der europäischen Juden im Zweiten Weltkrieg, der so genannte »*Tag der Vernichtung und des Heroismus*« (*Jom HaScho'a WeHaGwura*), auf den 27. Nissan gelegt. Vielleicht übertreibt die talmudische Erzählung die Verluste unter den Schülern Rabbi Akiwas, doch sie sind nichts im Vergleich zur Totenstatistik der späteren Verfolgungen. Der Kommandant von Auschwitz Rudolf Höss gab zu: »*Die erreichte höchste Zahl innerhalb 24 Stunden an Vergasungen und Verbrennungen war etwas über 9000*«.[127] Und wie einst Rabbi Akiwa nicht verzagte und wieder zu pflanzen begann, so dass bereits sein Enkelschüler, Rabbi Jehuda HaNassi, mit der *Mischna* den stolzen Stamm der talmudischen Literatur errichten konnte, so haben die Überlebenden der Shoa die »*verwüstete Welt*« wieder beackert und heute blühen weltweit mehr Talmudakademien als je zuvor. Diese »märtyrologische« Besetzung der *Omerwochen* ergibt für die Semantik dieser Jahreszeit eine an Kontrasten, ja Kontradiktionen reiche Konstellation. In der Zeit, in der der Bauer in Israel seine Weizenernte reifen sah, holte der Sensenmann in der Diaspora gleichsam seine reiche Judenernte ein. Und ausgerechnet die Vorbereitungszeit für den Empfang der Tora wurde zur Zeit des großen Schülersterbens: Wachstum und Untergang, Empfang und Verlust der Tora liegen demnach ganz nahe beieinander. Die Fortpflanzung des Judentums kann nur gelingen, wenn die von der Geschichte verwüsteten Felder immer wieder neu kultiviert werden. Obwohl die traditionelle historische Deutung den natürlichen Sinn der *Omerwochen* fast vollständig überdeckt hat, interferriert die lineare Geschichtsmetaphorik des Auszugs und Aufstiegs immer wieder mit der ursprünglichen zyklischen Vegetationsmetaphorik von Untergang und Auferstehung.

Das *Wochenfest* (*Schawuot*) am »*fünfzigsten*« Tag (gr.: »*Pentekoste*«, dt.: »*Pfingsten*«) nach der *Sfirazeit*, dem als »*Siebenerfest*« eine Schlüsselrolle in unserem »*siebenstelligen*« Kalender zukommt, hatte bis zur Zerstörung des zweiten Tempel einen eindeutig landwirtschaftlichen Sinn. Die Erstlinge der Ernte wurden im Gotteshaus dargebracht (*HaJom HaBikkurim*, Num 28,26; 18,12ff.), und noch heute werden an diesem Fest die jüdischen Häuser und Gotteshäuser reichlich mit Pflanzen und Früchten geschmückt. Nach dem Ende der Wallfahrten war dieses Fest jedoch zur Neuinterpretation frei gegeben, gleichsam ein hoher Feiertag auf der Suche nach einem neuen Sinn. Die Rabbinen haben ihn mit einer Ernte in der Wüste in Verbindung gebracht, der Ernte des Gesetzes (*Sman Matan Torateunu*) (bPes 69b). Auch so ist seine zentrale Position im Kalender gerechtfertigt, denn das Gesetz ist schließlich die Quelle des Kalenders. Diese herausgehobene Bedeutung steht aber in einem auffälligen Kontrast zur Symbolarmut des Festes. Es hält keinem Vergleich mit den eindrucksvollen Symbolen des Befreiungs- und Hüttenfestes und mit den großartigen Gebeten des Neujahrs- und Versöhnungstages stand. In den Riten, die an die Stelle der Opfer getreten sind, wird vor allem der Empfang der Tora unterstrichen. So wurden an diesem Tag die Kinder feierlich eingeschult und eine »*Lernwache*« abgehalten (*Tikkun Leil Schawuot*). Bis heute studieren Juden in dieser Nacht bis zum Morgengrauen *Tora*. Ansonsten sind die Riten und Symbole des Festes ziemlich farblos und stehen in keinem Verhältnis zum thematisch ähnlichen Fest der »*Torafreude*« (*Simchat Tora*), das den Reigen der Herbstfeiertage abschließt. Das mag damit zusammenhängen, dass in nachbiblischer Zeit eine Verschmelzung der landwirtschaftlichen und historischen Aspekte des Festes, wie sie bei dem *Pessach*- und *Sukkotfest* so überzeugend gelungen ist, nur mehr schwer möglich war (zum Beispiel im Bild des grünen Sinai). Es hat aber vielleicht auch damit etwas zu tun, dass sich Offenbarung nicht so leicht symbolisieren lässt. Erinnert und ermahnt uns doch Mose: »*Und der Ewige sprach zu euch mitten aus dem Feuer; eine Stimme, Worte nur hörtet ihr, aber eine Gestalt habt ihr nicht wahrgenommen, nur eine Stimme.* (...) *Und wahret eure Seele wohl – ihr wisst, ihr habt keinerlei Gestalt an dem Tage gesehen, da der Ewige zu euch am* (Berg) *mitten aus dem Feuer sprach – dass ihr nicht ausartet und euch ein Bild machet, in Gestalt irgendeiner Bildsäule, das Abbild eines Mannes oder Weibes, das Abbild irgendeines Tieres auf Erden, das Abbild irgendeines Vogels mit Schwingen, der am Himmel dahinfliegt, das Abbild von irgendetwas, dass sich auf der Erde regt, das Abbild irgendeines Fisches im Wasser unter der Erde*« (Dtn 4,12-18). Das Symbolverbot, das für die Erscheinung Gottes gilt, betrifft auch sein verlautbartes Wort. So wenig wie die visuelle Erscheinung Gottes in ein festumrissenes Bild gebannt werden darf, so wenig kann die Bedeutung seines verlautbarten Wortes ein für allemal festgelegt und dargestellt werden. Darum ist wohl die kabbalistische Lernwache, in der die Offenbarung, analog zu den Holunderblüten in den Häusern und Synagogen, erblüht und reift, das geeignetste Ritual dieses Festes. Die Erstlingsopfer von ehemals sind zur Dekoration verkümmert und anstelle der realen sind metaphorische Bauern, Pflanzen und Ernten, die Lehrer, Schüler und Lehren getreten, doch die Logik des natürlichen Wachstumprozesses erhält sich in allen diesen Metamorphosen.

Am ausführlichsten wird im Kultkalender des *Levitikus* das *Hüttenfest* (*Chag HaSukkot*) geschildert (Lev 23,33-44). Es war nach dem *Pessach-* und *Wochenfest* das dritte der Wallfahrtsfeste (*Schalosch Regalim*), zu denen es im fünften Buch Mose heißt: »*Dreimal im Jahr erscheine* (...) *vor dem Angesicht des Ewigen, deines Gottes, an dem Ort, den er erwählt: am Fest der ungesäuerten Brote, am Wochenfest und am Laubhüttenfest; und nicht mit leeren Händen sollst du vor dem Angesicht des Ewigen erscheinen*« (Dtn 16,16). Bei dem einwöchigen Fest wurden im Tempel siebzig Stiere geschlachtet (nach Num 29,13-25). Auch sonst war der Opferplan an diesem Fest so verschwenderisch, dass er noch bei einem »*vernünftigen Gottesverehrer*« wie Reimarus im 18. Jahrhundert heftiges Kopfschütteln hervorrief. Ursprünglich handelte es sich wohl um ein fröhliches Jahrwendfest (Ex 23,16 u. 34,23; Lev 23,41), das nach der Weinlese in der freien Natur gefeiert wurde (Jes 1,8), doch in diesem besonderen Fall fügt schon unser biblischer Kultkalender eine geschichtliche Deutung an: »*Auf dass eure Nachkommen wissen mögen, dass ich die Kinder Israels habe in Hütten wohnen lassen, als ich sie aus dem Lande Ägypten geführt habe*« (Lev 34,43). Die Bauern, so könnte man diese kontradiktorische Sinngebung des Festes deuten, verwandeln sich zeitweise wieder in Nichtsesshafte und werden gerade dann an das Schicksal der Flüchtlinge erinnert, wenn sie fröhlich ihren Wohlstand genießen – sie dürfen in ihrem bequemen Domizil niemals das bittere Exil vergessen. Wenn das die erzieherische Absicht der kontradiktorischen Sinngebung des Festes sein sollte, so hat sie den Festteilnehmern niemals die gute Laune verdorben. Zum Hüttenfest pilgerten im Altertum zehntausende Juden aus dem In- und Ausland nach Jerusalem. Der Andrang war manchmal so groß, dass man von einem »*Fest der Zerquetschten*« sprach. Das *Hüttenfest* galt als »*Fest*« schlechthin. Flavius Josephus nennt es in seinen *Jüdischen Altertümern* (VIII,4,1) »*das heiligste und größte Fest bei den Hebräern*«. Man stellt sich die messianischen Freuden der Menschheit als Hüttenfest vor (nach Sach 14,16). Gemäß der Vorschrift in unserem Kultkalender (Lev 23,40) trugen die Pilger einen Feststrauß (*Lulaw*) aus einem Palmenstengel, zwei Bachweidenzweigen (*Arawa*), drei Myrtenzweigen (*Hadass*) und einer Zitrusfrucht (*Etrog*). Josephus übersetzt den Namen des Feststraußes auf Griechisch mit dem Wort »*Eiresione*«, nach jenen mit Früchten behangenen und mit bunten Wollfäden geschmückten Oliven- und Lorbeerzweigen, die die griechische Jugend im Herbst in einer Prozession zum Tempel des Apoll zu bringen pflegte (Jüd. Altertümer III, 10,4); Plutarch nennt ihn dagegen geradezu »*Thyrsosstab*«, nach dem mit Efeu- oder Weinlaub umwickelten und von einem Pinienzapfen gekrönten Stab, der das Panier des Dionysos war und in den prächtigen Prozessionen (*pompaí*) zu Ehren dieses Gottes geschwungen wurde. »*Sie haben ein Fest*«, schreibt Plutarch über *Sukkot*, »*an dem sie Feigen- und Efeuzweige nehmen, und mit diesen Thyrsos-Stäben in der Hand kommen sie in den Tempel. Und andere, die Leviten heißen, nähern sich dem Heiligtum harfenspielenderweise*« (Questiones conviviales IV,6,2). Auch der moderne Missionar des Dionysos, Michel Maffesoli, sieht im *Sukkot*fest ein orgiastisches Überbleibsel in einem Meer von »*totalitärem*« Monotheismus und Moralismus.[128] Selbst der Talmud befindet: »*Wer diesen Jubel nicht gesehen hat, hat in seinem Leben noch keinen Jubel gesehen*«. Die »*Frommen*« (*Chassidim*), berichtet der Talmud, führten im Vorhof des Tempels wie die *boukóloi* des Dionysos »*vor den Zuschauern einen Tanz mit brennenden Fackeln in den Händen auf und trugen ihnen Lieder und Gesänge vor; zahllose Leviten spielten die Harfe, die Leier, die Zimbel, die Trompete und andere Instrumente*« (mSuk V,4). Freilich wurde jeder Ansatz zur Orgie a limine durch strikte Geschlechtertrennung unterbunden. Im Talmud heißt es: »*Anfangs saßen die Frauen innerhalb* (des Frauenvorhofes) *und die Männer außerhalb, als es aber zu Ausgelassenheiten* (*Kalut Rosch*) *kam, ordnete man an, dass die Frauen außen und die Männer innerhalb sitzen sollten. Da es aber immer noch zu Ausgelassenheiten kam, ordnete man an, dass die Frauen oben und die Männer unten sitzen sollten*« (bSuk 51b, jSuk 55b u. mMid II, 5). Aber von düsterer puritanischer Festkritik wird man auch nicht sprechen können.[129] Eine bekannte rabbinische Auslegung sieht im Feststrauß geradezu eine Allegorie des zur Festfreude vereinten Volkes. Die Sorten des Feststraußes besitzen gegensätzliche Eigenschaften: Die Palme hat eine Frucht, aber keinen Duft; die Myrte einen Duft, aber keine Frucht, die Bachweide weder das eine, noch das andere und der Zedratbaum sowohl das eine wie auch das andere. Der Duft steht nach dieser Allegorese für die Gelehrsamkeit und die Frucht für die Werke. Die Zitrusfrucht repräsentiert demnach das Ideal des ebenso gelehrten wie praktizierenden Juden, die Myrte den gebildeten aber indifferenten, die Palme den observanten aber ignoranten und die Bachweide den unwissenden und untätigen Juden. An diesem Festtag bilden sie aber nur gemeinsam einen Strauß, fehlt eine Sorte, und sei es die schlechteste, so ist der ganze Feststrauß untauglich.

Die Entwicklung verlief beim *Hüttenfest* in manchen Hinsichten umgekehrt wie bei den *Omerwochen* und beim *Wochenfest*. Dort beobachten wir eine fortschreitende Denaturierung und Historisierung des natürlichen Sinngehalts des Festes, hier sehen wir dagegen eine Renaturierung der bereits biblisch vorgegebenen, wenn auch nachgetragenen historischen Sinngebung. In der einen oder anderen Form bleibt aber die Harmonisierung von natürlicher und heiliger Zeit im biblischen Festkalender auch im Synagogenjahr stets erhalten.

Doch die ungeduldigen jungen Zionisten der Generation von 1900 hatten genug von allegorischen Judensträußen, von symbolischen Ernten, von metaphorischen Hütten usw.. Sie wollten das entwurzelte Diasporajudentum zurück zur Natur bringen. Einer ihrer Exponenten in Mitteleuropa war der junge Martin Buber. 1901 schrieb er in seinem zionistischen Zentralorgan *Die Welt* ganz im lebensphilosophischen und lebensreformerischen Duktus der Zeit ein »*Bekenntnis*« zu den »*jüdischen Festen des Lebens*«. Das ist zunächst einmal im Gegensatz zu den traditionellen »*Festen toter Vergangenheit*« gemeint. Dagegen setzt er die »*Feste lebendiger Zukunft*« – und das heißt für den Zionisten die Rückkehr zur ursprünglichen landwirtschaftlichen Bedeutung der Feste im eigenen Land. Er verheißt, sein Volk werde wieder »*das Werdende* (...) *feiern, das künftige Erringen, die geahnte Wiedergeburt, das Jahresleben der wiedergewonnen Fruchterde, die Geschichte des Halmes und des Weinstockes; Feste zum Gedächtnis der Bauern, die noch nicht geboren sind, Feste, deren alte Form neuer Inhalt und Wert belebt, Feste, in denen schon neue Formen wie Olivenzweige durch die Dämmerung glühen, Feste, die die Geschichte des neuen Judenlandes an die Geschichte des alten knüpfen* (...)«.[130] Die historischen Erinnerungen haben sich jedoch so tief eingeprägt, dass sie nicht ohne Weiteres gelöscht werden konnten, um zur archaischen Tagesordnung zurückzukehren. Außerdem stand das Stereotyp vom natur- und lebensfeindlichen Judentum schon unverrückbar fest und hat zu einer schrecklichen Aktualisierung aller märtyrologischen Aspekte des jüdischen Festkalenders geführt. Folgendes zeigt, dass der Kultkalender des Levitikus nicht nur jüdische Naturapostel und Geistverächter, sondern auch jüdische Revolutionäre inspiriert hat.

9. Revolution

Der Kultkalender des Levitikus geht weit über das Jahr hinaus. »*Alles Siebte*«, heißt es in der jüdischen Tradition, »*ist oben bevor-*

zugt« (*Kol HaSchwiijim Chawiwim LeMala*, Pesikta und Jalkut zu Ex 19,3). Das gilt nicht nur für den siebten *Tag*, die siebte Woche, den siebten Monat, sondern auch für das siebte Jahr und das siebenmal siebte Jahr. Bekanntlich heißt der siebte Tag »*Schabbat*«, aber auch die anderen heiligen Zeiten: das »*Wochenfest*« (*Schawu'ot*) sieben Wochen nach dem *Befreiungsfest* (*Pessach*), die *hohen Feiertage* im siebten Monat des Jahres, das *Brach-* und *Erlassjahr* (*Schmitta* und *Sch'mittat Kssafim*) im siebten Jahr und das *Jubeljahr* (*Jowel*) nach dem neunundvierzigsten Jahr werden »*Schabbate*« genannt (Lev 23,25.32.39; 25,4). So heißt das siebte Jahr »*Schabbatjahr*« (*Schnat Schabbaton*) und bezeichnet sowohl einen »*Schabbat der Landwirtschaft*« (*Schabbat HaArez*), an dem die Böden ruhen (Ex 23,11; Lev 25,2; 25,45), wie auch einen Schabbat der Geldwirtschaft, an dem die Schulden erlassen werden (Dtn 15,2ff.). Im Englischen und auch Neudeutschen ist davon das »*Sabbatical*« übrig geblieben, das Freijahr für geistig erschöpfte Lehrer und Manager (vgl. auch Ex 21). Das *Jubeljahr* nach sieben *Schabbatjahren* ist sozusagen ein potenziertes Schabbatjahr für Mensch und Land (Lev 25,8ff). Im siebten Monat dieses Jahres wird am Versöhnungstag die allgemeine Freiheit ausgerufen (*Dror Jikra*), und alle kehren zu ihren ursprünglichen Lebens- und Eigentumsverhältnissen zurück: »*Es kehre ein jeder von euch zu seinem Besitz zurück* (*WeSchawtem*), *ein jeder von euch zu seiner Familie zurück* (*Taschuw*).« Das Wort »Schabbat« kommt von der Wurzel *Schawat* und bedeutet »*aufhören*«, »*ruhen*«, »*feiern*«, sei es von der göttlichen, der menschlichen oder sogar der tierischen Arbeit (Gen 2,1-3; Ex 20,8-11; Dtn 5,12-15). Manche leiten das Wort aber von der Wurzel »*Schuw*«, »*zurückkehren*«, »*umkehren*« ab. In diesem Fall kommt es der Bedeutung des spätlateinischen Wortes »*revolutio*«, »*Zurückwälzen*«, »*Umdrehung*« sehr nahe. Nach dieser Etymogelei könnte man »*Schabbat*« auch mit »*Revolution*« übersetzen und trifft damit recht gut die Sache. Die Schabbate sind in der Tat »Revolutionen«, und zwar sowohl im älteren astronomischen Sinn des Wortes als eines in Perioden von sieben Tagen bis siebenmal sieben Jahren wiederkehrenden Anfangs (*Erinnerung an das Schöpfungswerk*, *Sachor LeMa'asse Bereschit*), wie im neueren sozialen Sinn als Umwälzung der entfremdeten, gesellschaftlichen Verhältnisse (*Erinnerung an den Auszug aus Ägypten*, *Secher LeZi-*

jat Mizrajim). Utopia ist kein Traumland, an jedem Schabbat kehrt viemehr das goldene Zeitalter der Freiheit und Versöhnung wieder! Jeder Mensch, der ein normales biblisches Alter von siebzig Jahren erreicht hatte (Ps 90,10), kann nach der mosaischen Verfassung mindestens einmal im Leben die Posaune des Jubeljahrs (Lev 25,9) hören und sehen, wie die entwurzelten Proletarier ihre Arbeit niederlegen und als freie Menschen nach Hause gehen. Die Revolution ist nicht in die ferne Vergangenheit oder Zukunft gerückt, sondern Gegenwart! Mit diesem Ideal der *permanenten Revolution* befasst sich der 9. Abschnitt des Buches Levitikus: »25,9 *Und im siebenten Monat,* heißt es da, *am zehnten des Monats, lasse Posaunenschall (Schofar) ertönen, am Versöhnungstage sollt ihr im ganzen Lande die Posaune ertönen lassen.* 10 *Ihr sollt das fünfzigste Jahr weihen und im Lande Freiheit ausrufen (UKratem Dror) für alle seine Bewohner; ein Jubeljahr (Jowel) soll es euch sein, es kehre ein jeder von euch zu seinem Besitz zurück.* 11 *Ein Jubeljahr soll es euch sein, das fünfzigste Jahr, ihr dürft nicht säen, den Nachwuchs nicht schneiden, und von den unbeschnittenen Weinstöcken nicht lesen.* 12 *Denn ein Jubeljahr ist es, heilig soll es euch sein; vom Felde weg dürft ihr den Ertrag essen.* 13 *In einem solchen Jubeljahr kehre ein jeder von euch zu seinem Besitz zurück.*« Gott verknüpft mit der Einhaltung seiner Schabbate, insbesondere seiner *Schabbat-* und *Jubeljahre*, glänzende Zukunftsaussichten, mit ihrer Missachtung aber furchtbare Vorhersagen: »26,2 *Meine Schabbate*, heißt es weiter, *sollt ihr beobachten, und mein Heiligtum sollt ihr fürchten* (...) 4 *So will ich euch Regen zur rechten Zeit geben, der Boden wird seinen Ertrag geben und die Bäume auf dem Felde ihre Frucht.* 5 *Die Dreschzeit wird bei euch bis an die Weinlese reichen und die Weinlese bis zur Aussaat; ihr werdet Brot in Fülle essen und ungefährdet in eurem Lande wohnen* (...). 12 *Ich werde mitten unter euch wandeln, ich werde euer Gott sein, und ihr sollt mein Volk sein.* 13 *Ich bin der Ewige, euer Gott, der euch aus dem Lande Ägypten geführt hat, dass ihr ihnen nicht mehr Knechte seiet; ich zerbrach die Stäbe eures Joches und lehrte euch aufrecht gehen.* 14 *Wenn ihr mir aber nicht gehorcht und alle die Gebote nicht haltet.* (...) (dann) 33 *wird euer Land zur Wüste werden, eure Städte zu Trümmern.* 34 *Dann wird das Land mit seinen Schabbaten zufrieden sein,* 35 *so lange es wüst liegt und ihr im Lande eurer Feinde seid, dann wird das Land wüst liegen und seine Schabbate feiern, die es nicht gefeiert hat, als ihr darin wohntet«*. Das verwüstete und verödete Land muss gleichsam die Schabbate nachholen, die ihm eine allzu geschäftige Gesellschaft versagt hat (Lev 27,34). Bei der Belagerung Jerusalems durch die Babylonier wurde nach dem Gesetz der Befreiung der hebräischen Sklaven im siebten Jahr (Ex 21) eine allgemeine Emanzipation ausgerufen. Doch nach dem Abzug des Feindes wurde sie flugs wieder rückgängig gemacht. Daraufhin weissagte der Prophet den endgültigen Untergang der Stadt: *»weil ihr mir nicht gehorcht, die Freiheit zu verkünden (Likro LaHem Dror) jeder seinem Bruder und jeder seinem Nächsten; siehe, ich rufe über euch Freiheit aus, spricht der Ewige, für das Schwert, die Pest und die Hungersnot«* (Jer 34,17). Der Rhythmus der Schabbate ist an sich ein Segen, doch in einer Gesellschaft, die niemals ruht, setzen sich die Schabbate wider Willen durch und werden zum zerstörerischen Fluch.

Da Schabbate eine natürliche Notwendigkeit sind, finden wir sie in der einen oder anderen Form in allen Gesellschaften und Religionen wieder. Eine interessante Analogie zum *Schabbat-* und *Jubeljahr* im Gesetz des Mose ist die Institution der *Seisachtheia*, d. h. der »Lastenabschüttelung«, die Solon am Anfang des 6. Jh. v. unserer Zeitrechnung in Athen verfügte. Die *Seisachtheia* war wie das biblische *Schabbat-* und *Jubeljahr* eine Schuldentilgung und Bauernbefreiung. Solon ließ die Pfandsteine (*Horoi*) aus den Feldern reißen, die Schuldknechte (*Hektemeroi*) heimkehren und den Großgrundbesitz begrenzen. Mit dieser Reform legte er die soziale Grundlage für die athenische Demokratie, die sich am Ende des 6. Jh. v. durchsetzte. Solons Gesetzestafeln (*Axiones*) sind verloren gegangen, erhalten ist aber ein Gedicht, indem er sich insbesondere seiner Landreform rühmt: *»Ich aber habe alles, wofür ich das Volk/ zusammenschloss, erreicht und bis zum Ziel geführt./ Des sei mir Zeuge vor dem Richterstuhl der Zeit/ die große Mutter aller Götter im Olymp/ vorerst, die schwarze Erde, sie, aus der ich einst/ Schuldsteine ausriss, hundertfältig eingepflockt,/ die früher eine Sklavin war; nun ist sie frei./ Und viele führt' ich in die gottgegründete/ Heimat Athens zurück, Menschen verkauft sei es/ mit Recht seis ungesetzlich, andre in der Not/ des Schuldendrucks geflohen, deren Zunge schon/ unattisch ging, denn vielfach irrten sie umher* (...).«[131] Ein *Seisachtheia* genanntes Fest erinnerte noch lange an Solons

Reform. Wenn man einmal vom »*Ich*« im Gedicht Solons absieht, dann liegt die Ähnlichkeit zu Lev 25 auf der Hand. Es führen aber auch Linien von der mosaischen Institution zu modernen sozialistischen und anarchistischen Ideen.

Gustav Landauer (1870-1919) illustrierte mehrfach mit Lev 25 den Zusammenhang von »*Mosaismus und Sozialismus*«.[132] Wie viele andere agrarromantische Lebensreformer der Generation von 1900 erwartete er die soziale Regeneration von der Rückkehr zur Scholle. Am Schluss seines *Aufrufs zum Sozialismus* aus dem Jahre 1911 erwähnt Landauer die Bibelstelle über das Jubeljahr und fügt hinzu: »*Wer Ohren hat zu hören, der höre. ‚Da sollst du die Posaune blasen lassen durch all euer Land!' Die Stimme des Geistes ist die Posaune, die immer und immer und immer wieder ertönen wird, solange Menschen beisammen sind. Immer wird Unrecht sich festsetzen wollen, immer wird, solange die Menschen wahrhaft lebendig sind, der Aufruhr dagegen entbrennen. Der Aufruhr als Verfassung, die Umgestaltung und Umwälzung als eine für alle vorgesehene Regel* (...), *das war das Große und Heilige an dieser mosaischen Gesellschaftsordnung. Das brauchen wir wieder: eine Neuregelung und Umwälzung durch den Geist, der nicht Dinge und Einrichtungen endgültig festsetzen, sondern der sich selbst als permanent erklären wird. Die Revolution muss ein Zubehör unsrer Gesellschaftsordnung, muss die Grundregel unsrer Verfassung werden*«.[133] Die Erinnerung an die »*permanente Revolution*« des Mose ist nicht nur gegen die Besitzenden, sondern auch gegen die Revolution selber gerichtet, die lediglich eine Unterdrückung durch eine andere ersetzt. Die »*permanente Revolution*« soll eben den Umschlag von der »*Utopie*«, wie Landauer mit einer eigenen Wortschöpfung sagt, in statische »*Topie*« verhindern. Martin Buber hat diese Stelle, mit der er das Portrait seines Freundes Landauer ausklingen lässt, folgendermaßen kommentiert: »*Sozialismus kann nie etwas Absolutes sein. Sozialismus ist das jeweilige Werden von Menschengemeinschaft im Menschengeschlecht, im Maße und in der Gestalt dessen, was jeweils getan werden kann. Allem Verwirklichten droht die Erstarrung; das heute glühend Lebendige kann morgen verkrusten und übermächtig geworden das morgen aufwärts Drängende niederhalten*« (*Pfade in Utopia* (1950), Werke I,

S. 899). Aus dieser zentralen lebensphilosophischen Einsicht muss jede Ordnung das Prinzip ihrer Auflösung mit sich führen – die Ordnung des Privatbesitzes etwa, Einrichtungen wie die *Seisachtheia* oder das *Jubeljahr*; die revolutionäre Ordnung Einrichtungen der Selbsterneuerung: Buber unterstreicht mit Landauer: »*Keinerlei endgültige Sicherheitsvorkehrungen fürs tausendjährige Reich oder die Ewigkeit sollen hergestellt werden, sondern eine große und umfassende Ausgleichung und die Schaffung des Willens, diesen Ausgleich periodisch zu wiederholen*« (*Aufruf zum Sozialismus*, ebd.). Ein Jahr nach der russischen Revolution und einen Monat vor der bayerischen Revolution wiederholt Landauer in einer *Ansprache an die Dichter* noch einmal seine revolutionäre Lehre aus den Gesetzen von Mose und Solon: »*Philister und strohtrockene Systematiker träumen den unsäglich öden Traum von der Einführung des Patentsozialismus, der in festgesetzten Einrichtungen und Methoden alle Ungerechtigkeiten und Widrigkeiten ein für allemal abschaffen (...) soll. Wir aber brauchen in Wahrheit die immer wiederkehrende Erneuerung, wir brauchen die Bereitschaft zur Erschütterung, wir brauchen den großen Ruf der Seisachtheia über die Lande weg, wir brauchen die Posaune des Gottesmannes Mose, die von Zeiten zu Zeiten das große Jubeljahr ausruft, wir brauchen den Frühling, den Wahn und den Rausch und die Tollheit, wir brauchen – wieder und wieder und wieder – die Revolution (...)*«.[134]

Drei Wochen später stürzte Kurt Eisner in München die Wittelsbacher, proklamierte den »*freien Volksstaat Bayern*« und wurde dessen erster Ministerpräsident. Er wollte durch das Bekenntnis zur deutschen Kriegsschuld die Siegermächte des 1. Weltkriegs zu einem fairen Friedensschluss bewegen. Mit diesem Programm war er ein toter Mann oder, wie später ein anderer Protagonist der bayerischen Revolution vor Gericht sagte, »*ein Toter auf Urlaub*«! Er wurde am 21. Februar 1919 von einem Rechtsradikalen auf offener Straße erschossen.[135] Hunderttausend Bayern, einschließlich der pittoresken Gebirgler, folgten dem Sarg dieses beim einfachen Volk durchaus beliebten preußischen Juden zum Ostfriedhof. Bei der Beerdigung sprach auch Gustav Landauer: »*Kurt Eisner, der Jude, war ein Prophet, der unbarmherzig mit dem kleinmütigen, erbärmlichen Menschen gerungen hat, weil er die Menschheit liebte und an sie glaubte und sie wollte. Er war ein Prophet, weil er mit den Armen und Getretenen fühlte* (...)«. Bald sollte auch die Stunde Landauers und seiner Dichterkollegen, Erich Mühsam und Ernst Toller, schlagen. Doch zuvor erlebten sie noch »*den Frühling, den Wahn und den Rausch und die Tollheit*« der Revolution. Am 7. April wurde in Bayern die Räterepublik ausgerufen. Auf dem Flugblatt »*An das Volk in Baiern!*« mit der Unterschrift des Volksbeauftragten für Volksaufklärung, Gustav Landauer, war zu lesen: »*Die Entscheidung ist gefallen. Baiern ist Räterepublik.* (...) *Zum Zeichen der freudigen Hoffnung auf eine glückliche Zukunft für die ganze Menschheit wird hiemit der 7. April zum Nationalfeiertag erklärt. Zum Zeichen des beginnenden Abschieds vom fluchwürdigen Zeitalter des Kapitalismus ruht am Montag, den 7. April 1919 in ganz Baiern die Arbeit* (...). *Es lebe das freie Baiern! Es lebe die Räterepublik! Es lebe die Weltrevolution!*«[136] Für das Münchner Bürger- und Beamtentum erschien diese Räterepublik freilich eher als politischer Fasching, als »*Schwabingerei*« verkrachter jüdischer Literaten.[137] Die Royalisten, Klerikalen und Militaristen sahen sich in ihren Ansichten über die »*jüdische Weltverschwörung*« bestärkt. In München zirkulierten antisemitische Flugblätter und Pogromstimmung kam auf. Die bayerischen Juden, die in ihrer großen Mehrheit stockkonservativ und königstreu waren, reagierten mit einem »*offenen Brief an die Herren Erich Mühsam,* (...) *Ernst Toller und Gustav Landauer*«. Der Industrielle und Vorsitzende des orthodoxen Synagogenvereins *Ohel Jakow*, Sigmund Fraenkel, appellierte am Vorabend der Ausrufung der Räterepublik an das Verantwortungsgefühl dieser, wie er sagt, »*landfremde(n), des bayerischen Volkscharakters unkundige(n) Phantasten und Träumer*« (Eisner war der Sohn eines jüdischen Hofliferanten aus Berlin, Landauer Sohn eines jüdischen Kaufmanns aus Karlsruhe, Mühsam, Sohn eines jüdischen Apothekers aus Lübeck und Toller, Sohn eines jüdischen Kaufmanns aus der Provinz Posen). Fraenkel führt aus: »*Auch das Judentum kündet und lehrt einen hehren* (...) *Sozialismus. Die Religion die vor tausenden von Jahren* (...) *die Sabbatruhe, das Erlassjahr, das Zehntgebot und zahlreiche andere* (...) *Menschheitsideale in strengen, gesetzlichen Normen verankerte – dieses Judentum hat nicht Sie und Ihre verworrenen und krausen Phantasien gebraucht, um uns zu Gemüte zu führen, wieviel an unserer heutigen Gesellschafts- und Wirtschaftsordnung noch zu bessern ist und welch heilige, sittliche Verpflichtung uns allen obliegt, bis jene unerlässliche Revolution der Geister durchgeführt ist, die die vom Schicksal Enterbten erlösen (...) soll. Aber dasselbe Judentum, das diese Segnungen durch seine Propheten der ganzen Menschheit verheißt, es kündet gleichzeitig: ‚fördert den Frieden und das Wohlergehen der Völker, in deren Mitte ihr weilet!'* (Jer 29,7) *Es lehret weiter, dass die Gegensätze zwischen Arm und Reich niemals aus der Welt schwinden werden* (Dtn 15,11) *und dass alles revolutionäre Werden und Geschehen sich nur im Rahmen der Achtung vor den Rechten unserer Mit- und Nebenmenschen, niemals aber im Zeichen des Terrors und der Gewalt vollziehen dürfe.*« Fraenkel schließt seinen »*Mahnruf*« mit der Prophezeiung eines Blutvergießens und spricht das »*bodenständige bayerische Judentum*« im voraus von jeglicher Schuld frei.[138] Bayerische Juden haben sich allerdings auch am Putsch vom 13. April gegen die Räterepublik beteiligt.[139] Am 14. April – am Vorabend des jüdischen Befreiungsfestes, *Pessach* – war die anarchistische Räterepublik in Bayern nach nur sieben Tagen am Ende. An ihre Stelle trat die berüchtigte spartakistische Räterepublik, die sich mit Geiselblut befleckt und damit der Konterrevolution einen Vorwand für massive Repressalien geliefert hat. In der bürgerlichen Geschichtsschreibung hat man die Untaten der Spartakisten allerdings auch auf das Konto der Anarchisten verbucht. Aber mit Ausnahme einiger gegen das Besitzbürgertum gerichteten wirtschaftlichen Maßnahmen und die vorläufige Schließung der Universität zeichnete sich die erste bayerische Räterepublik keineswegs durch »*Terror und Gewalt*« aus. Insbesondere Landauer hat terroristische Mittel stets abgelehnt. Bereits in seinem Revolutionsbuch von 1907 analysiert er, wie sich in der von Feinden umgebenen politischen Revolution die »*Machthaber des Tages*« nur noch durch den »*Schrecken des Tötens*« halten können, und fordert statt dessen die soziale Regeneration, den »*friedlichen Aufbau*« der korporativen und mutualistischen Gesellschaftsstrukturen.[140] Für den absoluten Vernunftstaat, »*der alles in sich hineingefressen* (hat), *Liebe, Familie, Eigentum, Kindererziehung und Religion*« hatte er nichts übrig.[141] Während der bayerischen Revolution erschien seine Sammlung *Briefe aus der Französischen Revolution* (Dez. 1918).

Im Vorwort konstatiert er das Scheitern dieser Revolution, weil sie sich »*mit dem Krieg, der Gewalttat, mit der Befehlsorganisation und autoritären Unterdrückung, mit der Politik verband*« und kritisiert die Jakobiner, die das »*Unbegrenzte*« wollten und schließlich dahin gedrängt wurden, »*um der größten Freiheit willen die ärgste, die größte und kleinlichste Gewalttätigkeit zu üben*«.[142] Zur gleichen Zeit schreibt er an Margarete Susman: »*Ein schwerer Fall sind die Bolschewiki, die Spartakusleute: pure Zentralisten wie Robespierre* (...). *Sie arbeiten einem Militärregiment vor, das noch viel scheußlicher wäre als alles, was die Welt vorher gesehen hat*«.[143] Auch während der Räterepublik hat der Pazifist und »*Antipolitiker*« Landauer sein Ideal der Gewaltlosigkeit nicht verraten. Buber erzählt von einer bezeichnenden Diskussion, die Landauer und er kurz vor der Ermordung Eisners im Münchner Landtagsgebäude mit einem Spartakistenführer in Dscherschinski-Laune geführt hätten und wie sie dabei leidenschaftlich für die Gewaltlosigkeit eingetreten seien.[144] Wenn man sich die Umtriebe der rechtsradikalen Thule-Gesellschaft in München vor Augen führt,[145] dann war dieser Standpunkt allerdings reichlich naiv. In Hetzblättern wurden freilich tolle Enten verbreitet: z.B. Gustav Landauer, der Gatte der im Vorjahr verstorbenen Kantorentochter und Dichterin Hedwig Lachmann, habe den Kommunismus der Weiber eingeführt.[146] Von der kommunistischen Räterepublik und ihren gewaltsamen Methoden hat sich Landauer am 16. April losgesagt. Am 1. Mai 1919 wurde Landauer trotzdem von Freikorpssoldaten im Hause Eisners festgenommen und nach Stadelheim überführt: »*Stimmen brüllten,* heißt es in einem Augenzeugenbericht, *näher kommend, sich überschlagend, sich überkreischend: ‚Der Landauer, der Landauer!'. Sie brachen durchs Gefängnistor, sie stießen ihn vor sich her, schoben ihn mit ihren Gewehrkolben und Bajonetten in den Hof. Dann standen sie, ein Zug stark, um ihn, umdrängten ihn, bedrohten ihn, beschimpften ihn, spuckten ihm ins Gesicht. (...) Die Soldaten brüllten, dass Korridore widerhallten: ‚Wir haben ihn, den Landauer. Den Landauer haben wir erwischt, der die Weiber sozialisieren wollte. Jetzt sozialisieren wir ihn*'«. Die Soldateska tobte sich dann mit unbeschreiblicher Brutalität an dem hochgewachsenen Körper dieses feinsinnigen Intellektuellen und Idealisten aus. Es verbietet sich, den Bericht von seiner

Marter weiter zu zitieren.[147] Seine letzten Worte sollen gewesen sein: »*Erschlagt mich doch! Dass Ihr Menschen seid!*«[148] Martin Buber hat ihn in seinem Nachruf mit Christus verglichen.[149] Auch Landauer wurde unter großer Anteilnahme beigesetzt und 1925 wurde auf Bubers Initiative ein gigantischer Obelisk an seinem Grab im Münchner Waldfriedhof errichtet. 1933, nach der Ermächtigung Hitlers, dessen Aufstieg während der bayerischen Revolution begann (»*ohne Eisner kein Hitler*«),[150] wurden die Grabsteine Eisners und Landauers sofort zerstört, die sterblichen Überreste exhumiert und der jüdischen Gemeinde übergeben. Heute ruhen beide im gleichen Grab auf dem neuen jüdischen Friedhof in München. Damit sollte unmissverständlich klar gemacht werden, dass die bayerische Revolution Teil der jüdischen, nicht der deutschen Geschichte sei. Aber nicht nur die Nationalsozialisten dachten so. Bis heute werden diese Kritiker des autoritären, bellizistischen und machistischen deutschen Kaiserrreiches, wie der wissenschafts-, technik- und staatsgläubigen deutschen Sozialdemokratie vor allem als Juden gesehen, auch wenn das journalistische Lebenswerk Eisners mit dem Judentum herzlich wenig zu tun hatte und Landauer sogar ein eifriger Verteidiger des christlichen Mittelalters und Übersetzer christlicher Mystik war.[151] Nach seinem Tod ließ die jüdische Gemeinde Krumbach wissen, die Landauers seien zwar »*geborene Juden*« gewesen, hätten aber »*wie die Heiden*« gelebt.[152] Aber das »*Ganze*«, war auch, wie Buber sagte, »*eine namenlose jüdische Tragödie*«. Allerdings klingt bei Landauer explizit und bei Eisner, dem eifrigen Schüler Hermann Cohens, implizit, die Botschaft der biblischen Propheten nach. Beide wollten die »*gewaltige Umwälzung*«[153] und stellten sich der »*Sache der Befreiung*«[154] zur Verfugung, beide opferten sich für das Kommen des sozialistischen Reiches.

10. Reich

Das Buch Levitikus schließt im 10. Abschnitt mit den großen Zukunftsperspektiven (Lev 26): »[2]*Meine Schabbate sollt ihr beobachten, und mein Heiligtum sollt ihr fürchten; ich bin der Ewige.* [3]*Wenn ihr nach meinen Gesetzen wandelt und meine Gebote beobachtet und sie haltet* (...). [11]*So will ich meine Wohnung mitten unter euch errichten, [12]und ich werde mitten unter euch wandeln, ich werde euer Gott sein und ihr sollt mein Volk sein. [13]Ich bin der Ewige, euer Gott, der euch aus dem Lande Ägypten geführt hat, dass ihr ihnen nicht mehr Knechte seiet, ich zerbrach die Stäbe eures Joches und lehrte euch aufrecht gehen*«. Der Schabbat ist hier die Voraussetzung des Gottesreiches; in der späteren Tradition wurde er zum Modell des Reiches. »*Der Barmherzige*, heißt es im Zusatz zum Tischgebet dieses Tages, *lasse uns einen Tag zuteil werden, der ganz Schabbat ist*« (*Jom ScheKulo Schabbat*). Deshalb knüpfen messianologische Reflexionen im Talmud öfter an die Kasuistik eines Schabbatgebots an. Das folgende Beispiel ist sehr lehrreich, weil es auf den Modellcharakter des Schabbat für das Reich eingeht. Die letzte der am Schabbat verbotenen 39 Hauptarbeiten (mSchab VII,2) ist das Tragen einer Last von einem Bereich in einen anderen (*HaMozi Mer'schut Lir'schut*), etwa von einem öffentlichen Bereich (*Reschut HaRabim*) in einen privaten Bereich (*Reschut HaJachid*). Diese Arbeit wird im talmudischen Traktat *Schabbat* an erster Stelle behandelt. Die Quelle des Verbots ist die Erzählung vom Zug Israels durch die Wüste. Auf dieser Wanderung wurde das Volk von Gott mit dem geheimnisvollen »*Mana*« verpflegt. An jedem Wochentag sollte es nur eine Tagesration Manna fassen, am sechsten Tag hingegen die doppelte Menge, damit es für den Ruhetag versorgt ist: »[16,29]*Weil*«, so wird diese Bestimmung in der Bibel begründet, »*euch der Ewige den Schabbat gegeben hat, darum gibt er euch am sechsten Tag Brot für zwei Tage; ein jeder bleibe an seiner Stelle, niemand verlasse seinen Ort* (*Al Jeze Isch MiMkomo*) *am siebenten Tag. [30]So ruhte das Volk am siebenten Tag*« (Ex 16,29-31). Das Verbot spricht nicht vom Ausgehen schlechthin, das am Schabbat in gewissen Grenzen erlaubt ist, sondern nur vom Ausgehen, um etwas ein- oder heimzuholen. Bereits der Prophet Jeremia verleiht dieser Vorschrift ein messianologisches Gewicht. Gott fordert ihn auf, zu den Toren Jerusalems zu gehen und dem Volk zu predigen: »[17,21]*Hütet euch und tragt keine Last am Schabbattag durch die Tore Jerusalems [22]und tragt keine Last am Schabbattag aus euren Häusern und tut keine Arbeit, sondern heiligt den Schabbattag, wie ich euren Vätern geboten habe. [24]Wenn ihr auf mich hören werdet (...), dass ihr am Schabbattag keine Last durch die Tore dieser Stadt tragt, sondern ihn heiligt, dass ihr an diesem Tag keine Arbeit tut, [25]so sollen auch durch die Tore dieser Stadt eingehen Könige, die auf dem Thron Davids sitzen und die mit Ross und Wagen fahren, sie und ihre Großen samt allen, die in Juda wohnen; und es soll diese Stadt immerdar bewohnt werden. [26]Und sie sollen kommen aus den Städten Judas (...), die da bringen Brandopfer, Schlachtopfer, Speiseopfer und Weihrauch und die da bringen Dankopfer zum Hause des Herren. [27]Werdet ihr aber nicht auf mein Gebot hören, den Schabbattag zu heiligen und keine Last am Schabbattag zu tragen durch die Tore Jerusalems, so will ich ein Feuer in ihren Toren anzünden, das die festen Häuser Jerusalems verzehrt und nicht gelöscht werden kann.*« Der Prophet weissagt mit anderen Worten also Folgendes: Es wäre ein folgenschwerer Fehler zu glauben, dass die Stadt durch den Ruhetag an Macht und Wohlstand einbüße. Wenn die Bewohner vielmehr am Schabbat den Warenverkehr stoppen, so wird er unter der Woche zunehmen. Eine weitsichtige Erkenntnis, die inzwischen auch zu den Selbstverständlichkeiten des Fremdenverkehrs zählt: Je mehr eine Stadt ihre Heiligtümer schützt und ihre Traditionen bewahrt, desto mehr Einnahmen erzielt sie. Darüber hinaus macht der Prophet die Einhaltung des Schabbats zur Existenzbedingung der Stadt und des Königshauses. So konnte auch umgekehrt der Glaube entstehen, dass sich bei einer allgemeinen Einhaltung des Schabbat die Stadt wieder aus ihren Trümmern erheben und das Geschlecht Davids erneut regieren werde.

Der Talmud stellt nun die Frage, was im Sinne dieses Verbots als eine Last zu betrachten ist. Kleidung und Schmuck, die zu Ehren des Feiertags gar nicht schön und teuer genug sein können, wohl nicht. Doch was ist Schmuck? Gehört dazu z. B. auch der Waffenschmuck des Mannes: das Schwert, der Bogen usw.? Dazu heißt es im Talmud (*Mischna*): »*Der Mann darf nicht ausgehen mit einem Schwerte, mit einem Bogen, mit einem (...) Schild und einem Spieß; und wenn er ausgegangen ist, ist er ein Sündopfer schuldig. Rabbi Elieser sagte: Sie dienen ihm nur zum Schmucke. Die Weisen aber behaupten: Sie sind nichts als Schmach, denn es heißt: ‚Dann werden sie ihre Schwerter zu Pflugscharen und ihre Lanzen zu Sicheln umschmieden; kein Volk wird mehr gegen das andere das Schwert erheben, und man wird sich nicht mehr für den Krieg üben*‘ (Jes 2,4)« (mSchab VI, 4). Sind nun Waffen Schmuck oder Schmach?

Für Rabbi Elieser ben Hyrkanos, einen Lehrer des 2. Jahrhunderts, sind sie Schmuck, und er erlaubt das bewaffnete Ausgehen am Schabbat; für die Mehrheit der Weisen sind sie hingegen Schmach, und sie verbieten das bewaffnete Ausgehen. Man muss aber zugeben, dass die Begründung der Weisen ziemlich umständlich ist: Weil der Prophet für die Endzeit (*Acharit HaJamim*) eine Konversion der Mord- in Arbeitswerkzeuge vorsieht, seien sie bereits in der Jetztzeit kein passender Aufzug. Wird hier nicht auf unzulässige Weise das Zukunftsideal des messianischen Friedens auf unsere unfriedliche Gegenwart übertragen? Für die Weisen ist die messianische Zeit aber eben keine ferne Zukunft, sondern in Gestalt des Schabbat eine gegenwärtige Möglichkeit: Der Schabbat nimmt die messianischen Tage in unserer Zeit vorweg, er bildet eine Enklave des Reiches im profanen Alltag und ist ein Stück ewiger Frieden mitten im Unfrieden. Die Menschen müssen nicht bis zum sprichwörtlichen Sankt-Nimmerleins-Tag warten, sie sind schon im Hier und Jetzt gleichsam zu einem Siebtel erlöst und die Erlösung ist umgekehrt ein auf die sieben Tage der Woche ausgedehnter Schabbat, eine Zeit, die eben »*ganz Schabbat ist*«. Für die Weisen ist die messianische Zeit jedenfalls ein Gegenwartsideal, das das falsche Leben richtet und Maßstab seiner Entstellungen ist. Was hat nun Rabbi Elieser auf dieses Argument der Weisen zu erwidern? »(Die Weisen), fährt die Gemara fort, *sprachen* (nach dieser Überlieferung) *zu Rabbi Elieser: ‚Wenn die* (Waffen) *für den Mann Schmuckgegenstände sind, weshalb werden sie dann in den messianischen Tagen abgeschafft werden?!‘* (Rabbi Elieser) *erwiderte: ‚Weil man ihrer nicht bedürfen wird, wie es* (beim Propheten) *heißt: ‚kein Volk wird mehr gegen das andere das Schwert erheben‘* (Jes 2,4). (Da erwiderten die Weisen): *‚sollten sie doch* (in den messianischen Tagen zumindest) *als Schmuckgegenstände beibehalten werden!‘. Abaje warf ein: ‚Dies würde einer Leuchte am Mittag gleichen‘*« (bSchab 63a). Rabbi Elieser wurde mit seiner Mindermeinung nicht einfach stehen gelassen, sondern die Weisen versuchen ihn vom Gegenteil zu überzeugen. Wenn Waffen so schön sind, fragen sie ihn m. a. W., weshalb prophezeit dann der Prophet ihre Abschaffung? Rabbi Elieser repliziert, die Waffen werden nicht etwa abgeschafft, weil sie prinzipiell schlecht sind, sondern weil sie, wie der Prophet ja selbst sagt, unnütz sein werden. Auf ihren

Unwert in unserer so ganz andersartigen Zeit lässt seine Zukunftsvision also gar keinen Schluss zu. Und es stimmt ja auch, dass nicht die Waffen das Problem sind, sondern die Menschen, die sie gebrauchen. Darauf erwidern wiederum die Weisen, wenn der Prophet die Waffen an sich so unbedenklich gefunden und nur gemeint hätte, dass sie in Zukunft nicht mehr als Gebrauchsgegenstände dienen werden, so hätte er sie doch zumindest als Wertgegenstände, z. B. für die große messianische Siegesparade beibehalten können! Nein, wenn der Prophet die Abschaffung der Waffen weissagt, dann will er damit auch seinen Abscheu vor den Mordwerkzeugen kund tun. Jetzt eilt ein zweiter Kontrahent Rabbi Elieser mit dem Gleichnis von der Kerze am helllichten Tag zur Hilfe. Wenn der Prophet keinen Waffenschmuck für die neue Zeit vorsieht, dann heißt das noch lange nicht, dass er sie auch in der alten Zeit ächten will. Ausrangierte Waffen verlieren ja rasch ihre Achtung gebietende Aura. Wer würde z. B. heute noch am Schabbat *»mit einem Schwerte, mit einem Bogen, mit einem Schild und einem Spieß«* in die Synagoge gehen? Wenn Waffen außer Gebrauch sind, dann büßen sie auch rasch ihre statusanzeigende und prestigeverleihende Funktion ein. Aber bis es soweit ist, verhelfen sie dem Mann allerdings zu Ansehen. Wenn wir die ganze Argumentation R. Eliesers und Abajes rekapitulieren, dann könnte man wohl sagen, dass sie sich im Grunde genommen weigern, den Maßstab der messianischen Zeit auf unsere unerlöste Welt anzuwenden. Diese Position lässt sich übrigens mit guten Argumenten verteidigen. Den Krieg vorzeitig zu ächten und schwärmerisch den Frieden zu verkünden, kann verheerende Folgen haben. Die Vereinten Nationen haben z. B. den Krieg geächtet, und der Sicherheitsrat tagt unter der *Schwerter-zu-Pflugscharen*-Vision des Propheten. Das führt jedoch nur dazu, dass Kriege nicht mehr erklärt werden und folglich die Kriegsrechtskonventionen nicht mehr in Kraft treten. Der erklärte Wille zum Ende aller Kriege hat also die Schrecken des Krieges noch verstärkt. Wie so oft im Talmud werden versteckt hinter kasuistischen Distinktionen grundlegende Diskussionen geführt, hier z. B. über die Aktualität des messianischen Ideals und die Unerlöstheit der Welt.

Dass unsere Interpretation nicht überzogen ist, sondern hier tatsächlich auf diesem allgemeinen Niveau diskutiert wird, zeigt der unmittelbar anschließende Versuch des Talmuds, die Position Rabbi Eliesers einer späteren Grundsatzdebatte über die Natur der messianischen Zeit zuzuordnen: Rabbi Elieser, bzw. sein Mitstreiter, »*streitet also gegen Samuel, denn Samuel sagte: Es gibt keinen anderen Unterschied zwischen dieser Welt* (*Olam HaSe*) *und den messianischen Tagen* (*Jemot HaMaschiach*) *als die Knechtschaft der Reiche* (*Schibud Galujot* oder *Malchujot*), *denn es heißt: ‚nie wird der Dürftige im Lande aufhören*' (Dtn 15,11). *Ferner ist dies eine Stütze für Chija bar Abba* (bzw. Rabbi Jochanan, in dessen Namen er spricht), *denn Chija bar Abba sagte: Sämtliche Propheten haben über nichts anderes geweissagt als über die messianischen Tage, was aber die zukünftige Welt* (*Olam HaBa*) *betrifft – ‚Es hat* (wie Jesaja sagt) *außer dir, o Gott, kein Auge geschaut*' (Jes 64,3)« (bSchab 63a, bSan 99a). Nach Mar Samuel, einem Lehrer und Schulhaupt der babylonischen Diaspora aus dem 3. Jahrhundert, erscheint hier der Messias als eine Art nationaler Freiheitskämpfer, der lediglich die Fremdherrschaft abzuschütteln berufen ist, aber alles übrige beim Alten lässt. Er ändert insbesondere nichts an den sozialen Zuständen, »*denn es wird*«, wie es im fünften Buch Mose heißt, »*nie der Dürftige im Lande aufhören; deshalb befehle ich dir: Öffne deine Hand deinem Bruder, dem Armen und Dürftigen in deinem Lande*« (Dtn 15,11). Neben den Wohltätigkeitseinrichtungen wird es in jener Zeit aber wohl auch noch eine bewaffnete Polizei geben müssen, die die Eigentumsordnung schützt und notfalls mit Gewalt durchsetzt. Darüber hinausgehende utopische Hoffnungen auf einen wunderbaren Wohlstand und eine allgemeine Versöhnung, die von zahlreichen biblischen Prophetien genährt werden, sind dagegen für Mar Samuel nicht von dieser Welt. Viel unbescheidener sehen dagegen die Zukunftsaussichten seines Kontrahenten, Rabbi Jochanan, Lehrer und Schulhaupt aus dem Palästina des 3. Jahrhunderts, aus: Er erwartet bereits im Diesseits die Erfüllung aller Prophezeiungen, nicht nur der politischen, sondern auch der sozialen und natürlichen Zusagen. Lediglich in Bezug auf das Jenseits erlegt er sich ein strenges Bilderverbot und Schweigegebot auf. Man könnte auch sagen, dass Samuel an eine realistische politische Utopie denkt, während R. Jochanan von einem paradiesischen Schlaraffia träumt. Modern gesprochen, vertritt der eine das *Prinzip Verantwortung*, das die Menschen nie aus der Pflicht für die sozial Schwächeren entlässt, und der andere das *Prinzip Hoffnung*, das keinen Wunsch offen lässt.

Wie verhalten sich nun die Kontrahenten unseres Streites über das Waffentragen am Schabbat zu diesem ewigen Streit über die Frage: Was dürfen wir hoffen? Rabbi Elieser, der mit seinem Mitstreiter wenigstens nach dieser Tradition auf eine weitgehende Selbstauflösung des *»militärisch-industriellen Komplexes«* hofft, streitet gegen die beschränkte Hoffnung Samuels und stimmt mit der weitergehenden Hoffnung Rabbi Jochanans auf einen vollkommenen Neubeginn überein (Jes 65,17). Die Weisen, die mit dem Propheten auf eine Entwaffnung hoffen, sind insofern auf der Seite Samuels, als sie den endgültigen Gottesfrieden bereits im Schabbatfrieden (Schabbat Schalom) vorwegnehmen wollen, was aber den utopischen Gehalt ihrer Hoffnung angeht, so befinden sie sich auf der Seite R. Jochanans. (Es braucht übrigens nicht zu beunruhigen, dass hier Frühere Späteren folgen, denn hier geht es nicht um geschichtliche, sondern um gedankliche Gefolgschaft und deshalb kann ein Mann aus einem früheren Jahrhundert ohne Anachronismus mit einem Mann aus einem späteren Jahrhundert übereinstimmen oder auch streiten.) Es gibt im Talmud jedoch noch eine weitere Tradition, die einen ganz anderen Gesprächsverlauf zwischen R. Elieser und den Weisen notiert. Dieser Tradition zufolge hat R. Elieser auf die Frage der Weisen: »*Weshalb werden sie, wenn sie für den Mann Schmuckgegenstände sind, in den messianischen Tagen abgeschafft werden?*«, geantwortet: »*auch in den messianischen Tagen werden sie nicht abgeschafft werden*«. Hieraus würde dann gerade nach der Logik der Weisen folgen, dass Waffentragen am Schabbat erlaubt sei. Somit wäre Rabbi Elieser mit Samuel einer Meinung, wenn er sich dafür auch nicht auf den *Schwerter-zu-Pflugscharen*-Spruch berufen dürfte, denn dieser sieht eindeutig eine Entwaffnung voraus. Es gibt aber genügend andere biblische Stellen, die ein martialisches Auftreten des Messias vorsehen.

Der Talmud fragt: »*Was ist der Grund Rabbi Eliesers, welcher sagt, sie seien für den Mann Schmuckgegenstände? – Es heißt ‚gürte dein Schwert um die Hüfte, du Held, deinen Glanz und deinen Schmuck* (*HaDarcha*)‘ (Ps 45,5)«. Der Psalm 45, aus dem dieser Vers stammt, lässt sich auf den Messias auslegen: »[2]*Mein Herz*, heißt es zuvor, *dichtet ein feines Lied; ich will singen von einem*

König; meine Zunge ist ein Griffel eines geschwinden Schreibers. [3]*Du bist der Schönste unter den Menschen, begnadet sind deine Lippen, darum hat Gott dich für immer gesegnet.* [4]*Gürte dein Schwert um die Hüfte, du Held, deinen Glanz und deinen Schmuck.* [5]*In deinem Schmuck habe Erfolg und reite auf Worten der Wahrheit in Bescheidenheit und Rechtschaffenheit, so wird deine rechte Hand Wunder vollbringen.* [6]*Scharf sind deine Pfeile, dass Völker vor dir fallen; sie dringen ins Herz der Feinde des Königs.«* Es ist wohl unerlässlich, dass der Messias nicht nur wie der Prophet über »*begnadete Lippen*«, sondern auch über scharfe »*Pfeile*« verfügt, um über seine »*Feinde*« zu triumphieren. »*Der Messias kommt ja nicht nur als der Erlöser*«, wie Walter Benjamin in seinen Thesen *Über den Begriff der Geschichte* schrieb, kurz bevor ihn die Nazis zu Tode hetzten, »*er kommt als Überwinder des Antichrist*« (These VI). Doch im Talmud ist man sich nicht sicher, ob die martialischen Allüren des Königs Messias nicht im übertragenen Sinn zu verstehen seien, ob mit seinen scharfen Pfeilen nicht doch seine scharfe Zunge, mit seinem Streitross nicht doch seine überwältigenden Reden gemeint sind. Darüber kommt es zu einer höchst bezeichnenden Auseinandersetzung: »*Raw Kahana sprach zu Mar ben Raw Huna*: (Diese Worte des Psalmisten) *beziehen sich auf Worte der Tora* (nicht auf Taten im Krieg). (Mar) *entgegnete: Kein Schriftvers verliert die einfache Bedeutung seines Wortlautes* (*Ein Mikra Joze Midei Pschuto*). *Raw Kahana erwiderte: Mit achtzehn Jahren hatte ich den ganzen Talmud durchstudiert und wusste bis jetzt nicht, dass der Schriftvers nicht die einfache Bedeutung seines Wortlautes verliert. Was will man uns damit sagen: Dass der Mensch zuerst lerne und dann erkläre.*« Das Wort sie sollen lassen stahn! Krieger bleibt Krieger, Waffe bleibt Waffe! Doch wie der Talmud es selber mit der geforderten Wörtlichkeit hält, das zeigt sogleich seine Auslegung des messianischen Psalms: »*Rabbi Jirmeja sagte im Namen Rabbi Elasars: Wenn zwei Schriftgelehrte einander in einer religionsgesetzlichen Erörterung schärfen* (*Mechadeddin*), *so lässt es ihnen der Heilige, gesegnet sei er, gelingen, wie es* (im Psalm 45) *heißt: ‚in deinem Schmuck* (*HaDarcha*), *wird es dir gelingen‘. Lies nicht ‚WeHaDarcha‘, ‚in deinem Schmuck‘, sondern ‚WeChide̲dcha‘, ‚deine Scharfsinnigkeit‘. Und nicht nur das, sondern sie gelangen auch zur Größe, wie es* (weiter in Psalm 45) *heißt:*

‚Habe Erfolg und reite‘. Man könnte glauben, auch wenn dies nicht der Lehre wegen selbst geschieht, so heißt es weiter: in ‚Bescheidenheit und Rechtschaffenheit‘ (...).« – kurz: alle kriegerischen Tugenden werden nach dieser Auslegung in akademische Tugenden umgebogen und dabei wird bedenkenlos der berühmte Buchstabe geopfert. Wenn man anstelle des oben abgerundeten Buchstaben *Resch* den oben zugespitzten, gewissermaßen geschärften Buchstaben *Dalet* setzt, wird aus dem militärischen Waffenglanz intellektuelle Brillanz. Wir sehen also, wie Rabbi Elieser von seinen Kontrahenten kunstvoll auch diese Waffe aus der Hand geschlagen wird. Der Auftritt des Messias wird von den Schlachtfeldern gleichsam in die Akademie verlegt. Als vor einigen Jahren die Chassidim von Lubawitsch den Advent erzwingen wollten, da setzten sie ihre Hoffnungen nicht etwa in einen strahlenden Kriegshelden *à la* Ehud Barak oder Ariel Scharon, sondern auf einen gelehrten, von zwei Gehirnschlägen völlig gelähmten Greis, ihren R. Schneerson. Diese Entmilitarisierung und Spiritualisierung des Messiasglaubens ist vielleicht selbst ein Vorzeichen seiner Erfüllung – allerdings einer völlig unpolitischen Erfüllung. So finden wir auf der einschlägigen Internet-Seite der Lubawitscher (www.moshiach.net/) den Rat ihres verstorbenen Führers, sich durch Befestigung der Gebetskapseln an die Türpfosten jüdischer Wohnungen und Häuser vor dem Terrorismus zu schützen (Brief von 1976). Es scheint also, als habe sich im Judentum der utopische Messianismus Rabbi Jochanans zum Schaden des politischen Realismus durchgesetzt.

Die einzige Lehrautorität, die derartige Fragen entschieden hat, war R. Moses Maimonides – und er hat sich eindeutig für Samuel entschieden! Nicht dass er etwa kleingläubig oder ungläubig gewesen wäre. Bereits in seinen 1168 veröffentlichten dreizehn Glaubensgrundsätzen (*Schloscha Assar Jessodot*) hebt er diesen Punkt vielmehr mit allem Nachdruck hervor: Der Jude solle glauben, dass der Messias kommen werde; scheint er sich zu verspäten, so harre er unverwandt seiner und verzage nicht. Er solle aber keine Endzeitberechnungen aus der Schrift anstellen. Wer am Kommen des Messias zweifele, verleugne die Tora des Mose, die ihn ja in aller Deutlichkeit ankündige (Num 24; Dtn 29,9ff); wer ferner daran zweifele, dass er ein König aus der Nachkommenschaft Davids und Salomos sei, verleugne die übrigen Propheten usw.. Es kam Maimonides darauf an, den jüdischen Glauben während der schweren Zeiten der Kreuzzüge aufzubauen, ohne dem Aberglauben nachzugeben. In seinem 1172 verfassten Lehrschreiben an die Juden Jemens *(Iggeret Teiman)* über einen unter ihnen aufgetretenen Messias versichert Maimonides, all die gegenwärtigen Leiden seien kein Grund, an dem Kommen des Messias zu zweifeln, vielmehr gehörten sie selbst zu dessen »Geburtswehen« (*Chewle Maschiach,* nach Hos 13,13). Trotzdem solle man nicht das Ende bedrängen und jeden Spinner für den Messias halten. Bei jenem jemenitischen Messias handele es sich aber offenbar um einen solchen, denn er verkündete eine Art Kommunismus. Wenn aber, so Maimonides, die Reichen, wie er es fordert, ihr ganzes Vermögen an die Armen verschenken, dann müssten diese es den verarmten Reichen nach dem gleichen Prinzip wieder zurückerstatten, was offensichtlich absurd ist. Hier erkennen wir die Stimme Samuels wieder: *»nie wird der Dürftige im Lande aufhören«*. In seiner Gesetzessumme von 1180 kodifiziert Maimonides seine realistische Messianologie. In den beiden Schlusskapiteln dieses Riesenwerkes kommt er anlässlich der Königsgesetze (*Hilchot Melachim*) auch auf den König Messias zu sprechen (Kap. 11 u. 12): *»Lass es dir nicht in den Sinn kommen«* sagt er, *»dass der Messias ein Wundertäter, ein Weltveränderer, ein Totenwecker ist«* (11,3), geschweige denn ein Übermensch oder gar Gottmensch. Der Messias ist vielmehr nichts als ein normaler König Israels – d. h. kein absolutistischer Monarch, der über dem Gesetz steht, sondern ein konstitutioneller Monarch, der die göttliche Verfassung hütet und schützt. Woran soll man ihn denn dann erkennen? Wenn es ihm gelingt, das alte Reich Davids wieder aufzubauen, dann handelt es sich um *den* Messias; wenn nicht, dann war es eben bloß ein frommer König Israels. Dieser Messianismus ist nichts anderes als eine legitimistische Restauration. *»Alle Rechtssatzungen,* sagt er, *werden in seiner Zeit wie früher wiedereingeführt werden«* (11,1), und er wird ganz Israel nötigen, *»in den Wegen* (der Tora) *zu wandeln und ihre Schäden ausbessern«* (11, 4). Der Ausdruck *»UL'chasek Bedikah«* (2 Kön 12,6) kann ganz wörtlich mit *»restaurieren«* wiedergegeben werden. Was ist aber dann mit den übrigen Prophezeiungen? R. Jochanans Wunschtraum von einer Neuschöpfung erteilt Maimonides eine klare Absage: die Welt setzt vielmehr ihren üblichen Lauf fort (*Olam Keminhago Noheg* 12, 2). Die prophetischen Visionen von einem paradiesischen Schlaraffenland sind im übertragenen Sinn als Allegorien vom Ende der Judennot und vom Beginn des Völkerfriedens zu verstehen: »*Es falle dir nicht ein* (zu glauben), *dass in den Tagen des Messias etwas von der Weltordnung außer Kraft gesetzt oder eine Neuerung in die Schöpfung eingeführt werden wird, sondern die Welt geht ihren Lauf weiter. Aber es heißt doch in Jesaja* (11,6): *‚Da wird der Wolf zu Gast sein bei dem Lamme und der Panther bei dem Böcklein lagern'. Das ist ein Gleichnis und Rätselwort. Das Wesen der Sache ist folgendermaßen: Israel wird zusammen mit den Bösewichtern der Völker sicher wohnen, welche mit Wolf und Panther verglichen werden, wie es heißt* (Jer 5,6)*: ‚Der Steppenwolf wird sie verderben, der Panther lauert vor ihren Städten'. Und alle werden zur wahren Religion zurückkehren und weder rauben noch morden. Sondern sie werden in Ruhe zusammen mit Israel das Erlaubte essen, wie es heißt* (Jes 11,7)*: ‚Der Löwe wird Stroh fressen wie das Rind. So sind dergleichen Dinge mehr, die den Messias betreffen, Gleichnisse.* (...)« (12,1). Dazu zitiert Maimonides die Ansicht Samuels als Meinung der Weisen: »*Die Weisen sagten: ‚Es gibt keinen anderen Unterschied zwischen dieser Welt und den messianischen Tagen als die Knechtschaft der Reiche'*« (12,2). Die politischen Veränderungen der messianischen Zeit sind für Maimonides freilich kein Selbstzweck. Sie sollen nicht etwa Rache-, Weltherrschafts- oder sonstige Gelüste befriedigen, sondern Freiraum und Muße für das Studium der Tora schaffen (*Jihju Penuin BaTora WeCHochmata*) und so möglichst den Weg zum ewigen Leben des Geistes eröffnen (12,4). In der abschließenden Vision des Maimonides klingt auch etwas von den weiterreichenden Hoffnungen R. Jochanans an: »*In jener Zeit*, sagt er, *wird keine Hungersnot, kein Krieg, kein Neid und kein Wettstreit sein, denn das Gute wird in Fülle kommen und es wird Leckerbissen geben wie Staub. Und es wird kein anderes Geschäft mehr in der Welt geben als allein die Gotteserkenntnis*« (12,5). Allerdings bleibt Maimonides auch in diesem großartigen Finale immer noch Realist, denn die allgemeine Verbesserung der Verhältnisse folgt bei ihm nicht aus Wundern, sondern aus politischen Veränderungen. Nun kann man sich fragen, ob ein derart realistischer Messianismus nicht auch die Möglichkeit, ja die Dringlichkeit zu seiner Realisierung enthält. Dürfen wir, m. a. W., die erforderlichen politischen Veränderungen selber vorantreiben und somit die messianische Zeit herbeiführen? In der Tradition stand der aktive Messianismus[155] allerdings stets unter dem Verdikt der »*Bedrängung des Endes*« (*D'chikat HaKez*); ihm wurde der Vers aus dem Hohelied: »*Beschworen hab ich euch, Töchter Jerusalems, bei den Gazellen oder Hinden auf der Flur, dass ihr nicht weckt, nicht schreckt die Liebe, bis ihrs gefällt*« (Hld 3,5 u. 8,4) entgegengehalten (bKet 111a).[156] Es ist in der Tat möglich, bei Maimonides Stützen für einen aktiven Messianismus zu finden, z. B. in seinen Aussagen über die Wiederherstellung der Ordination und die Einberufung des obersten Gerichtes (Sanhedrin)[157] als Voraussetzungen der messianischen Zeit, Stützen, von denen auch unfehlbar Gebrauch gemacht worden ist.[158] Hier zeigen sich die gefährlichen politischen Implikationen des Diktums von Samuel, die von Anfang an in seiner Konzeption der politischen Rolle des Messias und der ihr zugrunde liegenden Annahme vom Zusammenhang dieser Welt und der messianischen Zeit eingeschlossen waren.

Die Entscheidung des Maimonides blieb aber nicht unwidersprochen.[159] Einer der produktivsten jüdischen Messianologen überhaupt, Isaak Abrawanel (1437-1508),[160] greift in seinem Werk *Sefer Jeschuot Meschicho* (Buch der Erlösungen seines Gesalbten, 1498) Maimonides' ganze Tendenz an und insbesondere seine Verwendung der Aussage Mar Samuels: »*Es gibt keinen anderen Unterschied* (...)«.[161] Zunächst kritisiert er, dass Maimonides die Aussage Samuels verallgemeinere und ohne Weiteres allen Weisen zuschreibe (S. 157a u. 182b). Ferner könne man mit diesem Spruch nicht alle von den Propheten geweissagten Wunder der Endzeit als bloße poetische Bilder abtun, denn zu »*dieser Welt*« (*Olam HaSe*) gehören ja nicht nur unsere an Wundern armen Zeiten, sondern zweifellos auch die an Wunder so reichen Zeiten von Mose und den Propheten. Demgemäß habe Samuel nicht die Erhaltung der natürlichen Weltordnung in der messianischen Zeit aussagen wollen, sondern die Wiederkehr jener übernatürlichen Weltordnung der Prophetenzeit (158b) – allerdings mit einem gewichtigen, wenn auch doppeldeutigen Zusatz: »*der Knechtschaft der Reiche*«.

Gewöhnlich versteht man diesen Satz so, dass er das Ende der Fremdherrschaft der Reiche über Israel meint. Das ist allerdings schon öfter passiert und kein Spezifikum der messianischen Zeit. Deshalb meint Abrawanel, dass es sich um den Beginn der Herrschaft Israels über die Reiche handelt (S. 160a). Schließlich habe Samuel keineswegs die unerhörten Wunder des Weltfriedens und der Auferstehung leugnen wollen; er habe sie nur aus der messianischen Zeit in die anschließend »*kommende Welt*« (*Olam HaBa*) verlegt (S. 161b). Das gelte insbesondere auch für Rabbi Elieser, der nach Abrawanel keineswegs der Ansicht gewesen sei, dass die Menschheit niemals entwaffnet werde. Auch wenn Waffen in der messianischen Zeit noch nötig sein werden, so werden sie doch in der »*kommenden Welt*« auch nach Samuel ganz verschwinden. Nach dieser Auslegung schrumpft der Gegensatz von Samuel und Rabbi Jochanan auf eine vernachlässigenswerte Zeitdifferenz zusammen.

Wenn wir nach den Motiven für Abrawanels Maimonideskritik fragen, werden wir schnell fündig. Zunächst hatte dieser überragende Hofjude eine überraschend pessimistische Meinung von der Zivilisation und von der Politik. In seinem Genesis-Kommentar hebt er hervor, dass nach der Bibel der erste Stadt- bzw. Staatsgründer der Mörder Kain war und sein Nachkomme, Tubal-Kain, die ersten Waffen produziert habe. »(...) *Aufgrund seiner Stärke und deswegen, weil er von seiner Natur her ein Kriegsmann war, erfand er das Waffengerät für die Kriegsleute. Und siehe, er wurde Tubal-Kain genannt, weil Kain ein Mörder war und dieser hier Werkzeuge für dessen Tätigkeit anfertigte, nämlich Schwert und Speer, um Blut zu vergießen*« (Kom. zu Gen 4,22).[162] In seinem Kommentar zur Turmbaugeschichte verurteilt er diese ganze urbane, politische und militärische Kultur der Kainiten: »*sie meinten, dass ihre spezielle Bestimmung die politische Gemeinschaft sei, damit sich unter ihnen Gemeinschaft und Gesellschaft ausbreite, und dass diese die erhabenste unter den menschlichen Bestimmungen sei, zusammen mit dem, was sich hieraus von ihnen her ergibt an Titeln und Ämtern, Regierungen und eingebildeten Ehren, an Gier nach Sammlung von Besitztümern, an Gewalttätigkeit, Räuberei und Blutvergießen, was daraus folgt und wovon es nichts gab, als sie noch jeder für sich auf freier Flur lebten.*«[163] Es ist verständlich, dass dieser jüdische Rousseau die kainitische Kultur nicht in der messianischen Zeit und schon gar nicht in der kommenden Welt wiedersehen wollte. Darüber hinaus hegte der Diener von insgesamt sechs Monarchen nicht nur einen antipolitischen, sondern speziell auch einen antimonarchischen Affekt.[164] In seinen Kommentaren zum mosaischen Königsgesetz (Dtn 17,14-20)[165] und zum Einsetzungsbericht des ersten Königs Saul (1 Sam 8,4)[166] erörtert er auch die allgemeine Frage nach der besten Herrschaftsform und kommt zu dem Ergebnis, dass die Republik der Monarchie überlegen sei. Als Modell schwebt ihm hierbei Venedig, »*die Großmacht unter den Völkern, die Herrscherin unter den Staaten*« vor (Kom. zu 1 Sam 8,4, S. 206a), wobei er der aristokratischen Verfassung der Seerepublik allerdings zusätzliche demokratische Elemente römischer und israelitischer Provenienz beimischte.[167] Die Faszination Venedig hielt in der jüdischen Literatur übrigens lange nach dem politischen Untergang der *Serenissima* an, und noch Theodor Herzl greift auf ihre »*aristokratische Republik*« als Vorbild für die Verfassung seines *Judenstaates* zurück,[168] wie sich umgekehrt Venedig gerne als *Nuova Gerusalemme* feiern ließ und bei der Gestaltung des Markusplatzes bewusst an Vorstellungen vom salomonischen Tempel anknüpfte.[169] Doch nach Abrawanel kommt für Israel weder die Demokratie noch die Aristokratie und am wenigsten die Monarchie in Frage, sondern allein die Theokratie.[170] Im Unterschied zu allen anderen Völkern stehe Israel nämlich unmittelbar zu Gott und keine menschliche Verfassung darf zwischen Gott und sein Volk geschoben werden, vor allem keine monarchische Verfassung, denn, so der Prophet Samuel, den Abrawanel hier kommentiert, will das Volk einen Menschen als König, so hat es Gott als König verworfen (1 Sam 8,7; 10,19). Abrawanel reiht sich hier in eine monarchomachische, theokratische Linie ein, die vom Priester Samuel, über den Priester und Schöpfer des Wortes »*Theokratie*«, Josephus, bis zum Existenzialisten Martin Buber im 20. Jahrhundert reicht.[171] Möglicherweise rührt Abrawanels antimonarchischer Affekt auch von seiner intimen Kenntnis der europäischen Höfe her. Er selbst war, wie er in der Einleitung zu seinem Kommentar zu den Königsbüchern schreibt, am spanischen Hof ohnmächtiger Zeuge der Vertreibung der Juden gewesen,[172] und keiner konnte die Gefahren, die den europäischen Juden vom aufkommenden zentralistischen, absolutistischen Staat drohten, besser beurteilen als er. Jedenfalls wird aus alledem verständlich, warum er sich die messianische Zeit nicht einfach als Restauration der israelitischen Monarchie vorstellte. Allerdings kam Abrawanel auch nicht gegen das herrschende monarchische Messias-Bild in der jüdischen Tradition an. Aber die zehn Kriterien, die der König-Messias nach seinem messianologischen Werk *Künder der Erlösung* (*Maschmija Jeschua*, 1498)[173] zu erfüllen hat, zeigen ganz deutlich, dass er sich ihn weniger als einen *David redivivus*, als einen *Moses redivivus* vorstellte. Insbesondere verlangt er von ihm übernatürliche Wunder (6. Bedingung, S. 197) und die Herstellung des Weltfriedens, ja des Naturfriedens (7. Bedingung, S. 198-202), wobei er ausdrücklich gegen Maimionides die wörtliche Auffassung von Sprüchen wie: ‚*Da wird der Wolf zu Gast sein bei dem Lamme* ...' (Jes 11,6) als Verwandlung der Fleisch- in Pflanzenfresser verteidigte. Mit diesem utopistischen Messianismus *à la* R. Jochanan hat nach Ansicht der modernen Historiker ausgerechnet der Politicus Abrawanel die emanzipatorischen Potentiale des Messiasglaubens von realistischen Nahzielen auf ein jenseitiges Wolkenkuckucksheim abgelenkt und den Boden für die messianischen Phantasten des XVI. und XVII. Jahrhunderts, wie Schlomo Molcho und Schabbtai Zwi, bereitet.[174] In der Kabbala – die in dieser Zeit zu einer Art Leitwissenschaft im Judentum wird – ist das Reich (Malchut) jedenfalls nicht von dieser Welt, sondern eine der Emanationen Gottes, die der Mystiker durch theurgische Manipulationen beeinflussen kann.

Realismus kehrte in den jüdischen Zukunftshoffnungen erst wieder am Ende des 18. Jahrhunderts zurück. Zunächst freilich in der Weise, dass die jüdische Aufklärung und Reform den aktiven politischen Messianismus quietistisch neutralisierte oder gänzlich strich. Erst der politische Zionismus knüpfte wieder positiv an den älteren Messianismus an. In Herzl's utopischem Roman *Altneuland* (1902) findet sich eine in dieser Hinsicht bemerkenswerte Passage. Der zukünftige Präsident der neuen Gesellschaft Palästinas, der nicht zufällig David heißt, erkennt in den gescheiterten Messiassen seine Vorläufer wieder: »*Das Volk glaubte nicht, was sie sagten, sondern sie sagten, was das Volk glaubte. Sie kamen einer Sehnsucht entgegen. Nein, noch richtiger: sie kamen aus der Sehnsucht hervor.*

(...) Die Sehnsucht macht den Messias. Nun müssen Sie denken, was das für arme dunkle Zeiten waren, in denen ein Sabbtai oder seinesgleichen erschienen. Unser Volk war noch nicht imstande, sich auf sich selbst zu besinnen, und da berauschte es sich an solchen Gestalten. Spät erst, am Ende des neunzehnten Jahrhunderts, als schon alle anderen zivilisierten Völker ihr Selbstbewusstsein erlangt hatten und es betätigten, kam auch unser verstoßenes Volk zu der Erkenntnis, dass es das Heil nur von der eigenen Kraft und nicht von phantastischen Wundertätern erwarten dürfe. Nicht eine einzelne Person, wohl aber die erwachte und rührige Volkspersönlichkeit müsse das Erlösungswerk vorbereiten«.[175] Das *»nationale Werk«* wird hier also ausdrücklich als säkulare Erneuerung des alten Messianismus dargestellt. Herzl's »Reich« war aber keineswegs, wie man meinen könnte, nationalistisch, sondern ausgesprochen internationalistisch ausgerichtet. Im *»Fünften Buch«* seines Romans, der wiederum nicht zufällig wie die Tora ein Fünfbuch ist, schildert er das neue Jerusalem und den dritten Tempel: *»Privathäuser gab es in der Altstadt nicht mehr. Alle Gebäude dienten Zwecken der Wohltätigkeit oder Andacht. Es gab da Pilgerhäuser für die Gläubigen aller Bekenntnisse. Christen, Mohammedaner und Juden hatten ihre gemeinnützigen Anstalten, ihre Spittel und Siechenhäuser, die in bunter Reihe nebeneinander standen. Ein gewaltiges Viereck aber nahm der ernste und großartige Friedenspalast ein, in welchem die internationalen Kongresse von Friedensfreunden und von Gelehrten aller Wissenszweige abgehalten wurden. Die Altstadt war überhaupt ein internationaler Ort, welcher allen Völkern als eine Heimat erscheinen musste (...). Der Alte kam, und David führte ihn in den Friedenspalast. Dieser Prachtbau ist mit der Zeit ein merkwürdiger Mittelpunkt milder Bestrebungen geworden. Hier wirkt man keineswegs für das jüdische Land und seine Bewohner, sondern für andere Länder und Völker. (...) Im Friedenspalast finden sich solche universelle Bestrebungen zusammen. Wenn zum Beispiel irgendwo in der Welt eine Katastrophe hereinbricht – Brände, Überschwemmungen, Hungersnot, Epidemien –, so wird es hierher telegraphiert. Hier ist immer ein Hilfsreservoir in großen Barmitteln vorhanden, weil ebenso wie die Bittgesuche auch die Spenden sich hier zentralisieren. Ein ständiger großer Rat, dessen Mitglieder von verschiedenen Nationen gewählt*

werden, wacht über die gerechte Verteilung und Ausgleichung der Gaben. Hierher wenden sich aber auch Erfinder, Künstler, Gelehrte um Unterstützung ihrer Arbeiten. Es lockt sie der Spruch, der über die Tore des Friedenspalastes leuchtet: ‚Nil humani a me alienum puto'« (V, 1, ebd., S. 162 f.). So sehr in diesen universalistischen Plänen die große Utopie R. Jochanans anklingt, so realistisch ist Herzl bei der Wahl der Mittel. Seine Programmschrift *Der Judenstaat* (1896) ist, wenn man sie im alten Koordinatensystem verorten will, eher dem realistischen Geist Mar Samuels bzw. Maimonides' verwandt, wenn auch anstelle von deren restaurativen Tendenzen ein ausgesprochener Fortschrittsoptimismus getreten ist. In diesem Punkt herrscht an der Schwelle zum 20. Jahrhundert Konsens in der modernen jüdischen Eschatologie. Der antizionistische Philosoph Hermann Cohen knüpft in seiner kathedersozialistischen Messianologie gleichfalls ausdrücklich an Maimonides an. In seinem Vortrag das *Gottesreich* von 1913 schreibt er: »*Unser großer Philosoph Maimonides, in allen Beziehungen der weise und klare Führer unseres Rationalismus, hat auch hier die Richtung vorgezeichnet: indem er die Zukunft (Atid LaBo) unterschied vom Jenseits (Olam HaBa). Der Messiansimus wird erst dann völlig verstanden werden, wenn vom Begriffe der messianischen Zukunft jeder Jenseitssinn abgetrennt sein wird. Die Zukunft, welche die Propheten im Symbol des Messias vorzeichnen, ist die Zukunft der Weltgeschichte. Sie ist Ziel, sie ist der Sinn der Geschichte (...). Und die Menschen selbst sind es, welche dieses Zeitalter des Messias herbeizuführen haben. (...). Die Verwirklichung der Sittlichkeit auf Erden, ihrer Aufgaben und ihres ewigen Zieles, dies und nichts anderes bedeutet uns die Idee des Messias.*« Demgegenüber sind die idyllischen Wunschbilder der Propheten und Psalmisten etwa vom Tierfrieden für Cohen wie schon für Maimonides nur Allegorien des Weltfriedens: »(...) *dieses Ideal*, fährt Cohen weiter, *ist im strengsten Sinne das ethische Ideal. Wie sehr immer die Propheten mit ihrer poetischen Phantasie den Naturfrieden im Völkerfrieden besingen, und der Psalmist auch die Unschuld der Lebensfreuden in dieses Zukunftsbild hineinwebt, so hat auch hier wiederum Maimonides vor der Gefahr des Eudämonismus gewarnt. Nicht ein Schlaraffenland, nicht ein Utopien sollte den geschichtlichen Begriff der messianischen Zeit entstellen; aber allerdings fordert er mit Klarheit die unerlässliche Bedingung: dass die Bedürfnisse des materiellen Lebens den Pflichten der geistigen Kultur keine Hemmung mehr bereiten dürfen. So wird in unserer Glaubenslehre das soziale Problem in aller seiner Schärfe wohl erkannt«.*[176] Übrigens legt auch Martin Buber, der rationalistischer Tendenzen sonst ganz unverdächtige zionistische Gegenspieler Cohens, den jesajanischen Tierfrieden nach Maimonides als politische Allegorie aus. In *Der Glaube des Propheten* (1940) heißt es: »(...) *es will mich bedünken, dass dieses Idyll, wo die wilden Tiere bei den zahmen ‚gasten', nur ein Sinnbild des Völkerfriedens sein soll, vielleicht gar eins, in dem man unter den Namen der Wildlinge bestimmte Nationen erkannte*« (Werke, Bd. II, S. 394). Nach Cohen verwirklicht sich das ethische, sozialistische und messianische Ideal nicht in der Natur, sondern im Staat. In seiner »*Ethik des reinen Willens*« (1904) hatte er geschrieben: »(...) *dass Staat und Menschheit keineswegs einen Widerspruch bilden; dass der Staat im Staatenbund der Menschheit ebenso sehr seine Vollendung findet, wie die Menschheit nur im Staatenbunde ein ethischer Begriff sein kann. Das Problem des ewigen Friedens wird uns sonach zum Problem des ewigen Fortschritts in der Entwicklung des ethischen Staatsbegriffs*«[177], und im Messias-Kapitel seiner posthumen Religionsschrift hat er die »*Einheit der Staatenbund-Menschheit, als den letzten Wert der Weltgeschichte*« statuiert (ebd., XIII, S. 296). Der Rechtsstaat ist für Cohen das eigentliche Subjekt der Welt- und Heilsgeschichte. Im 1. Weltkrieg büßte diese liberale, etatistische und fortschrittsgläubige Messianologie des bürgerlichen Zeitalters seine Glaubwürdigkeit weitgehend ein. An ihre Stelle trat eine apokalyptische Messianologie, die die liberale Wirtschafts- und Rechtsordung als verlogene bürgerliche Fassade entlarvte, die imperialistischen Nationalstaaten als landgreifende und menschenfressende Bestien vorstellte und zutiefst von der Katastrophalität des Geschichtsprozesses überzeugt war. Ernst Bloch, der sich für »*den Vorläufer eines neuen Messias*« hielt und dafür auch gehalten wurde,[178] ist der beste Zeuge dieses Bewusstseinswandels. Im Kapitel *Karl Marx, der Tod und die Apokalypse* seines *Geist der Utopie* (1. Aufl., 1918) schreibt er geradezu gegen Cohen und die wilhelminische Staatsphilosophie: »*Man kann sich den Staat nicht unfeierlich genug denken* (...). *Es dürfte schwer halten,* (...) *im reinen Gedanken, dem Staat an sich höhere Weihen, eigene ideenhafte Werteigentümer zu gewinnen«* (Werkausgabe, Bd. 16, S. 399). Die darauf folgende Abrechnung mit der bürgerlichen Klassenjustiz stellte das messianische Ideal des kathedersozialistischen Rechtsstaates als naive Illusion bloß. Der wahre Sozialismus müsse vielmehr den Staat, wie Bloch gnostisch formuliert, den »*jehovahischen*« Staat als Bollwerk des Fürsten dieser Welt liquidieren. Bloch fährt im terroristischen Jargon jenes Revolutionsjahres fort: »*Das Herrschen und die Macht an sich sind böse, aber es ist nötig, ihr ebenfalls machtgemäß entgegenzutreten, als kategorischer Imperativ mit dem Revolver in der Hand, wo sie nicht anders vernichtet werden kann*« (ebd., S. 406). Nicht im Staat, sondern in der Kirche verwirklicht sich nach Bloch das Reich (ebd., S. 404). Das ganze Kapitel klingt in folgende gothische Utopie aus: »*Derart kann das Ganze Utopias das Bild einer sich in nichts mehr ökonomisch rentierenden Hierarchie bieten, die unten nur noch Bauern und Handwerker kennt und die sich nach oben hin vielleicht durch Ehre und Ruhm, durch einen Adel ohne Leibeigne und Krieg, durch von neuem, aber anders ritterliche und fromme Menschen, durch die Autorität einer geistigen Aristokratie, als den alten seelenwanderischen Anspruchsrechten, sonst aber nur durch die Erschwerung der Arbeit, durch das Abnehmen des Eudämonismus und das Wachstum der unnatürlichen, vielleicht schon dem Sprung und Paradox benachbarten Energie auszeichnet.* (...). *So nur mag sich die genaueste wirtschaftstheoretische Ordnung und Nüchternheit mit der politischen Mystik verbinden und von ihr aus legitimieren. Sie nimmt alles erbärmlich Störende hinweg, um es unter Aufhebung der wirtschaftlichen Privatsphäre einer genossenschaftlichen Gütererzeugung, einer Gesamtwirtschaft der menschlichen Sozietät zu übergeben; aber sie lässt dafür das Leid, die Sorge und die ganze sozial unaufhebbare Problematik der Seele stärker als jemals hervortreten, um sie den großen, übermenschlichen, überirdisch eingesetzten Gnadenmitteln der Kirche, der notwendig und a priori nach dem Sozialismus gesetzten Kirche zu verbinden. Denn es gibt letzthin nichts unter allen Dingen zu bedenken als die Seele* (...). *Ihr zugunsten ist die Gesellschaft klare Hilfe auf dem Weg, Entlastung und wohl beruhigende Disposition, aber die Kirche ist die Trägerin weithin sichtbarer Ziele; sie lehrt die inneren Zeichen, sie ist, a priori, das Prinzip der lebendig weiterquellenden Tradition und Verbindung mit dem Ende, und keine wie immer gestaltete Ständereihe kann dieses letzten Gliedes in dem ungeheueren Beziehungssystem zwischen dem Wir und dem Überhaupt, zwischen der luziferischen und der apokalyptischen Gemeinde entraten. Dann werden endlich alle Menschen zu jenen einzig praktischen Sorgen und Fragen frei, die sonst nur in der Todesstunde warten und in denen sich das Geheimnis der menschlichen Seele als das Geheimnis des mystischen Raums der Liebe entschleiern möchte. Denn es ist so, wie der Baalschem sagt, dass erst dann der Messias kommen kann, wenn sich alle Gäste an den Tisch gesetzt haben; dieser aber ist zunächst der Tisch der Arbeit und dann erst der Tisch des Herrn – die Organisation der Erde besitzt im Geheimnis des Reichs ihre unmittelbar einwirkende, unmittelbar deduzierende Metaphysik*« (ebd., S. 410f.). Man kann in diesem langen Textauszug immer noch genug Maimonides, Kant und Cohen finden, aber die Zweiweltentheorie greift auf das Messianische selbst über und verlagert es in den inneren »*mystischen Raum*«. Der Glaube, dass das »*blöde Bestehende*« (ebd., S. 405) mit diesem Reich schwanger gehen könnte, ist dahin. Vielmehr kann die »*Organisation der Erde*«, die das Geheimnis des Reiches in sich trägt, nur durch einen radikalen Bruch mit den bestehenden politischen Verhältnissen herbeigeführt werden. Damit traf Bloch eine unter jungen jüdischen Intellektuellen damals verbreitete anarchistische Stimmung.[179] Gershom Scholem erinnert sich in seinem Buch *Walter Benjamin – die Geschichte einer Freundschaft* (1975) an jene Jahre: »*Noch immer lief es bei uns auf theokratischen Anarchismus als die sinnvollste Antwort auf die Politik hinaus.*«[180] Von Benjamin gibt es aus dieser Zeit ein Theologisch-Politisches Fragment,[181] in dem er mit glänzender Prägnanz die Konsequenz aus der Utopie Blochs zieht und die Messianismen des 19. Jahrhunderts und ihre Säkularisate vollständig negiert: »*Erst der Messias selbst vollendet alles historische Geschehen, und zwar in dem Sinne, dass er dessen Beziehung auf das Messianische selbst erlöst, vollendet, schafft. Darum kann nichts Historisches von sich aus sich auf Messianisches beziehen wollen. Darum ist das Reich Gottes nicht Telos der historischen Dynamis; es kann nicht zum Ziel gesetzt werden. Historisch gesehen ist es nicht Ziel, sondern Ende. Darum kann die Ordnung des Profanen nicht am Gedanken des*

Gottesreiches aufgebaut werden, darum hat die Theokratie keinen politischen, sondern allein einen religiösen Sinn. Die politische Bedeutung der Theokratie geleugnet zu haben, ist das größte Verdienst von Blochs ‚Geist der Utopie'« (Gesammelte Schriften, Bd. II.1, S. 203). Zwischen der Jetztzeit und der Endzeit, so kann man Benjamins Gedanken zuammenfassen, tut sich ein unüberbrückbarer Abgrund auf, indem alle Wesen vermöge ihrer natürlichen Trägheit glücklich fallen. Zurück bleibt nur das Unglück, das auf Erlösung harrt. Das Reich wird also nicht, wie Cohen meinte, durch den Fortschritt herbeigeführt, sondern vielmehr durch den Rückstoß der negativen Folgen des Fortschritts. Die paradoxe Maxime der messianischen Politik lautet also: Je schlimmer, desto besser! »*Dies zu erstreben,*« schließt Benjamin, »(...) *ist die Aufgabe der Weltpolitik, deren Methode Nihilismus zu heißen hat*« (ebd., S. 204). Die Geschichte muss zu Ende kommen, ehe das Reich beginnen und die messianische Gegengeschichte offenbar werden kann! Die Theorie, dass die Dinge erst in der messianischen Retrospektive ihre emanzipatorischen Potentiale preisgeben, hat übrigens auch einen Anhalt bei Maimonides, der in Bezug auf die messianischen Prophezeiungen in der oben unvollständig angeführten Halacha behauptet hat: »*In den Tagen des Messias wird allen bekannt gemacht werden, welcher Sache welches Gleichnis entsprach und auf welche Angelegenheit es anspielte*« (Hilchot Melachim XII,1). Wir können die Zeichen der Zeit also nicht im vornherein erkennen oder gar setzen, sondern nur nachträglich entziffern. Demnach wäre das Messianische also auch nach Maimonides jeglichem Zugriff oder Vorgriff entzogen. Dass die Philosophie auf eine messianische Erkenntnistheorie trotzdem nicht verzichten kann, hat Theodor W. Adorno, dem Benjamin das Theologisch-Politische Fragment 1937/38 vorgelesen hatte, nach dem 2. Weltkrieg (1946/47) im berühmten letzten Aphorismus seiner *Minima Moralia* (Nr. 153) nachdrücklich dargetan: »*Philosophie, wie sie im Angesicht der Verzweiflung einzig noch zu verantworten ist, wäre der Versuch, alle Dinge so zu betrachten, wie sie vom Standpunkt der Erlösung aus sich darstellen. (...). Perspektiven müssen hergestellt werden, in denen die Welt ähnlich sich versetzt, verfremdet, ihre Risse und Schründe offenbart, wie sie einmal als bedürftig und entstellt im Messianischen Licht daliegen wird*«.[182] Eine solche messianische Erkenntnis ist freilich paradox, weil die »*vollendete Negativität*« der Dinge zwar ohne Weiteres auf das Messianische als »*Spiegelschrift ihres Gegenteils*« verweist, der Erkennende aber zugleich selber in der unerlösten Welt befangen, gefangen bleibt, und zwar um so mehr, je weniger er es merkt. Eine Philosophie allerdings, die angesichts des total »*beschädigten Lebens*« nach Auschwitz nicht einmal den Versuch unternimmt, den »*Bannkreis des Daseins*« zu durchbrechen, hat nach Adorno gar keine Existenzberechtigung mehr. Für Bloch, Benjamin und Adorno ist der apokalyptische Messianismus nicht bloß jüdisches Überlieferungsgut, sondern eine unabweisbare Notwendigkeit der Metaphysik, der Geschichtsphilosophie und der Erkenntnistheorie. Benjamins Freund Gershom Scholem hat sein ganzes Forscherleben lang nach den Spuren des apokalyptischen, antinomistischen und anarchistischen Messianismus in den kabbalistischen Quellen gefahndet. In einem Aufsatz *Zum Verständnis der messianischen Idee im Judentum* (1959)[183] geht er mit den konservativen und restaurativen Tendenzen Mar Samuels und Maimonides' scharf ins Gericht (S. 40 u. 50-70). Den halachischen und philosophischen »*Liqidatoren der Apokalyptik*« unterstellt er, dass sie letztlich »*aus antimessianischen Antrieben heraus denken*«, weil sie die »*Gefahrenmomente der Utopie von der messianischen Freiheit erkannt haben*«. Allerdings sieht er im Gegensatz von Apokalyptik und Antiapokalyptik den konstitutiven Antrieb der jüdischen Messianologie. »*Es ist ein Irrtum, wie es so oft geschieht, nur die* (erste), *freilich von machtvollen persönlichen Vertretern repräsentierte Tendenz im Judentum zu sehen, aber es wäre nicht weniger falsch, in dem Bewusstsein von der großen Bedeutung der Apokalyptik die Wirksamkeit jener anderen Tendenz, die auf Entfernung des apokalyptischen Stachels ausging, nun zu unterschätzen. In der Auseinandersetzung zwischen diesen beiden Tendenzen liegt die besondere Lebendigkeit der messianischen Idee im Judentum*« (S. 56). Nur ein Jahr nach der Veröffentlichung dieses Aufsatzes übernimmt Emmanuel Lévinas in einem Kommentar zu unserer talmudischen Stelle die Verteidigung Mar Samuels und des rabbinischen Rationalismus.[184] Seine Position könnte man als eine Synthese der ethischen Messianologie Cohens und der antipolitischen Messianologie Blochs und Benjamins beschreiben. Zwar stimmt er mit Scholem darin überein, dass das Judentum im Gegensatz zum Christentum »*in allen seinen Formen und Gestaltungen stets an einem Begriff von Erlösung festgehalten (hat), der sie als einen Vorgang auffasste, welcher sich in der Öffentlichkeit vollzieht, auf dem Schauplatz der Geschichte und im Medium der Gemeinschaft*« (ebd., S. 7). In diesem Sinn zitiert er das Bildverbot, das R. Jochanan in Bezug auf das transzendente Schicksal der Seele ausspricht: »*was aber die zukünftige Welt* (*Olam HaBa*) *betrifft – ‚Es hat außer dir, o Gott, kein Auge geschaut‘* (Jes 64,3)« (bSan 99a) und kommentiert: »*Es handelt sich um eine persönliche und innerliche Dimension, außerhalb der Errungenschaften der Geschichte, die eine einige Menschheit in einem gemeinsamen Schicksal erwartet. Die zukünftige Welt kann nicht von einem Propheten angekündigt werden, der sich an alle richtet. Das Judentum als objektive Einrichtung – als Synagoge – lehrt nur Wahrheiten, die das Gemeinwohl und die öffentliche Ordnung betreffen. Es lehrt und verheißt die Gerechtigkeit. Das Judentum ist keine Vollkaskoversicherung. Das persönliche Heil, die direkte und intime Beziehung der Menschen zu Gott entzieht sich der Neugier der Propheten*« (ebd., S. 85f.). Eine kollektive ist aber nicht zwangsläufig eine politische Zukunftsvision. Ja, nur wenn die Politik überwunden wird, hat die Moral, auf die es Lévinas hauptsächlich ankommt,[185] überhaupt eine Chance. Denn solange Krieg herrscht – und die Politik ist nichts anderes als die Fortsetzung des Krieges mit anderen Mitteln -, solange ist das Gute zweideutig und bleibt stets dem Verdacht ausgesetzt, unmoralischen Machtinteressen zu dienen. Eben das sei auch der Sinn der Aussage von Mar Samuel: »*Es gibt keinen anderen Unterschied zwischen dieser Welt und den messianischen Tagen als die Knechtschaft der Reiche*«. Lévinas fügt diesem Text in seiner Übersetzung ein paar Wörter hinzu, die im Orginal gar nicht dastehen, um sie seiner überraschenden Interpretation gefügig zu machen. Bei ihm lautet der talmudische Text: »*Es gibt keinen anderen Unterschied zwischen dieser Welt und den messianischen Tagen als* (*das Ende*) *der Knechtschaft der Reiche* (*der Gewalt und der politischen Unterdrückung*)« (ebd., S. 86). Und Lévinas kommentiert: »*Die Epoche, in der das politische Problem gelöst ist, in der die Politik nicht das moralische Unternehmen des Menschen behindert* (*oder vernichtet oder in sein Gegenteil verkehrt*) *– stellt das Ende der Geschichte dar* *und verdient den Namen der messianischen Zeit*« (ebd.). Für die ethische Bedeutung des Diktums Samuels spricht auch die durch Dtn 15,11 implizierte sozialethische Begründung. Das haben wir in unserer eigenen Erklärung der Stelle bereits angeführt, die Emmanuel Lévinas folgt.

II. Numeri

1. Lager

In der hebräischen Bibel heißt das Buch Numeri *Bamidbar*, *In der Wüste*. Unter den fünf Büchern Mose ist es gewissermaßen der »Western«. Es schildert den dauernden Kampf der Gesetzeshüter mit den Gesetzesbrechern im gesetzlosen Raum der Wüste. Dabei wiederholt sich Abschnitt für Abschnitt folgende Situation: Mose verkündet die göttlichen Gesetze, denen sich dann Einzelne oder viele oder alle widersetzen. Die vorigen Bücher Mose berichten, wie die Gesetze gegeben, dieses Buch, wie sie durchgesetzt wurden und wie sich das Volk Israel in der Wüste konstituiert hat. Das Buch beginnt mit der Schilderung der idealen Ordnung des Volkes Israel, einer Ordnung, die zwar immer wieder gestört wird, die aber für alle Zukunft das Ideal des Volkes Israel geblieben ist.

Auf lateinisch heißt das Buch *Bamidbar*, »*Numeri*«, »*Zählung*«, weil es mit der Musterung der zwölf Stämme Israels für den Heeresdienst beginnt. Die Anordnung des Heerlagers und Heerzuges war zugleich die Sitz- und Marschordnung des ganzen Volkes: »*Die Kinder Israels*, heißt es, *sollen nach ihren Heerscharen lagern, ein jeder in seinem Lager, ein jeder bei seiner Fahne. Die Leviten aber sollen rings um die Gesetzeswohnung lagern*« (Num 1,53). Ferner: »*Ein jeder von den Kindern Israels soll bei seiner Fahne, bei dem Zeichen seines Stammhauses lagern; in einiger Entfernung sollen sie rings um das Versammlungszelt lagern*« (Num 2,2-3). Wenn wir versuchen uns diese beiden Anweisungen vorzustellen, dann ergibt sich das Bild zweier konzentrischer Kreise: Im ersten Kreis um die Wohnung Gottes (*Machane Sch'china*) lagerten nach den vier Himmelsrichtung die vier für das Heiligtum zuständigen Priestersippen des Stammes Levi (*Machane Lewia*), im weiteren, zweiten Kreis in jeder Himmelsrichtung je drei der zwölf Stämme Israels (*Machane Jisrael*). An der Spitze des ganzen Zuges *Juda*, *Issachar* und *Sebulon* im Osten, *Ruben*, *Schimon* und *Gad* im Süden, *Efraim*, *Menasse* und *Benjamin* im Westen und *Dan*, *Ascher* und *Naftali* im Norden. Jeder Stamm scharte sich um sein Feldzeichen. Die Bibel sagt zwar nichts über die Farbe und die Figuren der Fahnen, doch die Rabbinen erschließen sie aus den zwölf Edelsteinen im Brustschild des Priesters, die den zwölf Stämmen zugeordnet waren (Ex 18), sowie aus den Segenssprüchen Jakobs, die den zwölf Stammvätern galten (Gen 49): »*Als Zeichen*, sagen sie, *hatte jeder Stammesfürst eine Fahne, und jede Fahne war mit einer besonderen Farbe versehen, die der Farbe der Edelsteine glich, welche auf dem Herzen Aarons waren.* (...) *Jehuda* – um nur die ersten drei Beispiele anzuführen – *hatte den Karfunkel und die Farbe seiner Fahne war himmelblau und darauf war ein Löwe gezeichnet. Issachar hatte den Saphir und die Farbe seiner Fahne war schwarz, ähnlich der Augenschminke und darauf war Sonne und Mond gezeichnet, gemäß dem Vers ‚Und von den Kindern Issachars stammen die Sternekundigen'* (1 Chr 12,32). *Sebulon hatte den Diamant und seine Fahne war weiß und darauf war ein Schiff gezeichnet, gemäß dem Vers: ‚Sebulon wohnt am Meeresufer'* (Gen 49,3)« (NumR 2,7). Diese Farben und Figuren stehen symbolisch für die Charaktere und Funktionen der Stämme und stimmen zum Teil mit den traditionellen Stammesemblemen überein. Manches kehrt auch in den modernen Staatssymbolen Israels wieder – so etwa die himmelblaue Farbe Judas in der zionistischen Fahne. An die Stelle des Löwen von *Juda* ist hier allerdings der »*Davidschild*« (*Magen David*) genannte sechszackige Stern gerückt.

Die Bibel sagt uns nicht, nach welchem Muster die Aufstellung der Stämme erfolgte, ob sie einen Kreis oder ein Karree bildeten. Taktisch sinnvoll wäre eine sternförmige Anordnung um das Zentrum. Dann hätten die zwölf Stämme bei regelmäßiger Anordnung an den Eckpunkten eines großen Davidsterns Platz nehmen müssen und dann wäre der Davidstern auch das passende Symbol für das Volk Israel gewesen. Der Davidstern ist allerdings erst im ausgehenden 19. Jahrhundert zum Nationalsymbol der Juden geworden. Wie die Auseinandersetzungen um dieses Nationalsymbol zeigen, war man sich jedoch über den Zusammenhang mit den älteren Stammes- und Volkssymbolen genau bewusst. Der Zionistenführer Max Bodenheimer hatte ein Wappen entworfen, in dessen Mitte der Davidstern war, mit dem Löwen von Juda im inneren Sechseck und zwölf Sternen, für die zwölf Stämme Israels, außen herum. Das Ganze wurde von dem Spruch eingerahmt: »*Die Bildung eines Judenstaates ist die einzige mögliche Lösung der Juden-*

frage«. Auf diesen Vorschlag hin erwiderte Herzl in einem Brief vom 30. Mai 1898: »*Ihre umgebenden zwölf Sterne sind schon darum unrichtig, weil ja die zwölf Stämme bereits im Davidschild selbst enthalten sind.*« Bodenheimer meinte dazu ironisch: »*Was die Wappenfrage anlangt, so wollen wir, hochverehrter Freund, lieber erst den Judenstaat schaffen und uns dann über diese hochwichtige Frage explicieren.* (...) *wenn wir soweit sind, wird auch eine Instanz geschaffen, welche in Sachen der Heraldik Autorität übt.*«[186] Immerhin zeigt Herzl's Betrachtung des Davidsterns, dass er sich den Judenstaat nicht als Rumpfstaat oder Restvolk, sondern als die Wiedergeburt des ganzen zwölffaltigen Israel dachte. Offiziell haben die Zionisten den Davidstern freilich erst als Symbol angenommen, als die Nationalsozialisten das zionistische Hoffnungszeichen bereits in ein jüdisches Schandmal pervertiert hatten. Schon bald nach der Ermächtigung organisierten sie am 1. April 1933 einen Boykott aller jüdischen Geschäfte und machten sie mit Davidsternen kenntlich. Daraufhin titelte die *Jüdische Rundschau* am 4. April: *Tragt ihn mit Stolz, den gelben Fleck!* von Robert Weltsch. Der Autor schrieb: »*21 Stunden lang waren die deutschen Juden gewissermaßen an den Pranger gestellt. Neben anderen Zeichen und Inschriften sah man auf den Scheiben der Schaufenster vielfach einen großen Magen David, den Schild König Davids. Dies sollte eine Entehrung der Juden sein. Juden, nehmt ihn auf, den Davidschild und tragt ihn in Ehren!*«[187] Im September des gleichen Jahres nahm der 23. Zionistenkongress in Prag offiziell den Davidstern als Zionistenzeichen an.[188] Doch ehe wieder ein »*Stern aus dem Stamm Jakobs hervortreten*« (Num 24,17), ehe der blauweiße Stern zum jüdischen Hoffnungszeichen werden konnte, versank die Welt im Zeichen des gelben Judensterns in Nacht und Nebel. Es ist von großer symbolischer Bedeutung, dass man das Zeichen der totalen Erniedrigung und der so genannten »*Endlösung*« nicht den Antisemiten überlassen, sondern zu einem Zeichen der Wiederauferstehung und der Erlösung gemacht hat.[189]

Aber nicht das sternförmige Muster, sondern die konzentrische Anordnung um die Wohnung Gottes ist das entscheidende Symbol. Israel, was ja auch »*Gotteskämpfer*« bedeutet, liegt gleichsam wie eine lebendige Festung um das religiöse Zentrum. Die Rabbinen und Kabbalisten haben eine Analogie zwischen dieser Gestalt des Volkes und der Form des göttlichen Streitwagens (*Merkawa*), der dem Propheten Ezechiel in der babylonischen Gefangenschaft erschien (Ez 1), hergestellt. Den vier führenden Stämmen, *Juda*, *Ruben*, *Ephraim* und *Dan*, ihren vier Farben und vier Himmelsrichtungen hier, entsprechen die vier Tiergestalten vor dem Gotteswagen: Löwe, Stier, Adler und Mensch, die vier Erzengel: *Michael*, *Gabriel*, *Rafael* und *Uriel* und die vier Eigenschaften Gottes: Güte, Strenge, Herrschaft und Herrlichkeit dort (NumR 2,10). Das Volk Israel wäre demnach der große Wagen Gottes in der Welt. In der Vision des Propheten Ezechiel von der Heimkehr der Gefangenen werden die Stammesgebiete im Land jedenfalls nach der Ordnung des wandernden Israel verteilt und besonders dem Plan des künftigen Jerusalem zugrunde gelegt. Das Buch Ezechiel endet mit der folgenden Vision der ewigen Stadt: »*Die Stadttore sind nach den Stämmen Israels benannt: auf der Nordseite,* (...), *drei Tore: ein Tor ist nach Ruben benannt, ein Tor nach Juda und ein Tor nach Levi; auf der Ostseite* (...), *drei Tore: ein Tor nach Josef, ein Tor nach Benjamin und ein Tor nach Dan; auf der Südseite,* (...), *drei Tore: ein Tor nach Simon, ein Tor nach Issachar und ein Tor nach Sebulon; auf der Westseite,* (...), *drei Tore: ein Tor nach Gad, ein Tor nach Ascher und ein Tor nach Naftali.* (...). *Und der Name der Stadt soll von heute an sein: Hier ist der Herr* (*HaSchem Schama*)« (Ez 48,30-35).

Aus dem babylonischen Exil sind freilich nicht alle zwölf Stämme zurückgekehrt, sondern nur Reste Judas – und die detaillierten Siedlungs- und Baupläne des Propheten sind eine Utopie geblieben. Der Grundriss des archetypischen Modells aus dem Buch Numeri, die drei konzentrischen Kreise, sind jedoch auf das reale Jerusalem übertragen worden. Es dreht sich im alten Israel – jedenfalls nach dieser Programmschrift, zwar alles um Gott, aber nicht alle sind ihm gleich nah, nicht alle sind gleich unmittelbar zu ihm. Vielmehr bildete der Priesterstamm gleichsam einen Puffer zwischen dem Volk und Gott und schützte sowohl das Heilige vor dem Profanen, wie das Profane vor dem Heiligen. Die konzentrischen Kreise bilden Heiligkeitsstufen und -zonen. »*Drei Lager*, heißt es in der religionsgesetzlichen Auslegung der Rabbinen zu Num 5,3 – gibt es: *das Lager der Israeliten* (*Machane Israel*), *das Lager der Leviten* (*Machane Lewia*) *und das Lager der Wohnung*

Gottes (*Machane Sch'china*). *Von den Toren bis zum Tempelberg: Lager der Israeliten, von den Toren des Tempelbergs bis zum Vorhof: Lager der Leviten, von den Toren des Vorhofs nach innen zu: Lager der Einwohnung*« (Sifre Bamidbar z. St.).

Nach der Zerstörung des zweiten Tempels ist Jerusalem für Juden wie für Christen zur Utopie geworden. Aber der Blick der Christen richtete sich vom irdischen auf das himmlische Jerusalem, wie es Johannes in seiner Offenbarung im Anschluss an Ezechiel geschildert hat (Offb 21 – 22), während die Blicke und Gebete der Juden auf das irdische Jerusalem fixiert blieben. Die christliche Hermeneutik vom vierfachen Schriftsinn wurde gewöhnlich am Beispiel Jerusalems illustriert. Danach hat die Stadt, wie jede Sache in der Bibel, einen historischen, einen allegorischen oder dogmatischen, einen tropologischen oder moralischen und einen anagogischen oder eschatologischen Sinn. Nach dem historischen Sinn ist sie die Stadt in Israel, nach dem allegorischen ein Bild der Kirche, nach dem moralischen ein Bild der Seele und nach dem eschatologischen ein Bild des himmlischen Jerusalem.[190] Die Christen warfen den Juden vor, die biblischen Dinge nur materiell, »*fleischlich*« aufzufassen und nicht als Vorzeichen und Verheißungen höherer oder tieferer Inhalte. Es gab zwar auch liberale deutsche Juden, die sich dem fatalen Irrglauben hingaben, der »*Neckar sei unser Jordan, Stuttgart unser Jerusalem*«, doch die meisten Juden haben sich nicht beirren lassen. Auch sie besaßen die Lehre vom vierfachen Schriftsinn und kannten das himmlische Jerusalem (*Jeruschalajim Schel Mala*), doch gegen Vertagungen, Verinnerlichungen, und Verflüchtigungen des Glaubens haben sie immer daran festgehalten, dass »*kein Schriftvers seine einfache Bedeutung verlässt*« und mit der Formel gegrüßt: Das kommende Jahr im wiederaufgebauten Jerusalem (*LeSchana HaBa'a BiJ'ruschalajim HaB'nuja*).

2. Heer

Der zweite Abschnitt des Buches Numeri heißt »*Nasso*«, »*Erhebe*!« und ist der längste des ganzen Jahres. Der an Mose gerichtete Befehl: »*Erhebe*!« ist im Sinne von »*Aushebung*«, von »*Einberufung zum Dienst*« gemeint. Der vorige Abschnitt hatte mit der Musterung der erwachsenen Männer aus den Stämmen Israels begonnen und mit der Musterung der Priester aus dem Stamm Levi geschlossen. Dieser Abschnitt fährt mit der Berufung der vier Priestersippen und der Bestimmung ihrer Aufgaben im Heiligtum fort und endet mit dem Zug der Heerführer Israels zum Heiligtum (Num 7). Obwohl Wehrdienst und Gottesdienst beide mit dem gleichen Wort »*Zawa*« bezeichnet werden, das im modernen Hebräisch »Armee« bedeutet, unterscheidet die Bibel streng die beiden Dienste. Die Priester sind vom Wehrdienst ausdrücklich freigestellt (Num 2,47-49) und widmen sich an Stelle der erstgeborenen Israeliten ausschließlich dem Gottesdienst (Num 3,12-13). Das Gottesvolk braucht gleichsam zwei Armeen oder, wie man später gesagt hat, zwei »Arme«: einen »weltlichen«, der es nach außen beschützt und einen »geistlichen«, der seine innersten Heiligtümer behütet (Num 3,7; 34,38). Allerdings sind diese beiden »Dienste« nicht gleichartig und gleichrangig und ein Streit zwischen den beiden Armen, zwischen »Schwert« und »Krummstab«, wie er die mittelalterliche Kirche erschüttert hat, ist im alten Israel, wenigstens nach dem Idealbild, das unsere Abschnitte zeichnen, unvorstellbar. Denn die Priester bilden fraglos den Mittelpunkt und die Laien den Umkreis des Gottesvolkes. In den abschließenden Kapiteln unseres Abschnitts wird uns die Art von Beziehung vorgeführt, die zwischen dem Zentrum und der Peripherie gewünscht war. Zunächst wird am Ende des sechsten Kapitels der feierliche Spruch angeführt, mit dem die Priester das Volk bis heute segnen: »*Es segne dich der Ewige und behüte dich. Der Ewige lasse dir leuchten sein Antlitz und sei dir gnädig. Der Ewige wende sein Antlitz dir zu und gebe dir Frieden*« (Num 6,23-26). Sodann werden ausführlich – in sechsundsiebzig Versen – die kostbaren Weihegaben aufgezählt, welche die zwölf Heerführer an zwölf aufeinander folgenden Tagen den Priestern für das Heiligtum darbrachten (Num 7,12-88). Auf diesem ständigen Kreislauf von Segen und Gaben zwischen den beiden »Armen«, zwischen dem priesterlichen Lehrstand auf der einen und dem israelitischen Wehr- und Nährstand auf der anderen Seite, beruhte der Organismus des Gottesvolkes. Der Priester und Historiker Flavius Josephus prägte, nachdem die Römer die letzten Überreste dieser mosaischen Verfassung zerschlagen hatten, eigens einen Begriff für diese Verfassung, er nannte sie »*Theokratie*« (s. u.).

Aber auch nach der Zerstörung des Tempels erhielt sich diese zweiteilige Ordnung des Gottesvolkes in etwas anderer Form. Nun hatte der Nährstand für die Erhaltung des Lehrstandes zu sorgen. Im Talmud heißt es: »*Sämtliche Propheten haben über keinen anderen geweissagt als über den, der seine Tochter mit einem Schriftgelehrten (Talmid Chacham) vermählt, der für den Schriftgelehrten das Geschäft betreibt und der von seinen Gütern den Schriftgelehrten genießen lässt; was aber die Schriftgelehrten selbst betrifft: ‚Es hat außer dir, o Gott, kein Auge geschaut, was er denen tut, die auf ihn harren*' (Jes 64,3)« (bBer 34b). Nach diesem Ausspruch ist der Lebenszweck des wohlhabenden jüdischen Laien, dem alle weltlichen Güter zugesagt sind, die Unterstützung des Gelehrten, der nur nach himmlischen Gütern strebt. Für den reichen Juden war es bis in moderne Zeiten eine Ehre, arme Jeschiwa-Studenten an seinem Tisch zu verköstigen, einen Gelehrten zum Schwiegersohn zu bekommen und Stätten des Lernens zu fördern. Der an Profit orientierte Kaufmann musste – was ihn sicher einige Überwindung kostete – das Tora-Studium um seiner selbst willen als höchstes Lebensziel anerkennen. Aus historischer Perspektive war das Tora-Studium freilich nicht ganz so »nutzlos«, denn es bewahrte durch alle Zeiten und Räume die Substanz und Identität des jüdischen Volkes.

Aus der gleichen Perspektive könnte man auch die aktuelle Situation im modernen Staat Israel beurteilen. Hier kämpfen gleichsam zwei Armeen für den Erhalt des jüdischen Volkes: Eine in grüner Uniform sichert den äußeren Bestand des von Feinden umgebenen jüdischen Staates, und eine in schwarzer Uniform sichert den inneren Bestand des von der Assimilation bedrohten Judentums. Ohne die grüne Armee würden den Juden in Palästina und anderswo aller Wahrscheinlichkeit nach wieder physische Verfolgung und Vernichtung drohen; ohne die schwarze Armee würde sich das gelobte Land in ein beliebiges »Konsumparadies« westlichen oder orientalischen Zuschnitts verwandeln und droht dem Judentum die kulturelle und spirituelle Vernichtung. In Israel, in der jüdischen Diaspora und in der weiten Welt sieht man diese uralte »Arbeitsteilung« keineswegs so harmonisch und spricht von »Kulturkampf«, gar von »Bürgerkrieg«. Aus der Sicht des Zionismus ist eine solche Einschätzung nicht überraschend, denn der jüdische Nationalismus war eine ausgesprochen säkulare, bisweilen antireligiöse Ideologie. Der erste Ministerpräsident Israels David ben Gurion war fest entschlossen, einen säkularen Staat zu gründen. Doch die Einführung der staatlichen Einheitsschule und der allgemeinen Wehrpflicht scheiterte am Widerstand der »Religiösen« (*Charedim*). Sie rangen Ben Gurion einen bis heute geltenden so genannten »status quo« ab, der unter anderem die Freistellung der Jeschiwa-Studenten vom Militärdienst beinhaltet. Aus der Sicht der »Säkularen« (*Chilonijim*) ist der Nutzen von religiösen Einrichtungen, in denen erwachsene Männer den ganzen Tag weltfremde Studien betreiben, statt das Land zu verteidigen oder auch nur ihre kinderreichen Familien anständig zu ernähren, fragwürdig. In einer Gesellschaft mit einem langen und harten Militärdienst gelten die »Religiösen« daher als Drückeberger und Schmarotzer. Natürlich urteilen die »Religiösen« genauso über die »Säkularen«. Aus ihrer Sicht sind die »Säkularen«, die den göttlichen Befehlen nicht gehorchen und statt dessen ein bequemes Leben führen, nicht weniger Drückeberger und Deserteure. Diese ideologische Konfrontation in Israel hat europäische Wurzeln. Die radikalen Aufklärer des 18. Jahrhunderts betrachteten die israelitischen Priester als Inbegriff frommer Schmarotzer. So empört sich z. B. der Hamburger Professor für alte Sprachen Hermann Samuel Reimarus (1694-1768) in seiner *Apologie oder Schutzschrift der vernünftigen Verehrer Gottes* auf hunderten von Seiten über das mosaische Gesetz, *»vermöge welches sie (...) den Priestern und Leviten so viele Abgaben entrichten, so viele kostbare Pflichten ausüben sollten, da sie kaum das liebe Brot dabei behalten konnten; der Last und Mühe noch zu schweigen«* (4. Fragment).[191] Mit dieser Kritik wollte er freilich nicht in erster Linie die jüdischen Priester oder Rabbiner treffen, sondern die christlichen Kleriker, die sich auf das Alte Testament beriefen. Aber auch die verständnisvolleren und wohlmeinenderen Bibelleser der Aufklärungszeit waren einhellig der Meinung, dass jedenfalls die Juden Parasiten seien. So schreibt etwa Johann Gottfried Herder, der Verfasser des Buches *Vom Geist der ebräischen Poesie* (1782/83), wo er der geschmacklosen, rationalistischen Bibelkritik eines Reimarus die unvergleichlichen poetischen Schätze der Bibel entgegengehalten hatte: »*Das Volk Gottes (...) ist Jahrtausende her, ja fast seit seiner Entstehung eine parasitische Pflanze auf den Stäm-*

men anderer Nationen; ein Geschlecht schlauer Unterhändler beinah auf der ganzen Erde« (Ideen zur Philosophie der Geschichte der Menschheit, 1787, XII,3). Die Judenfeinde haben das Klischee vom unproduktiven, parasitären Juden so oft wiederholt, dass die aufgeklärten Juden selbst anfingen, es zu glauben und dringend eine »*Produktivierung*« der Juden durch Erziehungsreform und Berufungsumschichtung forderten.[192] So seufzt der jüdische Aufklärer und gefeierte Literaturkritiker, Moses Mendelssohn, der mit Reimarus und Herder befreundet war: »*Ah! Wenn ich mit einer Rezension 50 Judenkinder zu Handwerksgesellen und 30 Leibeigene zu Freybauern machen könnte.*«[193] Im Mendelssohn-Kreis waren Debatten über die Reform der traditionellen talmudischen Erziehung bevorzugtes Thema, damit, wie einer der eifrigsten Schüler Mendelssohns, David Friedländer, sagt, jüdische »*Kinder (...) die Zeit nicht mit leeren Spitzfindigkeiten, die im bürgerlichen Leben nicht den mindesten Vorteil brachten, vergeuden*«.[194] Die Zionisten waren auch überzeugt, dass die Existenz der Juden im Exil parasitär sei. Der Prophet der zionistischen Pioniere, Aron David Gordon, predigte am Anfang unseres Jahrhunderts die Erlösung der Juden durch produktive Arbeit: »*Ein Volk,* schreibt er, *das ganz von der Natur losgerissen ist, das jahrtausendlang in Mauern eingesperrt war; ein Volk, das an alle Arten des Lebens gewöhnt war, nur nicht an ein Leben der Arbeit – kann nicht ohne Anspannung seiner ganzen Willenskraft wieder ein lebendiges, natürliches, arbeitendes Volk werden.*«[195] Die zionistischen Einwanderer blickten voller Verachtung auf die religiösen Bewohner Palästinas, die dort seit Jahrhunderten von den Spenden der Diaspora (*Chaluka*) gelebt hatten. In diesem Gegensatz zwischen den alten und neuen jüdischen Siedlern des Landes (*Jischuw*) liegt die Wurzel des gegenwärtigen Konflikts zwischen »Säkularen« und »Religiösen« im Staat Israel. Ein teuflisches Zerrbild dieser säkularen Sicht war die nationalsozialistische Wahrnehmung der Juden als Parasiten im buchstäblichen Wortsinn und ihre Vertilgung mit dem Ungeziefervertilgungsmittel Zyklon B. Hier zeigt sich mit erschreckender Deutlichkeit die letzte Konsequenz der Rede von »*produktiven*« und »*unproduktiven*«, von »*nützlichen*« und »*schädlichen*« Menschen, einmal ganz abgesehen von der wunderbaren, unvergleichlichen kulturellen und spirituellen Produktivität der viel verschrienen »*Talmudjuden*«. Eine jüdische Gesellschaft kann jedenfalls nur bestehen, wenn sie die Notwendigkeit von zwei verschiedenen Arten der Arbeit anerkennt, die auf Hebräisch übrigens mit dem gleichen Wort bezeichnet werden: die heilige und die profane Arbeit (Awoda), zwei verschiedene Formen des Dienstes: den Wehrdienst und den Gottesdienst. Ja, die Lehre aus dem Abschnitt gilt ganz allgemein: Jede Gesellschaft braucht ihre heiligen Menschen und muss wissen, wie Mose vor dem Eintritt ins gelobte Land predigt, dass »*der Mensch nicht vom Brot allein lebt*« (Dtn 8,3).

3. Volk

Die Musterung der Israeliten ergab 603 550 wehrfähige Laien (Num 1,46; 2,32) und 8 580 diensttaugliche Priester (Num 4,48). Das ist etwas mehr und etwas genauer als die üblicherweise genannte runde Zahl von etwa 600 000 aus Ägypten ausgezogenen Männern (*Schesch Me'ot Elef*, Ex 12,37). Der hohe Rabbi Löw von Prag (ca.1525-1609), der nach einer apokryphen Legende mit Hilfe von Buchstaben- und Zahlenkombinationen einen künstlichen Lehm-Menschen, einen so genannten »Golem«, erschaffen haben soll, meinte in seinem Buch *Brunnen des Exils* (Prag 1600, Kap. 6), dass die biblischen Zahlenangaben nicht bloß Quantitäten, sondern auch Qualitäten bezeichnen; sie bringen also nicht nur Größen, sondern gleichsam auch den Charakter der Dinge zum Ausdruck. Damit trat er jüdischen Kritikern entgegen, die Bibel und Talmud wegen stark übertriebener Zahlenangaben angriffen. Ein viel späteres deutsches Beispiel einer solchen Kritik finden wir bei dem schon erwähnten Hamburger Deisten H. S. Reimarus. In einem »Fragment« seiner *Apologie oder Schutzschrift der vernünftigen Verehrer Gottes*, das Lessing nach seinem Tod fragmentarisch veröffentlicht hat, rechnet er beckmesserisch nach, dass unmöglich »*600 000 streitbare Männer nicht allein, sondern etliche 100 000 kleine Kinder, Alte, Kranke, Krüppel, Lahme, Blinde, Schwangere,* (...), *300 000 Ochsen und 600 000 Schafe, 6 000 bespannte Wagen*« in einer Nacht, wie es die Bibel berichtet, durch das rote Meer gezogen sein können.[196] Angesichts solcher Kritik blieb nur die Zuflucht zu einer zahlensymbolischen Erklärung. Die Bibel nennt allerdings nicht nur die runde Zahl 600 000, sondern auch die exakte Zahl 603 550, mit der wohl kaum eine symbolische, sondern vermutlich eine statistische Zahl gemeint ist. Das schließt aber nicht aus, dass der runden Zahl 600 000 bzw. *»60 Myriaden«*, d. h. 60 x 10 000 (*Schischim Ribo*) auch ein symbolischer Wert zugesprochen werden kann. Der hohe Rabbi Löw demonstriert in seinem Buch *Die großen Taten des Herren* (Krakau 1582, Kap. 3 und 12), dass 600 000 die vollkommenste aller Zahlen sei, weil sie dem vollkommensten aller geometrischen Körper, dem Würfel mit seinen sechs Seiten und dem Quadrat und Kubus von 10 entspricht ($6 \times 10^2 \times 10^3$). Ebenso bildet eine Menge von 600 000 Individuen einen idealen Volkskörper. Wenn, wie die jüdische Seelenwanderungslehre glaubt, alle späteren Israeliten nicht nur physisch, sondern auch psychisch von jenen 600 000 Israeliten abstammen, dann bleibt die Zahl der 600 000 Individuen auch unabhängig von der realen Bevölkerungszahl in jeder Generation konstant.

Das Volk Israel wird aber nicht nur durch eine runde Zahl von Individuen, sondern auch durch deren Bezug zum Einen definiert. Die 600 000 sind erst durch den Bund mit Gott zum Gottesvolk geworden. Sie standen am Fuße des Offenbarungsberges und willigten alle gemeinsam (*Jachdaw*) in den Bund mit Gott ein: *»Alles, was der Ewige geredet hat, wollen wir tun und darauf hören«* (Ex 24,7). Die überraschende Formulierung *»wir wollen tun und wir wollen hören«* (*Na'asse WeNischma*), statt der zu erwartenden Wortfolge: *»wir wollen hören und wir wollen tun«*, haben die Ausleger stets als Ausdruck der Spontaneität gedeutet. Nachdem das Volk so unisono seine Bereitschaft kund getan hatte, das göttliche Gesetz, ohne lang zu zögern und zu überlegen, auszuüben, stiegen, nach dem Talmud, 600 000 Engel vom Himmel herab, um jeden Israeliten mit je zwei Kronen, der Krone des Tuns und der Krone des Hörens zu belohnen (bSchab 88a). Wohlgemerkt, sie wurden nicht nur für ihren vorauseilenden Gehorsam, der ja auch fanatischer Kadavergehorsam sein kann, ausgezeichnet, sondern auch für ihren Wunsch, die Weisung, nachdem sie sie durch die Tat kennen gelernt haben, auch zu verstehen.[197] Der Bund fand aber nicht nur mit den 600 000 Anwesenden, sondern mit allen zukünftigen Israeliten statt, wie es heißt: *»Diesen Bund hat der Ewige nicht mit unsern Vätern geschlossen, sondern mit uns, mit uns, die* *wir heute hier sind, mit allen, die jetzt leben«* (Dtn 5,3-4). Die Seelenwanderungslehre, wonach alle Israeliten eingefaltet oder *»eingeschachtelt«* in den Seelen ihrer 600 000 Urahnen anwesend und deshalb auch Vertragspartner mit Gott sind, garantiert dann die Kontinuität des Volksgründungsaktes.

Obwohl die Bibel Wert darauf legt, dass die 600 000 Israeliten gleichzeitig dem Bund mit Gott zustimmten (Ex 19,8), betont die Tradition, dass jeder von ihnen diesen Bundesschluss anders erlebte und sein eigenes Verständnis der Tora hatte. Die Kabbalisten aus dem Kreise Rabbi Isaak Luria aus dem obergaliläischen Zfat haben im XVI. Jh. diese Pluralität und Perspektivität der Tora besonders eindrucksvoll formuliert. R. Chaim Vital Calabrese schreibt in seinem Werk zur *Seelenwanderung* (*Scha'ar HaGilgulim*, Kap. 17): *»Es gibt 600 000 Erklärungen in der Tora.* (...). *Entsprechend jeder einzelnen dieser Arten, die Tora zu erklären, existiert eine Seele in Israel«*, und sein Zeitgenosse R. Moses Kordovero fügt hinzu, dass jede der einzelnen Seelen ihren besonderen Anteil an der Offenbarung habe *»und keinem anderen als demjenigen, dessen Seele von dorther stammt, würde es erlaubt sein, sie auf diese besondere Weise zu verstehen«*.[198] Schriftsinn und Lebenssinn hängen hier aufs Engste zusammen. Alle 600 000 Seelen sind für die Entfaltung des ganzen Schriftsinns ebenso unentbehrlich wie die 600 000 Sinne der Schrift für die Entwicklung jeder einzelnen Seele. Das ist vielleicht der tiefere Sinn jener Bitte im Gebet: *»Gib uns unseren Anteil in deiner Tora«* (*Ten Chelkenu BeToratecha*). Damit wäre nach der angeführten kabbalistischen Lehre nicht nur unsere Portion Tora, sondern unser Aspekt der Tora gemeint. Bliebe, so kann man den Gedanken weiter ausspinnen, diese Bitte unerhört, so bliebe eine der 600 000 Seelen, die in jeder Generation berufen ist, die Offenbarung auf ihre jeweils besondere Weise auszulegen, unerschaffen oder untätig, so bliebe eines der 600 000 Gesichter der Tora unentdeckt. Das wäre mehr als nur der Verlust eines Fadens in einem Teppichmuster, eines Steinchens in einem Mosaik, deren Gesamtbild erkennbar bliebe, es wäre vielmehr der unersetzliche Verlust einer ganzen Dimension der sechshunderttausendfaltigen Tora, der Verlust einer einzigartigen Tora. Diese wechselseitige Bedingtheit von Tora und Volk kommt in einer weiteren kabbalistischen Lehre noch prägnanter zum Ausdruck. Nach einer arithmetisch fragwürdigen, aber weit verbreiteten Zählung enthält die Tora 600 000 Buchstaben, entsprechend der Anzahl der 600 000 Seelen in Israel.[199] Dem Kabbalisten und Zahlennarr Nathan Spira zufolge, der zu Beginn des 17. Jahrhunderts in Polen lebte und in eines seiner Bücher nicht weniger als 1000 verschiedene Erklärungen zum ungewöhnlich klein geschriebenen Aleph im ersten Wort des dritten Buch Mose gab, leitet sogar den Namen »*Jisrael*« aus den Anfangsbuchstaben der Wörter des Satzes: »***J**esch **S**chischim **R**ibo Otijot **L**aTora*« d. h. »*Es gibt sechzig Myriaden Buchstaben der Tora*« (*Megalle Amukot*, Ofan 186) her. Der mystische Körper Israels verschmilzt hier vollkommen mit dem mystischen Körper der Tora. Und man könnte daraus folgern: Wie eine Torarolle unbrauchbar wird, wenn auch nur ein Buchstabe fehlt, so ist das Volk Israel und seine Tora verstümmelt, wenn auch nur eine der 600 000 israelitischen Monaden und ihre unverwechselbare Perspektive fehlt. Die Zahl 600 000 zeigt also nicht eine undifferenzierte Masse, ein uniformiertes Heer an, sondern ein Ganzes, in dem der Einzelne nicht verschwindet, eine Totalität, in der die Individualität nicht aufgehoben wird, ein Allgemeinwille, der den Einzelwillen nicht auslöscht.

Man kann sich fragen, wie diese Vielfalt zustande gekommen ist. Es heißt, dass das ganze Volk auf die Berufung Gottes »*einmütig antwortete und sprach: ‚Alles, was der Ewige geredet hat, werden **wir** tun!‘*« (Ex 19,8). Manche Bibelkommentatoren und -kritiker, wie Baruch de Spinoza, haben sich das so vorgestellt, dass Gott, wie auf einer Volksversammlung, einstimmig zum König akklamiert worden sei (*uno clamore*).[200] Doch dann müssten alle zusammen rufen: »*Alles, was der Ewige geredet hat, werde **ich** tun!*« Sie rufen jedoch: »*Alles, was der Ewige geredet hat, werden **wir** tun!*« Jeder spricht also nicht nur für sich, sondern zugleich für alle. Das setzt voraus, dass jeder Israelit nicht nur sich selbst verpflichtet, sondern sich auch für jeden anderen mitverpflichtet. Im Talmud gibt es darüber eine aufschlussreiche Diskussion: »*Rabbi Schimon ben Jehuda aus Kfar Akko sagte im Namen Rabbi Schimons: Du hast kein in der Tora geschriebenes Gebot, über das nicht 603 550 mal 48 Bündnisse geschlossen worden wären. Rabbi sprach: Nach der Ansicht des Rabbi Schimon ben Jehuda aus Kfar Akko im Namen Rabbi Schimons gibt es kein Gebot, über das nicht 603 550 mal 48 Bündnisse* *geschlossen worden wären; es ergibt sich somit, dass für jeden Israeliten eine 603 550-fache Verpflichtung besteht. Welchen Unterschied gibt es zwischen ihnen? Rabbi Meschareschja erwiderte: Einen Unterschied gibt es zwischen ihnen hinsichtlich der Bürgschaft für die Bürgschaft der anderen«* (bSota 37a. Die Zahl 48 ergibt aus den verschiedenen Wiederholungen des Bundesschlusses). Nach der ersten Überlieferung hat es genau 603 550 (Stimmen) x 613 (Gebote) x 48 (Bekräftigungen) zwischen Gott und jedem Israeliten gegeben. Die Zahl 17 758 855 200 stellt demnach den »*Willen Aller*« (*volonté de tous* im Sinne Rousseau, *Contrat sociale* II, III) dar. Nach der zweiten Überlieferung hat es aber außerdem noch für jeden einzelnen Vertrag 603 550 Bürgen gegeben, die Zahl von 3 642 726 025 500 drückt also das von jedem Einzelnen gesprochene »*wir*« aus und die wahrhaft astronomische siebzehnstellige Zahl 603 550 (Stimmen) x 603 550 (Bürgschaften) x 613 (Gebote) x 48 (Bekräftigungen) = 10 718 357 055 960 000 den »*Allgemeinwillen*« des Volkes (*volonté générale* im Sinne Rousseaus, ebd.), in dem jeder nicht nur Teil des Ganzen, sondern das Ganze auch Teil eines Jeden ist. Die bekannte talmudische Formel dafür lautet »*Alle Israeliten bürgen einer für den anderen*« (*Kol Jisrael Arewim Se **BaSe***, bSchew 39a-b).[201] Es waren wieder die Kabbalisten, die für die abstrakte Vertragstheorie der Rabbinen ein großartiges Bild gefunden haben. Beim Wort genommen kann der rabbinische Spruch auch so verstanden werden, dass »*alle Israeliten vermischt sind, einer **im** anderen*«, so dass jeder in allen und alle in jedem sind. Dazu bringt der schon erwähnte Kabbalist Kordovero in seinem *Granatapfelgarten* folgenden Vergleich: Der göttliche Gnadenstrom ergieße sich durch 600 000 Kanäle, d. s. die 600 000 Seelen Israels, in die Welt und jeder dieser 600 000 Kanäle enthält wiederum 600 000 feine Gefäße, die jenen genau entsprechen. Wenn nun ein Israelit sündigt, dann verstopft er nicht nur seinen eigenen Kanal, sondern auch das ihm entsprechende Gefäß in jedem anderen Kanal. So unterbricht er den göttlichen Gnadenstrom nicht nur in sich, sondern zugleich in allen anderen und riskiert den Infarkt des ganzen Volksorganismus und der ganzen Welt (Pardes Rimonim 32, 1, 75a-b).[202]

Wenn die Zahl 600 000 das ganz Volk Israel bezeichnet, dann drückt das Zehnfache dieser Zahl: 6 000 000 ermordeter Juden

Europas, den totalen Vernichtungswillen der Antisemiten aus. Als 1948 der Staat Israel ausgerufen wurde, lebten laut Statistik 600 000 Juden in Palästina, drei Jahre später waren 600 000 weitere Juden aus der Diaspora eingewandert – Israel war aus der Asche wieder auferstanden.

4. Gemeinde

600 000 wie 10 Juden sind Inbegriffe jüdischer Öffentlichkeit. Es gibt eine Szene, die sich in jeder Synagoge dreimal täglich wiederholt. Neun Männer warten auf den zehnten. Sie starren ungeduldig auf die Eingangstür. Wenn ein Fremder reinkommt, fragt sich jeder, zählt er dazu? Denn der Gemeindegottesdienst kann erst beginnen, wenn eine Zehnerschaft, ein *Minjan* (Zahl), vorhanden ist. Der Talmud verbietet ausdrücklich: »*Man trage nicht das ‚Höre Israel'* (Dtn 6,4 usw.) *vor, man trete nicht vor die Gesetzeslade* (um vorzubeten), *erhebe nicht die Hände* (zum Priestersegen), *lese nicht aus den fünf Büchern Mose, halte keinen Schlussvortrag aus einem Propheten* (...) *wenn weniger als zehn anwesend sind*« (mMeg 4,3). Zehn erwachsene Männer ist das Minimum, darunter kann man nicht von »*Gemeinde*« (*Eda*) sprechen, sondern nur von einer Ansammlung von Privatpersonen. Oft genug warten die neun Erwachsenen vergeblich. Ist ein Kind da, das noch nicht die religiöse Reife erreicht hat, drückt man ihm einen Pentateuch in die Hand und zählt ihn ausnahmsweise mit. Sonst spricht jeder sein Gebet still für sich und geht. In vielen kleineren Gemeinden würde zu den täglichen Gebeten unter normalen Umständen nie ein *Minjan* zusammenkommen, wenn sie nicht *Minjan*-Männer bezahlen würden. Es war einmal ein Merkmal größerer Gemeinden, dass stets zehn »*Müßiggänger*« (*Batlanim*) für die täglichen Gebete zur Verfügung standen. Der Talmud stellt die Frage: »*Was ist eine Großstadt* (*Ir Gdola*)?«, und gibt die seltsame Antwort: »*Jede, in der sich zehn Müßiggänger befinden. Sind ihrer weniger, so ist es ein Dorf* (*K'far*)« (mMeg 1,3). Eine Großstadt definiert sich also nicht durch die Einwohnerzahl, die Erwerbstätigenzahl usw., sondern durch zehn Müßiggänger im Bethaus! Eine andere Überlieferung sagt im gleichen Zusammenhang sogar: »*Eine befestigte Stadt, in der keine zehn Müßiggänger vorhanden sind, ist als Dorf* (*K'far*) *zu behan-*

deln« (bMeg 3b). Die wehrhaften Mauern, die große Garnison, die starke Truppe – das alles zählt nicht, was allein zählt, was eine Stadt gleichsam festigt, sind die zehn Männer, die sich zum Gottesdienst bereit halten! Viele Großstädte in Deutschland müssen in dieser Hinsicht heute leider als »*Kaff*« bezeichnet werden. Frauen übrigens, weil sie Wichtigeres zu tun haben, als in der Synagoge zu sitzen und von allen zeitgebundenen Pflichten (*Mizwot Asse Sche-Hasman Grama*), wie den öffentlichen Gebeten, befreit sind, werden in traditionellen Gemeinden nicht zum *Minjan* mitgezählt. So kann der Gottesdienst nicht, wie oftmals in der Kirche, alten, einsamen Witwen überlassen werden.

Der *Minjan* ist die grundlegende religiöse Gemeinschaftsform des Gottesvolkes in der Zerstreuung. Wenn zehn Mann zum Beten zusammenkommen, dann ist, wie der Talmud sagt, die Göttlichkeit (*Sch'china*) mit ihnen (bBer 6a nach Ps 82,1) – auch wenn kein Priester, kein Rabbiner, keine Synagoge da ist. Die Gemeinde Gottes erscheint, mit anderen Worten, nicht in einem herausgehobenen Amt und nicht in einem prächtigen Bau, sondern in den zehn Laien, die sich in Seinem Namen irgendwo versammeln. Die Zusammenkunft dieser Zehnerschaft ist allerdings unabdingbar, das Privatgebet, die innerliche Frömmigkeit kann sie nicht ersetzen. Alle erwachsenen Juden sollen dreimal täglich solche Gemeinden bilden und sind beim Vollzug ihrer Religion aufeinander angewiesen. Jeder ist der zehnte Mann, auf den gewartet wird, und jeder ist einer der Neun, die warten. Kein Jude kann sich diesem Druck entziehen. Wenn ein Jude auf der Straße zu einem *Minjan* gerufen wird, muss er hingehen, auch wenn er sein Gebet schon gesprochen hat. Das erlegt dem einzelnen Juden Verantwortung <u>für</u> die anderen auf, es gibt ihm aber auch Macht <u>über</u> die anderen. Von ihm hängt möglicherweise der Bestand einer Gemeinde, das Zustandekommen eines Gottesdienstes ab. »*Stets,* heißt es deshalb im Talmud, *mache man sich früh nach dem Bethause auf, damit man das Verdienst habe, zu den ersten zehn gezählt zu werden, denn auch, wenn nach ihm hundert kommen, erhält er die Belohnung aller*« (bBer 47 b) – was ja leicht verständlich ist, denn die Zehn sind eine notwendige Bedingung für das Zustandekommen der Gemeinde, während die Hundert, die danach kommen, im Prinzip überflüssig sind. Wenn einer, der zum festen Bestand des *Minjan*s gehört, beleidigt ist und den *Minjan* boykottiert, dann bleibt sein Fehlen nicht unbemerkt, und er kann sich Gehör verschaffen. Das führt manchmal auch dazu, dass Einzelne den *Minjan* mit ihren Empfindlichkeiten tyrannisieren. In kleinen Gemeinden ist der *Minjan* jedenfalls eine Form gegenseitiger Bindung des Einzelnen an die Gemeinschaft und der Gemeinschaft an den Einzelnen.

Warum bilden gerade zehn Mann einen Minjan – und nicht neun oder zwölf? Die Quelle dafür finden die Weisen im vierten Abschnitt des Buches Numeri. Dieser Abschnitt erzählt, wie Mose zwölf Kundschafter von der Wüste in das verheißene Land schickte. Zehn von den zwölf Kundschaftern kehrten jedoch mit einer niederschmetternden Botschaft zu ihrem Volk in die Wüste zurück: Das verheißene Land sei zwar schön, aber uneinnehmbar. Ihre üble Nachrede (*Diba*) brachte Gott gegen sie auf: »*Wie lange noch wird diese böse Gemeinde* (*Eda HaRa'ah*) *wider mich murren dürfen?*« (Num 14,27). Die Weisen beziehen diesen Ausdruck »*böse Gemeinde*« (*Eda HaRa'ah*) auf die zehn Kundschafter und leiten ausgerechnet aus ihm die Mindestzahl der Gemeindemitglieder, den *Minjan*, ab (bMeg 23b). Gab es denn keine besseren Quellen, z. B. die herrliche Stelle in Gen 18, wo Abraham mit Gott über die Rettung Sodoms verhandelt: »,*Wirst du wohl die Unschuldigen mit den Schuldigen hinraffen?*', *fragt Abraham*, ,*vielleicht sind fünfzig Gerechte in der Stadt; wirst Du sie wohl hinraffen und nicht vielmehr dem ganzen Ort vergeben um der fünfzig Gerechten willen, die darin sind? Fern sei es von dir, dergleichen zu tun, dass du tötest den Unschuldigen mit dem Schuldigen, dass der Unschuldige wäre wie der Schuldige; das sei fern von dir! Der Richter der ganzen Erde, sollte der nicht Gerechtigkeit üben?*' *Da sprach der Ewige:* ,*Wenn ich in Sodom fünfzig Gerechte in der Stadt finden werde, so will ich dem ganzen Ort um ihretwillen vergeben.*' *Und Abraham begann wieder und sprach:* ,*Siehe, ich habe mich einmal unterfangen, zu dir, Herr, zu reden; und ich bin doch nur Staub und Asche. Vielleicht fehlen an den fünfzig Unschuldigen fünf; wirst du wohl die ganze Stadt um der fünf willen vernichten?*' *Und er antwortete:* ,*Ich werde sie nicht vernichten, wenn ich fünfundvierzig finde*'« (Gen 18,23-29). Abraham handelte Gott bis auf zehn Gerechte herunter und Gott sagte: »*Ich werde sie nicht vernichten um der zehn willen*« (18,31). Aber weiter will Gott nicht gehen, zehn Gerechte sind das moralische Existenzminimum für eine Stadt. Würde diese Quelle nicht auch auf den *Minjan* passen, von dem wir soeben hörten, er bilde das Fundament jeder Stadt? Es ist aber vielleicht gar kein Zufall, dass die Weisen den *Minjan* nicht mit den zehn Gerechten aus der Genesis, sondern mit den zehn Spionen aus Numeri vergleichen. Der *Minjan* ist nämlich nicht nur ein himmelwärts blickender Betkreis, sondern auch eine sehr irdische Nachrichtenbörse. Man tauscht sich über das Befinden aus, informiert sich über das Ergehen der anderen und macht sich oft genug auch dessen schuldig, was die Bibel den Kundschaftern vorwirft, nämlich der üblen Nachrede (Num 13,32). Manchmal steigt der Geräuschpegel in der Synagoge so stark an, dass man den Vorbeter nicht mehr hören kann und der Synagogendiener alle lautstark zur Ruhe aufrufen muss. Klatsch und Palaver gehören zur jüdischen Gemeinde wie der Kult. Durch ihn wird der Zusammenhalt der Gemeinschaft gestärkt und werden Abweichungen angezeigt. Der französische Begründer der Soziologie, Emil Durkheim (1858-1917), der von Rabbinern abstammte und zunächst selber Rabbiner werden wollte, hat in seinem Werk über *Die Elementaren Formen des religiösen Lebens* (1912) gezeigt, dass die Intention eines religiösen Aktes nicht unbedingt mit seiner Motivation übereinstimmen muss.[203] Wir stellen uns vor, dass wir in die Synagoge gehen, um den Gottesdienst zu zelebrieren, doch in Wirklichkeit zelebrieren wir unsere Identität; wir stellen uns vor, wir wollen unser Herz vor Gott ausschütten, doch in Wirklichkeit schütten wir unser Herz, mehr als uns lieb sein kann, vor den andern Gemeindemitgliedern aus und erlauben ihnen so eine Kontrolle über uns. Die Erklärung von Durkheim ist natürlich einseitig, denn oft genug streiten in uns Intention und Motivation, religiöse und soziale Absicht des rituellen Aktes, doch es stimmt, dass der *Minjan* beides verbindet: Gemeinschaft mit Gott und Gemeinschaft mit den Menschen und er ist für den Einzelnen so ambivalent wie jede Gemeinschaft: Er bedeutet Solidarität <u>und</u> Kontrolle, Fürsorge <u>und</u> Beherrschung.

5. Band

Aus der Oberbekleidung frommer jüdischer Männer kann man vier Büschel herabhängen sehen, die so genannten *Schaufäden*

(*Zizit*). Sie bestehen aus einem längeren und drei kürzeren weißen Fäden, die durch Löcher an den vier Ecken eines kleinen Untergewandes (*Zizit Katan*) gezogen und nach einer genauen Vorschrift verknüpft werden – fünf Doppelknoten und dazwischen vier unterschiedlich breite Reihen von Umwindungen des langen um die kurzen Doppelfäden. Diese Quasten baumeln auch an den vier Zipfeln des Gebetsmantels (*Tallit*), eines viereckigen, schwarz- oder blau-weiß gestreiften Tuches aus Wolle, Baumwolle oder Seide, in das sich erwachsene jüdische Männer während des Morgengebets hüllen. Damit erfüllen sie das Gebot, das am Ende des vierten Abschnitts des Buches Numeri steht: »*Sie sollen*, heißt es, *sich an die Ecken ihrer Kleider Schaufäden (Zizit) machen, sie und ihre Nachkommen, und bei den Schaufäden (Zizit) an den Ecken eine purpurblaue Schnur anbringen. Sie sollen euch als Schaufäden (Zizit) dienen, damit ihr sie anseht und an alle Gebote des Ewigen denkt und sie haltet und nicht nach euerem Herzen und euren Augen späht (Taturu), denen ihr* (sonst) *hinterherhurt (Sonim). Damit ihr an alle Gebote denkt und sie haltet und eurem Gott heilig seid. Ich bin der Ewige, euer Gott, der euch aus dem Lande Ägypten geführt hat, um euer Gott zu sein*« (Num 15,38-41). Diese Schriftstelle ist zugleich der dritte Abschnitt des jüdischen Einheitsbekenntnisses: »*Sch'ma Jisrael, Höre Israel, der Herr, unser Gott, der Herr ist einzig*« (Dtn 6,4), das jeder Jude zweimal täglich am Morgen und am Abend zu lesen verpflichtet ist (*K'rijat Sch'ma*). Dabei nimmt er die vier Schaufäden zusammen und legt sie straff um den Zeigefinger der rechten Hand. Wenn er das Wort »*Schaufäden*«, *Zizit* ausspricht, sieht er sie an und berührt sie mit den Lippen.

Die Schaufäden sind also eines jener rituellen Erinnerungszeichen (*Ottijot*), mit denen das Gesetz den Juden seine 613 Ge- und Verbote dauernd vor Augen führt, damit sie nicht besinnungslos ihren Neigungen folgen und ihre höhere Bestimmung vergessen. Sie symbolisieren diese Verpflichtungen aber nicht nur im allgemeinen, so wie etwa ein Knoten im Taschentuch als Merkzeichen oder eine Fessel als Symbol religiöser Bindungen und Verbindlichkeiten dienen kann, sondern sie notieren sie ganz buchstäblich. Die hebräischen Buchstaben sind zugleich Zahlen, so dass sich der Wert von hebräischen Wörtern errechnen lässt. Der Wert des hebräischen Wortes für Schaufäden *Zizit,* ist 90+10+90+10+400 = 600 – zuzüglich der jeweils 5 Doppelknoten und acht Fäden, ergibt 613, das ist nach traditioneller Zählung die Summe aller Gebote der Schrift, so dass in jeder Quaste alle Gebote eingezeichnet sind (Raschi z. St.). Nach einer der traditionellen Knüpfweisen wird der lange Faden zwischen den Doppelknoten jeweils zehn-, fünf-, sechs- und fünfmal umgewickelt. Dies sind aber in Zahlen ausgedrückt die vier Buchstaben des unaussprechlichen Gottesnamens JHWH, den die Christen »Jehowah« oder »Jahwe« aussprechen. Demnach weisen die Schaufäden also verschlüsselt auch auf den göttlichen Gebieter aller Gebote hin. Nach der anderen Knüpfweise wird der lange Faden jeweils sieben-, acht-, elf- und dreizehn-, insgesamt also neununddreißigmal umgewickelt. Das ist die Quersumme der Buchstaben des Satzes, der »*Ewige* (ist) *einzig*« (JHWH Echad). Hier wird also die Arithmetik der Hauptaussage des Einheitsbekenntnisses abgebildet, die man bei der Betrachtung der Schaufäden spricht. Moses Mendelssohn hat in seinem Kommentar zur Stelle die Schaufäden mit der Knotenschrift der Inkas, den *Quipus,* verglichen.[204] Andere symbolistische Deutungen der Schaufäden setzen bei dem purpurblauen Faden an. Er stelle, nach einer Meinung, die im Talmud wiedergegeben wird, den blauen Himmel und den Thron Gottes (nach Ex 24,10 und Ez 1,26) dar (bMen 43b). Somit würde die seltene und teure himmelblaue Farbe die Anerkennung der göttlichen Herrschaft (*Ol Malchut Schamajim*) vergegenwärtigen, die nach dem Einheitsbekenntniss mit der Formel: »*Gepriesen sei der Name seines herrlichen Reiches auf immer und ewig*« ausgesprochen wird. Aber auch wenn der fromme Jude nicht immer die tiefere Bedeutung der Schaufäden durchschaut, so stellt er jedenfalls durch sie sein Judentum vor der Welt zur Schau. Das verpflichtet ihn und so erfüllen die Schaufäden auch ohne Entzifferung ihren Zweck.

Eine etwas andere Lesart der Schaufäden ergibt sich, wenn wir sie im biblischen Zusammenhang lesen. Der Text über die Schaufäden bildet den Abschluss des im vorigen Kapitel schon erwähnten Abschnitts des Buches Numeri über die Kundschafter, die Mose zur Erspähung des gelobten Landes ausgesandt hat (Num 13,1 – 15,41), und die Überleitung zur Prophetenlesung über die Kundschafter, die Josua zum gleichen Zweck losschickte (Jos 2). Diese beiden Erzählungen und das Gebot der Schaufäden sind leitmotivisch miteinander verknüpft. Das eine Leitmotiv, das den Anfang und das Ende unseres Wochenabschnitts verbindet, ist das Wort: »*spähen*«, »*Tur*«. Am Anfang des Wochenabschnitts hatte es geheißen: »*Und der Ewige sprach zu Mose: Entsende dir* (*Schelach-Lecha*) *Männer, die das Land Kanaan, das ich den Kindern Israel geben will, ausspähen sollen* (*WaJaturu*)« (Num 13,1) und am Ende des Wochenabschnitts heißt es zur Begründung der Schaufäden: »*damit ihr* (...) *nicht nach eurem Herzen und euren Augen späht* (*Taturu*)« (Num 15,41). Die jüdischen Schriftgelehrten haben aus dem Wortlaut des Sendungsbefehls am Anfang des Wochenabschnitts die Missbilligung des ganzen Unternehmens herausgehört (bSot 34b, Raschi z. St.). Nach dem rückblickenden Bericht, den Mose später gibt (Dtn 1,22-41), ging die Initiative zu dieser Spionageaktion gar nicht von Gott, sondern vom Volk aus und wurde von ihm, Mose, gutgeheißen (Dtn 1,22-23). Vor diesem Hintergrund wird klar, warum der Sendungsbefehl nicht »*Entsende!*«, sondern »*Entsende für dich!*« lautete. Aus der Sicht Gottes war die Furcht des Volkes vor den Einwohnern des Landes Ausdruck von Unglauben. Obwohl er das Volk durch die Wüste getragen hatte »*wie*«, so Mose in seinem Rückblick, »*ein Vater sein Kind*« (Dtn 1,31), hatte es immer noch »*kein Vertrauen zum Ewigen,* (seinem) *Gott, der,* wie es weiter heißt, (dem Volk) *auf dem Weg voranzog, um ihm einen Ort zur Lagerstätte zu erspähen*« (Dtn 1,32-33). Die Kundschafter, die zu den besten Männern des Volkes zählten (Num 13,3), hatten nicht bloß militärische Bedenken, sondern auch moralische Skrupel. Nachdem sie mit ihrem Bericht von der Überlegenheit der Bewohner des Landes das ganze Volk entmutigt hatten, fügten sie noch den unerhörten Satz hinzu: »*Wir kamen uns selbst wie Heuschrecken vor, und so kamen wir auch ihnen vor*« (13,33). Dass Eindringlinge in den Augen der Sesshaften wie Heuschrecken erscheinen, liegt nahe; dass die Flüchtlinge aber in ihren eigenen Augen auch als Heuschrecken erscheinen, ja sich als Heuschrecken fühlen, noch ehe sie von den Einheimischen als solche angesehen werden, ist doch verwunderlich. Waren diese edlen Seelen – der erste der Kundschafter hieß bezeichnenderweise *Schamua ben Sakur* (Num 13,4), was soviel heißt wie »*Hörender, Sohn des Gedenkenden*«[205] – vielleicht zu zart besaitet, um das gelobte Land zu erobern? Wagten es diese emanzipierten Sklaven, die von den Erinnerungen an ihre Knechtschaft niedergedrückt waren und noch nicht den aufrechten Gang gelernt hatten, vielleicht nicht, ihren Platz auf der Erde zu behaupten? Sie bereisen das Land nicht wie künftige Kolonisten, sondern wie ängstliche Touristen, die sich mit einigen Souvenirs des Landes begnügen (Num 13,23) – zwischen dem hebräischen Wort »*Tur*«, spähen und dem Wort »*Tour*«, »*Tourismus*« ist die Ähnlichkeit rein zufällig. Jedenfalls haben sie mit ihren Skrupeln das Volk so weit demoralisiert, dass es noch eine weitere Generation in der Wüste vegetieren musste (Num 14,23). Manche Ausleger beziehen nun die Schaufäden, deren ausgesprochener Zweck es nach der Bibel ist, dass wir »*nicht nach* (unseren) *Herzen und* (unseren) *Augen spähen* (*Taturu*)« (Num 15,41), auf das »*Spähen*« der furchtsamen Herzen und den ängstlichen Blick der Kundschafter (zit. bei Raschi zu Num 15,39). In diesem Fall bekäme das Gebot der Schaufäden aber einen ganz anderen Sinn als vorhin. Es ginge dann nicht darum, den Menschen von seinen Trieben abzulenken und zu skrupulösen Betrachtungen anzuregen, sondern ganz im Gegenteil darum, ihn aus unfruchtbaren Zweifeln zu erlösen und ihn im Vertrauen auf Gott und seine Mission zum Handeln zu bewegen. Die knotigen Schnüre an unserem Körper würden dann nicht die Zügel des Seelenwagens, sondern die Taue der Seelensegel versinnbildlichen. Die wünschenswerte Gesinnung drückt ein Vers aus dem »Kriegsrecht« im Buch Deuteronomium aus: »*Wenn du gegen deine Feinde in den Krieg ziehst und Rosse und Wagen siehst, ein Volk, das zahlreicher ist als du, so fürchte dich nicht vor ihnen, denn mit dir ist der Ewige, dein Gott, der dich aus dem Lande Ägypten geführt hat*« (Dtn 20,1).

Das andere Leitmotiv, das das Ende unseres Wochenabschnitts mit seinem Prophetenabschnitt verbindet, ist das Wort »*Hure*« (*Sona*) und der Leitfaden von unserem Gebot zur zweiten Geschichte ist – die Pupurschnur. Die vollständige Begründung des Gebotes der Schaufäden mit der Pupurschnur (*P'til T'chelet*) am Ende des Wochenabschnittes hatte nämlich wörtlich gelautet: »*damit ihr* (...) *nicht nach eurem Herzen und euren Augen späht* (*Taturu*), *denen ihr* (sonst) *hinterherhurt* (*Sonim*)« (Num 15,38-41). Damit ist im übertragenen Sinn gemeint, dass wir uns nicht von unseren Sinnen wie von einer Hure verführen lassen sollen.

Doch die Heldin der Geschichte des Prophetenabschnitts, die durch diesen Text eingeleitet wird, ist wirklich eine Hure (*Sona*). Josua hatte Späher geschickt, um die Lage im befestigten Jericho zu erkunden. Dort fanden sie Unterschlupf bei einer Hure, die in jener berühmten Stadtmauer wohnte (Jos 2,15), hinter der sich die Bürger mit ihrem sprichwörtlichen Wohlstand (Dtn 34,3) verschanzt hielten (Jos 6,1). Diese Außenseiterin, die buchstäblich am Rande der Gesellschaft lebte und im Gegensatz zu den engherzigen Stadtbürgern programmatisch »*Rachaw*«, die »*Weiträumige*«, hieß, fraternisierte mit den entlaufenen Sklaven und verriet ihnen, wie schlecht die Moral der Verteidiger war (Jos 2,9-11); sie öffnete gleichsam »*weiträumig*« jene Festung, die den Kundschaftern des Mose noch unüberwindbar geschienen hatte. Als Gegenleistung versprachen die Kundschafter Josuas, sie und ihre Familie zu verschonen, und verabredeten als Zeichen, dass sie ihre Wohnung – ausgerechnet – durch eine rote Purpurschnur (*Chut HaSchani*) kenntlich machen sollte. Es entspricht rabbinischen Auslegungsprinzipien zu fragen, welches Licht diese Geschichte auf das Symbol der Schaufäden, mit dem sie nach der traditionellen Gottesdienstordnung verknüpft ist, zurückwirft. Die Schaufäden sollten die Israeliten daran erinnern, »*nicht nach* (ihrem) *Herzen und* (ihren) *Augen* (zu) *spähen* (*Taturu*), *denen* (sie sonst) *hinterherhur*(en) (*Sonim*)«. In der Geschichte vertrauen sich die israelitischen Kundschafter aber ausdrücklich einer Hure (*Sona*) an und machen die Pupurschnur obendrein zu deren Erkennungszeichen. Diese augenzwinkernden Anspielungen eröffnen interessante Deutungsmöglichkeiten. Jedenfalls sind die rituellen Quasten kein *cordon sanitaire*, kein Polizeiband vor einem Sperrbezirk und keine Strickleiter zum Himmel, sondern ein grenzüberschreitendes Band der Solidarität zwischen ausgegrenzten und ausgebeuteten Menschen – eine, wie der Gebotstext ausdrücklich sagt, Erinnerung an den Sklavenbefreier (Num 15,41).

6. Verführer

Im fünften Abschnitt des Buches Numeri, *WaJikach Korach*, *Und es nahm Korach* (Num 16 bis 18) wird erzählt, wie Korach sich mit anderen Aristokraten verschwor und das Volk gegen Mose und

Aaron aufwiegelte (Num 16,1ff.): »[16,1]*Und es nahm,* heißt es in den ersten Versen des Abschnitts, *Korach Sohn Jizhars, Sohn Kehats, Sohn Lewis, Datan und Awiram, die Söhne Eliaws, und On, Sohn Pelets, die Nachkommen Ruwens –* [2]*sie erhoben sich gegen Mose, sie und zweihundertfünfzig Männer von den Kindern Israels, Fürsten der Gemeinde, von der Versammlung berufene, namhafte Männer.* [3]*Sie versammelten sich gegen Mose und Aaron und sprachen zu ihnen: Ihr nehmt euch zu viel heraus, alle in der Gemeinde sind heilig (Kedoschim), und in ihrer Mitte ist der Ewige; warum erhebt ihr euch über die Gemeinde des Ewigen.*« Luther bezeichnet die »*Gemeinde*« (*Eda*) Korachs als »*Rotte Korachs*«. Dieses Wort weckt die Assoziation eines wilden Haufens. Die Schrift unterstreicht aber die edle Herkunft der Anführer und die hohe Stellung ihrer Anhänger. Obwohl das Argument: »*alle in der Gemeinde sind heilig (Kedoschim), und in ihrer Mitte ist der Ewige*« demokratisch klingt, handelt es sich in Wirklichkeit um einen aristokratischen Aufstand. Mose entlarvt in seiner Gegenrede die eigentlichen Motive der Rebellen. Korach, der aus der gleichen Familie wie er und Aaron stammt (Num 3,19), erhebt Anspruch auf die Priesterschaft (Num 16,10) und Datan und Awiram, die vom erstgeborenen Sohn Jakobs abstammen, auf die Herrschaft (Num 16,14). Aus Machthunger werfen sie Mose und Aaron Machtmissbrauch vor. Dazu verwenden sie das demagogische Argument, dass ja die Israeliten insgesamt ein Volk von Priestern (*Mamlechet Kohanim* Ex 19,6) und gleich heilig seien. Das Gebot der Schaufäden, das unmittelbar davor behandelt wurde, gibt diesem Argument Nahrung. Wurde hier nicht allen Israeliten geboten: »[15,38]*Sie sollen sich an die Ecken ihrer Kleider Schaufäden machen,* (...) *und* (...) *eine purpurblaue Schnur anbringen.* [39](...) *dass ihr* (...) [40]*heilig seid* (*Wihjitem Kedoschim*)«? Das verführt leicht zum Fehlschluss, dass jeder Israelit, der seine Fäden zur Schau trägt und sich in einen kostbaren Gebetsmantel (*Tallit*) hüllt, schon heilig sei. Der jerusalemische Talmud weiß dazu eine bezeichnende Geschichte über Korach zu erzählen. Korach, dessen Reichtum sprichwörtlich war, ließ seinen ganzen Gebetsmantel in teurem Purpur färben und fragte dann Mose ironisch, ob er nach dem Gesetz noch verpflichtet sei, die purpurblaue Schnur anzubringen. Ein israelitischer Krösus im pur-

purnen Herrschermantel oder Kardinalsgewand hat es doch nicht nötig, heißt das sinngemäß, sich noch an solche kleinlichen Bestimmungen zu halten. Mose belehrt ihn, dass alle Israeliten vor dem Gesetz gleich seien, und zeigt, wer hier der wahre Demokrat ist. Doch Korach gibt nicht nach und zieht das oben behandelte Gesetz über die Aussätzigen heran. Heißt es da nicht, dass ein weißer Fleck, der sich auf der Haut ausbreitet, ein Symptom des Aussatzes ist und unrein macht, wenn sich dieser Fleck aber auf dem ganzen Körper ausbreite, dann handele es sich nicht um Aussatz und der Betroffene muss für rein erklärt werden (Lev 13,13; mNeg 8,1-4)? Analog dazu, so argumentiert Korach, müsste nun der ganz in Purpur gehüllte Beter reiner und heiliger sein als der gewöhnliche Beter mit seiner vereinzelten purpurblauen Schnur. Als Mose diesen Analogieschluss nicht gelten lässt, schreit Korach: »*Die Tora ist nicht vom Himmel, Mose ist kein Prophet, und Aaron ist kein Hohepriester*« (jSan 27d-28a). Er will es einfach nicht wahrhaben, dass die Heiligkeit keine Frage der Haut- oder Kleiderfarbe, keine Frage des Besitzes oder der Herkunft ist. Wer glaubt, Heiligkeit geerbt zu haben, hat sich damit schon disqualifiziert. Im Grunde genommen beruht die Sünde von Korach auf einem logischen Fehlschluss vom Sollen auf das Sein, vom *heilig-sein-sollen* (*Wihjitem Kedoschim*) auf das *heilig-sein*, von dem schon weiter oben die Rede war. Der Fehler Korachs, dem gerade die wichtigen Leute seiner Zeit zum Opfer fielen, ist religiös sehr naheliegend. Zu allen Zeiten ist die Erwählung des Gottesvolkes als Dünkel eines Herrenvolkes missverstanden worden – von Heiden und auch von einigen Juden. So schreibt der mittelalterliche jüdische Apologet Jehuda HaLevi in seiner Verteidigung der verachteten Religion: »*Jakobs Söhne waren alle (...) abgesondert von den Menschen durch besondere göttliche Tätigkeiten, vermöge deren sie gleichsam eine besondere Gattung, ein gleichsam engelhaftes Geschlecht bildeten*« (Sefer HaKusari I,103). Ebenso entspricht die kabbalistische Lehre von der besonderen göttlichen Seele der Juden (*Nefesch HaElohit*), die in den Schriften der Chassidim von Lubawitsch (Schneur Salman, Tanja, Tl. I, 5f. u. 10f.) oder in der Propaganda der religiösen Zionisten im Schülerkreis von Raw Kook herumgeistert, wie z. B. Jeschajahu Leibowitz kritisierte, der Sünde Korachs.

Wie ging nun der Demagoge Korach bei der Verführung des Volkes vor? Darüber gibt es aus viel späterer Zeit einen Midrasch, in dem bereits alle späteren Anklagen des Priesterbetrugs vorweggenommen werden: »*Er versammelte wider Mose und Aaron die ganze Gemeinde, wie es heißt: ‚Und Korach versammelte wider sie die ganze Gemeinde‘* (Num 16,19). *Er fing an, sich vor ihnen in Spottreden zu ergehen, und sprach: Es war eine Witwe in meiner Nachbarschaft, die zwei Waisenmädchen und ein Feld hatte. Als sie pflügen wollte, sprach Mose zu ihr: ‚Du darfst nicht mit einem Ochsen und Esel zugleich pflügen‘* (Dtn 22,10), *als sie säen wollte, sprach er zu ihr: ‚Du darfst dein Feld nicht mit gemischten Saaten besäen‘* (Lev 19,19), *als sie ernten und Garben aufschütteln wollte, sprach er zu ihr: ‚Lasse die Nachlese, die vergessene Garbe und das Eckstück stehen‘* (Lev 19,9), *als sie dreschen wollte, sprach er zu ihr: ‚Gib mir die Hebe, den ersten und den zweiten Zehnten‘. Sie nahm den Urteilsspruch an und gab es ihm. Was tat daraufhin die Arme? Sie verkaufte das Feld und kaufte sich zwei Schafe, damit sie sich von ihrer Schur bekleide und von ihren Jungen einen Genuss habe. Sowie dieselben geboren wurden, kam Aaron und sprach zu ihr: ‚Gib mir die Erstgeburt, denn Gott hat zu mir gesagt: ‚Alles Erstgeborene, das geboren wird unter deinem Rindvieh und deinen Schafen – das Männliche, sollst du heiligen dem Ewigen, deinem Gott‘* (Dtn 15,19). *Sie nahm auf sich den Urteilsspruch und gab ihm die Jungen. Als die Zeit der Schur nahte und sie dieselben schor, kam Aaron (wieder) und sprach zu ihr: ‚Gib mir das Erste der Schur‘. Da dachte sie: Ich habe nicht die Kraft, diesem Manne zu widerstehen, ich werde sie schlachten und essen. Als sie dieselben schlachtete, kam Aaron abermals und sprach zu ihr: ‚Gib mir den Bug, die Kinnbacken und den Magen‘. Sie sprach: ‚Selbst nachdem ich sie geschlachtet habe, bin ich vor dir nicht sicher, siehe, sie sollen ein (unberührbarer) Bann sein‘. Da sprach er zu ihr: ‚Wenn sie Bann sind, so gehören sie mir ganz, wie es heißt: <Aller Bann in Israel soll dir gehören>* (Num 18,14)*‘. Er nahm sie und ging davon und ließ sie weinend mit ihren zwei Töchtern zurück. Ist es schicklich, eine Bedrückte so zu behandeln? Sie alle tun es und hängen es an Gott*« (Midrasch Schocher Tow zu Ps 1,1, Nr. 15). Natürlich ließ sich Mose von den Demagogen nicht täuschen und entlarvt ihren Willen zur Macht. Er sprach zu Korach: »*Höret doch, ihr Söhne Levis!*

Ist es euch zu wenig, dass der Gott Israels euch von der Gemeinde Israels geschieden hat, so dass ihr zu ihm hintreten dürft, um für die Wohnung des Ewigen die Diener zu sein und vor der Gemeinde zu stehen, um für sie Dienst zu verrichten. Dass er dich und alle deine Brüder, die Söhne Levis hat herantreten lassen – und ihr verlangt noch das Priesteramt!? Du und dein ganzer Anhang, ihr rottet euch also wider den Ewigen zusammen; denn was ist Aaron, dass ihr wider ihn murrt? (Num 16,9-11). Der Führer versucht dem Verführer klar zu machen, dass die Würde des Amtes eine Bürde ist und keine zusätzliche Pfründe.

Die Bibel enthält zwar die wortgewaltigen Botschaften der Propheten, die Propheten sind aber keine populistischen Demagogen. Man siehe nur, wie sich der größte der biblischen Propheten, Mose, am brennenden Dornbusch vorstellt, als Gott ihm den Auftrag erteilt, das Volk Israel aus Ägypten herauszuführen: »[Ex 4,10]*Ach, Herr, ich bin kein Mann der Rede* (*Isch D'warim*), *weder seit gestern noch seit vorgestern, noch seit du mit deinem Knechte redest; denn ich habe einen schweren Mund und eine schwere Zunge* (*Chwad Pe Uchwad Laschon Anochi*)! [11]*Da sprach der Ewige zu ihm: Wer hat dem Menschen einen Mund geschaffen, oder wer macht stumm oder taub, sehend oder blind? Bin ich es nicht, der Ewige?* [12]*So gehe denn hin, ich werde mit deinem Munde sein und dich lehren, was du reden sollst.* [13]*Da sprach er: Ach, Herr, sende doch, wen du nur senden willst!* [14]*Da entbrannte der Zorn des Ewigen über Mose und er sprach: Ist nicht Aaron dein Bruder, der Levite da? Ich weiß, dass er reden kann; siehe, er kommt dir auch entgegen, und wenn er dich sehen wird, so wird er sich herzlich freuen.* [15]*Rede mit ihm und lege ihm die Worte in den Mund, und ich will mit deinem und mit seinem Munde sein und euch lehren, was ihr tun sollt.* [16]*Er soll für dich zum Volke reden, so dass er dir zum Munde dienen soll und du ihm wie ein Gott sein wirst.*« Der Redner, dessen letzte Ansprache das ganze Buch Deuteronomium, eben das Buch *D'warim*, *Reden* füllt, schätzt sich selber nicht als »*Mann der Rede*«, *Isch D'warim* ein. Er spürt nicht nur einen Mangel an rhetorischer Begabung, sondern hat außerdem auch noch einen schweren Sprachfehler. Der mittelalterliche Bibelerklärer Raschi übersetzt den biblischen Ausdruck »*schwerer Mund*«, mit dem altfranzösischen Ausdruck: »*balbu*« (neufranzösisch: »*balbutier*«), »*stottern*«. Der gewaltigste Fürsprecher der Sklaven und Armen, der Witwen und Waisen, der Fremden und Sünder (Ex 22,21-23; Dtn 24,14-18 u. ö.), kurz aller Rechtlosen und Gebrochenen wäre ausgerechnet ein Stotterer gewesen! Auch die übrigen großen Propheten verstehen sich nicht als Redner. Jeremia versucht sich fast mit den gleichen Worten wie Mose – sie werden im spanisch-jüdischen Ritus auch unmittelbar nach dessen Widerrede in der Synagoge vorgelesen – herauszureden: »[1,6]*Ach, Herr, mein Gott, siehe ich verstehe nicht zu reden* (*Lo-Jadati Daber*), *denn ich bin noch ein Jüngling!* (...). [1,9]*Der Ewige streckte seine Hand aus und berührte meinen Mund; darauf sprach der Ewige zu mir: Nun habe ich meine Worte in deinen Mund gelegt!*«. Das Sprechorgan des Propheten Jesaja wird regelrecht gebrandmarkt: »[6,5]*Wehe mir!, sagt er zu Gott,* (...) *ein Mann unreiner Lippen bin ich, und unter einem Volke unreiner Lippen verweile ich* (...), [6]*Und es flog der Feuerengel, und in seiner Hand war ein glühender Stein* (...). [7]*Und er ließ berühren meinen Mund und sprach: Siehe, dies berührt deine Lippen, so weicht deine Schuld und deine Sünde ist gesühnt.*« So ist wenigstens sichergestellt, dass die Propheten ihre Wirkung nicht ihrer rednerischen Begabung zuschreiben, sondern getreue Lautsprecher Gottes bleiben. Mit ihren unbequemen Botschaften konnten sie sich zu ihrer Zeit ohnehin kein Gehör verschaffen. Jeremia, den man endgültig zum Schweigen bringen wollte, sagt: »[20,7]*Herr, du hast mich überredet, und ich habe mich überreden lassen* (...), *aber ich bin darüber zum Spott geworden täglich, und jedermann verlacht mich.*« Das Volk hört lieber auf die falschen Heilspropheten. Ezechiel nennt sie die »*Tüncher*«, weil sie die brüchige Mauer mit einem schönen Anstrich übertünchen wollen (Ez 13,12).

Mose hatte wegen seines Sprachfehlers zunächst die Mission des Volksführers abgelehnt: »*weder seit gestern*, sagt er, *noch seit vorgestern, noch seit du mit deinem Knechte redest*« (Ex 4,10), sei er ein Mann der Rede gewesen. Raschi rechnet aus, dass Mose folglich eine ganze Woche lang mit Gott gehadert habe und erst nachgab, als dieser ihm Aaron als Sprachrohr zugesellte. Damit entstand jener Gegensatz zwischen dem Volksführer und dem Volksredner, zwischen dem Idealisten und dem Propagandisten, der in der Bibel nur anklingt und den Arnold Schönberg in seiner Oper *Mose und*

Aaron so großartig herausgearbeitet hat. Die oben geschilderte biblische Szene gibt Schönberg folgendermaßen wieder: »(Mose): *Meine Zunge ist ungelenk:/ ich kann denken,/ aber nicht reden.* (Gottes Stimme aus dem Dornbusch): (...) *Aaron will ich erleuchten,/ er soll dein Mund sein!/ Aus ihm soll deine Stimme sprechen,/ wie aus dir die meine!*« (I,1). In Wirklichkeit ist Aaron bei Schönberg aber nicht das Echo seines Bruders, sondern beide reden von Anfang an aneinander vorbei. Wo Mose sagt: »*Kein Bild kann dir ein Bild geben vom Unvorstellbaren*«, sekundiert ihm Aaron mit: »*Nie wird Liebe ermüden, sich's vorzubilden*« (I,2). Als dieses dauernde Missverständnis zwischen den Brüdern schließlich zum Rückfall in den Bilder- und Götzendienst des goldenen Kalbes führt, sinkt Mose verzweifelt zu Boden und klagt: »*O Wort, du Wort, das mir fehlt!*« (II,5). Dem Aaron, der sich mit dem Hinweis auf die ihm zugewiesene Rolle verteidigt: »*In Bildern sollt ich reden,/ wo du in Begriffen;/ zum Herzen, wo du zum Hirn sprichst*«, hält Mose vor, dass er selber Opfer seiner Propaganda geworden sei: »*Du, dem das Wort mit dem Bild davonläuft, du weilst selbst, lebst selbst in Bildern, die du vorgibst fürs Volk zu erzeugen*« (III,1). Gewiss, Schönberg überzeichnet das biblische Verhältnis und macht daraus die holzschnittartige Antithese des Philosophen und des Demagogen, des Philosophengottes und des Vätergottes, des allegorischen und des buchstäblichen Schriftsinns. Der Gegensatz von Mose zu den Demagogen kommt auch in der Bibel vor, jedoch in einer etwas anderen Besetzung und mit einem etwas anderen Sinn. Hier ist Korach der demagogische Gegenspieler des Mose.

7. Führer

Im dritten Abschnitt des Buches Numeri hatte es über den Propheten geheißen: »*Mose aber war ein sehr demütiger Mann* (*Anaw Me'od*), *mehr als irgendein Mensch auf der Erde*« (Num 12,3). Die biblischen Propheten und die jüdischen Weisen haben dieses Vorbild verallgemeinert und die Demut zu einer Kardinaltugend der Gläubigen erhoben. Der Prophet Micha sagt: »(Der Ewige) *hat dir kund getan, o Mensch, was gut ist* (...) *Recht tun, Gnade üben und demütig wandeln* (*HaZnea Lechet*) *vor deinem Gott*« (6,8). Rabbi

Levitas aus Jawne überbietet die biblische Beschreibung des Mose noch: »*Sei,* sagt er, *sehr, sehr demütig*« (mAwot, 4,4). Die Demut steht nach Karl Marx, Friedrich Nietzsche und Sigmund Freud bei uns freilich nicht mehr sehr hoch im Kurs. Ist sie nicht Passivität der Unterdrückten? Ohnmacht der Verlierer? Schuldgefühl der Neurotiker? Widerspricht sie nicht sämtlichen Charakterzügen des modernen Menschen, der auf seine Fähigkeiten, Leistungen und Errungenschaften stolz ist. Nietzsche notiert: »*Die Wurzel alles Üblen: dass die sklavische Moral der Demut* (...) *gesiegt hat – die herrschenden Naturen wurden dadurch 1. zur Heuchelei, 2. zur Gewissensqual verurteilt, – die schaffenden Naturen fühlten sich als Aufrührer gegen Gott, unsicher und gehemmt gegen die ewigen Werte*«.[206] Das Lob der Demut dient, nach Nietzsche, in Wirklichkeit zur Stärkung der Schwachen und zur Schwächung der Starken.[207] Er hatte wohl nicht ganz Unrecht mit der Behauptung, die Tugend der Demut sei eine jüdisch-christliche Erfindung. Die griechische Moral der Antike entsprang einer aristokratischen Gesinnung und verfolgte das Ideal des edlen »*Großmuts*«, der »*Megalopsychía*«. Aus dieser Sicht war Demut »*Kleinmut*«, »*Mikropsychía*«. »*Ein Mann aber*, sagt Aristoteles, *dessen Würdigkeit gering ist und der sich auch so einschätzt, ist zwar bescheiden, aber nicht großmütig. Denn großes Format gehört zum Großmut, genauso wie Schönheit nur an einem hochgewachsenen Körper sichtbar wird – kleine Leute können nett und in den Proportionen gleichmäßig sein, aber schön sind sie nicht*« (Nikomachische Ethik IV, 7, 1123b). Der »*Großmütige*« (*megalópsychos*) hält nach Aristoteles die Mitte zwischen dem Überheblichen, der sich selbst überschätzt, und dem Demütigen, der sich selbst unterschätzt (ebd.). Eine ähnliche Einschätzung der Demut finden wir später – nach der Renaissance der antiken Philosophie – im neuzeitlichen Europa. Der Jesuitenschüler René Descartes setzt das Gefühl der Großzügigkeit (*générosité, manganimité*) der, wie er sagt, »*perversen Demut*« entgegen (Les Passions de Âme, Art. 156 u. 159). Sein jüdischer Schüler Baruch Spinoza (1632-1677) definiert die Demut (*humilitas*) als einen traurigen Affekt, der sich aus der Betrachtung der eigenen Ohnmacht ergibt (Ethica III, Def. 26), und stellt den Lehrsatz auf, dass die Demut keine vernünftige Tugend ist (Ethica IV, Prop. 53), wenn sie auch unter sozialen Gesichtspunkten dem

Affekt des Hochmuts vorzuziehen sei (Ethica IV, Prop. 54, Scholium). Dieser Geringschätzung der Demut in der alten und neuzeitlichen Welt widerspricht ihre jüdische und christliche Hochschätzung in der mittelalterlichen Welt. Der jüdische Philosoph Moses Maimonides, der sonst immer der aristotelischen Ethik des »*Mittelmaßes*« (*Mida Beinonit*) folgt (Mischne Tora, Hilchot Deot I, 4), dekretiert jedoch in Bezug auf die Demut: »*es gibt Neigungen, bei denen es nicht erlaubt ist, die Mitte zu behaupten, sondern das Streben von einem Extrem zum andern erforderlich ist, dazu gehört der Hochmut* (*Gowah-Lew*): *Der Mensch, der nur demütig* (*Anaw*) *ist, befindet sich nicht auf dem richtigen Weg, sondern er soll ganz niedergeschlagenen und niedergedrückten Geistes sein. Darum heißt es bei unserem Lehrer Mose: ‚sehr demütig‘, und nicht nur ‚demütig‘. Und deshalb gebieten die Weisen: ‚Sei sehr, sehr demütig‘*«. Im Gegensatz zu allen anderen Eigenschaften der Seele kennt die Demut nach Maimonides also kein Maß und keine Grenze (ebd. V,3). Dabei ist die Hochschätzung der Demut bei Maimonides und den jüdischen Weisen des Talmuds, die er gewöhnlich bloß referiert, nicht etwa Ausdruck irgendeiner morbiden seelischen Disposition, sondern genau die Kehrseite der Verurteilung des Hochmuts. Die Weisen scheuen keinen Vergleich, um den Hochmut zu geißeln: »*Wenn einem Menschen Hochmut innewohnt*, sagt einer, *so ist es ebenso, als würde er Götzendienst treiben* (*Kol Adam ScheJesch Bo Gassut Ruach – KeIlu Owed Awoda Sara*) (...). *Es ist ebenso*, sagt ein anderer, *als würde er den Grund der Religion leugnen* (*ScheKol HaMagbiah Libo – Kafar BaIkkar*) (...). *Es ist ebenso*, sagt ein dritter, *als würde er jede Form von Unzucht* (*Arajot*) *begangen haben* (...)« (bSot 4b). Kurz, der Hochmut ist das schlimmste Laster, das sich die Rabbinen vorstellen konnten. Kein Wunder, dass die Rabbinen und Maimonides auch die härteste Bestrafung des Hochmütigen fordern: „*verbannt soll werden, wer auch nur im Geringsten hochmütig ist*« (*BeSchamta Man De'it Bej Gassut HaRuach, WaAfilu Mikzatam*)« (ebd., V,3). Die Rabbinen belegen ihre Gleichsetzung der Laster mit Vergleichen von Versen, in denen diese erwähnt werden, doch sie geben keinen tieferen Grund für die Vergleichbarkeit dieser Sünden an. Warum gilt ihnen Hochmut als Abgötterei, als Unglaube – ja als Unzucht? Eine weitere Schriftauslegung aus dem gleichen Zusammenhang hilft bei der Beantwortung dieser Frage. Ein Rabbi sagte: »*Wenn einem Menschen Hochmut innewohnt, so spricht der Heilige, gepriesen sei er: ,Ich und er können nicht zusammen auf der Welt wohnen' (Ein Ani WeHu Jecholin LaDur BaOlam). Es heißt nämlich:* (...) *,wer stolzen Blickes und aufgeblasenen Sinnes ist, den mag ich nicht'* (Ps 101,5), *und man lese nicht: ,den (Oto) mag ich nicht', sondern, ,mit dem (Ito) mag ich nicht'*« (bSota 5a). Der Hochmütige duldet niemand anderen neben sich – er ist sich selber ein Gott und betet sich selber an. Er leugnet daher faktisch die Existenz Gottes und macht sich selber zum ausschließlichen Gegenstand der Verehrung; ferner liebt er keinen anderen Menschen außer sich selbst und macht sich damit einer sozusagen autoerotischen Form der Unzucht schuldig. Hochmut ist Selbstvergottung und kann daher nicht mit dem Monotheismus zusammen bestehen. Von daher wird erst verständlich, warum die Moraltheologie so ein großes Aufheben von der Demut macht. Es handelt sich nicht nur um eine Tugend unter anderen, sondern um die Grundbefindlichkeit des religiösen Menschen, der weiß, dass es einen verehrungswürdigen Gott über ihm und liebenswürdige Menschen außer ihm gibt. Diese moralische Eigenschaft vermittelt ihm erst die religiöse Sicht der Dinge, die er mit den Sinnen und dem Verstand allein nicht entdecken könnte.

Nun ist allerdings die Heftigkeit, mit der das Laster des Hochmuts in der religiösen Literatur verfolgt wird, auch verdächtig. Offenbar befinden sich gerade religiöse Menschen in der Gefahr, ihm zu verfallen. Nicht nur weil sie sich für Lieblinge des Allmächtigen halten und sich durch ihre Werke bei ihm weiter beliebt machen wollen, allein schon der Wunsch, »*mehr als irgendein Mensch auf der Erde*« (Num 12,3) demütig zu sein, ist womöglich versteckter Hochmut. Im mittelalterlichen Buch der Frommen (*Sefer Chassidim*) wird ein bezeichnender Fall behandelt. Zwei Fromme, die sich in Demut übertreffen wollen, möchten durch eine Tür gehen, wer gibt wem den Vortritt? Gewöhnlich geht es darum, wer den Vortritt hat, bei den Frommen dreht sich der Ehrenhändel aber darum, wer den Vortritt lässt. Der Frömmere sagt natürlich: »*Nach Ihnen – bitteschön!*« Was nun, wenn er auf einen der Frommen trifft, die durch Demut glänzen wollen (*Mitkabdim BeAnawa*)? Dann muss er nach der Empfehlung des *Buchs der Frommen* die Einladung, zuerst durch die Tür zu gehen, annehmen, auch wenn jene dann vielleicht sagen werden: »*Wie frech ist doch dieser, welcher vor uns einherschreitet, obwohl wir größer sind als er! wie hochmütig ist er!*« (Edition Bologna, Nr. 15). Es zeugt nämlich von einem höheren Maß an Demut, wenn der Fromme den Schein des Hochmuts auf sich nimmt, um den anderen den Schein der Demut zu lassen; er weiß, dass sie sich für ihren versteckten Hochmut vor dem Höchsten verantworten müssen. Und dieser Höchste ist mit den Gedemütigten, also den Opfern der Hochmütigen. In unserer talmudischen Stelle wird folgende Belehrung überliefert: »*Komm und sieh, wie verschieden die Handlungsweise Gottes von der Handlungsweise eines Menschen aus Fleisch und Blut ist. Die Handlungsweise eines Menschen aus Fleisch und Blut ist, dass der Hohe den Hohen beachtet, nicht aber beachtet der Hohe den Niedrigen, anders ist aber die Handlungsweise Gottes, er ist hoch und beachtet den Niedrigen, denn es heißt* im Psalm (138,6): ‚*Denn erhaben ist der Herr und sieht auf den Niedrigen*' (bSot 5a)«. Ja, die Weisen haben daraus eine allgemeine Regel gemacht und sie in die Gebetsordnung für den Schabbat-Ausgang aufgenommen: »*Überall, wo du die Größe des Heiligen, gelobt sei er, findest, dort findest du auch seine Selbsterniedrigung (BeChol Makom SchaAta Moze Gedulato Schel HaKadosch Baruch Hu Scham Ata Moze Anawtanuto). In der Tora steht geschrieben:* ‚*Denn der Ewige, euer Gott, er ist der Gott aller Mächte, der Herr über alle Herren, der große, starke und furchtbare Gott, der nicht bevorzugt und keine Bestechung annimmt*' (Dtn 10,17). *Darauf heißt es:* ‚*Er verschaffte Recht der Waisen und der Witwe und liebt den Fremden, ihm Brot und Gewand zu geben*' (ebd. 10,18). *Ebenso heißt es bei den Propheten:* ‚*So spricht der Hohe und Erhabene, Ewigthronender und Heiliger ist sein Name, in der Höhe und in der Heiligkeit wohne ich* (...)' *und ferner*: ‚ (...) *bei den Bedrückten (Daka) und Demütigen (Schfal Ruach), aufzurichten den Geist der Erniedrigten und das Herz der Unterdrückten* (...)' (Jes 57,15) usw.« Nachahmung Gottes verlangt v. a. Demut und Mitgefühl mit den Gedemütigten und göttliche Führung verlangt größtmögliche Zurückhaltung der menschlichen Führer. Obwohl Mose das Volk aus der Sklaverei erlöst und durch die Wüste geführt hat, ist er doch nicht der unfehlbare Führer und Erlöser, sondern eher ein verzweifelter Fürsprecher des Volkes bei Gott und ein zorniger Fürsprecher Gottes beim Volk. Im Buch Numeri fand sich auch eine Quelle für den zukünftigen Führer und Erlöser, den König Messias.

8. Erlöser

Man hat das jüdische Volk als das *»messianische Gewissen der Welt«* bezeichnet,[208] weil es keinen der bisherigen Heilande anerkennt und immer noch auf die wahre Erlösung wartet. Dabei sind gerade Juden immer wieder auf falsche Messiasse hereingefallen, die sich auf biblische Prophezeiungen stützten. Eine der wichtigsten dieser Prophezeiungen ist eine Verheißung des nichtisraelitischen Sehers Bileam, im siebten Abschnitt des Buches Numeri. Balak, der König von Moab, nach dem der Abschnitt benannt ist, hat den Seher bestellt, um die aus der Wüste anstürmenden Stämme Israels zu verdammen (Num 22,1ff.) – doch der Seher weissagte wider Willen gegen seinen Auftraggeber: »24,14(...) *ich will dir voraussagen*, sprach er, *was dies Volk deinem Volk am Ende der Tage* (*Acharit HaJamim*) *tun wird* (...). 17*Ich seh' ihn, doch nicht schon jetzt; ich erblick' ihn, doch noch nicht nahe. Es geht auf ein Stern aus Jakob und es erhebt sich ein Zepter aus Israel. Der zerschmettert Mo'aws Grenzen* (...). 18*Edom wird er einnehmen* (...). 19*Israel aber wird triumphieren*«. Die antiken Bibelübersetzungen haben die gebundene Bildersprache des Bileam-Spruchs: *»Es geht auf ein Stern aus Jakob* (*Darach Kochaw MiJaakow*) *und es erhebt sich ein Zepter aus Israel* (*WeKam Schewet MiJisrael*)« aufgelöst und die Physiognomie des angekündigten Helden mit prosaischen Ausdrücken erläutert: Die griechische Übersetzung gibt »*Zepter*« mit »*Mensch*« (*anthropos,* Septuaginta), die aramäische Übersetzung »*Stern*« mit »*König*« und »*Zepter*« mit »*Messias*« (Targum Onkelos, Pseudo-Jonathan), ja sogar mit »*Erlöser und Herrscher*« (Fragmententargum) wieder. Da aber der Begriff »*Messias*« (hebr.: *HaMaschiach*, gr.: *ho Christós*) ursprünglich nur: »*der Gesalbte*« bedeutet und etwa dem deutschen Ausdruck: »*gekröntes Haupt*« entspricht (1 Sam 10,1 u.ö.), muss damit noch nicht zwangsläufig der endzeitliche Messias, der Erlöser des Volkes Israel und der ganzen Menschheit gemeint sein. Die klassischen jüdischen Bibelausleger Raschi und Abraham ibn Esra haben deshalb auch die Ausdrücke: »*Stern*« und »*Zepter*« des Bileam-Spruchs auf den historischen König David bezogen, der in der Tat Moaw besiegte (2 Sam 8,2) und das Land Edom eroberte (2 Sam 8,14) – und keineswegs auf den erwarteten endzeitlichen Messias aus dem Stamme Davids. In der griechischen und römischen Zeit war der Jakobsstern ein allgemeines Herrscheremblem der jüdischen Könige und ziert z. B. eine Münze des Herodes aus dem Jahr 37 v.. Im Matthäus-Evangelium aber hat der Stern, unter dem Jesus geboren wurde, eine messianische Bewandtnis und ist gegen Herodes gerichtet. Der Evangelist erzählt: »[2,1]*Da Jesus geboren war zu Betlehem im jüdischen Lande, zur Zeit des Königs Herodes, siehe da kamen die Weisen vom Morgenlande nach Jerusalem und sprachen:* [2]*Wo ist der neugeborene König der Juden? Wir haben seinen Stern gesehen im Morgenland und sind gekommen ihn anzubeten.* [3]*Da das der König Herodes hörte, erschrak er* (...). [7] (Er) *berief insgeheim die Weisen und erfuhr von ihnen, wann der Stern erschienen wäre* (...). [9](...) *Und siehe, der Stern, den sie im Morgenland gesehen hatten, ging vor ihnen hin, bis dass er kam und stand oben über, wo das Kindlein war.* [10]*Da sie den Stern sahen, wurden sie hoch erfreut*«. Die panische Reaktion des Herodes, der, nach dem Evangelisten, schließlich alle Kinder Betlehems niedermetzeln ließ (2,16), ist nur nachvollziehbar, wenn er den Aufgang des Sterns Jesu als messianisches Zeichen und als Untergang seines Glückssterns gedeutet hat. Was der orientalische Gewaltherrscher immer gedacht oder getan haben mag, sicher ist nur, dass der Evangelist Jesus für den verkündeten Messias hielt und dass er das mit der wörtlichen Erfüllung des Bileam-Spruch beweisen wollte. Bei den frühen Christen galt Bileam deshalb als Herold Christi und in der Armenbibel (13./14. Jh.) wird er bei der Verkündigung seiner Geburt Maria gegenübergestellt. Die Juden, die nicht Christen geworden waren, erhofften vom verheißenen »*König der Juden*« (Mt 27,37) freilich mehr als den Kreuzestod. Denn immerhin hatte Bileam auch die Einnahme Edoms, und das hieß für die Rabbinen, die Einnahme Roms geweissagt. Im letzten jüdischen Krieg gegen Rom, in den Jahren 132-135 nach Jesu Geburt, wurde der Partisanenführer Schimon bar Kosswa als neuer »*Stern*« (hebr.: *Kochaw*, aram.: *Kochwa*) begrüßt und für kurze Zeit als der von Bileam vorgesehene »*Shooting Star*« gefeiert. Seinen Namen, Schimon bar Kosswa hat man erst in Schimon bar Kochwa, zu deutsch: Simon Sternensohn – und nach dessen katastrophaler Niederlage, in Schimon bar Koswa, zu deutsch: Simon Lügensohn umgewandelt (EchaR 2,4 zu Klgl 2,2). In der judäischen Wüste sind Münzen gefunden worden, die seinen Namen tragen und auf das Jahr 1 der Erlösung Israels datiert sind. Auf einigen von ihnen ist der wiedererrichtete Tempel, der im ersten jüdischen Krieg zerstört worden war, und darüber ein Stern zu sehen. Auch die größte damals lebende rabbinische Autorität ist auf den Messiasprätendanten Bar Kochwa hereingefallen – Rabbi Akiwa. Aber es hat, wie der folgende Disput aus dem Talmud zeigt, durchaus auch Widerspruch gegeben: »*Rabbi Schimon ben Jochai hat gelehrt: Akiwa hat* (den Bileam-Spruch folgendermaßen) *erklärt: ‚Es tritt hervor ein Stern* (hebr.: *Kochaw,*) *aus Jakob‘ – ‚Es tritt hervor Koswa aus Jakob‘. Als Rabbi Akiwa Bar Koswa erblickte, sprach er: ‚Dies ist der Messias!‘ Da sprach Rabbi Jochanan zu ihm: ‚Akiwa, Gras wird aus deinem Kiefer wachsen, und noch immer wird der Davidsohn nicht kommen!‘*« (jTaanit 4,8; 68d). Der Talmud verzeichnet an der gleichen Stelle den ungeheuren Blutzoll, den die Juden für dieses messianische Abenteuer bezahlen mussten. Vom Fall Bethars, der letzten großen Festung Bar Kochwas, heißt es: »(Die Römer) *mordeten unter* (den Einwohnern Bethars) *so lange, bis die Pferde bis zu den Nüstern in Blut versanken. Und der Blutstrom führte* (schwere) *Felsbrocken mit sich und verschwand* (im vierzig Meilen entfernten Meer) *erst nach vier Meilen* (vom Strand) *in der See*« (ebd. 69a, EchaR 2,2). Kein Wunder, wenn einzelne Rabbinen, nach solchen Erfahrungen, lieber ganz auf den Messias verzichten wollten. Eine vereinzelte Stimme sagt: »*Israel hat keinen Messias mehr zu erwarten, denn es hat die messianische Zeit schon in den Tagen des Königs Hiskija erlebt* (725/15-697/87 v. Chr.)« (bSan 99a), und andere meinten: »*Möchte er doch kommen, ich ihn aber nicht mehr sehen*« (bSan 98b). Wie wir aber schon gesehen haben, hat Maimonides den Messiasglauben als Glaubensartikel formuliert und kodifiziert und sich dabei justament auf den Bileam-Spruch berufen: »*Ich seh' ihn, doch nicht schon jetzt; ich erblick' ihn, doch noch nicht nahe. Es geht auf ein Stern aus Jakob und es erhebt sich ein Zepter aus Israel*«: »*Dort*, erläutert Maimonides die typischen poetischen Wiederholungen des biblischen Spruchs, *hat* (Bileam) *von den zwei Gesalbten geweissagt, nämlich dem ersten Gesalbten, das ist David, der Israel aus der Gewalt seiner Bedränger befreite, und dem letzten Gesalbten, der von seinen Nachkommen erstehen und Israel in der Endzeit befreien soll. Es heißt dort: ‚Ich seh' ihn, doch nicht schon jetzt‘ – damit ist David gemeint; ‚ich erblick' ihn, doch noch nicht nahe‘ – das ist ein Hinweis auf den König Messias. ‚Es geht auf ein Stern aus Jakob‘ – darunter ist David zu verstehen; ‚und es erhebt sich ein Zepter aus Israel‘ – das ist der König Messias*« (Hilchot Melachim XI,1). Maimonides war selber Zeitzeuge von gefährlichen messianischen Bewegungen und seither sind Dutzende weiterer gescheiterter Messiasse aufgetreten. Sie wurden mit Heilrufen begrüßt und haben nur Unheil gebracht. Wann, so könnte man Bileam fragen, wenn »*nicht schon jetzt*« und »*noch nicht nahe*«? Darauf versucht eine großartige talmudische Parabel vom Messias *ante portas* eine Antwort zu geben: Rabbi Joschua ben Levi fand eines Tages den Propheten Elija (eine Art jüdischer Hermes, der zwischen Himmel und Erde pendelt) am Eingang der Höhle stehen, wo sich Rabbi Schimon bar Jochai vor den Römern verstecken musste. »*Da befragte er den Propheten: ‚Wann wird der Messias kommen?‘ Elija erwiderte: ‚Frag ihn doch selber.‘ Darauf Rabbi Joschua: ‚Wo weilt er denn?‘, ‚An der Pforte Roms‘ ‚Und woran erkennt man ihn?‘ ‚Er sitzt unter armen Siechen, und während alle anderen die Verbände von ihren Wunden auf einmal abnehmen und wieder anlegen, löst er jedesmal bloß einen Verband und knüpft den anderen zurecht, denn er sagt sich: ‚Vielleicht wird man meiner gleich bedürfen, so will ich nicht behindert sein.‘ Da begab sich Rabbi Joschua zu ihm und begrüßte ihn mit den Worten: ‚Friede mit dir, mein Herr und Meister.‘ Darauf der Messias: ‚Friede mit dir, Sohn Levis‘. Rabbi Joschua fragte: ‚Wann wird mein Herr erscheinen?‘ Jener antwortete: ‚Heute.‘ Da kehrte er zum Propheten Elija zurück, der ihn fragte: ‚Nun, was hat er dir gesagt?‘* (...). *Darauf Rabbi Joschua: ‚Er hat mich belogen, denn er sagte: <Heute werde ich erscheinen>, und ist doch nicht gekommen.‘ Der Prophet entgegnete ihm: ‚Er wollte dir bloß (wie David im Psalm) sagen: <Heute, wenn ihr auf (Gottes) Stimme hört>‘*« (bSan 98a). Oder wie Walter Benjamin in seinem buchstäblich letzten Wort auf der Flucht vor den Deutschen sagte: »*Den Juden (...) war jede*

Sekunde die kleine Pforte, durch die der Messias treten konnte«.[209] Entscheidend ist also nicht der Messias selbst, sondern die Tage des Messias (*Jemei HaMaschiach*); entscheidend ist nicht die messianische Zeit als solche, sondern die Erfüllung der Bedingungen zu ihrem Eintreten.

9. Eiferer

Das Buch Numeri schließt im zehnten Abschnitt, *Massai*, *Reisestätten* mit der vierzigjährigen Wanderung des Volkes Israel durch die Wüste (Num 33). Eine neue, freie Generation ist in der Wildnis herangewachsen, bereit, das gelobte Land zu erobern. Von den umliegenden Völkern verlangt sie bloß freies Geleit, doch sie wird immer wieder abgewiesen und in kriegerische Auseinandersetzungen verwickelt (Num 20,14-22; 21,21-23). Die geschlossene Streitmacht Israels, die zwölf um das Heiligtum gescharten Stämme, scheinen unschlagbar. Von Moab, einem Volk, das im Ostjordanland zwischen dem Toten Meer und der arabischen Wüste siedelte, heißt es in der Bibel: *»Da fürchtete sich Mo'aw sehr vor dem Volke, weil es so zahlreich war, und es graute Mo'aw vor den Kindern Israel«* (Num 22,3). Moab suchte Rat bei den Midianitern, arabischen Stämmen, die im Süden der Sinaihalbinsel und im Norden der arabischen Halbinsel nomadisierten und schon zuvor mit Israel in Berührung gekommen waren. So war z.B. die Frau des Mose, Zippora, die Tochter eines midianitischen Stammesfürsten (Num 2,15-21). Die Midianiter haben dem König von Moab offenbar den Rat gegeben, den berühmten Seher Bileam zu bestellen, um Israel zu verfluchen (Num 22,5; 31,8 u. 16). Die Bibel macht sich zwar über diesen Seher, dessen Existenz vielleicht auch in einer außerbiblischen Quelle bezeugt ist, ein wenig lustig, denn er kann nicht einmal sehen, was seine berühmte Eselin sieht (Num 22,21-34), doch seine begeisterten Sprüche über Israel, von denen wir einen im vorigen Kapitel untersucht haben und die gewissermaßen eine objektive Sicht darstellen, gruben sich tief in das kollektive Gedächtnis Israels ein und sind viel positiver als alles, was israelitische Propheten je über ihr Volk geäußert haben.

Man kann sich fragen, was sich der König von Moab von einem Fluch Bileams verspricht. In diesem Zusammenhang hat man darauf hingewiesen, dass in jenen wundergläubigen Zeiten Verwünschungen eine wirksame Kraft zugesprochen wurde. Aber auch noch in unseren ungläubigen Zeiten sind Verurteilungen eines ganzen Volkes gefährliche Kampfmittel. Die Propaganda verteufelt den Feind, so dass man ihm gegenüber keine Rücksichten zu nehmen braucht; dem Teufel wird nicht vergeben! Der Name Bileam, nach dem hebr.: *Ba'al HaAm*, *»Herr des Volkes«* ist Programm. Vermutlich wollte Balak, der König von Moab, Bileam als einen *»antisemitischen«* Demagogen in der psychologischen Kriegsführung einsetzen und mit dessen Sprüchen sein Volk gegen Israel aufhetzen. Er führt Bileam auf eine Anhöhe, von der aus, wie die Bibel ausdrücklich sagt, nur *»ein Teil des Volkes«* Israels zu sehen (Num 22,41; 23,13) und nur ein einseitiges Bild möglich war. Hier findet eine regelrechte Propagandaveranstaltung statt (Num 23,1ff.). Der Rauch von sieben Opferaltären soll das Verdammungsurteil mit einer sakrale Aura umgeben. Doch siehe da, die Sprüche Bileams fallen gegen seinen eigenen Willen und mehr noch gegen den Willen seines Auftraggebers unerwartet positiv aus. Seine Orakel: *»Sieh da, ein Volk, gesondert ist sein Sitz, zu den Nationen will es sich nicht rechnen!«* (Num 23, 9); *»Wie schön sind deine Zelte, Jakob, sind deine Stätten, Israel!«* (Num 23,5) usw. hat Israel verinnerlicht, um seine Besonderheit unter den Völkern und die Schönheit seiner Bet- und Lehrhäuser auszudrücken. Die Ambivalenz Bileams erklärt sich vielleicht nicht nur daher, dass Gott den heidnischen Propheten zum Besten hält, jeder antisemitischen Predigt haftet diese Ambivalenz an. Der Antisemit ist vom Judentum fasziniert, er ist von der Allmacht und der Allgegenwart der Juden fest überzeugt – und um sie zu verdammen, muss er sie erst einmal loben.

Bevor Bileam unverrichteter Dinge wieder abzieht, erteilt er den Moabitern und Midianitern jedoch noch einen Rat, wie sie mit diesem Volk, das scheinbar so unangreifbar geschlossen nach seinen *»Stämmen lagert«* (Num 24,2), doch noch fertig werden können (Num 31,16). Was der *»Antisemitismus«*, der das Volk noch stärker zusammenschweißt, nicht vermag, das schafft die Assimilation; was die moabitischen Kämpfer nicht vollbrachten, das erreichten die moabitischen Frauen spielend: »*Als Israel,* heißt es gleich nach dem Abgang von Bileam, *in Schittim weilte, fing das Volk an, mit den Töchtern Mo'aws Unzucht zu treiben. Diese luden das Volk zu Opfermahlen, die sie ihren Göttern bereitet hatten; das Volk aß mit und warf sich vor ihren Göttern nieder*« (Num 25,1-3). Die Rabbinen malen die Verführung der Israeliten mit vielen realistischen Details aus: »*Die Moabiter,* heißt es in einem rabbinischen Midrasch, *machten sich auf und bauten Bordelle* (*Kälin*, vom gr. *cellae*) *vom Toten Meer bis zum Hermongebirge und setzten Frauen hinein, die allerlei Süßigkeiten anboten.* (...) *Manchmal ging der eine oder andere* (Israelit) *aus, um auf der Straße spazieren zu gehen, und bekam Lust, sich etwas bei einer Alten zu kaufen, die es ihm zum gebührenden Preis verkaufen wollte. Aber eine Junge rief ihn und sagte zu ihm von innen: ‚Komm und kaufe billiger!' Und so kaufte er bei ihr am ersten Tag und am zweiten Tag. Am dritten Tag dann sagte sie zu ihm: ‚Komm doch herein nach innen und wähle dir selbst aus! Du bist doch kein Fremder* (mehr)*!' Und er trat zu ihr ein. Sie hatte einen Krug voll Wein neben sich stehen* (...). *Sie sagte zu ihm: ‚Möchtest du etwas Wein trinken?' Und er trank. Der Wein brannte in ihm, und so sagte er zu ihr: ‚Sei mir zu Willen!' Da holte sie ein Bild ihres Götzen* (*Ba'al Pe'or, Belfegor*) *aus ihrem Mieder hervor und sagte zu ihm: ‚Rabbi! Wenn du willst, dass ich dir zu Willen sein soll, so erweise diesem kultische Verehrung!' Er aber sagte zu ihr: ‚Ich sollte einem Götzenbild kultische Verehrung erweisen?' Da sagte sie zu ihm: ‚Was kümmerts dich! Du sollst dich ja nur vor ihm entblößen* (*po'er*)*!' Und er entblößte sich vor ihm!* (...) *In ihm aber brannte der Wein und er sagte zu ihr: ‚Sei mir zu Willen!' Sie aber sagte zu ihm: ‚Wenn du willst, dass ich dir zu Willen sein soll, so sage dich los von der Tora Moses!' Und er sagte sich los* (Hos 9,10)! *Zuletzt kam es soweit, dass* (die Moabiterinnen) *für sie Gelage veranstalteten und sie einluden. Und sie nahmen daran teil, wie es heißt: ‚Diese luden das Volk zu Opfermahlen, die sie ihren Göttern bereitet hatten'*« (Sifre Numeri §131 // jSanh 28c-d u. bSanh 106a). Die anschließende »Lustseuche« kostet 24 000 Israeliten das Leben (Num 25,9).

Aber damit ist der Höhepunkt noch nicht erreicht. Mose und die Richter des Volkes versammelten sich beim Heiligtum, um Strafgericht über die Frevler zu halten: »*Da kommt,* erzählt die Bibel weiter, *ein Mann von den Kindern Israels und führt eine Midianiterin zu seinen Brüdern, vor den Augen des Mose und vor den Augen der ganzen Gemeinde Israels, die am Eingang des Heiligtums weinen«* (Num 25,6). Dieser Mann, der schamlos in aller Öffentlichkeit eine Fremde zu sich ins Lager brachte, war kein unbekannter, sondern ein Prinz aus dem Stamm Simon und die Frau, die er gefreit hatte, eine midianitische Prinzessin (Num 25,14-15). Der Sittenverfall reichte bis in die Spitzen der Gesellschaft und die Auflösung schien unaufhaltsam – die Richter weinten ohnmächtig und Mose, der selbst mit einer Midianiterin verheiratet war, schwieg. Waren die vierzig Jahre Entbehrungen und Strapazen in der Wüste umsonst gewesen? Wird Israel so kurz vor dem Ziel versagen und sich aufgeben? Soeben hatte noch der fremde Seher Bileam das beneidenswerte Schicksal des Volkes und die unvergleichliche Schönheit seiner Sippen in höchsten Tönen gelobt, da folgte schon der tiefe Fall. In dieser ausweglosen Situation packte den Priester Pinchas, nachdem dieser ganze achte Abschnitt des Buches Numeri genannt ist, im heiligen Zorn seinen Speer und erstach das Pärchen an Ort und Stelle. Damit rettete er schlagartig die Situation. Die allgemeine Demoralisierung schlug in eine allgemeine Mobilisierung um. Midian, das eine existentielle Bedrohung für Israel geworden war, wurde in einem blutigen Feldzug vernichtend geschlagen (Num 31). Die Bibel lobt den Mut und die Entschlossenheit des Pinchas (Num 25,11-14) und die Tradition empfiehlt ihn als Vorbild des Eiferers (*Kana'i*, gr.: *Zelotes*). Wir müssen aber fragen, ob überhaupt eine Situation vorstellbar ist, die so ein Vorgehen rechtfertigt? War die Tat des Pinchas nicht schlichtweg Mord? Ein kritischer Beobachter hat einmal im Rückblick auf die europäischen Religionskriege gesagt, ein Katholik oder Protestant, der im Namen seiner Konfession einen Mord begeht, sei kein Katholik oder Protestant, sondern ein Mörder. Wir müssen ferner fragen, ob die Selbstjustiz nicht eine ebenso gefährliche Verfallserscheinung ist wie die Missstände, die sie zu bekämpfen vorgibt? Diese Fragen sind wichtig in einer Zeit, in der wieder so viele Eiferer im Namen Gottes zur Waffe greifen. In unserem besonderen Fall, wo die Justiz kläglich versagt, weil die ganze Gesellschaft von oben bis unten gelähmt ist und Gesetz und Ordnung in Gefahr sind, kann die Tat des Pinchas als Notstandsmaßnahme durchgehen. Solchem

Eiferertum werden aber enge Grenzen gezogen (mSanh IX,6). Die Bibel selbst sagt uns, wie sie die Tat des Pinchas verstanden wissen will. Gott schließt mit ihm nämlich nach seiner Tat seinen Friedensbund (*Briti Schalom*, Num 25,13). Der Eiferer ist dem Frieden verpflichtet!

Die biblischen Vorbehalte gegen das Eiferertum werden indirekt auch durch die unserem Abschnitt traditionell folgende Lesung über den Propheten Elija bestätigt. Keiner hat so für den einen Gott geeifert wie Elija. Er hat sich gegen seinen König aufgelehnt und hat die Götzendiener mit Feuer und Schwert vernichtet. Zum Schluss ist er auf einem Feuerwagen – ein treffendes Bild seines Feuereifers – in den Himmel gekommen. Aber keiner war auch so einsam wie Elija. Alle seine Mitstreiter sind umgekommen, er musste im Augenblick seines größten Triumphes fliehen und irrte wie ein Landstreicher in seinem Fell durch die Wüste. Auch Gott wird in der Bibel als Eiferer und als verzehrendes Feuer beschrieben, und man könnte meinen, dass er sich Kämpfer wie Elija wünscht, die rücksichtslos alle seine echten und vermeintlichen Feinde niedermachen. Doch Gott belehrt seinen Propheten eines Besseren. Als dieser sich geschlagen gibt und auf dem Tiefpunkt angekommen ist, erscheint er ihm. Die Beschreibung dieser Offenbarung im ersten Buch der Könige (1 Kön 19,11-13) gehört zu den erhabensten Stellen der ganzen Bibel. In seinem Elias-Oratorium hat Felix Mendelssohn-Bartholdy versucht diese unvergleichlichen Verse zu vertonen. »*Und siehe*«, heißt es in der Schrift, »*der Herr ging vorüber und ein großer, starker Wind, der die Berge zerriss und die Felsen zerbrach, ging vor dem Herrn her; der Herr aber war nicht im Winde. Nach dem Winde aber kam ein Erdbeben; aber der Herr war nicht im Erdbeben. Und nach dem Erdbeben kam ein Feuer; aber der Herr war nicht im Feuer. Und nach dem Feuer kam ein stilles sanftes Sausen. Da das Elija hörte, verhüllte er sein Antlitz mit seinem Mantel* ...«. Elija hat sich Gott mit seinem feurigen Temperament sicher anders vorgestellt, wohl als zerstörerische Naturgewalt, als vulkanischen Ausbruch, oder so ähnlich. Statt dessen meldet sich Gott in einer, wie Martin Buber den hebräischen Ausdruck übersetzt, »*Stimme verschwebenden Schweigens*«. Elija hatte geklagt, dass es ihm trotz all der großen Anstrengungen nicht gelungen sei, das Volk für den wahren Glauben zu gewinnen. Nun zeigt ihm Gott, wie er sein Ziel verfolgen soll. Es kommt nicht auf stürmische Predigten, auf erschütternde Gewalttaten, auf apokalyptische Feuer an, sondern auf die sanfte Stimme der Belehrung. Elija hat das nicht gleich verstanden und ist entschwebt, wie er gelebt hat: auf einem Feuerwagen. Doch er werde, wie der Prophet Maleachi (3,24) verheißt, als Friedensstifter zurückkehren. Und die jüdische Tradition sieht in Elija den stillen Besucher ihrer Feste und den geduldigen Vorläufer der Erlösung. So können wir schließlich auch sagen, dass keiner der biblischen Helden einen so starken Wandel durchgemacht hat wie Elija. In einer Zeit, in der die monotheistischen Religionen wieder radikaler werden und in einigen Ländern zur Vernichtung der säkularen Kultur und Gesellschaft antreten, müssen wir daran erinnern, dass Gott nicht im Sturm und nicht im Feuer ist!

III. Deuteronomium

1. Land

Das Buch Deuteronomium spielt an der Ostgrenze zum gelobten Land. Der erste Abschnitt bringt viele Einzelheiten über Land und Leute dieser Gegend: »*Ihr zieht jetzt durch das Gebiet eurer Brüder, der Söhne Esaus, die in Se'ir wohnen; sie werden sich vor euch fürchten, aber nehmet euch wohl in Acht, fanget keinen Krieg mit ihnen an, denn ich werde euch von ihrem Lande nicht einen Fuß breit geben; denn Esau habe ich das Gebirge Se'ir zum Besitz gegeben.* (...) *Du darfst Mo'aw nicht bedrängen, darfst keinen Krieg mit ihnen anfangen, ich gebe dir von seinem Lande nichts zum Besitz; denn den Söhnen Lots habe ich Ar zu Besitz gegeben – vormals hatten dort die Emiter gewohnt, ein großes und zahlreiches Volk, von hohem Wuchse gleich den Anakitern. Auch sie wurden wie die Anakiter zu den Repha'itern gerechnet, die Moabiter aber nannten sie Emiter. In Se'ir hatten vormals die Choriter gewohnt, die Söhne Esaus aber vertrieben und tilgten sie vor ihrem Angesicht hinweg und nahmen ihre Stelle ein, wie Israel mit dem Lande getan, das es eingenommen hat, das der Herr ihnen gegeben hat.* (...) *Wenn du in die Nähe der Söhne Ammon kommst, so bedränge sie nicht und fange mit ihnen keinen Krieg an! Ich gebe dir vom Lande Ammons nichts zum Besitz, denn den Söhnen Lots habe ich es zum Besitz gegeben.- Es wird gleichfalls zu den Ländern der Repha'iter gerechnet, die Repha'iter hatten vormals darin gewohnt, und die Ammoniter nannten sie Samsumiter. Es war ein großes und zahlreiches Volk und von hohem Wuchse gleich den Anakitern, aber der Herr tilgte sie vor ihrem Angesichte hinweg, so dass sie sie vertrieben und ihre Stelle einnahmen. So wie er es für die Söhne Esaus getan, die in Se'ir wohnen, vor deren Angesicht er die Choriter hinweg getilgt hatte, so dass sie sie vertrieben und ihre Stelle einnahmen, bis auf diesen Tag. Auch die Awiter, die in Gehöften bis Gaza hin wohnten, wurden von den Kaphtoritern, die aus Kaphtor kamen, hinweg getilgt, und diese nahmen ihre Stelle ein*« (Dtn 2,4-6.9-13.19-24). Gibt Gott hier etwa peniblen Geschichtsunterricht über untergegange jordanische Völker, deren seltsame Namen, wie der der *Samsumiter*, längst vergessen waren? Oder trägt er jene abgeklärte Philosophie vor, nach der die Geschichte insgesamt nichts ist als eine monotone Wellenbewegung, bei der immer wieder neue Eroberer, Ureinwohner überfluten oder wegspülen. Wohl kaum, die Liste verfolgt in diesem Zusammenhang einen ganz klaren lehrhaften Sinn. Jedem, der die Landnahme als imperialistisches Unternehmen begreift, soll so zu verstehen gegeben werden, dass *»die Erde des Herren«* ist (*LAdonai HaArez*, Ps 24,1) und nur ihm das Recht zusteht, Land zu geben und zu nehmen. Alle ungeliebten Nachbarn der Israeliten, die *Edomiter*, *Moabiter*, *Ammoniter* und *Kaphtoriter* können sich auf dieses Recht berufen. Worin besteht aber das besondere Verhältnis der Israeliten zu ihrem Land? Gerade nicht in der glorreichen Landnahme als solcher, sondern in der besonderen Art der Gesellschaft, die in diesem Land errichtet werden soll. Sollte dieses Projekt scheitern, geht das Land wieder verloren. Diese Lektion haben sogar die modernen jüdischen Nationalisten nicht vergessen, wie die Utopie Herzls im fünften Buch seines Romans *Altneuland* zeigt. Das Gebet für den Staat Israel, den der israelische Nobelpreisträger für Literatur, Samuel Josef Agnon, für das israelische Oberrabbinat verfasst hat und das in den meisten Synagogen nach der Schriftlesung vorgetragen wird, gipfelt in der universalistischen Vision der Propheten: *»Sende uns bald den* (...) *Messias deiner Gerechtigkeit* (...). *Zeige Dich in der Größe Deiner Kraft allen Bewohnern Deiner Welt, damit alle verkünden können: ‚Der Ewige, der Gott Israels, ist König und sein Reich ist über alles erhaben‘«*. Israel will nicht nur ein Staat unter anderen sein, sondern *»Spross der Erlösung«*, Vorläufer des Gottesreichs.

Der erste Abschnitt des fünften Buches Mose wird stets vor dem 9. des jüdischen Monats *Aw* (*Tischa BeAw*) gelesen, der an jene großen nationalen Katastrophen erinnert, die mit Landverlust und Diaspora endeten – in erster Linie an die Zerstörung Jerusalems durch die Babylonier und an die beiden großen Niederlagen gegen das römische Imperium. Es wird bei dieser Gelegenheit aber auch anderer nationaler Katastrophen gedacht, so z. B. der Vernichtung der jüdischen Gemeinden im Rheinland während des ersten Kreuzzuges und der Vertreibung der Juden aus Spanien. Wie in einem Brennpunkt sammelt sich an diesem Datum die nationale Trauer und äußert sich in bewegenden Elegien (*Kinnot*). In den Synagogen wird an erster Stelle das biblische Buch der *Klagelieder* vorgetragen, das der Prophet Jeremia 586 v. u. Z. angesichts der Ruinen Jerusalems verfasst haben soll. Es beginnt mit den Worten: »*Wie sitzt einsam die Stadt, die volkreiche, ist einer Witwe gleich geworden* (...) « (Klgl 1,1) und ist nach dem ersten Wort: »*Ejcha*«, »*Wie*«, benannt. Im traditionellen Vortrag ist das Wort »*Ejcha*« mit einem Pausenzeichen (*Munach*) vom übrigen Vers abgetrennt und wird wie ein Seufzer oder eine Frage betont: »*Ejcha*« – »*Ach, wie*«, »*Wie nur?*«. Angesichts der großen nationalen Katastrophen des jüdischen Volkes erhob sich immer wieder die gleiche schwere Klage, die gleiche schwere Frage: »*Wie konnte das nur passieren?*«. Nur angesichts der bisher größten dieser Katastrophen droht diese Klage, diese Frage zu verstummen: »*Warum? O fragt mich nicht*«, sagt Jizchak Katzenelson in seinem großen *Lied vom ausgerotteten jüdischen Volk* angesichts des Untergangs des Warschauer Ghettos und antwortet angesichts der systematischen Vernichtung der Juden: »*,Warum?', fragt niemand auf der Erde!*«[210]

Der Schabbat vor dem 9. Aw wird nach der Schreckensvision des Propheten Jesaja vom Untergang der Stadt, die an diesem Tag stets in den Synagogen vorgetragen wird, »*Schabbat Chason*«, »*Visionsschabbat*« genannt. Die ersten Worte dieses großen Propheten lauten: »*Weissagung Jesajas* (*Chason Jeschajahu*) (...). *Euer Land ist verwüstet, eure Städte vom Feuer verzehrt,* (...) *und Zions Tochter ist übrig gleich einer Hütte im Weinberg, gleich einem Obdach im Kürbisfeld, wie eine belagerte Stadt* (...). ***Wie*** (*Ejcha*) *ist sie zur Buhlerin geworden, die getreue Burg! Die voll war von Gerechtigkeit, in der das Recht übernachtete, sie ist jetzt voll Mörder!* (...) *Deine Fürsten sind Empörer und Genossen von Dieben, alles liebt Bestechung und jagt Bezahlung nach. – Die Waise richten sie nicht, und der Witwe Streit kommt nicht vor sie. Darum spricht der Herr, der Herr der Herrscharen, der Gewaltige Israels: Ha, ich will Genugtuung nehmen an meinen Feinden, vergelten meinen Hassern!*« (Jes 1,1.8.21.24). Wieder hören wir jenes »*Wie*«, das im traurigen Melos der Klagelieder vorgetragen wird: »*Wie* (*Ejcha*) *ist sie zur Buhlerin geworden, die getreue Burg!*«. Nur handelt es sich in beiden Fällen nicht um das gleiche »*Wie*«: Jeremia wundert sich, »*wie*« die einst mächtige Stadt trostlos und verlassen daliegen,

Jesaja dagegen, »*wie*« die einst durch Gerechtigkeit und Recht glänzende Stadt zur Mördergrube (Jer 7,11) verkommen konnte. Diese beiden Fragen der Propheten haben aber auch etwas miteinander zu tun: Das »*Wie*« Jeremias ist ein Echo des »*Wie*« Jesajas. Die verheerte Stadt, die Jeremia betrauert, war ja nicht zufällig in diese Lage geraten; der äußere Verfall war vielmehr die Folge ihres inneren Verfalls. Der Anblick von Ruinen stimmt gewöhnlich melancholisch, und seien es die Ruinen einer Zwingburg; aber nicht um solche Melancholie handelt es sich bei den biblischen Propheten. Was sie ebenso traurig wie hoffnungsvoll stimmt, ist der Glaube, dass die Not ein verdientes Schicksal ist und dass sie auch wieder gewendet werden kann. So schließt die Schreckensvision des Jesaja mit einem Hoffnungsschimmer: »*ich will deine Richter wieder einsetzen wie vormals und deine Ratgeber wie in früherer Zeit! Dann wird man dich nennen: Stadt des Rechts, treue Burg! Zion wird durch Recht erlöst und seine Heimkehrenden durch Gerechtigkeit*« (Jes 1,26-27). Der Schabbat nach dem 9. Aw wird nach der Trostbotschaft des Propheten Jesaja, die an diesem Tag in den Synagogen vorgetragen wird, »*Schabbat Nachamu*«, »*Trostschabbat*«, genannt. Die hochgestimmte Heilsvision des zweiten Jesaja an die Rückkehrer aus dem babylonischen Exil beginnt mit den Worten: »*Tröstet, tröstet mein Volk, spricht euer Gott; redet zum Herzen Jerusalems, und ruft ihm zu, dass seine Dienstzeit erfüllt, dass seine Schuld gesühnt, denn empfangen hat es aus des Herren Hand Zweifaches für all seine Sünden!*« (Jes 40,1-2).

Am »*Visionsschabbat*« vor dem 9. Aw wird der erste Abschnitt aus dem Buch Deuteronomium gelesen. Hier erinnert Mose das Volk an der Grenze zum gelobten Land an die im Buch Numeri erzählte Wüstenwanderung und an die vergangenen Führungskrisen: »*Um jene Zeit sprach ich zu euch: Ich allein kann euch nicht tragen. (...)* ***Wie*** *(Ejcha) soll ich allein die Mühe und Last, die ihr mir macht, und eure Streitigkeiten ertragen? Wählet aus euren Stämmen weise, kluge und bekannte Männer, ich will sie an eure Spitze stellen. (...) In jener Zeit gab ich euren Richtern die Weisung: Verhöret eure Brüder und richtet nach Gerechtigkeit die Streitfälle, die einer mit seinem Bruder oder mit einem Fremdling hat. Ihr sollt kein Ansehen der Person im Gerichtsverfahren kennen, den Geringsten hört wie den Größten an, fürchtet euch vor niemandem, denn ihr richtet* *für Gott; und was euch zu schwer ist, bringet vor mich, dass ich es anhöre«* (Dtn 1,9.12-18). Hier also hören wir nun das dritte oder vielmehr erste »*Wie*«. »*Wie* (*Ejcha*)«, fragt Mose, »*soll ich allein die Mühe und Last, die ihr mir macht, und eure Streitigkeiten ertragen*«. Dieses »*Wie*« ist wiederum von ganz anderer Art als die beiden vorigen; es drückt die Ratlosigkeit des Führers vor der Größe der Aufgabe aus. Wie soll aus einem Haufen entlaufener Sklaven eine gerechte Gesellschaft werden, die auf der Gleichheit vor dem Gesetz beruht. Andererseits hängen die drei »Wie«-Fragen des Mose, Jesaja und Jeremia aufs Engste zusammen. Mose sucht vor der Landnahme nach Mitteln zur Verwirklichung der Utopie, in der weder der Geringe noch der Fremdling benachteiligt sind; Jesaja wundert sich in der Königszeit über das Versagen der korrupten Obrigkeit, in der die Richter Bestechung annehmen und die Waisen und Witwen kein Recht finden, und Jeremia steht nach dem Verlust des Landes sprachlos vor den Straffolgen, die keinen verschont haben, auch Mütter und Säuglinge nicht: »***Wie*** (*Ejcha*)«, beginnt das zweite Klagelied, »*hat umwölkt in seinem Zorne der Herr die Tochter Zijon! Er schleuderte vom Himmel zur Erde die Herrlichkeit Israels und gedachte nicht des Schemels seiner Füße am Tage seines Zorns*« (Klgl 2,1) und: »***Wie*** (*Ejcha*) *ist verdunkelt das Gold, verwandelt das feine Gold!* **Wie** (*Ejcha*) *sind verschüttet die heiligen Steine in allen Straßenecken. Die Kinder Zions, die köstlichen, die mit gediegenem Gold Aufgewogenen, wie sind sie gleich geachtet den irdenen Scherben* (...) « (Klgl 4,1-2). Diese »*Wie*«-Frage zieht sich wie ein Leitmotiv durch die Bücher Mose, der Propheten und der Schriften der Bibel, sie verbindet Mose, Jesaja und Jeremia und alle zielen auf eine große Antwort hin: Der Besitz des heiligen Landes ist an die Bedingung von Recht und Gerechtigkeit geknüpft![211]

Der dritte, bezeichenderweise »*Lohn*« (*Ekew*) heißende Abschnitt des Buches Deuteronomium nennt das »*eherne Lohngesetz*« für das Volk Israel im Land Israel: »*Und zum Lohn dafür, dass ihr diese Rechtsvorschriften hört und sie sorgfältig übt, wird auch dir der Herr, dein Gott, die Bundestreue und die Gnade bewahren* (...). *Er wird dich lieben, dich segnen und vermehren, wird segnen die Frucht deines Leibes und die Frucht deines Bodens, dein Korn, deinen Most und dein Öl, den Wurf deiner Rinder und den Nachwuchs deiner Schafe, auf dem Boden, den dir zu geben er deinen Vätern geschworen hat*« (7,12-13). Der ganze Abschnitt ist ein einziges Lob auf die Schönheit des Landes. Dem Volk, das bisher nur die Plackerei im ägyptischen Sklavenhaus und die Entbehrungen der Wüste kannte, schildert Mose das gelobte Land in unwiderstehlichen Farben: »*Der Herr, dein Gott,* sagt er, *bringt dich in ein schönes Land, in ein Land mit Wasserbächen, mit Quellen und Strömen, die in der Ebene und im Gebirge entspringen, in ein Land mit Weizen und Gerste, mit Wein und Feigen und Granatäpfeln, in ein Land mit Oliven und Honig, in ein Land, in dem du dein Brot nicht kümmerlich isst, in dem es dir an nichts fehlt, in ein Land, dessen Steine aus Eisen sind, und aus dessen Bergen du Erz schlägst*« (8,7-9). Etwas später vergleicht Mose das Land, aus dem das Volk kommt, mit dem Land, in das es zieht: »*Das Land, in das ihr zieht, um es in Besitz zu nehmen, ist nicht wie das Land Ägypten, aus dem du kommst, dass du, wenn du deinen Samen ausstreutest, mit deinem Fuß, wie einen Gemüsegarten, bewässern konntest. Das Land, in das ihr zieht, um es in Besitz zu nehmen, ist ein Land mit Bergen und Tälern, durch den Regen des Himmels trinkt es Wasser, ein Land, für das der Herr, dein Gott, sorgt; ständig sind die Augen des Herren, deines Gottes, darauf gerichtet, vom Anfang des Jahres bis zum Ende des Jahres*« (11,10-13). Das Land Ägypten, das »*Geschenk des Nils*« (Herodot), zeichnet sich dadurch aus, dass es seinen Fluss reguliert und damit seinen Wohlstand in die eigene Hand genommen hat. Auch die anderen frühen Hochkulturen in Mesopotamien, Indien und China verdankten sich der Regulierung ihrer Flüsse Eufrat und Tigris, Indus und Ganges, Yangtse und Hwang Ho. Die Bewässerungssysteme erforderten einerseits eine zentralisierte Bürokratie und ermöglichten andererseits die Erwirtschaftung eines Nahrungsüberschusses, aus dem wiederum der Zehrstand gespeist werden konnte. Diese Wasserwelten waren nicht so witterungsabhängig und konnten sich leicht einbilden, Herren ihres Schicksals zu sein. Der Prophet Ezechiel charakterisiert diese Haltung in seiner Ankündigung des Strafgerichts über Ägypten mit folgenden Worten: »*Siehe, ich komme über dich, Pharao, König von Ägypten, großes Krokodil, das in den Flüssen lagert, der da gesagt hat: Mein Fluss ist mein! Ich habe mich selbst geschaffen!*« (Ez 29,3). »*Ani Assitini*«, »*Ich habe mich selbst geschaffen!*« ist der treffendste Ausdruck der *Self-made-man*-Mentalität des ägyptischen Gottkönigs. Der Kampf zwischen dem Gott Israels und dem Pharao Ägyptens beginnt nicht zufällig am Nil. Im Buch Exodus spricht Gott zu Mose: »*Geh zu Pharao des Morgens, wenn er eben an das Wasser hinausgeht, stelle dich an das Ufer des Nils ihm gegenüber und nimm den Stab, der in eine Schlange verwandelt worden ist, in deine Hand*« (Ex 7,15). Nun musste der hartherzige Sklavenhalter erleben, wie sein Fluss sich in eine blutrote, stinkende, ungenießbare Brühe verwandelte. Es bedurfte aber noch neun folgender Plagen, bis der Pharao seine Ohnmacht einsah und die Sklaven freiließ. Im Gegensatz zum Land Ägypten wird das Land Israel vom Himmel bewässert. Seine Bewohner können es nicht, wie die Bibel sagt, mit den Füßen fruchtbar machen, sondern müssen ihre Augen zum Himmel richten und hoffen, dass Gott ihren Blick erwidert. Die klimatische Antithese, die die Bibel hier skizziert, hat weitreichende Konsequenzen: hier eine Kultur der Natur- und Menschenbeherrschung, da eine Kultur des Glaubens und der Hoffnung; hier ein vergotteter Staat, da Gottergebenheit, hier der übermütige *homo sapiens, sapiens* und *faber*, da der *homo religiosus*. Aber das Land macht nicht die Leute, die Bibel verfällt nicht in irgendeinen klimatischen Materialismus und rechnet durchaus mit der Möglichkeit, dass Israel auch in einem religiös günstigen Klima versagt. Deshalb bringt sie dem Volk vor seinem Einzug ins Land eindringlich die Voraussetzungen seiner Existenz in Erinnerung: »*Du möchtest sonst*«, setzt Mose seine Rede fort, »*wenn du issest und satt bist und schöne Häuser baust und darin wohnst, und wenn deine Rinder und Schafe sich mehren, dein Silber und Gold sich mehrt, und alles, was dein ist, sich mehrt, du möchtest sonst hochmütig werden und den Herrn, deinen Gott, vergessen, der dich aus dem Sklavenhause, der dich durch die große und furchtbare Wüste geführt hat, in der giftige Schlangen und Skorpione sind und wasserlose Dürre herrscht, der dir aus dem Kieselgestein Wasser hervorsprudeln ließ*« (8,12-15). Zwischen Ägypten und Israel liegt für das Volk die traumatische Erfahrung der Wüste. Wenn Ägypten für die technische Zivilisation, wenn Israel für die religiöse Kultur steht, so steht die Wüste zweifellos für die religiöse Existenz schlechthin; in der totalen Verlassenheit und Bedürftigkeit der Wüste erkennt der Mensch mehr als irgendwo sonst seine totale Abhängigkeit. Hier ernährte Gott sein Volk mit »*Brot vom Himmel*« (Ex 16,4; Dtn 8,9), das es »*Was?*«, »*Mana*« nannte, weil es nicht wusste, was es ist, und belehrte es, »*dass nicht vom Brot allein der Mensch lebt*« (Dtn 8,3). Wenn das Volk nun satt im Lande sitzt, soll es die Wüstenerfahrung nicht vergessen, es soll sich vielmehr stets an die Sklaverei und den Auszug aus Ägypten, an die Offenbarung und die Gebote vom Sinai und an die Wanderung und Unterstützung in der Wüste erinnern. Denn das heilige Land, wie die Bibel es sich vorstellt, gehorcht nicht nur einer physischen, sondern auch einer religiösen Ökologie: »*Wenn ihr nun auf meine Gebote hört*, heißt es im siebten Teil des Abschnitts, der im jüdischen Glaubensbekenntnis aufgenommen worden ist, »(...) *dann werde ich eurem Lande den Regen zur Zeit geben, Frühregen und Spätregen, und du wirst dein Korn, deinen Most und dein Öl einsammeln. Und ich werde dir auf deinem Felde Gras für dein Vieh geben; du wirst essen und satt werden. Nehmet euch in Acht, dass euer Herz sich nicht betören lasse, ihr abfallet und fremden Göttern dienet und euch vor ihnen niederwerfet! Der Zorn des Herren würde über euch entbrennen und er würde den Himmel verschließen, dass kein Regen komme, und der Boden würde nicht seinen Ertrag geben; ihr würdet sehr bald aus dem schönen Land schwinden, das der Ewige euch gibt*« (Dtn 11,13-18). Das »*schöne Land*« also stellt Mose nicht als leichte Beute für Eroberer und nicht als selbstverständlichen Besitz für Eingeborene dar, es ist vielmehr ein Land, das hohe moralische Ansprüche an seine Bewohner stellt. Erfüllen sie diese Ansprüche nicht, so verlieren sie ihren Besitztitel oder, wie es anderswo drastisch heißt, das Land speit sie aus, »*wie es das Volk ausgespien hat, das vor euch* (dort) *gewesen ist*« (Lev 18,28). Auch in unserem Abschnitt wird der Zusammenhang von Landnahme und Landwürdigkeit nachdrücklich unterstrichen: »*Höre, Israel, du gehst heute über den Jordan, um über den Besitz von Völkern zu kommen, die größer und mächtiger sind als du, von Städten, die groß und himmelhoch befestigt sind, von einem Volke, das groß und von hohem Wuchse ist, den Söhnen der Anakiter, die du kennst, und von denen du hast sagen hören: ‚Wer vermag vor den Söhnen Anaks standzuhalten?' So erkenne denn heute, dass der Herr, dein Gott, es ist, der, ein verzehrendes Feuer, vor dir einherzieht; er wird sie vor dir vertilgen und er wird sie vor dir niederwerfen* (...). *Denke nicht in deinem Herzen, wenn der Herr, dein Gott, sie vor dir verjagt: Wegen meiner Frömmigkeit hat mich der Ewige in dies Land gebracht, dass ich es in Besitz nehme, während doch wegen ihrer Schlechtigkeit der Ewige diese Völker vor dir austreibt* (...)« (Dtn 9,1-5). Schwierige Heimat – bis heute. Jede Bluttat, jeder Rechtsbruch im heiligen Land wird in den internationalen Medien sofort angezeigt, als ob es sich um ein biblisches Ereignis handelte. Anderswo mögen Erdbeben Tausende von Menschen unter sich begraben, Feuer Tausende von Häusern verbrennen, Hochwasser Tausende von Quadratkilometern Land vernichten – das ist unseren Nachrichten oft nur eine Kurzmeldung wert. Wenn aber im heiligen Land ein Mensch ermordet, ein Haus zerstört, ein Quadratkilometer Land beschlagnahmt wird, dann ist das eine Top-Meldung. Gebannt schauen Juden, Christen und Moslems auf jenes kleine Fleckchen Erde, wo zum ersten Mal der moralische Preis unseres Daseins genannt wurde. Doch manchmal scheint der Preis zu hoch: zweitausend Jahre Exil, Verfolgungen ohne Ende und beinahe endgültige Vernichtung. Das wirft Fragen nach der Gerechtigkeit Gottes, nach der Theodizee auf.

Eine Predigt zum 9.Aw

Im Jahr 2000 hat das geistliche Oberhaupt der orientalischen Juden in Israel Raw Owadja Josef in der Trauerzeit vor dem 9. Aw in einer weltweit beachteten Predigt die These aufgestellt, dass die Opfer des Holocaust wiedergeborene Sünder gewesen seien. Angesichts des Sturms der Entrüstung in der jüdischen Welt und dem Applaus von der falschen Seite in der nichtjüdischen Welt, ließ er verlauten, dass die Täter Böse und die Opfer Heilige – aber trotzdem, daran hielt er fest, Nachkommen von Sündern gewesen seien. Eine verwunderliche Aussage aus dem Munde eines Traditonalisten, denn sie scheint zu besagen: *»Seid nicht wie eure Väter!«*. Und wenn schon die Nachkommen unserer frommen Vorfahren so grausam bestraft worden sind, was blüht erst unseren Nachkommen? Wenn man dem Rabbiner, der auch graue Eminenz einer Regierungspartei in Israel ist, nicht nur, wie die Weltpresse, politische, sondern auch geistliche Motive unterstellt, dann können wir seine Äußerung vielleicht auf die Stimmung zurückführen, die in der Trauerzeit vor dem 9. Aw vorherrscht. Diese Stimmung kommt in den *Klageliedern* zum Ausdruck. Auf Hebräisch heißen die Klagelieder, nach dem Wort mit dem sie beginnen: *»Echa«, »Wie?«, »Wie konnte das geschehen?«, »Warum hat Gott das zugelassen?«* (s. o.). Die Antwort, die der Prophet in den folgenden fünf Kapiteln gibt, ist befremdend, weil die eigentlichen Täter, die Babylonier und ihre Verbündeten, gar keine Rolle spielen, sondern allenfalls als Werkzeuge Gottes oder als schadenfrohe Zuschauer vorkommen – nur Gott und die Juden spielen hier aktive Rollen. Nach dem Propheten ist der Untergang Jerusalems die göttliche Strafe für die Sünden der Juden – und zwar nicht nur der zeitgenössischen Juden, sondern auch ihrer Vorfahren. So sagt er: *»Unsere Väter hatten gesündigt und schwanden dahin und wir nun müssen ihre Sünden tragen* (Klgl 5,7)«. Für den Propheten zählen mit anderen Worten nicht die äußeren, sondern nur die inneren Ursachen des Zusammenbruchs, nicht die politischen und militärischen Schwächen, sondern die moralischen und die religiösen Verfehlungen. Man kann sich leicht vorstellen, dass sich Jeremia mit solchen Erklärungen bei seinen Landsleuten nicht sehr beliebt gemacht hat. Vielleicht hatten Theodor Lessing und Israel Zangwill gar nicht so Unrecht, wenn sie die Propheten als Prototypen der modernen jüdischen Selbsthasser und die Bibel als »antisemitisches« Buch bezeichneten. Auch R. Owadja Josef erhielt von tief verletzten Überlebenden des Holocaust Todesdrohungen. Aber im Unterschied zum Propheten kann sich der Rabbiner nicht auf höhere Eingebung berufen, denn nach dem Talmud ist der heilige Geist nach den letzten biblischen Propheten von Israel gewichen (bJoma 9b) und kein Jude kann für sich in Anspruch nehmen, Ereignisse der Natur oder der Geschichte vom Standpunkt Gottes zu deuten. Nach dem Ende der Prophetie in Israel kann es nur noch falsche Prophetien geben oder aber diskutable Meinungen.

Aber auch wenn es keine verbindlichen Antworten mehr gibt, kann sich angesichts des Holocaust niemand der Frage *Echa, »Wie konnte das geschehen?«, »Warum hat Gott das zugelassen?«* entziehen. Das vergossene Blut von Millionen schreit zum Himmel. Ob gläubig oder nicht, wir können uns mit dem unschuldigen Leiden nicht abfinden. Eine mögliche Rettung des Glaubens an die gerechte Weltordnung besteht darin, das Opfer selbst für seine Leiden verantwortlich zu machen. Wenn jemand zum Beispiel unheilbar erkrankt, neigen wir leicht dazu, die Schuld seinem Charakter, seinem Lebenswandel oder seinen familiären Verhältnissen zuzuschreiben. Ist er nämlich selber schuld, dann verdient er auch nicht unser Mitleid und kann noch weniger unseren festen Glauben an das Gesetz der Vergeltung in Frage stellen. Vielleicht ist das der Grund für die Erklärung von R. Owadja Josef. In gewisser Weise entspricht sie auch der rassistischen Anklage. Die Nationalsozialisten betrachteten das Judentum als Erbkrankheit, mit der jeder neugeborene Jude behaftet war. Deshalb erschlugen, erschossen, vergasten und verbrannten sie ca. ein bis zwei Millionen unschuldige jüdische Kinder. Wenn wir annehmen, dass es kein unverschuldetes Leiden in der Welt gibt, dann müssen wir mit R. Owadja Josef auf eine Erbschuld oder -sünde bei diesen Kindern schließen. Ein biblisches Buch, das bei uns Trauernden zur Lektüre empfohlen wird, warnt allerdings vor solchen Berechnungen. Es ist das Buch *Ijob,* das die Geschichte von einem scheinbar tadellosen Mann erzählt, der vom Unglück verfolgt wird. Seine frommen Freunde, die den Kranken besuchen kommen, legen in langen Reden dar, dass er selbst nicht schuldlos an seinem Unglück sein kann, weil es in der Welt kein grundloses Leiden gäbe. Ijob wehrt sich mit aller Kraft gegen diese Zumutungen und verteidigt seine Rechtschaffenheit (Ijob 13,15). Gott selbst gibt Ijob schließlich Recht und weist die wohlfeilen Erklärungen seiner falschen Freunde, die man seit Leibniz *»Theodizee«* und hebräisch *Zidduk HaDin* nennt, entschieden zurück: *»Ihr habt über mich nicht die Wahrheit gesprochen wie mein Knecht Ijob«* (Ijob 42,7). Der Protest des Ijob, der, wie

Kant in seiner Schrift *Über das Misslingen aller philosophischen Versuche in der Theodizee (1791)* sagt: *»wahrscheinlicher Weise vor einem jeden Gericht dogmatischer Theologen, vor einer Synode, einer Inquisition (...), oder einem jeden Oberkonsistorium unserer Zeit (...), ein schlimmes Schicksal erfahren haben (würde)«*, ist Gott lieber als der billige Trost seiner Theologen. Aber auch Ijob muss erkennen, dass seine Erwartung eines genauen Ausgleichs von Tugend und Glück angesichts der unendlichen Schöpfungsordnung vermessen ist, und ergibt sich in den unerforschlichen göttlichen Willen (Ijob 42,1-6).

Die Fragen nach der Gerechtigkeit Gottes sind damit freilich nicht verstummt. Im Talmud erzählt ein Rabbi, dass Mose von Gott drei Dinge erbeten und dass Gott ihm alle drei gewährt hätte. Als letztes bat er ihn, seine Wege erkennen zu lassen (Ex 33,13). *»Er sprach vor ihm: ‚Herr der Welt, warum gibt es einen Gerechten, dem es wohl ergeht, und einen Gerechten, dem es schlecht geht? Einen Frevler, dem es wohl ergeht, und einen Frevler, dem es schlecht geht?‘ Er antwortete ihm: ‚Mose! Der Gerechte, dem es wohl ergeht, ist ein Gerechter und Sohn eines Gerechten; der Gerechte, dem es schlecht geht, ist ein Gerechter und Sohn eines Frevlers; der Frevler, dem es wohl ergeht, ist ein Frevler und Sohn eines Gerechten; der Frevler, dem es schlecht geht, ist ein Frevler und Sohn eines Frevlers‘«* (bBer 7a). Diese Frage des Mose ist nicht die klassische Theodizeefrage, weshalb es den Guten schlecht und den Schlechten gut gehe? Denn in diesem Fall wäre immer noch ein Gesetz erkennbar: Die Guten sind Verlierer, weil sie womöglich zu gewissenhaft handeln, und die Bösen sind erfolgreich, weil sie »über Leichen gehen«. Das ist zwar eine moralisch perverse Ordnung, aber immerhin eine Ordnung. Wer sie durchschaut, kennt sich in der Welt aus. Mose kann aber gar kein Gesetz erkennen: Manchmal geht es den Guten gut, manchmal schlecht; manchmal den Schlechten schlecht, manchmal gut. Kurz, die Welt stellt sich ihm als ein moralisches Chaos dar. Die Antwort, die Mose nach dem Talmud von Gott bekommt und die an die Atwort des Raw Owadja Josef erinnert, versucht, die moralische Ordnung der Welt zu retten, indem sie nicht nur die persönliche Unschuld oder Schuld des Einzelnen, sondern auch die Generationen übergreifenden Schicksale in Rechnung stellt. Es ist allerdings zweifelhaft, ob die Moral mit der Annahme gerettet werden kann, dass der Einzelne Verdienste genießt, die er gar nicht selbst erworben hat, und für Sünden haftbar gemacht wird, die er gar nicht selbst begangen hat. Es ist jedoch wichtig zu erkennen, dass diese Aussage eine einzelne Stimme ist, der sogleich widersprochen wird und zwar mit dem eben von uns vorgebrachten Einwand. *»Dem ist doch nicht so, es heißt ja: ‚Er sucht heim die Sünde der Väter an den Kindern' (Ex 34,7; Dtn 5,9); dagegen heißt es: ‚Nicht sollen Kinder wegen der Väter getötet werden' (Dtn 24,16); worauf wir fragten, diese Schriftverse widersprechen ja einander, und antworteten: es sei kein Widerspruch: der eine (Schriftvers spricht), wo sie noch an den Werken ihrer Väter festhalten, der andere aber, wo sie an den Werken ihrer Väter nicht mehr festhalten. Vielmehr, so sprach er zu ihm: ‚Der Gerechte, dem es wohl ergeht, ist ein vollkommen Gerechter, der Gerechte, dem es schlecht geht, ist ein unvollkommen Gerechter; der Frevler, dem es wohl ergeht, ist kein vollkommener, der Frevler, dem es schlecht geht, ist ein vollkommener Frevler'«* (ebd.). Diese Meinung beruht also auf dem Prinzip, dass Lohn und Strafe in der Welt nur auf ein zurechenbares Verdienst oder eine zurechenbare Schuld folgen. Gewiss, die Bibel scheint gelegentlich die Lehre von der Kollektiv- und Erbschuld zu vertreten. Wenn sie z. B. in den zehn Geboten sagt, dass der eifernde Gott *»die Missetat der Väter heimsucht bis ins dritte und vierte Glied an den Kindern derer, die mich hassen«* (Ex 20,5). Aber der Prophet sagt gegen diese verbreitete Lehre ausdrücklich, dass die Zähne der Kinder nicht stumpf würden wegen der sauren Trauben, die die Väter gegessen haben (Ez 18,1), d.h., jeder büßt für seine eigenen Sünden. Nach unserer Stelle wird der Widerspruch nach dem angeführten Prinzip ausgeglichen: Die Kinder büßen nur dann für ihre Väter, wenn sie das Gleiche tun, wofür eine gewisse Wahrscheinlichkeit spricht. Es gibt z.B. keine Kollektiv- und Erbschuld der Deutschen für die

NS-Verbrechen an den Juden, wenn sich aber junge Nazis mit den Taten ihrer Väter und Großväter identifizieren, dann verfallen sie der gleichen Schuld. Ja, ihre Schuld ist noch größer, denn im Gegensatz zu ihren Vätern und Großvätern können sie sich nicht auf Unwissen oder Zwang berufen, sie stimmen völlig frei und im vollen Wissen der Verbrechen zu. Wenn wir aber dieser Erklärung folgen, wenn jedem nur das widerfährt, was er verdient, dann stellt sich wieder die Frage Ijobs. Hier meldet sich im Talmud eine dritte Ansicht zu Wort und widerspricht: *»Rabbi Me'ir sagte: Zwei Dinge gewährte er Mose, und das eine gewährte er ihm nicht, denn es heißt: ‚Ich bin gnädig, dem ich gnädig sein will' (Ex 33,19), obgleich er dessen nicht würdig ist; ‚und ich erbarme mich, dessen ich mich erbarmen will' (ebd.), obgleich er dessen nicht würdig ist«* (ebd.). Nach dieser Ansicht hat Gott Mose die letzte Bitte: *»Lass mich erkennen deine Wege«* (Ex 33,13) nicht erfüllt. Es gibt nach ihm keine rationalen Erklärungen für das Leiden in der Welt, wir müssen sie als unbedingten Willen Gottes hinnehmen und dürfen mit ihm nicht rechten. Diese Position entspricht auch der des Apostels Paulus (Röm 9,19-24). Das Judentum zeichnet sich also nicht etwa durch eine »Lohnmoral« gegenüber dem paulinischen Christentum aus, sondern es enthält alle möglichen Antworten, die rationalistischen und fideistischen, es kennt alle möglichen religiösen Haltungen, den Hader und die Ergebung – und das kann in einer monotheistischen Religion auch nicht anders sein.

2. Bekenntnis

Im zweiten Abschnitt des Buches Deuteronomium, oder wie es auf hebräisch heißt: »*D'warim*«, »*Worte*«, steht der erste Absatz des jüdischen Glaubensbekenntnisses: *»Höre, Israel! Der Herr ist unser Gott, der Herr ist einzig. Du sollst den Herren, deinen Gott, lieben, mit deinem ganzen Herzen, mit deiner ganzen Seele und mit deinem ganzen Vermögen. Und diese Worte (D'warim), die ich dir heute befehle, sollen dir im Herzen bleiben. Du sollst sie deinen*

Kindern einschärfen und von ihnen sprechen, wenn du in deinem Haus weilst und wenn du unterwegs bist, wenn du dich niederlegst und wenn du aufstehst. Du sollst sie zum Zeichen an deine Hand binden, und sie sollen als Denkband zwischen deinen Augen sein. Du sollst sie auf den Pfosten deines Hauses und an deine Tore schreiben« (Dtn 6,4-8). Juden führen diese Vorschriften ganz wörtlich aus und vergegenwärtigen sich mit ihrer Hilfe dauernd jene »*Worte*«: Sie sprechen sie zweimal täglich im öffentlichen Morgen- und Abendgottesdienst, binden sie mit Riemen an Arm und Stirn (*T'filin*) und befestigen sie in Kapseln an Türpfosten (*Mesusot*). Es sind die ersten, die sie lernen, die letzten, die sie abends vor dem Einschlafen sprechen, und schließlich die letzten, die sie in ihrem Leben hören. Mit ihnen auf den Lippen gingen die jüdischen Märtyrer in den Tod. Es ist kein Zufall, wenn der ganze Talmud mit der Frage anfängt: »*Von welcher Zeit ab liest man das ‚Höre Israel' am Abend?*« (mBer I,1). Von welchen »*Worten*«, »*D'warim*« spricht das Sch'ma? – vermutlich nicht vom Einheitsbekenntnis »*Höre Israel*« selber, sicher nicht vom Befehl, jederzeit an sie zu denken, sondern wohl von allen »*Worten*« des Buches Worte, von allen Geboten des fünften Buches Mose. Der zweite längere Absatz des Glaubensbekenntnisses beginnt deshalb auch wie folgt: »*Wenn ihr nun auf meine Gebote höret, die ich euch heute gebe* (...)« (Dtn 11,13-14). Trotzdem bezieht man »*diese Worte*« gewöhnlich auf das Glaubensbekenntnis selbst, das eine außerordentliche Stellung im jüdischen Leben erlangt hat.

Unter den 4875 Versen der Tora ist das Bekenntnis »*Höre, Israel!*« besonders ausgezeichnet. Zwar belehrt uns Maimonides, dass dieser Vers nicht wichtiger sei als alle anderen, weil nach der jüdischen Hermeneutik unter den Versen sozusagen Demokratie herrsche und jeder beliebige Vers jederzeit zur Mitte der ganzen Schrift werden könne (Glaubensartikel 8), aber auch nach Maimonides drückt dieser Vers die vornehmste Wahrheit der monotheistischen Religion aus (Hilchot Jessode HaTora 1,7). Dabei ist eigentlich gar nicht klar, was er bedeutet. Auf hebräisch besteht er aus sechs Wörtern: »*Sch'ma Jisrael Adonai Eloheinu, Adonai Echad*«, die wir vorläufig mit: »*Höre Israel, der Herr, unser Gott, der Herr ist einzig*« (Dtn 6,4) übersetzt haben. Diese Übersetzung ist nicht zwingend. Bereits im Original lesen wir nicht, was eigentlich dasteht. An Stelle des zweimaligen: »*Adonai*« – »*der Herr*« in den christlichen und: »*der Ewige*« in den jüdischen Übersetzungen – steht nämlich im Original der für Juden unaussprechliche vierbuchstabige Eigenname des biblischen Gottes (JHWH), den christliche Bibeln »*Jehowa*« oder »*Jahwe*« vokalisieren. Außerdem kann das letzte Wort »*Echad*«, auf das es in diesem monotheistischen Glaubensbekenntnis vor allem ankommt, sowohl mit »*eins*« als auch mit »*einer*«, »*einzig*« oder »*allein*« übersetzt werden. Die grammatikalische Hauptschwierigkeit des Satzes ist aber, dass es sich um einen Nominalsatz ohne Verb handelt, so dass gar nicht feststeht, worin die Satzaussage besteht. Wollte man möglichst originalgetreu übersetzen, so müsste man mit Martin Buber und Franz Rosenzweig an der Grenze des Nonsens sagen: »*Höre Israel, ER unser Gott, Er einer!*«. Je nachdem, wo nun in der Übersetzung das Verb »*ist*« eingesetzt wird, ergeben sich drei oder vier ganz verschiedene Satzbedeutungen.

Wenn man das fehlende Verb, erstens, zwischen dem ersten »*Herr*« und »*unser Gott*« einsetzt, dann lautete die Übersetzung: »*Höre Israel, der Herr* (**ist**) *unser Gott, der Herr allein*« (Ibn Esra, Raschbam, Schadal). Somit würde der Satz aussagen, dass ausschließlich der genannte Gott der Gott Israels sei. Es gibt möglicherweise viele Götter und jedes Volk besitzt einen eigenen, Israel hängt aber ausschließlich nur diesem, seinem Gott an. Das entspräche dem Sinn der rhetorischen Frage des Propheten: »*Ob je ein Volk vertauscht hat Götter?*« (Jer 2,11). Die Religionswissenschaftler nennen einen solchen exklusiven Glauben an einen Gott, der die Existenz anderer Götter gleichwohl nicht leugnet: »*Henotheismus*«, Eingottglauben oder »*Monolatrie*«, Eingottverehrung.

Setzt man das fehlende Verb hingegen zwischen dem zweiten »*Herr*« und dem Eigenschaftswort »*einzig*« ein, wie in der Übersetzung: »*Höre Israel, der Herr, unser Gott, der Herr* (**ist**) *einzig*« (S. Bamberger, Siddur *Sfat Emet*), dann ergibt sich der weitere Sinn, dass der genannte Gott Israels der eine und einzige überhaupt ist und dass er jede Vielheit der Götter und jede Vielfalt des Göttlichen ausschließt. Unser Vers wäre in diesem Fall die Formel des reinen Monotheismus und entspräche jenem Wort des Propheten, das gleichfalls in diesem Abschnitt vorkommt, »*dass der Ewige der wahre Gott ist und keiner außer ihm*« (Dtn 4,35). Man könnte in diesem Fall das zweite »*Herr*« nicht als Wiederholung des ersten auffassen, sondern als Teil der Satzaussage, wie in der Übersetzung: »*Höre, Israel, der Herr, unser Gott,* (**ist**) *ein einiges, ewiges Wesen*« (Moses Mendelssohn, Leopold Zunz). Diese Übersetzungsmöglichkeit käme besonders dem Bedürfnis der Philosophen entgegen, weil sie das **Be**kenntnis in eine **Er**kenntnis über das höchste Wesen verwandelt. Der jüdische Philosoph Maimonides schreibt in diesem Sinne: »*Dieser Gott ist Einer* (...) *und Seiner Einheit gleicht unter allen Einheiten der Geschöpfe keine. Seine Einheit ist weder die einer Gattung, welche noch Einzelne in sich begreift, noch die eines Körpers, der Teile und Glieder hat, sondern diejenige Einheit, der keine zweite in der Welt zu vergleichen ist*« (Hilchot Jessode HaTora I, 7). Der biblische Text allein lässt allerdings keine Entscheidung darüber zu, ob unser Vers den partikularistischen Gott der Väter oder den universalistischen Gott der Philosophen meint.

Es gibt noch eine dritte Übersetzung, welche die beiden vorigen verbindet. Das fehlende »*ist*« kann gleichzeitig an den beiden möglichen Stellen eingesetzt werden, wie in der Übersetzung: »*Höre, Israel! der Ewige* (**ist**) *unser Gott, der Ewige* (**ist**) *Einer*« (J. Wohlgemuth, J. Bleichrode). Nach einigen Erklärern bezeichnen aber die beiden Zeitwörter nicht die gleiche Zeit, sondern das eine die Jetztzeit und das andere die Heilszeit. Zunächst sei der genannte Gott in der Tat nur »*unser*« Gott, der Gott Israels, doch dereinst werde er der eine, einzige Gott der ganzen Menschheit werden, nach den Prophetenworten: »*Dann werde ich die Lippen der Völker verwandeln in reine Lippen, damit alle den Namen des Herren anrufen und ihm einmütig dienen*« (Zef 3,9); »*Dann wird der Herr König sein über die ganze Erde. An jenem Tag wird der Herr der Einzige sein und sein Name der Einzige*« (Sach 14,9). Demnach würde unser Vers die geschichtliche Umwandlung des Heno- in den reinen Monotheismus ausdrücken (z. B. Raschi, Komm. z. St.), ein Prozess, bei dem die Empfänger der Botschaft: »*Höre, Israel*« eine führende Rolle spielen.

Für die letzte Deutung spricht die traditionelle Schreibweise des Verses, bei der der Endbuchstabe »*A*« (*Ajin*) des ersten Wortes »*Sch'ma*«, »*Höre!*« und der Endbuchstabe »*D*« (*Dalet*) des letzten Wortes »*Echad*«, »*Einer*« überdimensional groß geschrieben werden. Zusammen ergeben diese Buchstaben das hebräische Wort

»*Ed*«, »*Zeuge*«. Die monotheistische Erkenntnis muss bekannt, äußersten Falls mit dem Leben bezahlt werden. (Das meint auch der neutestamentliche Begriff des »Märtyrers«, was wörtlich »Zeuge« heißt.) Wie der Prophet sagt: »*Ihr seid meine Zeugen, spricht der Herr* (...), *damit man erkennt und mir glaubt und einsieht, dass ich bin. Vor mir war kein Gott gebildet, noch wird es nach mir einen geben. Ich, ich allein bin der Herr* (...) *und ihr seid meine Zeugen, spricht der Herr, und ich bin Gott (Atem Edai ... WaAni El)*« (Jes 43,10-13). Ein kühner Kommentar unserer Weisen, auf dem wir schon im ersten Teil im Abschnitt über die *Heiligung des Namens* hingewiesen haben, fügt hinzu: »*Wenn ihr meine Zeugen seid, so bin ich Gott, und wenn ihr nicht meine Zeugen seid, so bin ich nicht Gott*« (Sifre zu 5. Mose 33,5, Jalkut zu Jes 43,10). So gesehen, wäre das *Sch'ma Jisrael* die programmatische Losung der monotheistischen Mission. Die Vielheit der natürlichen Mächte und der geschichtlichen Herrscher muss noch überwunden werden. Im Mittelalter glaubten die meisten Menschen, es sei bald so weit. Der biblische Monotheismus war auf der ganzen Welt auf dem Vormarsch und der Polytheismus bis an die Ränder der Erde zurückgedrängt (Maimonides, Führer der Verirrten III, 29). Der **eine** Gott schien wie die **eine** Natur, die **eine** Vernunft, die **eine** Menschheit, die **eine** Welt und das **eine** Ziel der Geschichte bereits zu den endgültigen Errungenschaften zu gehören. Doch der Polytheismus der alten Welt hat in der Moderne wieder große Fürsprecher gefunden. Schiller klagt in seinem Gedicht *Götter Griechenlands*: »*Freundlos, ohne Bruder, ohne Gleichen,/ Keiner Göttin, keiner Ird'schen Sohn,/ herrscht ein Andrer in des Aethers Reichen,/ Auf Saturnus umgestürztem Thron./ Selig, eh sich Wesen um ihn freuten,/ Selig im entvölkerten Gefild,/ Sieht er in dem langen Strom der Zeiten – sein eigenes Bild* (...)« (1788, Urfassung). Der große französische Orientalist Ernest Renan betrachtet den Monotheismus als Sieg der Wüste über die Kultur und ruft aus: »*Die Wüste ist monotheistisch!*« und Friedrich Nietzsche spricht geradezu vom langweiligen »***Monotono****theismus*«. Dass der Monotheismus auch nach den jüdischen Weisen keineswegs eine endgültige Errungenschaft, sondern ein stets gefährdeter Besitz ist, zeigt eine andere Deutung der erwähnten überdimensionierten Endbuchstaben des *Sch'ma Jisrael*. Danach werden die Endbuchstaben ע

(*Ajin*) von שמע, »*Höre!*« und ד (*Dalet*) von אחד, »*Einer*« größer geschrieben, weil sonst eine Verwechslung mit dem lautlich ähnlichen Buchstaben א (*Alef*) und dem schriftlich ähnlichen Buchstaben ר (*Resch*) drohen. Das ר (*Resch*) unterscheidet sich vom ד (*Dalet*) nur durch die Abrundung einer Ecke. Das Wort »*Sch'ma*« mit dem Endbuchstaben א (*Alef*), würde aber nicht: »*Höre*«, sondern: »*Vielleicht*« und das Wort »*Echad*« mit dem Endbuchstaben ר (*Resch*), nicht mehr »*einer*«, sondern »*Acher*«, »*anderer*« bedeuten, so dass aus dem ehernen, monotheistischen Glaubensbekenntnis ganz leicht der Glaubenszweifel würde: »*Vielleicht, Israel, ist der Herr, unser Gott, ein anderer Herr*« (Eleasar v. Worms, Perusch HaRockeach III, 185). Es reicht, so könnte man sagen, die Abschleifung einer Ecke und Kante des Monotheismus, ein kleiner Kompromiss mit den Mächten dieser Welt, um wieder in den alten polytheistischen Irrtum zurückzufallen. Der nächste Vers des »*Höre Israel!*«: »*Du sollst den Ewigen, deinen Gott, lieben, mit deinem ganzen Herzen, mit deiner ganzen Seele und mit deinem ganzen Vermögen*« (Dtn 6,5) schärft deshalb ein, dass der Monotheismus den Einsatz aller unserer Gefühle – der guten, wie der schlechten (mBer IX,5) –, unseres Lebens (bBer 61b) und unseres gesamten Besitzes verlangt. Das Bekenntnis selber bleibt aber vieldeutig! Vielleicht gelingt es uns wenigstens, den Sinn, den ihm die Tradition gab, noch etwas genauer zu bestimmen.

Die Rabbinen deuten das Aussprechen des »*Höre Israel!*« als »*Annahme des Jochs des Himmelskönigtums*« (*Jekabbel Alaw Ol Malchut Schamajim*). Es handelt sich für sie also weder um eine theologische Aussage über die Einheit Gottes, noch um eine mystische Aussage über die Ausschließlichkeit der Gottesliebe, sondern um einen politischen Ausruf der Alleinherrschaft Gottes über sein Volk.[212] Auch hierfür finden die Rabbinen eine Bestätigung im Buchstaben des Bekenntnisses, denn das hebräische Wort »*Höre*!«, שמע ist, umgekehrt gelesen, ein Kürzel des Ausdrucks: »*Joch des Himmelskönigtums* (*Ol* על *Malchut* מלכות *Schamajim* שמים)«. Die politische Sinngebung des Bekenntnisses wird durch eine Formel ausgedrückt, die im Gebet gewöhnlich still zwischen dem Imperativ »*Höre, Israel!*« und dem Gebot der Gottesliebe und nur einmal im Jahr, am Schluss des Versöhnungstages, laut gesprochen wird.

Diese Formel lautet: »*Gelobt sei der herrliche Name seines Reiches immer und ewig*« (*Baruch Schem Kewod Malchuto LeOlam WaEd*) und war im Tempel der übliche Respons der Gemeinde, wenn die Priester den Gottesnamen aussprachen (bTaan 16b), so wie wir heute in der Synagoge auf den Gottesnamen mit der Formel: »*Gesegnet sei er und gesegnet sei sein Name*« (*Baruch Hu UWaruch Schemo*) reagieren. Es gibt viele historische Spekulationen darüber, weshalb diese Formel im Einheitsbekenntnis eingeschaltet wurde. Einige Wissenschaftler behaupten, sie sei stiller Protest gegen die falschen Herrscher auf dem Thron Davids aus der Zeit der hasmonäischen und herodianischen Könige, andere, sie sei ein gelegentlich lauter Protest gegen die Gleichsetzung des »Herren« mit Jesus Christus in der Zeit der Kirchenväter gewesen.[213] In jedem Fall bestätigen diese Spekulationen den politischen Aspekt des Bekenntnisses: Es geht nicht nur um Gott selbst, sondern auch um sein Reich. Wenn wir das Bekenntnis in diesem Geist sprechen, dann bekennen wir, dass wir sozusagen Bürger des Gottesstaates sind und uns seinen Gesetzen unterwerfen. Wenn wir aber den politischen Sinn des Bekenntnisses übersehen, dann hängt die ganze Gesetzesreligion in der Luft. Die Rabbinen haben dieses Bedingungsverhältnis aus der Abfolge der beiden ersten Absätze des Glaubensbekenntnisses: »*Höre, Israel! Der Ewige ist unser Gott, der Ewige ist einzig.* (...)« (Dtn 6,4) und: »*Wenn ihr nun auf meine Gebote höret, die ich euch heute gebe* (...)« (Dtn 11,13-14) abgeleitet und in der Mischna ausdrücklich gelehrt, erst kommt das Joch des Himmelskönigtums (*Jekabbel Alaw Ol Malchut Schamajim Tchila*) und danach das Joch der Gesetze (*Ol Mizwot*) (mBer II, 2). Die Anerkennung des Herrschers ist die logische Voraussetzung der Annahme des Gesetzes! In diesem Sinn beginnt z. B. eine gängige Gesetzessammlung von R. Schlomo Ganzfried mit folgender Reflexion: »,*Ich habe den Herren stets vor Augen*' (Ps 16,8), *das ist eine wichtige Regel in der Tora* (*K'lal Gadol BaTora*) *und gehört zu den Eigenschaften der Frommen, die vor Gott wandeln. Denn es ist nicht das Sitzen des Menschen, seine Bewegung und sein Benehmen, wenn er allein zu Hause ist, gleich seinem Sitzen, seiner Bewegung und seinem Benehmen, wenn er sich vor einem großen König befindet. Ebenso sind seine Rede und das Öffnen seines Mundes, wenn er mit seiner Familie und seinen Verwandten zusammen ist, nicht so, wenn er im Rat des Königs verweilt; denn dann achtet er bestimmt auf alle seine Bewegungen und Worte, dass sie wohl bemessen seien. Um so mehr, wenn der Mensch bedenkt, dass der große König, der Heilige, gelobt sei Er, dessen Herrlichkeit die ganze Erde erfüllt, bei ihm steht und seine Handlungen sieht, wie es heißt, ‚kann sich wohl ein Mensch im Geheimen verbergen, dass ich ihn nicht sähe, spricht der Herr, da Himmel und Erde von mir erfüllt sind!'* (Jer 23,24). *Dann werden sicher Ehrfurcht und Demut aus Furcht vor dem Herren, gepriesen sei Er, über ihn kommen und er wird sich vor ihm schämen*« (Kizzur Schulchan Aruch, I,1). Der gesetzestreue Mensch ist der sprichwörtliche gläserne Mensch unter dem wachsamen Auge des Herren. Diese Einleitung von R. Schlomo Ganzfried ist in Wirklichkeit ein Zitat der ersten kritischen Anmerkung von R. Moses Isserles (ReMA, 1525-1572) zum grundlegenden und verbindlichen Gesetzeskodex *Schulchan Aruch* des Josef Karo (Beit Josef, 1488-1575) und diese Anmerkung ist wiederum nichts anderes als ein verkürztes Zitat aus dem »*Führer der Verirrten*« des Moses Maimonides (RaMBaM, 1138-1204). Wenn wir dort nachlesen, dann treten die politischen Implikationen des Bekenntnisses deutlich hervor: »(...) *derjenige,* (...) *der in Wahrheit ein Mann Gottes werden will, (muss) aus seinem Schlafe erwachen und erkennen, dass der mächtige König, der ihn immer beschirmt und mit ihm verbunden ist, mächtiger ist als alle Könige von Fleisch und Blut, und wären sie selbst David und Salomo.* (...) *Und diese Bedeutung, auf die ich dich aufmerksam mache, hat auch die Ausübung aller praktischen Gebote der H. Schrift, denn durch diese praktischen Einzelvorschriften und ihre beständige Ausübung gewöhnen sich die auserwählten Frommen,* (...) *Gott zu fürchten und sich vor ihm zu scheuen, zu wissen, wer bei ihnen ist, und somit das Geziemende zu tun*« (III,52, dtsch. v. A. Weiss).

Herrschaftsattribute kennzeichnen die gesamte biblische und jüdische Liturgie, und weil uns der höfische Stil fremd geworden ist, neigen wir dazu, sie politisch nicht ernst zu nehmen, sondern als altfränkisches Zeremoniell abzutun. Doch, wie sich zeigt, müssen diese Formeln ernst genommen werden. Der herrscherliche Aspekt Gottes tritt besonders stark im Neujahrsgottesdienst hervor, wo ihm als Schöpfer und Richter gehuldigt wird. In dem bezeichnenderweise »*Malchujot*«, »*Königtümer*« genannten Gebet werden die zehn prominentesten biblischen Verse zusammengetragen, in denen Gott als König angesprochen wird: »*Der Herr wird König sein immer und ewig*« (Ex 15,18); »*Erhebet, ihr Tore, eure Häupter, und raget empor, ewige Pforten, dass einziehe der König der Ehre. Wer ist der König der Ehre? Der Herr, gewaltig und stark! Der Herr, ein Held des Krieges*« (Ps 24,7-8), »*Also spricht der Herr, der König Israels, und sein Erlöser, der Herr der Herrscharen: Ich bin der Erste und ich bin der Letzte und außer mir gibt es keinen Gott*« (Jes 44,6) usw.. Diese Aufzählung wird mit einem Gebet eingeleitet, das seit dem Mittelalter jeden Gottesdienst abschließt und dem »*Höre, Israel!*« den Rang als Bekenntnis der Juden fast streitig gemacht hat. Wir zitieren dieses Gebet, das auch ein politisches Nachspiel hatte, in seiner ursprünglichen Fassung und in seiner vollen Länge. Sein erster Abschnitt lautet: »*An uns ist es (Aleinu), den Herren des Alls zu preisen, dem Schöpfer des Anfangs Größe zu geben, dass er uns nicht geschaffen hat wie die Völker der Länder, uns nicht hat werden lassen wie die Völkerfamilien der Erde, unseren Teil und unser Los nicht mit dem ihrer ganzen Menge gleichgesetzt hat. Denn sie bücken sich vor Eitlem und Leerem (WaRik,* וריק*) und beten zu einem Gott, der nicht hilft. Wir aber bücken uns, werfen uns nieder und danken dem König aller Könige, dem Heiligen, gelobt sei Er, der den Himmel spannt, die Erde gründet. Der Sitz seiner Ehre ist im Himmel oben, die Gegenwart seiner Macht ist in den höchsten Höhen. Er ist unser Gott – keiner sonst. In Wahrheit ist er unser König, nichts besteht außer Ihm, wie es in seiner Tora geschrieben steht: ‚Erkenne es heute, nimm es dir zu Herzen, dass der Herr, Er, der Gott ist im Himmel oben und auf der Erde unten – keiner sonst*« (Dtn 4,39). Es ist verständlich, dass eine solche geradezu aggressive Proklamation Gottes zum König des Volkes Israel unter Ausschluss aller übrigen Völker bei Nichtjuden Ärger erregen konnte. Schon bald nach der Aufnahme in die tägliche Liturgie um das Jahr 1300 denunzierte ein getaufter Jude dieses Gebet als Blasphemie gegen das Christentum. Als Beweis führte er an, dass der Zahlenwert des hebräischen Wortes »*WaRik*«, וריק »*und Leerem*« im Satz: »*sie bücken sich vor Eitlem und Leerem (WaRik)*« den gleichen Zahlenwert habe wie der Name »*Jeschu*, »*Jesus*«, ישו = 316. Hinzu kam, dass das Wort »*Rik*«, an das Wort »*Rok*«, »*Speichel*« erinnerte und Juden aus Abscheu vor den Götzen bei diesem Wort auszuspucken pflegten. Am Anfang des 18. Jahrhunderts denunzierte Johann Andreas Eisenmenger diesen Brauch in seinem Machwerk »*Entdecktes Judentum*« als Verhöhnung des Christentums.[214] Die preußischen Behörden bestellten daraufhin Aufseher, die in den Synagogen darüber wachten, dass dieser Passus nicht gesprochen werde. Es half nichts, wenn Juden erklärten, dass der beklagte Passus nicht ihre Erfindung sei, sonders von Jesaja (45,20) stamme, der sechshundert Jahre vor Jesus gelebt habe und ihn nicht gemeint haben konnte. Die preußische Zensur rügte im Jahrhundert der Toleranz immer wieder das jüdische Gebet (1716, 1750), bis die europäischen Juden den Satz schließlich strichen. Dabei hätte jeder Christ, ja jeder aufgeklärte Deist das *Aleinu*-Gebet mitsingen können. Die enge partikularistische Perspektive des ersten Abschnitts weitet sich im zweiten Abschnitt zum wunderbaren Panorama eines universalistischen Himmelskönigtums. Der Abschnitt lautet: »*Deshalb hoffen wir auf Dich, Herr, unser Gott, Dich bald in der Herrlichkeit Deiner Stärke zu sehen, um Götzen von der Erde zu beseitigen, Abgötter gänzlich auszurotten, die Welt zu vervollkommnen als Reich des Allmächtigen; und dass alle Sterblichen Deinen Namen anrufen, alle Frevler der Erde sich Dir zuwenden; alle Bewohner der Welt werden erkennen und wissen, dass jedes Knie sich vor dir beugt, jede Zunge Dir schwört. Vor Dir, Herr, werden sie knien und sich niederwerfen und der Herrlichkeit deines Namens Ehre geben, und alle werden das Joch deines Königtums auf sich nehmen. Du wirst bald für immer und ewig über sie regieren, denn Sein ist die Herrschaft, immer und ewig wirst Du in Ehren regieren, wie es in Deiner Tora geschrieben ist: ‚Der Ewige wird in alle Ewigkeit regieren‘* (Ex 15,18). *Wie es heißt: ‚Der Ewige wird König über die ganze Erde sein, an jenem Tag werden Er und Sein Name einzig sein‘* (Sach 14,9).«

Über den politischen Sinn des jüdischen Bekenntnisses besteht eine seltsame Einmütigkeit zwischen jüdischen Apologeten, Gesetzeslehrern, Ketzern, Aufklärern und Antinomisten, die allesamt zu einem ähnlichen Ergebnis gelangen. Ein kleiner, ganz unwahrscheinlicher Querschnitt kann das belegen. Der antike jüdische Historiker Flavius Josephus (37/38 bis ca. 100 n.) schreibt in einer Schrift zur Verteidigung des Judentums: »*In Bezug auf die Lebens-*

weise sieht man bei uns keine Verschiedenheit; vielmehr ist unser aller Thun ein gemeinsames, getragen von dem einheitlichen, dem Gesetz entsprechenden Bekenntnis, dass Gottes Auge alles sieht« (Gegen Apion, ca. 96 n., II,19). Dann beschreibt er die penible Reglementierung der »*häuslichen Lebensweise*« unter dem Auge Gottes: »*Unser Gesetzgeber dagegen hat (...) nichts, auch nicht das geringste der Wahl und Willkür derer überlassen, für die seine Gesetze bestimmt waren. Ja, selbst bezüglich der Speisen, welche man essen dürfe und welche nicht, der Personen, die an dieser Lebensweise teilnehmen sollten, der Mühen, Anstrengungen in den einzelnen Gewerben, und wiederum bezüglich der Erholung von den Mühen stellte er in seinem Gesetz eine Regel und Richtschnur auf, damit wir unter ihm wie unter einem Vater und Gebieter leben und weder absichtlich noch aus Unwissenheit sündigen möchten*« (II,17). Josephus, der Erfinder des Begriffs »*Theokratie*« (ebd. II, 16, s. w. u.), vergleicht das mosaische Gesetz mit Verfassungen der antiken Poleis und dem Kult der Mysterienreligionen: »*Wo wäre demnach eine gleich ehrwürdige Staatsverwaltung zu finden? Wo eine, die mit der Ehrfurcht gegen Gott in schönerem Einklang stände? Wenn alle Schichten des Volkes zur Frömmigkeit erzogen werden, (...) – sieht das nicht aus, als ob das gesamte öffentliche Leben eine einzige heilige Festfeier wäre? Was Fremde unter dem Namen Mysterien und Weihen in wenigen Tagen begehen, ohne es jedoch dauernd in ihrem Herzen bewahren zu können, daran halten wir mit jubelnder Freude und unverrückten Sinnes allzeit fest*« (Contra Apionem II,22). Der aus der jüdischen Gemeinde Amsterdam ausgestoßene Baruch Spinoza (1632-1677) nennt dieses Gesetz in seinem Theologisch-Politischen Traktat (1670): »*Schule des Gehorsams*«: »*(...) sie mussten alles nach einer bestimmten Gesetzesvorschrift tun. Sie durften nicht nach Belieben ackern, sondern nur in bestimmten Zeiten und Jahren und immer nur mit einer Art Vieh. Ebenso durften sie auch nur auf eine bestimmte Weise und zu einer bestimmten Zeit säen und ernten, kurz ihr ganzes Leben war eine beständige Übung im Gehorsam. So vollständig waren sie hierdurch daran gewöhnt, dass sie es nicht mehr als Knechtschaft, sondern als Freiheit empfinden mussten, so dass schließlich niemand mehr das Verbotene, sondern jedermann das Gebotene wollte. Nicht wenig hat anscheinend auch der Umstand dazu beigetragen, dass sie zu gewissen Zeiten im Jahre verpflichtet waren, sich der Ruhe und der Freude hinzugeben, nicht um ihrer Neigung, sondern um Gott aus Neigung zu gehorchen. Dreimal im Jahre waren sie die Gäste Gottes, am siebenten Wochentage mussten sie sich aller Arbeit enthalten und sich der Ruhe hingeben, und außerdem waren noch andere Zeiten bestimmt, an denen anständige Lustbarkeiten und Gastmähler nicht nur gestattet, sondern geradezu geboten waren. Ich glaube nicht, dass sich ein wirksameres Mittel denken lässt, die Herzen der Menschen zu lenken. Denn nichts wird die Herzen mehr einnehmen als die Freude, die aus Verehrung, d.h. aus Liebe und Bewunderung zugleich entspringt. Auch konnte nicht leicht aus der Gewohnheit ein Überdruss werden, denn der für die Festtage bestimmte Gottesdienst war selten und abwechslungsreich*« (T.-P. T. XVII, S. 269,11-39). Obwohl er sonst nur schlecht über das Judentum spricht, kann Spinoza hier seine Bewunderung für die mosaischen Gesetze kaum unterdrücken. In seiner *Ethik* hat er schließlich auch nichts anderes gelehrt, als dass sich der Mensch von Gott durchgängig bestimmt begreifen soll. Auch wenn sein Gott kein König, sondern eine unpersönliche Substanz ist, auch wenn seine Ethik weniger eine Politik als eine Physik ist, so laufen doch die beiden Lebensideale der Bibel und der *Ethik* in einer Hinsicht aufs Gleiche hinaus, nämlich auf die ausschließliche Fixierung des Menschen auf Gott. Spinoza war aber so sehr von der politischen Funktion des mosaischen Gesetzes überzeugt, dass er ihm für die Zeit nach dem Untergang des jüdischen Staates jegliche Rechtskraft absprach (T.P.-T. XIX, S. 288,5 ff.). Mendelssohn folgte in seinem Theologisch-Politischen Traktat *Jerusalem, oder über religiöse Macht und Judentum* (1783) bei der Beschreibung der mosaischen Theokratie zwar weitgehend Josephus und Spinoza, er billigte aber der »*mosaischen Verfassung*«, die er in Übersetzung des hebräischen Begriffs *Malchut Schamajim* »*himmlische Politik*« nennt (Jubiläums-Ausgabe, Bd. VIII, S. 196,24), eine bleibende religiöse Bedeutung zu und bezeichnete sie mit einem Wort aus der politischen und höfischen Sphäre als »*Zeremonialgesetz*«.[215] Er verglich den Lebensstil unter dem Gesetz mit einer »*lebendigen* (...) *Art von Schrift*«, die uns dauernd zu religiösen Erkenntnissen und Haltungen anregt: »*Was der Schüler vom Morgen bis Abend that und thun sahe, war ein Fingerzeig auf religiöse Lehren und Gesin-*

nungen, trieb ihn an, seinem Lehrer zu folgen, ihn zu beobachten, alle seine Handlungen zu bemerken, den Unterrricht zu holen, dessen er durch seine Anlagen fähig war, und sich durch sein Betragen würdig gemacht hat« (II, 60). Mendelssohn ist im Gegensatz zu den späteren jüdischen Aufklärern und Reformern für die integrale Bewahrung dieser »Grammatik« des jüdischen Lebens eingetreten. Martin Buber, unser letzter Zeuge, wollte zuvor die *»karge Herrschaft des Zeremonialgesetzes«* stürzen[216] und in einem Brief an Franz Rosenzweig meint er: *»Offenbarung ist nicht Gesetzgebung. Für diesen Satz würde ich in einer jüdischen Weltkirche mit Inquisitionsgewalt hoffentlich zu sterben bereit sein«*,[217] gleichwohl streitet er in seinem Werk *Königtum Gottes* (1932) für die Theokratie: *»Der Bund am Sinai bedeutet, seinem positiven Gehalt nach, dass die wandernden Stämme JHWH ‚auf Weltzeit und Ewigkeit' zu ihrem König annehmen; seinem negativen Gehalt nach bedeutet er, dass kein Mensch König der Söhne Israels heißen soll.* (...) *Es gibt im vorköniglichen Israel kein Aus-sich der Herrschaft, denn es gibt keine politische Sphäre außer der theopolitischen, und alle Söhne Israels sind unmittelbar (kohanim im ursprünglichen Sinn) zu JHWH* (...). *Die Tannaiten werden einst die persönliche tägliche Wiederholung dieses Aktes im Leben jedes Juden, die ‚Annahme des Jochs des Himmelskönigtums' nennen«*.[218] Buber begreift aber, im Gegensatz zu Josephus, Spinoza und Mendelssohn, *»Theokratie«* nicht als eine objektive politische Verfassung unter anderen, sondern als einen integralen *»religiös-politischen Erfüllungswillen«*, der in jeder Phase der Geschichte Israels wirksam war (ebd., S. 547) und eine totale Gottesherrschaft anstrebt, gegen eine Welt, *»die nicht Gottes sein will«* (S. 687). Aber ungeachtet der feinen Unterschiede besteht hier letztlich ein weiter Konsens, der so ganz verschiedene Stimmen wie die von Josephus Flavius, Moses Maimonides, Moses Isserles, Baruch Spinoza, Moses Mendelssohn, Schlomo Ganzfried, Martin Buber und viele andere verbindet. Die Formel für dieses Bekenntnis ist der Name *»Israel«*, *»Gott herrscht«*.

Eine andere typische Formel des Judentums, die im jüdischen Alltag noch häufiger vorkommmt als das *Sch'ma*, bestätigt diese Interpretation. Es sind die im jüdischen Gebet stets wiederkehrenden Wörter: *»Baruch Ata Adonai Eloheinu Melech HaOlam...«*,

»Gesegnet seist Du, Herr, unser Gott, König der Welt …«. Dieser Segensspruch, der mit wechselnden Nebensätzen, wie z.B., *»der das Brot der Erde hervorbringt«* verbunden werden kann, ist der Kernsatz des jüdischen Gebets. Gerade weil diese Formel so häufig vorkommt, achtet keiner mehr auf ihren genauen Wortlaut. Dabei ist sie gewissermaßen die chemische Formel des Judentums. Um sie zu entschlüsseln, müssen wir sorgfältig ihre Elemente analysieren und ihre gedankliche Synthese rekonstruieren. Es besteht kaum die Gefahr, dass wir zuviel in sie hinein interpretieren, denn es handelt sich nicht um eine gedankenlose fromme Floskel, sondern um eine wohlüberlegte Formel, die sich mit der Zeit gegen alle anderen im Umlauf befindlichen Formeln durchgesetzt hat. Im jerusalemischen Talmud sagt ein Rabbi: *»Man muss (im Segensspruch zu Gott) sagen: ‚Du' (Ata)«*, womit dieser Rabbi sich gegen einen anderen wendete, der behauptet hatte: *»Man soll nicht ‚Du' sagen«* (jBer IX, 12d). Im babylonischen Talmud sagt der gleiche Rabbi: *»Jeder Segensspruch, in dem der Gottesname (Adonai) nicht erwähnt wird, ist kein Segensspruch«*. Ein anderer Rabbi fügt hinzu: *»Jeder Segensspruch, in dem das Königtum (Melech HaOlam) nicht erwähnt wird, ist kein Segensspruch«* (bBer 40b). Wir sehen also, dass wir es hier nicht mit irgendwelchen frommen Floskeln zu tun haben, jedes Wort ist vielmehr wohlüberlegt und bewusst gesetzt. Wenn es uns gelänge, die Formel zu entschlüsseln, dann könnte sie uns einen einzigartigen Einblick in das jüdische Verständnis des Monotheismus verschaffen. Nehmen wir als Beispiel den Segensspruch: *»Gesegnet seist Du, Ewiger, unser Gott, König der Welt, der das Brot der Erde hervorbringt.«*

Gleich das erste Wort, *»Gesegnet«* (*Baruch*) bereitet Schwierigkeiten. Soll das heißen, dass wir Gott segnen, dass er Empfänger unserer Segensspendung oder Segenswünsche sein kann? Manche Gelehrte haben darauf hingewiesen, dass der Segen in der Bibel kein leeres Wort ist, sondern ein höchst begehrtes Gut. Man siehe, was der Erzvater Jakob bereit ist zu tun, um den Segen seines Vaters Isaak zu ergattern. Gott segnen würde nach dieser Ansicht bedeuten, dass wir ihm etwas geben im Tausch für das, was wir von ihm bekommen haben – hier also ein Segen für Brot; der Segensspruch wäre eine Art Geschäft mit dem Himmel.[219] Dagegen kann man einwenden, dass das hebräische Partizip *»Gesegnet«* (*Baruch*) nicht die Handlung des Menschen, sondern die Natur Gottes bezeichnet: Gott ist mit allem gesegnet und segnet uns damit – in diesem Fall mit Brot. Nach dieser Deutung würde der Spruch: »*Gesegnet bist du, Ewiger* (...), *der das Brot hervorbringt*« also nicht unseren Segen für Gott, sondern Gottes Segen für uns ausdrücken. Wenn wir nach dieser Deutung das erste Wort des Segensspruchs dennoch auf unsere Handlung beziehen, dann müssten wir statt »*Gesegnet*« »*Gelobt*« oder »*Gepriesen*« übersetzen, was auf Hebräisch durchaus möglich und in vielen Übersetzungen tatsächlich der Fall ist. Der Segensspruch würde dann lauten »*Gelobt, Gepriesen seist du*, (...), *der das Brot hervorbringt*« und die Anerkennung und den Dank für die göttlichen Gaben ausdrücken.

Das zweite Wort »*Du*« (*Ata*) ist, wie die angeführte Talmudstelle zeigt, ganz bewusst eingefügt worden und drückt das persönliche Verhältnis zu Gott aus. Die Beifügung »*Herr*« (*Adonai*) nimmt diese Beziehung nicht etwa zurück, denn in Wahrheit steht hier gar nicht das Wort »*Herr*«, sondern der vierbuchstabige Eigenname Gottes (JHWH), den wir bloß aus Ehrfurcht nicht mehr aussprechen und »*Herr*« lesen. Wir stehen im Gebet mit Gott also auf vertrautem Fuß, wir sind mit ihm gleichsam »*per Du*«.

Die nächste Beifügung »*unser Gott*« (*Elohenu*) bringt demgegenüber eine erste wichtige Einschränkung. Der private Ton, der angeschlagen wurde, lässt hier eigentlich »*mein Gott*« erwarten. Doch der Wechsel von der ersten Person der Einzahl in die erste der Mehrzahl soll gerade einschärfen, dass das persönliche Verhältnis zu Gott sich auf den Gott der Gemeinschaft bezieht, dass Religion nicht Privatsache ist.

Die nächste Beifügung »*König der Welt*« (*Melech HaOlam*) verstärkt den offiziellen Ton noch weiter. Sie wird erst im 3. Jh., nach den vernichtenden Niederlagen der Juden in den Kriegen gegen Rom, zum obligatorischen Bestandteil des Segens. Manche Gelehrte haben daher gemutmaßt, dass diese Beifügung einen Protest gegen den römischen Kaiser ausdrückt, der als Weltherrscher, ja als Gott galt und von dem sein Volk die Brotversorgung erwartete (*panem et circenses*, Brot und Schauspiel, Juvenal 10, 81): »*Gelobt seist Du, Ewiger, unser Gott, König der Welt, der das Brot der Erde hervorbringt*« wäre demnach auch eine politische Kundgebung, ein Akt des Widerstandes gegen die sterblichen Götter dieser Welt.

Die eigentliche *Crux* der Interpretation kommt aber erst im Nebensatz. Während das Verb im Hauptsatz in der zweiten Person steht: »*Gelobt seist Du*«, steht es im Nebensatz in der dritten Person: »*der das Brot der Erde hervorbringt*«. Diesen Wechsel haben sich die mittelalterlichen Ausleger so erklärt, dass man eine Majestät eigentlich nicht Duzen, sondern Siezen sollte. Der Wechsel vom »Du-« zum »Er-Stil« drückt aber, wie der Wechsel vom intimen zum offiziellen Ton, von der individuellen zur kollektiven Ebene, die beiden Seiten des biblischen Gottes aus: Er ist zugleich »*unser Vater*« (*Awinu*) und »*unser König*« (*Malkenu*), er ist mit uns in der Welt und herrscht über die Welt.

Der Mensch ist nach der jüdischen Tradition verpflichtet, »*täglich hundert Segenssprüche zu sprechen*« (bMen 43b) und somit hundertmal die Vaterschaft und Herrschaft Gottes zu bekennen. Zählt man die Segenssprüche in den vorgeschriebenen Gebeten zusammen, so kommt man leicht auf diese Summe, darüber hinaus sind noch Segenssprüche vor dem Genuss oder Geruch von Lebensmitteln (*Birchot HaNehenin*), beim Anblick von außergewöhnlichen Menschen, Dingen oder Naturphänomenen (*Birchot HaRe'ija*) oder vor der Ausübung von Geboten (*Birkat HaMizwot, »Gelobt seist Du, Herr, unser Gott, König der Welt, der uns durch seine Gebote geheiligt hat und uns befohlen hat, ...*) vorgesehen. Wir wollen hier nur eine kleine Auswahl von Segenssprüchen wiedergeben. Beim erstmaligen Genuss einer neuen Frucht, beim Anziehen eines neuen Kleides oder beim Benützen eines neuen Gerätes sprechen wir: »*Gelobt seist Du, Herr, unser Gott, König der Welt, der uns Leben und Bestand gegeben und uns diese Zeit hat erreichen lassen*«; beim Anziehen eines neuen Kleides sagen manche auch noch: »*Gelobt seist Du, Herr, unser Gott, König der Welt, der die Nackten bekleidet.*« Beim Anblick hoher Berge, großer Flüsse, seltener Himmelsphänomene: »*Gelobt seist Du, Herr, unser Gott, König der Welt, der das Schöpfungswerk vollbringt*«; bei Donner, bei starken Stürmen und Erdbeben: »*Gelobt seist Du, Herr, unser Gott, König der Welt, dessen Kraft und Macht die Welt erfüllt*«; beim Anblick des Meeres: »*Gelobt seist Du, Herr, unser Gott, König der Welt, der das große Meer erschaffen hat*«; beim Erblicken des Regenbogens: »*Gelobt seist Du, Herr, unser Gott, König der Welt, der des Bundes gedenkt, treu den Bund hält und sein Wort erfüllt*«; im Frühling beim ersten Anblick blühender Obstbäume: »*Gelobt seist Du, Herr, unser Gott, König der Welt, der nichts in seiner Welt hat fehlen lassen und in ihr gute Geschöpfe und gute Bäume erschaffen hat, von denen die Menschen genießen sollen*«; beim Anblick eines berühmten jüdischen Gelehrten: »*Gelobt seist Du, Herr, unser Gott, König der Welt, der von seiner Weisheit mitgeteilt denen, die ihn fürchten*«; beim Anblick eines bekannten nichtjüdischen Wissenschaftlers: »*Gelobt seist Du, Herr, unser Gott, König der Welt, der seinem Fleisch und Blut von seiner Weisheit gegeben hat*«; beim Anblick wieder erstandener Synagogen: »*Gelobt seist Du, Herr, unser Gott, König der Welt, der verwaiste Stätten wieder herstellt*«; beim Hören einer guten Nachricht: »*Gelobt seist Du, Herr, unser Gott, König der Welt, der Gute, der Gutes erweist*«; einer schlechten Nachricht: »*Gelobt seist Du, Herr, unser Gott, König der Welt, der in Wahrheit richtet*«; beim Wiedersehen eines lange vermissten Freundes: »*Gelobt seist Du, Herr, unser Gott, König der Welt, der die Toten belebt*« usw. Das gebetsmühlenartige Aufsagen von Segenssprüchen ist keine Zwangsneurose, sondern das ununterbrochene politische Bekenntnis der exklusiven Herrschaft Gottes. Die Sprüche erinnern daran, dass die Dinge nicht einfach da und unserer Gewalt ausgeliefert sind; sie erinnern uns ferner daran, dass unsere Handlungen keine Routine sein dürfen, sondern vom Bewusstsein der Gebotserfüllung begleitet sein müssen. Wenn wir den jüdischen Segensspruch als chemische Formel bezeichnet haben, dann ist damit die Umwandlung der gottlosen Dinge, in lauter Zeichen der göttlichen Gnade, der tagtäglichen Routine in lauter Akte des Gehorsams gemeint. Inhaltlich führen diese Segenssprüche alle Dinge auf Gott zurück und vollziehen so praktisch den Monotheismus. Das genaue Gegenstück zum monotheistischen Bekenntnis ist im Deuteronomium der Kampf gegen den Götzendienst (Dtn 7,25; 12,1ff.).

3. Götzendiener

Im vierten Abschnitt des Buches Deuteronomium steht einer der so genannten »Gewalttexte« des »Alten Testaments«. Er handelt von der »*verführten Stadt*« (*Ir HaNidachat*) und lautet: »[13]*Wenn du hörst in einer deiner Städte, die der Ewige, dein Gott, dir zum Wohnen gibt,* [14]*sind nichtswürdige Männer aus deiner Mitte hervorgetreten und haben die Bewohner ihrer Stadt verleitet, indem sie sagten: ‚Lasst uns hingehen und fremden Göttern dienen' – die ihr nie gekannt.* [15]*Und du hast genau nachgeforscht, untersucht und nachgefragt, und siehe, es ist wahr, die Aussage ist begründet, diese Gräueltat ist in deiner Mitte geschehen.* [16]*Dann sollst du die Bewohner dieser Stadt mit der Schärfe des Schwertes schlagen, indem du sie samt allem, was in ihr ist, und ihrem Vieh durch die Schärfe des Schwertes verbannst.* [17]*Alles in ihr Erbeutete aber sollst du mitten auf ihrem Marktplatz anhäufen und dann die Stadt mit allem, was in ihr erbeutet wurde, um des Ewigen, deines Gottes, willen völlig verbrennen; sie soll ein ewiger Schutthaufen bleiben, nie wieder aufgebaut werden.* [18]*Von dem Banngut darf aber nicht das Geringste in deiner Hand zurückbleiben, damit der Ewige von seinem Zorn ablasse und dir Barmherzigkeit gewähre, damit er sich deiner erbarme und dich vermehre, wie er es deinen Vätern geschworen hat.* [19]*Wenn du auf die Stimme des Ewigen deines Gottes hörst, alle seine Gebote, die ich dir heute gebe, beobachtest, wenn du tust, was in den Augen des Ewigen, deines Gottes, recht ist«* (Dtn 13,13-19). Verse, so ganz nach dem Geschmack von Inquisitoren, die sich tatsächlich auf sie berufen haben. Ein klassischer liberaler Leser ergänzt die Stelle im Geist etwa so: »*Wenn du hörst: In einer deiner Städte*« – Denunzianten liegen hier auf der Lauer – (...), »*nichtswürdige Männer aus deiner Mitte* (*sind*) *hervorgetreten und haben die Bewohner ihrer Stadt verleitet*«- Menschen werden wegen ihrer abweichenden religiösen Gesinnung angezeigt – (...), »*und du hast genau nachgeforscht, untersucht und nachgefragt*« – hier tritt der Inquisitor in Aktion – (...), »*dann sollst du die Bewohner dieser Stadt mit der Schärfe des Schwertes schlagen*« – ein heiliger Krieg gegen Andersdenkende wird angezettelt – (...), »*alles in ihr Erbeutete aber sollst du mitten auf ihrem Marktplatz anhäufen und dann die Stadt mit allem, was in ihr erbeutet wurde, um des Ewigen, deines Gottes, willen völlig verbrennen*« – Scheiterhaufen werden zur größeren Ehre Gottes angezündet – (...), »*du tust, was in den Augen des Ewigen, deines Gottes, recht ist*« – und die Mörder haben dabei ein gutes Gewissen -. Eine solche Stelle dürfte nach unserem heutigen Empfinden in der »heiligen« Schrift gar nicht vorkommen und müsste, wenn schon nicht gestrichen, so doch zumindest mit betretenem Schweigen übergangen werden. Aber wir Juden halten die Schrift für eine ewige Weisung und wir dürfen sie nicht nach den gerade herrschenden Anschauungen zensieren. Wir verstehen sie allerdings auch nicht fundamentalistisch, sondern lesen sie nach der Anweisung unserer Weisen, die aus dieser Stelle sehr aktuelle Lehren zu ziehen wussten.

Zunächst einmal zweifeln die Weisen, ob es überhaupt eine »verführte Stadt« geben könne: *»Eine verführte Stadt«*, heißt es im Talmud, *»hat es niemals gegeben und wird es niemals geben«* (tSan XIV,1; bSan 71a). Wenn der Fall aber gar nicht eintreten kann, so kann man sich fragen, wozu steht er in der heiligen Schrift? *»Zu Studienzwecken«* – lautet die lapidare Antwort des Talmud. Wir können aus diesem hypothetischen Fall sehr interessante Schlüsse über die ideologische Verführung, über die Strafprozessordnung, über die Kollektivschuld ziehen. Wie kommt aber der Talmud dazu, den Fall der verführten Stadt kategorisch auszuschließen? Nach der Schrift landet *»alles in ihr Erbeutete«* auf einem Scheiterhaufen, einschließlich der Gottesnamen, die in den Kapseln an den Eingängen der jüdischen Häuser und Wohnungen stehen, was nach dem Talmud auf jeden Fall unzulässig wäre (Dtn 12,4, bSan 113a). Ein kleines *memento dei* am Eingang einer Wohnung schützt also eine ganze vom Glauben abgefallene Stadt vor dem Untergang. Man könnte das auch so formulieren: Die Vernichtung einer ganzen Stadt bedeutet unweigerlich auch die Vernichtung des Gottesnamens. Eine einzelne Stimme in dieser talmudischen Diskussion besteht allerdings darauf, selber auf den Ruinen einer verführten Stadt gesessen zu haben. Auch wir müssen zugeben, dass es immer wieder verführte Städte und Staaten gegeben hat.

Unsere Weisen lesen den biblischen Text allerdings ganz anders als der klassische liberale Leser. Für sie ist er keine Legitimation der Inquisition, sondern ganz im Gegenteil eine vorweggenommene Kritik ihrer berüchtigten Praktiken. In der Bibel hatte es geheißen: *»Wenn du hörst: In einer deiner Städte«* (Dtn 19,13) – unsere Weisen ergänzen: *»Du brauchst also nicht umherzugehen, um dich zu erkundigen«* (SifreDtn §92). Es werden also gerade nicht die Schnüffler und Denunzianten ermuntert. Die biblische Aufzählung: *»du hast genau nachgeforscht, untersucht und nachgefragt«*

(Dtn 19,14), die beim liberalen Leser sofort die Erinnerung an die so genannte *»peinliche Frage«* der Inquisition weckt, veranlasst unsere Weisen zu folgender Differenzierung: Der Ausdruck *»genau nachgeforscht«* bezieht sich auf das Gesetzesstudium der Richter, das Wort *»untersucht«* auf die Befragung der Zeugen und das Wort *»nachgefragt«* schließlich auf die Beratung mit den Beisitzern (SifreDtn §92). Alle diese Tätigkeiten beziehen sich also auf die Richter und die Zeugen und nicht auf die Angeklagten. Die Folter, die im römischen Recht vorgesehen war, ist im jüdischen Recht unbekannt, weil ein Geständnis des Angeklagten, d.h. eine Selbstanklage, vom Gericht nicht verwertet werden kann. Der Talmud sagt, jeder ist sein allernächster Verwandter und Verwandte können vor Gericht nicht als Zeugen auftreten (bSan 9b). Zum Vergleich mit dem Inquisitionsverfahren ist noch die rabbinische Deutung des Verses: *Alles in ihr Erbeutete aber sollst du (...) völlig verbrennen (...). Von dem Banngut darf aber nicht das Geringste in deiner Hand zurückbleiben* (Dtn 19,17) interessant. Die Weisen fügen dem noch hinzu, alles, was aus dem Nachlass der verführten Stadt stammt, und das daraus erwirtschaftete Geld soll ins Tote Meer geworfen werden (SifreDtn §96). Wäre es nicht sinnvoller, das Vermögen zur Bestreitung der Kriegs- und Gerichtskosten zu verwenden? Die Geschichte der Inquisition zeigt, zu welcher Perversion die so genannte *»Konfiskation«* geführt hat. Erst beschlagnahmte man das Vermögen der Ketzer, um sie zu bestrafen, dann erfand man Ketzer, um ihr Vermögen zu beschlagnahmen. Der Historiker der Inquisition Henry Charles Lea schreibt: *»Erst als man durch die Konfiskation die Ketzer zwang, selbst die Mittel zu ihrer Vernichtung zu liefern, als die Habgier dem Fanatismus die Hand reichte und beide zusammen die treibenden Kräfte für die Inquisition wurden, erst da konnte jene hundertjährige nicht nachlassende, erbarmungslose Verfolgung einsetzen«.*[220] Jüdische Exegeten aus der Zeit der Kreuzzüge, die auch Beutezüge waren, kommentieren diesen Vers daher mit folgender erfahrungsgesättigten Bemerkung: *»Damit jeder weiß, dass die Stadt um Gottes willen und nicht um ihres Gutes willen angegriffen worden ist« (Da'at Sekinim MiBa'ale HaTossfot z. St.).*

Dass die rabbinische Starfprozessordnung inhumane Praktiken, wie sie die kirchlichen Gerichte übten, im Prinzip ausschloss, dürfte aber den liberalen Kritiker so genannter biblischer »Gewalttexte« kaum beschwichtigen. Er wird etwa mit Moses Mendelssohn einwenden: »*Bann und Verweisungsrecht* (...) *sind dem Geiste der Religion schnurstracks zuwider*«[221] oder mit Immanuel Kant, dass der »*Ketzerrichter*« immer »*gewissenlos handelt*«[222]. Doch das liberale Pathos der Moderne hat wenig mit ihrer Wirklichkeit zu tun. Schließlich war die Moderne mehr als jede frühere Zeit von besinnungslosem Führerkult und verblendeter Massenhysterie, von Volksverhetzung und fabrikmäßigen Massenmorden gekennzeichnet. Wir täten also gut daran, einen biblischen Text, der sich mit der kollektiven Verführung auseinander setzt, nicht vom Hochsitz unserer Ideale abzukanzeln. Die rabbinische Untersuchung dieses Textes enthält sehr bedenkenswerte Reflexionen über dieses beängstigende Phänomen. Sie erörtert z. B. die Frage, in welchem Verhältnis der Führer zum Kollektiv der verführten Stadt steht. Die Bibel spricht von Verführern in der Mehrzahl (Dtn 13,14), daraus schließen die Weisen, dass der Führer kein Einzeltäter ist, sondern immer ein Kollektiv. Die Führer müssen nach dem Buchstaben des Gesetzes zudem aus der gleichen Stadt stammen (»*ihrer Stadt*«, 13,14) – Verführung ist den Rabbinen zufolge kein zufälliger Überfall auf eine ahnungslose Bevölkerung, sondern kommt aus der Mitte der Gesellschaft. Die Führer stiften ihre Anhänger ferner ausdrücklich an (13,14) und konjugieren ihre Propaganda in der Wir-Form: »*Lasst uns* ...« (13,14). Daraus kann man schließen, dass die Wortführer keine verführten Verführer sind; Führer und Verführte bilden vielmehr ein zurechnungsfähiges Kollektiv, etwa eine Partei mit einem Programm. Schließlich muss ihre Propaganda auch Erfolg haben, Reden allein wären nicht strafbar (SifreDtn §93). Allerdings können alle diese klugen Auslegungen und Erkenntnisse noch nicht den Verdacht der Inhumanität des biblischen Textes völlig zerstreuen.

Nach dem biblischen Text werden nämlich nicht nur die Führer, sondern auch die Verführten bestraft – und zwar, wie es auf den ersten Blick scheint, wahllos: *Dann sollst du die Bewohner dieser Stadt*, heißt es, *mit der Schärfe des Schwertes schlagen, indem du sie samt allem, was in ihr ist, und ihrem Vieh durch die Schärfe des Schwertes verbannst*« (V. 16). Es ist vor allem dieser Punkt, der unseren Gerechtigkeitssinn stört. Billigt die Bibel etwa Kollektiv-

und Erbschuld? Sollen auch unschuldige Frauen und Kinder bestraft werden (s. Diskussion in der tSan XIV, 1)? Heißt es im 5. Buch Mose nicht auch: »*Die Väter sollen nicht für die Kinder noch die Kinder für die Väter sterben, sondern ein jeglicher soll für seine Sünden sterben*« (Dtn 24,16, SifreDtn §94). Redet der Gesetzestext im Vers 16 nicht ausdrücklich von männlichen »*Bürgern*« *(Joschwei HaIr)*? Verheißt er nicht im Vers 18: »*damit der Ewige* (...) *sich deiner erbarme und dich mehre*« – was sich, wie Rabbi Akiwa in einer rabbinischen Diskussion zu dieser Stelle geltend macht, kaum mit einem Massaker an Frauen und Kindern vereinbaren lässt. Nach dem jüdischen Gesetz, wie es Maimonides in seinem Gesetzeskompendium kodifiziert hat, gilt auch für die Bewohner der verführten Stadt das Prinzip der Individualhaftung und Frauen und Minderjährige können nur dann bestraft werden, wenn sie nachweislich dem Führer gefolgt sind. Er sieht folgendes Verfahren für eine verführte Stadt vor: Spricht sich herum, eine Stadt sei verführt worden, so muss sich der Bundesgerichtshof in Jerusalem mit der Anschuldigung befassen. Erweisten sie sich als zutreffend, dann muss die Stadt ausdrücklich verwarnt und zur Umkehr aufgefordert werden. Hilft das nicht, dann werden begrenzte militärische Mittel eingesetzt, um den Gerichten die Arbeit zu ermöglichen. Sobald eine Bresche in die Stadtmauer geschlagen ist, werden ordentliche Gerichte eingesetzt und jeder Einwohner wird einzeln vor Gericht gestellt. Wird der Angeklagte von zwei tauglichen Zeugen überführt, trotz Verwarnung mitgemacht zu haben, dann wird er eingesperrt. Stellt sich heraus, dass die Schuldigen in der Minderheit waren, werden sie als Einzeltäter abgeurteilt, waren sie dagegen in der Mehrheit, dann werden die Angeklagten dem Bundesgerichtshof überstellt, der den Prozess abschließt und ihnen mildernde Umstände zubilligt. Als mildernder Umstand wird ihnen namentlich zugerechnet, wie Rabbiner Samson Raphael Hirsch in seinem Pentateuchkommentar zur Stelle schreibt, dass sie in der Masse mitgerissen worden seien. Die Kollektivbestrafung betrifft nicht eigentlich die Menschen, sondern die Sachen. Das Eigentum der Bürger der Stadt wird vollständig zerstört. Eine individuelle Unschuldsbeteuerung gegen diese Kollektivbestrafung wird mit dem Argument abgewiesen, dass die unbescholtenen Leute nur um des Gewinnes willen in einer solchen Stadt geblieben seien, deshalb sei es auch gerechtfertigt, dass ihr Hab und Gut in die Bestrafung mit einbezogen wird.[223]

Aus dem Blickpunkt der Weisen erweist sich der angebliche »*Gewalttext*« der Bibel also als »*rechtsstaatlicher*« Text, auch wenn uns der Sachverhalt des religiösen Hochverrats fremd geworden ist. Im Altertum mag die verführte Stadt ein rein hypothetischer Fall gewesen sein, für unsere Zeit kann man das leider nicht sagen. Wir dürfen vor lauter Humanität nicht blind werden für die Inhumanität.

4. Götzendienst

Eine Passage im fünften Abschnitt des Buches Deuteronomium gibt vielleicht näheren Aufschluss über das Phänomen des Götzendienstes: »17,2*Wenn in deiner Mitte, in einem deiner Tore, die der Ewige, dein Gott, dir gibt, sich jemand findet, es sei ein Mann oder eine Frau, der tut, was in den Augen des Ewigen, deines Gottes, böse ist, indem er seinen Bund übertritt,* 3*und hingeht, fremden Göttern dient und sich vor ihnen niederwirft, vor der Sonne, dem Mond und dem ganzen Heer des Himmels – was ich verboten habe,* 4*und es dir angezeigt wird, und du es vernimmst, und du genau nachgeforscht hast, und siehe, es ist wahr, die Aussage ist begründet, diese Gräueltat ist in Israel geschehen,* 5*so sollst du jenen Mann oder jene Frau, die etwas so Böses getan haben, vor deine Tore hinausführen (...) und sie steinigen*« (Dtn 16,18 – 21,10). In der Umwelt des alten Israel wurden Sonne, Mond und Sterne als höchste Gottheiten betrachtet und unter verschiedenen Namen und in vielfältigen Formen verehrt. Für den Schöpfer des Himmels und der Erde (Gen 1,1), den Israel als Gott verehrt, sind diese mächtigen Geschöpfe jedoch nichts als untergeordnete Kreaturen (Gen 1,14ff.) – wie denn z. B. auch das hebräische Wort für »*Sonne*«, *Schemesch* wie das hebräische Wort für »*Diener*«, *Schamasch* klingt. Für den Schöpfer von Himmel und Erde nun war Gestirnsdienst in seinem Volk keine lässliche Sünde, sondern eine schwere Majestätsbeleidigung und ein Kapitalverbrechen. Wie die verzweifelte Polemik der Propheten zeigt, ist es aber nie gelungen, den Gestirnsdienst im alten Israel völlig auszurotten (2 Kön 7,16; 21,3ff.; 2 Chr 33,3ff.; Jes 17,8; Jer 7,18; 19,13; 44,17ff.; Zef 1,5).

Der mittelalterliche jüdische Philosoph Maimonides erklärt sich die starke Anziehungskraft der Kosmosfrömmigkeit wie folgt: Woher, fragt er sich, kommen überhaupt die religiösen Gefühle des Menschen? »*Wenn er*, so seine Antwort, *über Gottes wunderbare und große Werke und Geschöpfe meditiert und aus ihnen seine unermessliche und unendliche Weisheit erkennt, dann wird er sofort von Liebe ergriffen, er lobt und preist ihn und sucht leidenschaftlich diesen großen Gott zu erkennen, wie der Psalmist sagt: ‚Es dürstet meine Seele nach Gott‘* (Ps 42,3)« (Hilchot Jessode HaTora II,1). Aber der gleiche Weg, der zu Gott führt, führt nach Maimonides auch von ihm weg. Um zu zeigen, wie die Götzenanbeter mit besten Absichten auf Abwege geraten, versucht er ihre Gedankengänge nachzuvollziehen: »*Weil Gott die Sterne und Himmelssphären zur Leitung und Regierung der Welt erschaffen, sie so hoch gestellt, ihnen dadurch so viel Ehre zuerkannt und sie auch zu seinem Dienste berufen hat, so gezieme es sich wohl, ihnen Lob, Ruhm und Ehrenbezeugungen zu spenden. Es sei auch der Wille Gottes, gelobt sei er, dass auch wir diejenigen erheben und ehren, welche er selbst erhebt und auszeichnet, ganz so wie ein König wünscht, dass man diejenigen erhebe und ehre, die ihm am nächsten stehen, und dabei sich selbst geehrt sieht. Als nun dieser Gedanke in ihren Herzen aufstieg, fingen sie an, Tempel für die Sterne zu bauen, ihnen Opfer darzubringen, sie mit Worten zu loben und zu preisen und sich vor ihnen zu beugen, um auf diese Weise, ihrer irrigen Meinung nach, den Willen des Schöpfers zu vollziehen. Dies war nun der Ursprung des Götzendienstes*« (Hilchot Akum I,1). Es ist nach Maimonides also die Betrachtung der Gestirne über uns, die uns so unwiderstehlich zum Götzendienst hinzieht: Die Astrolatrie, die Gestirnanbetung, wäre demnach die natürliche Folge der Astronomie, der Gestirnbeobachtung. Der Götzendienst wäre gar keine Unterlassung, sondern eher eine Übertreibung des wahren Gottesdienstes, ein tragischer Umschlag des Gottesglaubens in sein Gegenteil. Die Gestirnbeobachtung hat aber, wie Maimonides in seinem *Führer der Verirrten* ausführt, ganz handfeste Ursachen. Schließlich hängt die Fruchtbarkeit der Böden von der Gunst des Himmels ab. So ist der Zusammenhang von Ackerbau und Himmelsbeobachtung ganz natürlich (Führer III, 30). Diese meterologische Quelle des Götzendienstes zeigt wiederum, wie schwer es für einen Bauern sein muss, sich dem Aberglauben zu entziehen. Der Götzendienst ist in unserm Leben und Erkennen tief verankert und darum so schwer auszurotten.

Ebenso schwer war es, die Argumente der kultivierten Gestirnanbeter zu widerlegen. Im Talmud wird von einem Disput zwischen den Judenältesten und heidnischen Philosophen in Rom berichtet (mAwSa IV,7 u. bAZa54b). Die Philosophen fragen: »*Wenn* (euer Gott) *an der Anbetung der Götzen keinen Gefallen hat, weshalb vernichtet er sie nicht?*« Man muss sich die Häme, die in dieser Frage damals steckte, klar machen. Die Zerstörung des Tempels Gottes in Jerusalem durch die Römer war noch in frischer Erinnerung, während die herrlichen Tempel der Götzen in Rom allen Beteiligten dieses Gesprächs vor Augen standen. Warum, so die polemische Spitze dieser Frage, ist der angeblich allmächtige Schöpfer ohnmächtig? Und noch anders gefragt: Ist das Schicksal der Juden nicht auch ein augenscheinlicher Beweis für die Ohnmacht des unsichtbaren Juden-Gottes? Die Judenältesten erwiderten: »*Würden* (die Götzendiener) *Dinge anbeten, deren die Welt nicht bedarf, so würde er sie auch vernichtet haben, sie beten aber Sonne, Mond, Sterne und Planeten an, sollte er denn wegen der Toren seine Welt zerstören!?*« Gott, so das Argument der Ältesten, will nicht die Natur zerstören, nur um die Naturreligionen zu widerlegen. Die heidnischen Philosophen geben aber nicht nach: Es müssen ja nicht gleich die Sterne sein, Gott »*sollte doch die Dinge, deren die Welt nicht bedarf, vernichten, und die Dinge, deren die Welt bedarf, zurücklassen.*« Es würde ihnen z. B. schon ausreichen, wenn er zum Beweis ein Götzenbild zertrümmerte. Aber die Ältesten weisen auch diesen Vorschlag zurück und wenden ein, dass ein solcher Beweis die Anbeter von Sonne, Mond und Sternen in ihrem Irrtum bestärken würde: »*denn sie würden sagen: Erkennet nun, dass dies wahre Götter sind, denn sie sind nicht vernichtet worden.*« Das triumphierende Heidentum ist argumentativ unschlagbar!

Aber in unserem Bibelabschnitt geht es gar nicht um die Bekehrung der Heiden, sondern um die Bestrafung der Israeliten. Ja, in der Verwarnung, auf die sich diese Bestrafung bezieht, wird die heidnische Verehrung von Sonne, Mond und Sternen sogar ausdrücklich gutgeheißen: »4,15*Nehmt euch in Acht*«, heißt es in der

Moserede am Anfang des Buches Deuteronomium, *»so lieb euch euer Leben ist* (...), [19]*dass du nicht deine Augen zum Himmel erhebst, und wenn du die Sonne, den Mond und die Sterne, das ganze Heer des Himmels, siehst, dich verleiten lässt und dich vor ihnen niederwirfst und ihnen dienst; sie hat der Ewige, dein Gott, allen Völker, überall unter dem Himmel zugewiesen.* [20]*Euch aber hat der Ewige genommen* (...)«. Sonne, Mond und Sterne werden hier von der Bibel ausdrücklich als Götter der Heiden anerkannt, ihnen ist m. a. W. der Sternkult erlaubt, nur den Israeliten ist er verboten. Diese Konzession an den heidnischen Polytheismus schien den Schriftgelehrten später so unglaublich, dass sie den Text in der griechischen Übersetzung etwas veränderten und den Vers: *»sie hat der Ewige, dein Gott, allen Völker, überall unter dem Himmel zugewiesen«* mit dem Zusatz *»zum Leuchten«* ergänzten (bMeg 9b, Vulgata, Raschi) – damit ja niemand glaube, der Schöpfer des Himmels und der Erde dulde den Gestirndienst. Im Übrigen, so bemerken einige spätere jüdische Ausleger, sage die Schrift ja gar nicht, dass Gott den Sternen die Völker, sondern dass er den Völkern die Sterne zugewiesen habe. Die Völker sollen, dieser Auslegung gemäß, nicht etwa den Sternen dienen, sondern sich der Sterne **be**dienen, so etwa bei der Kalenderberechnung (Samson Raphael Hirsch, Kom. z. St.). Es braucht kaum betont zu werden, dass alle diese Ergänzungen und Erklärungen nur die Verlegenheit der Ausleger verraten (vgl. D. Hoffmann, Das Buch Deuteronomium, z. St.). Denn der Bibel ging es in diesem Passus ausdrücklich um den Gegensatz von Israel und den Völkern in Bezug auf die Sterne. Wenn nun dieser Gegensatz darin bestünde, dass die Sterne den Völkern leuchten, so kann man fragen, leuchten sie etwa dem Volk Israel nicht? In einem Fall scheint das monotheistische Gewissen der Überlieferer sogar den biblischen Urtext selbst korrigiert zu haben. Im Moselied am Ende des Buches Deuteronomium heißt es: »[32,8]*Als einst der Höchste den Nationen wies ihr Erbe, als er einst schied die Menschenkinder/ setzte er die Grenzen der Völker, nach der Anzahl der Israelsöhne.* [9]*Denn Gottes Anteil ist sein Volk, als Erbe fiel ihm Jakob zu.*« Diese beiden Verse besagen, dass Gott den siebzig Völkern der Welt, wie sie die Völkertafel der Genesis aufzählt (Gen 10), siebzig Ländern zuteilte – und zwar seltsamer Weise nach den siebzig Israelsöhnen (Ex 1,5; Dtn 10,22), während sich Gott diese selber als Erbe vorbehielt. Aus dem Schlusssatz folgt, dass die anderen Nationen anderen Göttern zugefallen sind. In den alten Textüberlieferungen findet sich tatsächlich eine solche »polytheistische« oder besser »henotheistische« Lesart. Danach lauten unsere Verse nicht »(Gott) *setzte die Grenzen der Völker nach der Anzahl der Israelsöhne* (*Bne'i Jisrael*)«, sondern weit logischer: »(Gott) *setzte die Grenzen der Völker, nach der Anzahl der Gottessöhne* (*Bne'i Elohim*)« (Sir 17,17; Septuaginta, Targum Pseud-Jonathan). Eine alte rabbinische Auslegung aus dem 8. Jh. n. stellt sich die Sache folgendermaßen vor: Als Gott angesichts des immer höher ragenden Turms von Babel sagte: »*Wohlan, lasst uns hinabsteigen und ihre Sprache dort verwirren*« (Gen 11,7), richtete er seine Worte an die Engel seines Hofstaates. Sie verlosten daraufhin die siebzig Völker unter sich und jedem fiel eine Nation zu – und Gott bekam Israel (PRE 24). Schon die Bibel selbst spricht von solchen »*Engelfürsten*« (*Saro Schel Mala*), die für ihre Nationen im Himmel streiten (Dan 10,13.20ff.; 12,1). Solche Vorstellungen widersprechen dem Monotheismus nicht unbedingt, wenn die Engelfürsten oder, wie die Bibel einmal in einem Atemzug sagt, die »*Gottessöhne*« und die »*Sterne*« (Ijob 38,7) ihren untergeordneten Rang in der himmlischen Hierarchie nicht überschreiten – was bei einer Spielergemeinschaft, wie sie die soeben angeführte Auslegung unterstellt, freilich etwas schwierig ist. Aber auch nach diesem Schema bleibt das Verhältnis von Israel und den Völkern das gleiche: Jedes Volk steht unter seinem eigenen Stern, nur Israel allein folgt Gott.

Auf biblische Stellen wie diese hat der moderne jüdische Philosoph Rabbi Nachman Krochmal (1785-1840) sein monumentales weltgeschichtliches Panorama errichtet. Dieser Denker aus Ostgalizien sah sich als neuer Maimonides und hat in seinem *Führer der Verirrten der Zeit (More Newuchei HaS'man)*[224] wie sein mittelalterliches Vorbild den guten Sinn des Götzendienstes zu erklären versucht. Nach seiner Meinung waren die Götter der heidnischen Völker nichts anderes als himmlische Projektionen ihres »*Volksgeistes« (Ruach HaUmma,* Führer Kap. 7, S. 22b). Unter »*Volksgeist«* verstand er ähnlich wie Herder den beherrschenden Charakterzug einer Nation. Eine kriegerische Nation spiegelt sich z. B. in martialischen Nationalgöttern wieder, so etwa Rom im Gott

Mars. Lebt nun ein solches Volk sein heroisches Ideal einseitig aus, so wird es in diesem Zeichen Siege erringen, doch schließlich wird es an seiner Einseitigkeit zu Grunde gehen (ebd., Kap. 8, S. 24 ff.). Das Volk Israel zeichnet sich nach Krochmal dadurch aus, dass es sich nicht in einem beschränkten Volksgeist erschöpft, sondern sich an den unbeschränkten »*Weltgeist*« *(HaRuchani HaMuchlat)* bindet. Dieser »*Weltgeist*« verhält sich nun zu den Volksgeistern wie der Weltschöpfer zu den Engelfürsten und Sternen in den angeführten biblischen Versen (Krochmal, ebd., 7, S. 24a). Auch dort, wo sich Israel nach der Mode einen besonderen himmlischen Repräsentanten gab, nannte er ihn bezeichnenderweise »*Michael*«, was heißt: »*Wer ist wie Gott?*« (Dan 10 u. 12). Die Lehre Krochmals kann vielleicht so zusammengefasst werden: Die Götter der Völker sind ihre Ebenbilder, während der Gott Israels ganz anders ist als sein Volk. Aber gerade deshalb kann sich Israel nach jeder nationalen Katastrophe wieder an ihm aufrichten, während die »*Volksvergötzung*«, wie Martin Buber in seinem Krochmal-Essay aus dem Jahre 1941 schrieb, unweigerlich zum »*Volkstod*« führe. Krochmal war in der ersten Hälfte des 19. Jh. allerdings noch weit davon entfernt, den Nationalismus zu verteufeln; er betrachtete die Nationalgötter noch als legitime Vertreter ihrer Völker. Ganz anders sah die Sache freilich 1941 aus.

Für den zeitgenössischen jüdischen Philosophen Emil L. Fackenheim, der 1916 in Halle zur Welt kam, 1938 in Berlin an der *Hochschule für Wissenschaft des Judentums* zum Rabbiner ordiniert und nach der »*Kristallnacht*« im Konzentrationslager Sachsenhausen interniert wurde, war der Nationalsozialismus die moderne Form des Götzendienstes par excellence und Auschwitz sein Tempel.[225] Der alte Götzendienst entstand seiner Ansicht nach dadurch, dass Menschen ihre unendlichen Gefühle auf endliche Objekte übertrugen, die ihnen folglich unendlich überlegen und anbetungswürdig schienen.[226] Diesen Idolen wurde übrigens ganz buchstäblich menschliches Leben geschenkt – nämlich in Form von Kinderopfern. Die Aufklärung bedeutete zwar eine Götzendämmerung, es hat sich aber nach Fackenheim als naiver Glaube erwiesen, dass damit auch die Götzen endgültig beseitigt worden wären. Nachdem die aufklärerische Religionskritik die vergötterten Objekte als unendliche Projekte der menschlichen Subjekte entlarvt hatte, zogen sich vielmehr die unendlichen Gefühle wieder in die Innerlichkeit des Menschen zurück und erzeugten dort eine neue, bedrohlichere Form der Idolatrie, die Fackenheim die *»internalisierte Idolatrie«* (ebd.) nennt. Anstelle Identifikation der unendlichen Gefühle mit endlichen Objekten trat nun die Identifikation mit endlichen Subjekten. Im Grunde genommen hatte schon Krochmal diese *»internalisierte Idolatrie«* gemeint, wenn er die alten Götzen als externalisierte Volksselbste auffasste, er durchschaute aber noch nicht die Gefahren der romantischen Vergötzung des Volksgeistes für den Weltgeist – und dessen Volk. Die moderne *»internalisierte Idolatrie«* entwickelt sich nach Fackenheim zunächst im Schatten der modernen *»internalisierten Religionen«*. In ihnen wird der transzendente Gott durch ein immanentes höheres Selbst bei den Idealisten (Fichte, Hegel), einer besseren Menschheit, einer gerechteren Gesellschaft oder eines höheren Individuums bei den Materialisten (Feuerbach, Marx, Nietzsche) substituiert. Man opferte bereitwillig auf den Altären der Ideen von 1789, 1813, 1848 und 1914. Aber in diesen Philosophien wurde in der Regel noch die Distanz zwischen endlichem Menschen und unendlichem Ideal gewahrt. Erst die Ideologien, die sich aus ihnen entwickelten, setzten beides unmittelbar gleich – und schufen so die großen Götzen des 19. und 20. Jahrhunderts: Aus dem moralischen Selbst Fichtes wurde z. B. der germanomanische Bursche, aus dem absoluten Geist Hegels der preußische Staat, aus der klassenlosen Gesellschaft von Marx die totalitäre Sowjetgesellschaft, aus dem Übermenschen Nietzsches die blonde Bestie der Nazis (ebd., S. 190ff). Die modernen Meisterdenker freilich, die ihr ‚*Handwerk*' ausdrücklich als *»Götzen (mein Wort für ‚Ideale') umwerfen«* (Fr. Nietzsche, Ecce Homo, Vorwort 2) beschrieben, haben, wie Fackenheim ihnen großzügig zugute hält, diese ideologischen Kurzschlüsse nicht selber produziert. Den Gipfel hat die moderne Idolatrie im Nationalsozialismus erreicht. Im Mittelpunkt dieser Ideologie standen nach Fackenheim *Führer* und *Volk* als zwei ununterscheidbare Brennpunkte. In bombastischen Kultfeiern sprachen sich diese beiden zufälligen Endlichkeiten gegenseitig unendlich: der *Führer* vergötzte das Volk als die bessere Menschheit und Rasse, das *Volk* himmelte den *Führer* als höheren Menschen und Heilbringer an. Beide waren in dieser mystischen Union zugleich

Götzenbildner und innerer Götze des anderen: der *Führer* rücksichtsloser Wille des *Volkes* und das *Volk* bedingungsloser Wille des *Führers.* Die Fusion von *Führer* und *Volk* setzte enorme destruktive Energien frei, die zunächst einmal alle trafen, die nicht zur mystischen *Volksgemeinschaft* gehörten, vor allen natürlich das jüdische Gegenvolk und seinen jüdischen Gegengott, bis sie schließlich auch *Führer* und *Volk* selbst vernichteten (ebd., S. 194f). Nichtsdestotrotz hat auch diese Idolatrie ihren Philosophen gefunden. So predigte Martin Heidegger seinen Studenten zu Beginn des Wintersemesters 33/34: *»Der Führer selbst und allein ist die heutige und künftige deutsche Wirklichkeit und ihr Gesetz«.* Der Nationalsozialismus wurde aber auch deshalb, wie Fackenheim betont, zum Inbegriff der modernen Idolatrie, weil er über eine effiziente Bürokratie und Kriegsmaschinerie verfügte, die seine Ideologie buchstäblich realisierte. Wenn wir an die Hekatomben von Brandopfern (Holocauste) denken, die diesem allesverschlingenden Moloch in seinen grauenhaften Tempeln dargebracht wurden, darunter ungezählte jüdische Kinder (What is Judaism?, ebd.), dann verstehen wir wieder den empörten Ausruf des Propheten: *»alles, was dem Ewigen ein Gräuel ist, was er hasst, haben sie ihren Göttern gegenüber getan, ja sie verbrennen selbst ihre Söhne und Töchter ihren Göttern zu Ehren«* (Dtn 12,31) und begreifen, dass es jüdische Erklärungen des Götzendienstes, wie wir sie bei Maimonides, Krochmal und Fackenheim finden, aber kein jüdisches Verständnis des Götzendienstes geben kann. Die Opposition von Judentum und Götzendienst ist nicht erst infolge der Erfahrung mit der modernen Idolatrie fundamental. *»Wer heißt Jude?«*, fragt der Talmud, *»wer den Götzendienst verleugnet« (Kol HaKofer BeAwoda Sara Nikra Jehudi,* bMeg13a).

5. Gottesstaat

Der fünfte, »*Richter*«, »*Schoftim*« genannte Abschnitt des Buches Deuteronomium (Dtn 16,18 – 21,10) könnte als »mosaische Verfassung« gelesen werden. Von welcher Art diese Verfassung war, zeigt sich schon zuvor bei der Regelung der Nachfolge des Mose. Als die Zeit zum Abtreten kam, bittet der scheidende Führer, der viele Funktionen in Personalunion ausgeübt hatte, um eine göttliche Eingebung: »*Der Herr, der Gott des Geistes in jedem Leib, setze einen Mann über die Gemeinde des Herrn, der vor ihnen aus- und eingehe, der sie aus- und einführe, damit die Gemeinde des Herren nicht wie eine Herde sei, die keinen Hirten hat. Da sprach der Herr zu Mose: Nimm Josua, den Sohn Nuns, einen Mann, in dem göttlicher Geist ist, und stemme dich mit der Hand auf ihn. Und stelle ihn vor Elasar, den Priester, und vor die ganze Gemeinde und gib ihm vor ihren Augen deine Weisungen. Und tue von deinem Glanze auf ihn, damit die ganze Gemeinde der Kinder Israels auf ihn höre. Und vor Elasar, den Priester, soll er treten; der erfrage für ihn die Entscheidung der Lose vor dem Herren; auf seinen Befehl sollen sie ausziehen, auf seinen Befehl einziehen, er und alle Kinder Israels mit ihm und die ganze Gemeinde. Und Mose tat, wie ihm der Herr befohlen hatte*« (Num 17,16-22).

Im vorausgehenden Abschnitt hatte Gott Mose das Erbrecht diktiert und unter anderem bestimmt, dass der Besitz eines Israeliten normalerweise auf seine Söhne übergehe. Aber für die Herrschaft gelten offenbar andere Gesetze als für die Erbschaft! Die Söhne des Mose werden als mögliche Nachfolger nicht einmal erwähnt; der designierte Nachfolger gehörte weder zur Familie, noch zum Stamm des Mose (Num 13,9). Gott nimmt keine Rücksicht auf die Herkunft, sondern nur auf den Charakter und die Fähigkeiten des Kandidaten. Josua hatte sich durch seine Treue zu Mose (er wird als sein Diener, *Mescharet* bezeichnet, Num 11,28) und durch seine Frömmigkeit qualifiziert (Ex 33,11). Sein Name, den ihm Mose wie ein Vater gegeben hat (Num 13,16), *Jehoschua*, der griechisch »*Jesus*« ausgesprochen wird und auf Deutsch etwa: »*Gotthelf*« heißen würde, ist Ausdruck seines Gottvertrauens. Josua hatte seinen unerschutterlichen Glauben in den schwierigsten Glaubenskrisen Israels bewiesen – so als die erschöpften Israeliten in der Wüste den Glauben an Gott verloren hatten und sprachen: »*Ist der Herr in unserer Mitte oder nicht?*« (Ex 17,8.9f.13f.), so als die entmutigten Israeliten vor der Grenze zum gelobten Land den Glauben an die göttliche Verheißung verloren hatten (Num 14,6). Kurzum, er war der berufene Mann, das Volk in das gelobte Land zu führen. Die mosaische Verfassung ist keine Erbmonarchie! Es lassen sich aber noch einige weitere, politische Lehren aus dem angeführten Text ziehen. Zwar überträgt Mose seine ganze Macht und Herrlichkeit auf seinen Nachfolger, aber er macht ihn damit keineswegs zu einem Alleinherrscher von Gottes Gnaden. Er überträgt ihm nur die weltliche Gewalt eines Feldherren, der das Volk im Krieg anführt; die »geistliche« Gewalt bleibt hingegen beim Hohepriester. Staat und Kirche sind in der mosaischen Verfassung keineswegs einerlei: Es handelt sich weder um einen Kirchenstaat, in dem der Klerus direkt regiert, noch um eine Staatskirche, in der die Priester Beamte sind. Schließlich ist der Nachfolger des Mose kein absolutistischer Willkürherrscher, der nach Gutdünken regiert, er darf seine Macht vielmehr nur im Rahmen der göttlichen Konstitution ausüben, die er gut kennen muss. Bei der Berufung Josuas heißt es deshalb: »*Nur sei stark und fest, zu beobachten, zu tun ganz nach der Lehre, die dir geboten Mose, mein Knecht. Nicht weiche davon rechts noch links* (...). *Nicht weiche dies Buch der Lehre* (*Sefer HaTora*) *von deinem Munde, und du sollst sinnen darüber Tag und Nacht, damit du beobachtest zu tun, ganz so wie darin geschrieben*« (Jos 1,7-8). Man könnte auch sagen: Nicht Josua ist der Nachfolger des Mose, sondern dessen Gesetz.

Wie wenig nun die »*mosaische Verfassung*« mit einem uneingeschränkten Gottesgnadetum zu tun hat, zeigt das Königsrecht in unserem Abschnitt: »*Wenn du in das Land kommst*«, heißt es da, »*das der Herr, dein Gott, dir gibt, und du es in Besitz nimmst und darin wohnst, und sprichst* (oder: *dann spreche*)*: Ich will einen König über mich setzen gleich allen anderen Völkern rings um mich her. So sollst du als König über dich setzen, wen der Herr, dein Gott, erwählen wird; einen von deinen Brüdern sollst du als König über dich setzen, du darfst keinen Ausländer, der nicht dein Bruder ist, über dich setzen. Nur soll er sich nicht viele Rosse anschaffen und nicht das Volk nach Ägypten zurückführen* (...). *Auch soll er nicht viele Frauen nehmen, damit sein Herz nicht abtrünnig werde, und Silber und Gold soll er sich nicht in großer Menge sammeln. Und wenn er auf dem Throne seines Reiches sitzt, soll er sich diese Lehre* (*Tora*)*, die bei den Priestern* (liegt), *zwiefach* (*Mischne*) *in ein Buch abschreiben. Er soll sie bei sich haben und alle Tage seines Lebens darin lesen, auf dass er lerne, den Herrn seinen Gott zu fürchten und alle Worte dieser Lehre und diese Gesetze sorgfältig zu üben, auf dass er sich nicht in seinem Herzen über seine Brüder erhebe und nicht rechts noch links* *von den Geboten abweiche, damit er und seine Söhne inmitten Israels lange über sein Reich herrschen«* (Dtn 17,14-20). Die Aussage dieses biblischen Textes ist nicht ganz eindeutig. Was er meint, hängt davon ab, ob man den Wunsch des Volkes konjunktivisch (»*Wenn du in das Land kommst,* (...) *und sprichst: Ich will einen König*«), oder imperativisch (»*Wenn du in das Land kommst* (...), *dann spreche: Ich will einen König*«) versteht. Im ersten Fall würde der Text nur den wahrscheinlichen Wunsch des Volkes nach einem König wiedergeben und ihm widerstrebend nachgeben, im letzten Fall würde er dagegen den Willen Gottes selber ausdrücken. Die jüdischen Weisen waren sich später uneinig, ob hier ein zwingendes göttliches Gebot vorliegt oder nur eine göttliche Erlaubnis, dem bedauerlichen Wunsch des Volkes entgegenzukommen (bSan 20b). Die Mehrheit hat den Text monarchistisch verstanden, aber eine nie verstummende Minderheit beharrte auf seiner antimonarchistischen Interpretation. Die Tendenz des ganzen biblischen Textes ist aber unmissverständlich. Er stellt das Königsrecht (*Mischpat HaMelech*) als ein Zugeständnis an die zeitgenössischen politischen Vorstellungen dar. Denn der ausgesprochene Wunsch des Volkes, wie »*alle anderen Völkern*« (17,14) zu sein, dürfte kaum im Sinne des Verfassers gewesen sein. In diesem Fall ist es aber kein monarchistischer, sondern ein demokratischer Text, denn er lässt das Volk, wenn auch mit deutlicher Missbilligung, frei über seine Staatsform entscheiden. Bei dem so genannten Königsrecht handelt es sich dann auch in Wirklichkeit um eine Einschränkung desselben. Der arme König soll ohne Marstall, ohne Harem, ohne Schatzkammer, ohne Fronarbeiter auskommen. Der tiefere Sinn des Verbots, das Volk nach Ägypten zurückzuführen (*Lo Jaschiw Et HaAm Mizraimah*, ebd. 18) ist wohl, dass er keine »*pharaonische Knechtschaft*« errichten dürfe. Und was darf er überhaupt? – er soll wie ein braver Schüler unter Aufsicht der Priester zweimal die Tora abschreiben und sie die ganze Zeit lernen. Dieses Herrscherideal ist so bescheiden, dass sich ein israelitischer König, der sich daran gehalten haben würde, bei den orientalischen Despoten in seiner Nachbarschaft lächerlich gemacht hätte. Das Herrscherbild, das Moses Maimonides in seiner großen Gesetzeskodifikation aus dieser Stelle ableitet, ist stellenweise geradezu komisch. Der König darf, sagt er, niemals die Gesetzesrolle aus den Augen verlieren, außer wenn er gerade auf der Toilette oder im Bad ist; »*Zieht er in den Krieg – so ist sie bei ihm, kehrt er aus dem Krieg zurück – so ist sie bei ihm, sitzt er zu Gericht – so ist sie bei ihm; gibt er ein Gastmahl – so ist sie ihm gegenüber*« (Hilchot Melachim 3,1). Man stelle sich einmal vor, dass ein König beim Staatsbankett unentwegt auf ein dickes Gesetzbuch starrt. Natürlich ist das ein schönes, wenn auch völlig utopisches Bild für die Herrschaft des göttlichen Gesetzes, für die Nomokratie in Israel.

Josua hat seine Nachfoge nicht geregelt (Jos 24,28), und in der Folge wurden begeisterte Führerinnen und Führer wie Debora und Samson auf Zeit berufen, um von Fall zu Fall dringende nationale Aufgaben zu erledigen. Doch das Volk hatte bald genug von der ungeordneten, charismatischen Herrschaft – und es verlangte nach einem König »*wie alle Völker*« (1 Sam 8,6). Vergeblich warnte sie der Prophet Samuel, dass der Monarch keine der Machteinschränkungen respektieren werde: »*Eure Söhne*, sagt er wortgewaltig, *wird er nehmen und sie verwenden für seine Wagen und für seine Reiter* (...) *seinen Pflug zu bestellen, und seine Ernte zu ernten und sein Kriegsgerät und sein Wagengerät zu machen. Und eure Töchter wird er nehmen zu Salbenmischerinnen, zu Köchinnen und zu Bäckerinnen. Und eure Felder und Weinberge und eure Ölbäume, die schönsten wird er nehmen und seinen Dienern geben. Und eure Knechte und eure Mägde und eure Jünglinge, die tüchtigen, und eure Esel wird er nehmen und sie zu seinen Geschäften verwenden. Eure Schafe wird er zehnten, und ihr werdet seine Sklaven sein*« (1 Sam 8,11-17). Doch der Prophet will nicht nur über den Machtmissbrauch in Monarchien oder die Unmündigkeit des Volkes in Despotien dozieren, ihm kommt es vor allem auf die religiösen Konsequenzen an. Der Wunsch nach einem menschlichen König bedeutet die Verwerfung des göttlichen Königs. »*Mich*, interpretiert Gott selbst den Wunsch des Volkes an dieser Stelle, *haben sie verschmäht, dass ich nicht über sie regiere*« (V. 8). Wenn »*Israel*«, »*Gott möge herrschen*« heißt, dann ist jegliche menschliche Herrschaft – sei es eines Einzelnen, sei es mehrerer oder vieler, die zwischen Gott und sein Volk tritt, eine schwere Majestätsbeleidigung.

Im Midrasch Rabba zur Stelle »*Wenn du in das Land kommst, das der Herr, dein Gott, dir gibt, und du es in Besitz nimmst und darin wohnst und sprichst: Ich will einen König über mich setzen* (...)« (Dtn 17,14) finden wir eine ganze Reihe von rabbinischen Stimmen, die diese antimonarchistische Tendenz fortsetzen und verstärken: »*Die Rabbinen sagen: Gott sprach zu den Israeliten: Meine Kinder! Ich hatte gedacht, dass ihr frei von der Königsherrschaft sein solltet (Chorin Min HaMalchut), wie es heißt: ,Eine an die Wüste gewöhnte Wildeselin'* (Jer 2,24). *Sowie der Wildesel in der Wüste heranwächst und frei von Furcht des Menschen ist, so dachte auch ich, dass über euch die Furcht vor dem Königtum nicht kommen wird, allein ihr habt es anders gewollt.* (...). *Die Rabbinen sagen: Als Könige über Israel erstanden und anfingen, sie sklavisch zu behandeln, sprach Gott: Habt ihr nicht mich verlassen, indem ihr euch Könige gefordert habt? Das sagt auch die Schrift: ,Vertrauet nicht auf Edle (Fürsten)'* (Ps 146,3). (...) *Die Rabbinen sagen: Jeder, der sich auf Fleisch und Blut stützt, geht vorüber und auch seine Herrschaft geht vorüber, wie es heißt: ,Vertrauet nicht auf ein Menschenkind, bei dem keine Hilfe ist'* (Ps 146,3). *Was folgt darauf? ,Sein Geist geht aus, es kehrt wieder zur Erde zurück'* (V. 4). *Sie wissen, dass Fleisch und Blut nichts ist, sie verlassen meine Ehre und sprechen: Setze uns einen König! Wozu fordert ihr einen König? Bei eurem Leben! Ihr werdet einmal empfinden, was von eurem König euch widerfahren wird. Woher lässt sich das beweisen? Es heißt: ,Alle ihre Könige fallen und keiner unter ihnen ruft mich an'* (Hos 7,7). *Und noch ein anderes Wort sagen die Rabbinen zu: ,Ich will einen König über mich setzen': Gott sprach: In dieser Welt habt ihr Könige verlangt, es sind auch solche aufgetreten und sie haben euch ins Schwert gestürzt. Saul stürzte sie auf dem Gebirge Gilboa, wie es heißt: ,Und die Männer von Israel flohen vor den Philistern'* (1 Sam 31,1), *David verursachte eine Plage, wie es heißt: ,Und der Ewige ließ eine Pest kommen über Israel'* (2 Sam 24,15), *Achaw verschloss ihnen den Regen, wie es heißt: ,In diesem Jahr soll weder Tau noch Regen fallen'* (1 Kön 17,1). *Zidkija hat den Tempel zerstört. Als die Israeliten sahen, was alles durch ihre Könige ihnen widerfahren sollte, fingen sie an zu schreien: Wir verlangen keinen König, wir wollen unsern ersten König wieder haben* (...)« (DtnR 5,8-11). Sogar der König David, der sonst ein über alle Zweifel erhabenes Vorbild des König-Messias ist, wird nicht geschont.[227] Aber solche radikalen antimonarchischen Aussagen sind auch in der rabbinischen Literatur selten und die normale Vorstellung vom messianischen Reich bleibt die davidische Monarchie. Allerdings ist auch das traditionelle Bild des frommen Königs David nicht frei von antipolitischen Tendenzen, nicht zu reden vom Bild des überheblichen Herrschers.

David – der fromme Herrscher am Beispiel von Psalm 23 in der jüdischen Tradition

Nach einem verbreiteten jüdischen Brauch wird der 23. Psalm Davids vor jeder Mahlzeit gesagt, mit besonderer Inbrunst aber beim *»dritten Mahl« (Se'uda Schlischit,* nach Ex 16,25) des Schabbat, wenn es dämmert und der Feiertag sich allmählich seinem Ende zuneigt. Bei den ostjüdischen Chassidim erreichte die messianische Erwartung in dieser Stunde ihren Höhepunkt. Martin Buber hat in einer seiner Chassidischen Erzählungen die besondere Stimmung dieses dritten Mahls eingefangen: *»Es hatte zu dämmern begonnen. Um die Sitzenden stand dicht aneinander gedrängt die Menge der Chassidim. Man flüsterte miteinander, hielt inne, flüsterte wieder, bis dann mit dem Eintritt des Rabbi, der den weißseidenen Schabbatrock trug, eine klare Stille über dem Raum lag. Der Rabbi sprach den Segen über das Brot, brach es, kostete, teilte unter die Nächstsitzenden aus. Dann stand er mit geschlossenen Augen und sang den Eingangsspruch: ‚Bereitet das Mahl des vollkommenen Vertrauens, Wonne dem heiligen König' (Atkinu Seudata Dimhemnuta). Die Bezeichnung der himmlischen Gäste sprach er leiser, dann hob er wieder die Stimme: ‚und die Flur der heiligen Apfelbäume – sie kommen mitzufeiern das Mahl'. Darauf folgte, von allen Chassidim mitgesprochen, die Sonderhymne der dritten Mahlzeit: ‚Söhne des Palastes, die ihr euch sehnt ...!' (Bnei Hechala Dichsifin). Mit einem außergewöhnlichen Nachdruck erklangen die Verse: ‚Nahet mir, schaut meine Macht, dahin sind die strengen Gerichte! Hinausgebannt, nicht dringen ein jene Hunde, die* *frechen!' Und danach erst, ohne Melodie, einfach wie eine Mitteilung, der Psalm: ‚Der Herr ist mein Hirt, mir mangelt nichts'. Nach dem Psalm trank er aus dem Weinbecher und sprach: ‚Da komme ich, das Gebot des dritten Sabbatmahls zu erfüllen, (...)«.* Als der Rabbi seine mystische Predigt beendet hatte, so fährt Buber in seiner Erzählung fort, schwieg er. *»Lange saßen alle schweigend im Dunkel. Dann stimmte (er) die Weise des Erzvaters Jakob an, die uns, wie man sich erzählt, durch den heiligen Baal-Schem-Tow* (dem Stifter des Chassidismus) *überliefert worden ist: Dieser habe sie sich gemerkt, als er einst auf einer der Wanderschaften seiner Seele als Schaf in Jakobs Herde weilte und auf dessen Flötenspiel horchte. Alle Versammelten sangen mit. Schon waren durch die Fenster die ersten Sterne zu sehen«* (Gog und Magog. Eine Chronik. Die Predigt von Gog, Heidelberg 1949, S. 57f. u. 66). In dieser Erzählung wird der 23. Psalm Davids schlicht »gesagt«, oft wird er aber gerade bei dieser Gelegenheit mit einer eindrucksvollen Melodie gesungen.Wir können hier nur den allgemein bekannten Text zitieren: *»Ein Lied dem David: Der Ewige ist mein Hirte, mir fehlt nichts. Auf grüner Wiese lässt Er mich lagern, an ruhigen Wassern führt er mich. Meine Seele erquickt Er, Er leitet mich auf rechten Pfaden – um seines Namen willen. Auch wenn ich in der Schlucht der Todesschatten gehe, fürchte ich das Böse nicht, denn Du bist bei mir. Dein Stecken und dein Stab, sie trösten mich. Du richtest mir den Tisch vor den Augen meiner Feinde, salbst mit Öl mein Haupt, mein Becher ist reichlich gefüllt. Nur Gutes und Liebes verfolgen mich nun alle meine Tage, und möge ich weilen in des Ewigen Haus für die Länge der Tage.«*

Dieser Psalm wird David zugeschrieben und er würde auch gut zu ihm passen. Er war in seiner Jugend selber Schafhirte gewesen (1 Sam 16,11) und kam als Saitenspieler an den Hof König Sauls (VV. 16-23). Die meisten traditionellen jüdischen Ausleger beziehen freilich das in der ersten Person sprechende Schaf *kollektivierend* auf das ganze Volk Israel, das ja in den Psalmen oft genug mit der Herde Gottes verglichen wird (Ps 79,13; 95,7; 100,3), und die meisten traditionellen christlichen Ausleger beziehen den Schäfer *individualisierend* auf Jesus, der im Neuen Testament mit dem *guten Hirten* verglichen wird (*Pastor bonus,* Joh 10,12-16; Offb 7,17, vgl. auch Ps 80,2). Es gibt aber auch traditionelle jüdische und christliche Ausleger, die den Psalm *historisierend* auf den König David zurückbeziehen – und das Bild der Könige und Götter als »*Völkerhirten*« war im Alten Orient in der Tat nicht ungewöhnlich. Der 23. Psalm drückt nach diesen Auslegungen das grenzenlose Gottvertrauen des in Ungnade gefallenen Flüchtlings aus (1 Sam 22,5, Midrasch Schocher Tow 35b). Auch die Motive des im Angesicht seiner Feinde tafelnden Königs, der Salbung und schließlich des Wunsches nach Einkehr im Tempel können unschwer auf den historischen David hin ausgelegt werden. Doch in einer anderen Hinsicht passt die *historisierende* Deutung des Psalms ganz und gar nicht. Denn ein größerer Kontrast wie der zwischen dem naiven Gefühlsausdruck des Psalms und dem Leben des Verfassers ist kaum vorstellbar. Er mag sich vielleicht nach der sorglosen Hirtenexistenz zurückgesehnt haben, doch Sicherheit und Ruhe, von denen die Ode spricht, waren ihm im Leben nie vergönnt. In seiner Jugend musste er vor den Mordanschlägen seines Königs fliehen und ein unstetes Banditenleben führen und noch im hohen Alter musste er sich vor den Intrigen seiner Söhne in Sicherheit bringen. Ein solcher Mann konnte sich die lammfromme Vertrauensseligkeit, die aus seinem Psalm spricht, eigentlich gar nicht leisten. Der Talmud verschärft noch den Gegensatz zwischen dem Politiker und dem Poeten frommer Lieder: »*Über dem Bett Davids,* heißt es im talmudischen Traktat über die Segenssprüche (bBer 3b), *hing eine Harfe, und als die Mitternachtszeit heranreichte, wehte der Nordwind und blies daran, und sie spielte von selbst. Sofort stand er auf und befasste sich mit der Tora, bis die Morgenröte aufstieg. Sobald die Morgenröte aufgestiegen war, traten die Weisen Israels bei ihm ein und sprachen zu ihm: Unser Herr und König, dein Volk Israel bedarf des Unterhalts. Er erwiderte ihnen: Geht und ernährt euch einer vom anderen. Sie sprachen zu ihm: Die Handfülle sättigt nicht den Löwen, und die Grube wird von ihrem eigenen Schutt nicht voll. Er erwiderte ihnen: Geht, veranstaltet Feldzüge und plündert ...«.* Der König David, das Ideal aller Könige Israels, ja aller Könige überhaupt, erweist sich hier nicht gerade als besorgter Landesvater, die wirtschaftlichen Sorgen seines Volkes stören ihn nur bei der Meditation, und er überlässt die Regierungsgeschäfte lieber seinen Ratgebern und Generälen. Wie passen in der Tat Kampf ums Überleben und Gottvertrauen, Ehrgeiz und Zufriedenheit, Intrigen und Inspiration zusammen? Schildert der 23. Psalm nicht eine unwirkliche Idylle? Wer konnte schon jemals sagen, dass ihm nichts fehlen, dass sein Tisch, den Neidern zum Trotz, immer reichlich gedeckt sein, dass er bei allen Gefahren immer auf dem richtigen Weg bleiben werde und dass ihn *»nur Gutes und Liebes verfolgen alle Tage«?* Übersieht der Psalm etwa die gewöhnlichen Ängste und Sorgen? Doch so naiv, wie er scheint, ist er nicht. Nur auf den ersten Blick fühlt man sich in das bukolische Idyll einer arkadischen Landschaft versetzt. Doch der *»liebliche Ort« (locus amoenus)* ist zugleich der *»schreckliche Ort« (locus terribilis)* und gerade nicht, wie Ernst Bloch meinte, *»von Wölfischem a limine fern«.*[228] Vielmehr herrscht auch hier, wie der Maler Nicolas Poussin in seinem Gemälde *Hirten Arkadiens* auf einem Grabmal schreibt: *»Et in Arcadia ego«* – der Tod! Das lammfromme Gottvertrauen hat nichts mit Illusion oder Evasion zu tun, sondern behauptet sich den Gefahren, den Abgründen und den »wölfischen« Feinden zum Trotz. Noch aus den Züchtigungen mit dem *»Stecken«* zieht der Beter den Trost, in den *»Todesschattenschluchten«* nicht ganz verlassen zu sein. Weil der Psalm diese extremen Spannungen der Existenz in sich aufnimmt, ist er unsterblich geworden. Gerade heute setzt sein theozentrisches, heteronomes *Schaf-sein-auf-der-Weide* einen willkommenen Kontrapunkt zum ipsozentrischen, autonomen *»Ausgang des Menschen aus seiner selbst verschuldeten Unmündigkeit«* (Kant), zur Verachtung der *»Menschenherden«* (Nietzsche) und zur Beschreibung des sorgenden *Daseins-In-der-Welt* (Heidegger). In jedem Fall ist das Existenzverständnis von David nach der jüdischen Tradition eher in diesem Psalm aufgehoben als in seinen machiavellistischen Regierungsmaximen, die die biblischen Annalen freilich auch verzeichnen und verurteilen (2 Sam 11 – 12). Das Gegenbild zum gottergebenen Herrscher *à la* David ist in der jüdischen Tradition das des maßlosen Eroberers *à la* Alexander.

Alexander der Große – der maßlose Herrscher am Beispiel des talmudischen Alexanderromans[229]

Über Alexander den Großen gibt es in den rabbinischen Quellen viele Legenden. Im Gegensatz zu den gängigen zeitgenössischen Alexanderromanen fehlt in diesen Legenden aber die Bewunderung für den maßlosen Ehrgeiz, die unersättliche Neugier und die grenzenlose Abenteuerlust des Eroberers. Eine dieser Legenden erzählt, dass Alexander nach seinem Sieg über die weiblichen Amazonen sprach: *»‚Ich möchte nach Afrika'. ‚Da kannst du nicht hin', antworteten sie ihm, ‚denn davor liegen unpassierbare, finstere Berge'. ‚Ich kann nicht darauf verzichten', erwiderte er, ‚sagt mir, was ich tun muss, um dorthin zu kommen?' Sie verrieten ihm einen Weg. Er gelangte zu einer Stadt, in der nur Frauen wohnten, und bereitete sich auf den Angriff vor. Da sprachen diese zu ihm: ‚Tötest du uns, so wird man sagen, er hat Frauen getötet, töten wir dich, so wird man sagen, du seiest ein König, der von Weibern getötet wurde.' Er verlangte nach Brot und sie brachten ihm einen goldenen Tisch mit goldenen Broten. ‚Essen denn', meinte er verwundert, ‚Menschen Brot aus Gold?' ‚Wenn du nur Brot essen wolltest', erwiderten sie, ‚gab es denn in deinem Ort kein Brot zu essen, dass du bis hierher kommen musstest?' Als Alexander weiterzog, ließ er auf das Stadttor schreiben: ‚Ich, Alexander von Mazedonien, war ein Tor, bis ich zu dieser Stadt der Frauen kam und ihre Ratschläge hörte'. Auf seinem Weg kam er zu einer Quelle. Er setzte sich, um ein Stück Brot zu essen, und wusch ein paar gesalzene Fische, die er bei sich hatte. Sie begannen frisch zu riechen. ‚Diese Quelle', sagte er sich, ‚muss aus dem Paradies entspringen'. Er verfolgte die Quelle zurück und kam zum Tor* *des Pardieses. Dort schrie er: ‚Öffnet mir dieses Tor!' Eine Stimme von innen erwiderte mit den Worten des Psalmisten: ‚Dies ist das Tor zum Herrn' (Ps 118,20). Da sprach er: ‚Auch ich bin ein berühmter König, gebt mir etwas'. Es wurde ihm ein Schädel hinausgereicht. Als er später den Schädel mit seinem ganzen Gold und Silber aufwiegen wollte, gelang es ihm nicht. Er fragte die jüdischen Meister, wie so etwas sein könne. ‚Es ist', antworteten sie, ‚eine Augenhöhle, die niemals satt wird'. ‚Woher wisst ihr das?', warf er ungeduldig ein. Sie nahmen etwas Erde und bedeckten die Augenhöhle. Plötzlich wurde der Schädel ganz leicht«* (bTam 32a-b). Diese Legende mokiert sich bloß über die jugendliche Torheit des Eroberers; andere denunzieren dagegen seinen moralischen Charakter. *»Als Alexander,* heißt es in einer anderen Legende, *ins Land des Königs Kazia hinter dem finsteren Gebirge kam, schickte er nach dem Herrscher. Dieser brachte eine goldene Schüssel mit goldenem Brei. ‚Brauch ich denn', fragte Alexander, ‚dein Gold?' ‚Wenn du in deinem Lande zu essen hast,' erwiderte der König, ‚so wärest du nicht hierher gekommen.' ‚Ich bin doch nur gekommen,' sagte Alexander, ‚um zu erforschen, wie ihr Recht sprecht.' Man ließ ihn an einer Gerichtsverhandlung teilnehmen. Der Kläger trug vor: ‚Ich habe von diesem Manne ein Feld gekauft und einen Schatz darin gefunden. Der Schatz gehört mir nicht, denn ich habe nur das Feld gekauft'. Der Beklagte warf ein: ‚Mit dem Felde habe ich zugleich alles, was darin enthalten ist, verkauft'. Da fragte der Richter den Kläger: ‚Hast du einen Sohn?'. ‚Jawohl!', erwiderte dieser. Und den Beklagten: ‚Hast du eine Tochter? 'Jawohl!, erwiderte auch dieser. ‚Nun denn', sprach der Richter, ‚so mag dein Sohn seine Tochter heiraten und das Geld beiden gehören!' Er sah zu Alexander hinüber, der ganz überrascht war: ‚Warum bist du betroffen', fragte der König, ‚habe ich etwa nicht richtig geurteilt?' ‚Gewiss doch!', meinte Alexander. ‚Wenn der Fall bei euch vorgekommen wäre', wollte nun der König wissen, ‚wie hättet ihr entschieden?' ‚Wir hätten beide hingerichtet', sagte Alexander, ‚und den Schatz für die Staatskasse einziehen lassen'. Da fragte dieser primitive Herrscher: ‚Scheint bei euch* *die Sonne?' ,Jawohl!' ,Regnet es?' ,Jawohl!' Gibt es bei euch auch Kleinvieh?' ,Jawohl!',* versetzte Alexander schon ungeduldig. *,Dann', sagte der Herrscher, ,möget ihr untergehen! Denn nicht euretwegen scheint die Sonne, nicht euretwegen regnet es, sondern wegen dieses Kleinviehs, wie der Psalmist sagt: ,Menschen und Vieh hilfst du'* (Ps 36,7) – *den Menschen* (nämlich) *wegen der Tiere'«* (Tan Emor 9). Es ist ein moralisches Utopien, wo der Finder den Eigentümer verklagt, weil er dessen Eigentum nicht behalten will. Indem Alexander verrät, wie er die Sache in seinem Reich geregelt hätte, zeigt er seinen wahren moralischen Charakter und verrät nebenbei das wahre Motiv seines Zuges bis zum Ende der Welt *(BeKez HaOlam).* Alexander ist kein Salomo, sondern ein »Goldsucher«.

Im Talmud gibt es auch eine regelrechte philosophische Debatte zwischen Alexander und den jüdischen Weisen. Der Schüler der griechischen Weisen stellt ihnen zehn Fragen. Die Episode ist nicht neu. Unter anderen berichtet Plutarch in seiner Alexanderbiographie (Kap. 64) von einem solchen Gespräch Alexanders mit nackten indischen Weisen, den so genannten *»Gymnosophisten«.* Der Name der Gesprächspartner im Talmud, *»Älteste des Südens« (Siknei HaNegew),* weist auch in diese Richtung, obwohl diese Ältesten zweifellos wie Rabbiner sprechen: *Zehn Dinge fragte Alexander der Mazedonier die Ältesten des Südens: ,Ist die Entfernung vom Himmel zur Erde größer oder vom Osten zum Westen?' Sie antworteten: ,Vom Osten zum Westen. Dies ist zu beweisen: Ist die Sonne im Osten, so kann jeder auf sie schauen, ist die Sonne in der Mitte des Firmaments, so kann niemand auf sie schauen.' (...) Er fragte: ,Ist der Himmel zuerst erschaffen worden oder die Erde?' Sie antworten: ,Der Himmel ist zuerst erschaffen worden, denn es heißt: Zu Anfang erschuf Gott Himmel und Erde (Gen 1,1)'. Er fragte: ,Ist das Licht zuerst erschaffen worden oder die Finsternis?' Sie antworteten: ,Diese Frage ist unlösbar.' Sie hätten doch sagen können: ,die Finsternis sei zuerst erschaffen worden', heißt es doch: ,und die Erde war wüst und leer, und Finsternis' (Gen 1,2) und danach: ,und Gott* *sprach: es werde Licht, und es ward Licht‘* (Gen 1,3). *Sie dachten aber, er könnte weiter fragen, was oben, was unten, was vorher und was nachher ist. Wenn sie diese Befürchtung gehabt hätten, warum haben sie dann seine vorige Frage über den Himmel beantwortet. Anfangs nahmen sie an, diese Frage sei nur Zufall gewesen, als sie aber sahen, dass er so weiter fragte, wollten sie nichts mehr sagen (...). Er fragte: ‚Wer wird weise genannt?‘ Sie antworteten: ‚Derjenige ist weise, der die Folgen voraussieht.‘ Er fragte: ‚Wer wird ein Held genannt?‘ Sie antworteten: ‚Derjenige ist ein Held, der seinen Trieb bezwingt‘. Er fragte: ‚Wer wird reich genannt?‘ Sie antworteten: ‚Derjenige ist reich, der mit seinem Anteil zufrieden ist.‘ Er fragte: ‚Was tue der Mensch, dass er lebe?‘ Sie antworteten: ‚Er sterbe‘. ‚Was tue der Mensch, dass er sterbe?‘ Sie sprachen zu ihm: ‚Er lebe.‘ Er fragte: ‚Was tue der Mensch, um beliebt zu sein?‘ Sie antworteten: ‚Er hasse Herrschaft und Regierung.‘ Er verbesserte sie: ‚Er liebe Herrschaft und Regierung und erweise den Menschen Gutes.‘ Er fragte: ‚Ist es besser, auf dem Meer zu wohnen, oder ist es besser, auf dem Festland?‘ Sie antworteten: ‚Es ist besser, auf dem Festland zu wohnen, denn die Seefahrer finden erst ihre Ruhe, wenn sie das Festland betreten.‘ Er fragte: ‚Wer von euch ist der Weiseste?‘ Sie antworteten: ‚Wir sind alle gleich, denn alle Fragen, die du uns gestellt hast, haben wir alle zusammen beantwortet.‘ Er fragte: ‚Was denn, lehnt ihr euch gegen mich auf?‘ Sie antworteten: ‚Der Satan siegt.‘ Er sagte: ‚Ich kann euch durch ein königliches Dekret töten.‘ Sie sprachen zu ihm: ‚Die Gewalt ist in der Hand des Königs, aber dem König ziemt die Lüge nicht.‘ Da kleidete er sie in Purpurgewänder und legte ihnen goldene Halsketten (Menicha) um den Hals.* Scheinbar interessiert sich Alexander zunächst für kosmologische Fragen. Die Antwort der Weisen hat aber womöglich einen politischen Hintersinn: Ist der Weg zu Gott von der Erde zum Himmel oder der Weg des Eroberers von Osten nach Westen länger? Für diese Deutung spricht, dass Alexander auch sonst mit der Sonne und der Alexanderzug mit dem Sonnenlauf verglichen wurde. Die Ältesten geben ihm eine astronomisch vielleicht falsche, aber religiös richtige Antwort: Der Weg zu Gott ist kürzer als der Weg des Eroberers – den er ja in der Tat nicht mehr ganz vollenden sollte. Alexanders zweite Frage war zwischen den jüdischen Weisen selbst umstritten: *»Ist der Himmel zuerst erschaffen worden oder die Erde?«* Immerhin gehört sie noch zu den erlaubten Fragen. Alexander fährt in der gleichen Richtung fort: *»Ist das Licht zuerst erschaffen worden oder die Finsternis?«* Jetzt schöpfen die Weisen Verdacht, dass die philosophische Neugier des Griechen unersättlich sein und in letzte Fragen über Ursprung und Ziel der Geschichte, über Himmel und Hölle ausufern könnte. Die jüdische Weisheit ist genügsam. Schon in den biblischen Weisheitsbüchern warnt sie vor übermäßiger Neugier: *»Was dir zu schwierig ist, erforsche nicht, und was über deine Kräfte geht, untersuche nicht. Was dir vorgeschrieben ist, daran denke und mühe dich nicht um das Verborgene«.* (Sir 3,22 u. bChag 13a). Alexander fragt nun nach der praktischen Weisheit: *»Wer ist weise?«*, ferner: *»Wer ist ein Held?«, »Wer ist reich?«.* An anderer Stelle hat ein jüdischer Weiser die Frage nach der Weisheit mit: *»wer von jedem Menschen lernt«* beantwortet (mAb 4,1). Diese Antwort bewahrheitet sich an den beiden nächsten Fragen und Antworten in unserem Text – denn sie könnten von jedem beliebigen kynischen oder stoischen Prediger stammen. Insbesondere erinnern sie an die Art und Weise, wie Diogenes von Sinope und die indischen »Diogeneis« des Ostens in den Gymnosophistengesprächen Alexander abfertigten.[230] Die Ähnlichkeit der Weisen mit den griechischen Philosophen wird bei den nächsten Repliken noch deutlicher: *»Was tue der Mensch, dass er lebe? – Er sterbe. Was tue der Mensch, dass er sterbe? – Er lebe«.* Sterben lernen ist die Voraussetzung zum wahren Leben. Mit diesen Antworten tragen die jüdischen Weisen Eulen nach Athen und schlagen den zügellosen Philosophenschüler Alexander sozusagen mit seiner eigenen Weisheit. Kein Wunder, dass das Gespräch jetzt auf die Politik kommt. Alexander fragt, man weiß nicht, ob aus jener Naivität der Griechen, die einen ägyptischen Priester ausrufen ließ: *»O Solon, Solon, ihr Hellenen bleibt doch immer*

Kinder« (Platon, Timaios 21e) oder aus kalter Berechnung des Tyrannen: *»Was tue der Mensch, um bei den Leuten beliebt zu sein?«* Die Weisen antworten frech: *»Er hasse Königschaft und Regieren.«* Das kann hier bedeuten, Alexander solle selber die Herrschaft meiden, die ihn in den Augen der Untertanen verhasst mache, oder, wie es üblicherweise verstanden wird (mAB I,2; II,3), man solle den König und die Regierung, d.h. die Machthaber hassen, um sich bei den Untertanen beliebt zu machen. Die Antwort ist auf jeden Fall ein Affront. Hier, zum ersten Mal, hat Alexander einen besseren Rat. Kollaboration mit dem Herrscher ist an sich kein Übel, wenn sie im Dienst des Gemeinwohls steht. Es ist nun sicher kein Zufall, dass Alexander gleich folgende etwas seltsame Frage anknüpft: *»Ist es besser, auf dem Meere zu wohnen, oder ist es besser, auf dem Festlande zu wohnen?«* Will er damit nicht sagen: Besser auf dem festen Boden einer Staatsordnung leben als auf dem schwankenden Boden der Anarchie? Die Weisen stimmen ihm im Prinzip zu. Die Seefahrer finden erst dann Ruhe, *»wenn sie das Festland betreten«*. Aber das Reich ist vielleicht noch nicht in Sicht und Alexander nicht der Heiland. Die Opposition der Weisen irritiert Alexander. Er versucht, sie gegeneinander auszuspielen: *»Wer von euch ist der Weiseste?«* Doch die Gelehrten lassen sich nicht auseinander dividieren. Da versucht Alexander sie einzuschüchtern. Stärke, wenden sie ein, ist kein Argument. Schließlich belohnt Alexander sie für die Lösung der *»Halsrätsel«* mit Halsketten und demonstriert damit nebenbei, dass auch diese hartnäckigen Gelehrten nicht unbestechlich sind und sich in seine goldenen Halsketten legen lassen. Allerdings zeigt diese Alexanderlegende wie auch die anderen, die der Talmud in diesem Zusammenhang zitiert, was die Rabbinen vom imperialen Gewaltherrscher halten.

Das antiimperialistische, antimonarchische, antipolitische Herrscherbild ist das genau passende Pendant zum Bekenntnis zur exklusiven Gottesherrschaft, von der schon weiter oben die Rede war. Jüdische Apologeten und Philosophen haben die mosaische Verfassung vor dem Hintergrund der europäischen politischen Philosophie als »*Theokratie*« bezeichnet. Josephus schuf diesen Begriff, um auszudrücken, dass Mose im Unterschied zu den üblichen Verfassungen *Monarchie*, *Aristokratie* und *Demokratie* die Herrschaft und Gewalt nicht Menschen, sondern »*Gott anheimgegeben*« habe (Gegen Apion II,16). In Wirklichkeit bedeutete »*Theokratie*« für Josephus jedoch »*Priesterherrschaft*«, »*Hierokratie*«. An einer anderen Stelle des gleichen apologetischen Werkes schreibt er: »*Weil immer Gleiches zu Gleichem passt, soll der eine Gott auch nur einen Tempel haben, der das gemeinsame Eigentum aller ist, wie sie alle denselben Gott verehren. Der Gottesdienst wird ohne Unterlass von den Priestern besorgt, an deren Spitze jeweilig der erste seiner Klasse steht. Er soll mit seinen Amtsgenossen Gott dem Herren opfern, über dem Gesetz wachen, Zwistigkeiten beilegen und die einer rechtswidrigen Handlung Überführten bestrafen. Wer ihm nicht gehorcht, soll genau so büßen, als hätte er sich gegen Gott selbst vergangen*« (ebd. II, 23). Josephus stammte von einem der ersten jerusalemitischen Priestergeschlechter ab. Im 1. jüdischen Krieg gegen Rom war er zunächst ein wild entschlossener jüdischer Heerführer gewesen, ehe er zum Feind überlief und sich den zukünftigen flavischen Kaisern andiente. Die angeführten Zeilen hat er Mitte der neunziger Jahre des ersten Jahrhunderts, in den letzten Jahren der düsteren Herrschaft Domitians geschrieben. Was Josephus hier als »*Theokratie*« beschreibt, ist eher ein Wunschbild als ein getreues Abbild der mosaischen Verfassung. Im »mosaischen Staat« lagen »Krummstab« und »Schwert« in Wirklichkeit niemals in einer Hand (Num 27,16-21). Mose und Aaron teilten sich vielmehr Propheten- und Priesterämter und zwischen Thron und Altar herrschte keineswegs immer Harmonie (Ex 32,21ff.; Lev 10,16). Auf den mosaischen Staat passt also die theokratische Losung des Josephus: »*ein Gott, ein Tempel, eine Hierarchie*« gerade nicht. Hingegen passt sie auf die Epoche des 2. Tempels, deren Ausläufer er selbst angehörte. Die Provinz Jehud war nach der Rückkehr aus dem babylonischen Exil kein selbständiges Königreich mehr, sondern eine Provinz des persischen Reiches. Esra und Nehemia haben als persische Beamte das Judentum als unpolitische Kultusgemeinde wiederaufgebaut. Die gesamte innere

Verwaltung lag in den Händen des Hohepriesters. In der Zeit des Josephus war der jüdische Tempel freilich nur noch ein Trümmerhaufen, und einer der Sieger über die Juden, sein Förderer Kaiser Domitian, ließ sich sogar als *dominus et deus* anreden (Sueton, Domitian 13,2). Den Römern waren allerdings loyale Theokratien, d. h. unpolitische Kultusgemeinden in den Provinzen, ebenso willkommen wie zuvor schon den Persern. Kompromittierende Geschichten wie z. B. die des Massakers der Leviten an den Anbetern des goldenen Kalbes (Ex 33,26-30), die sich auch als ideologische Munition der fanatischen Gotteskrieger der Zeit des 2. Tempels anboten, lässt Flavius Josephus in seinen *Jüdischen Altertümern* einfach aus und kommt lieber gleich auf den Bau des Heiligtums zu sprechen (Ant. III,6). Bei seiner Schilderung, wie die Juden mit einem Streitfall vor Pompejus erschienen, lässt er das Volk folgendermaßen sprechen: »*Das Volk, das überhaupt von der Königsherrschaft nichts wissen wollte, ließ vorbringen, bei ihnen sei es alte Sitte, dass sie nur den Priestern des von ihnen verehrten Gottes zu gehorchen brauchten; diese beiden Nachkommen von Priestern aber suchten dem Volke eine andere Regierungsform aufzudrängen, um es in Sklaverei zu bringen*« (Ant., XIV, 3, 2) und drückt damit die antimonarchische Tendenz seines Theokratiebegriffes aus. Der Theokratiebegriff des Josephus passt in vielen Hinsichten gar nicht auf die »*mosaische Verfassung*«, wie sie sich in unserem Abschnitt abzeichnet. Das hat aber die Übernahme und Verwendung des Begriffs in keiner Weise beeinträchtigt.

So bezeichnete Spinoza die ursprüngliche Verfassung der Hebräer – wenn auch aus ganz anderen, geradezu entgegengesetzten Motiven als Josephus – als »*Theokratie*«, weil sie Gott am Sinai als ihren alleinigen Herrscher anerkannt haben (Ex 19,8; Theologisch-Politischer Traktat, 1670, XVII, S. 254, 20ff.). In diesem »*Reich Gottes*«, sagt er, gab es keinen Unterschied zwischen religiösen und politischen Sachen: Kirchliche Satzungen waren Gesetze, Fromme waren Bürger, Märtyrer waren Patrioten, Ketzer dagegen, wie der 1656 von der jüdischen Gemeinde wegen »*schrecklicher Häresien*« Ausgestoßene ohne Nostalgie bemerkt, Staatsfeinde. Die Bezeichnung »Theokratie« trifft nach Spinoza aber genaugenommen nur für den kurzen Augenblick zu, in dem sich die Hebräer mit einer Stimme (*uno clamore*, Ex 19,8) Gott unterwarfen. Schon im nächsten Augenblick, als sie Mose zum Mittler zwischen sich und Gott bestellten (20,16), hörte die unmittelbare Gottesherrschaft auf. Das Staatswesen des Mose hatte in Wahrheit eine gemischte Verfassung und kann nur deshalb weiter als »Theokratie« bezeichnet werden (T.-P.T. XVII, ebd., S. 257,12), weil ein ausgeklügeltes System von politischen Gegengewichten und sozialen Kontrollen verhinderte, dass sich irgendeine menschliche Instanz die ganze Macht im Staate aneignen konnte. In diesem Sinn kommentiert Spinoza etwa die oben zitierte Berufung des Nachfolgers von Mose als Heerführer (Num 27,18-22) folgendermaßen: Die geistliche Gewalt des Hohepriesters Eleasar wird hier von der weltlichen Gewalt des Oberbefehlshabers Josua unterschieden. Der Hohepriester kann sich in politischen Fragen nur dann an Gott wenden, wenn er vom Oberbefehlshaber dazu beauftragt worden ist, und der Oberbefehlshaber kann sich im Gegenzug nicht direkt auf Gott berufen, sondern muss sich nach der Auskunft des Hohepriesters richten. Die beiden »Gewalten«, die »Legislative« des Hohepriesters und die »Exekutive« des Oberbefehlshabers, waren somit ursprünglich zugleich aufeinander bezogen und voneinander getrennt (ebd. 257,9ff.). Nach Ansicht Spinozas waren es gerade die Privilegien der Priester, die zum Untergang der mosaischen Theokratie führten, weil sie das gemeinsame zivilreligiös legitimierte Staatsinteresse durch partikuläre Stammes- und Kasteninteressen untergruben (T.-P.T. XVIII, 270ff.). Die Priesterschaft hat die funktionale Gewaltenteilung im mosaischen Staat in einen substanziellen Gegensatz der »*Gewalten*«, »*Reiche*«, »*Schwerter*« verwandelt und somit den monolithischen theokratischen Souverän zerstört. Im Gegensatz zu Josephus kommt Spinoza also in Übereinstimmung mit dem antimonarchischen Einsetzungsbericht in 1 Sam 8,1-5 zu dem Schluss, dass die Hierokratie das Unglück der »Theokratie« sei. Gewiss, auch Spinoza war befangen, denn er verfolgte mit seinen exegetischen Argumenten das politische Ziel, die klerikalen Machtansprüche der sich gewöhnlich auf das Alte Testament berufenden Kalvinisten und Puritaner zu widerlegen. Nichtsdestotrotz hat der »Ketzer« Spinoza ein insgesamt zutreffenderes Bild der »mosaischen Verfassung« gezeichnet als der Priester Josephus.

Ein Jahrhundert nach Spinoza rät der Aufklärer Mendelssohn, überhaupt auf die »*Kunstnamen*« »*Theokratie*« und »*Hierokratie*« zu verzichten (Jerusalem, II, JubA VIII, S. 196), denn sie brächten die »*mosaische Verfassung*« in die Nähe jenes verhassten politischen Klerikalismus, dem die Aufklärung den Endkampf angesagt hat. Damit, so Mendelssohn, habe aber die mosaische Verfassung nicht das Geringste zu tun gehabt. Sie bezeichne jene singuläre »*himmlische Politik*«, in der der Mensch allein Gott untertan sei und noch nicht zwischen Glauben und Leben, Religion und Politik, Staat und Kirche zerrissen war. Hier »*gewann das Bürgerliche ein heiliges und religiöses Ansehen, und jeder Bürgerdienst war zugleich ein Gottesdienst. Die Gemeinde war eine Gemeinde Gottes, ihre Angelegenheiten waren Gottes, öffentliche Steuern waren Hebe Gottes, und bis auf die geringste Polizeianstalt war alles gottesdienstlich. Die Leviten, die von den öffentlichen Einkünften lebten, hatten ihren Unterhalt von Gott. Sie sollten kein Eigentum haben, denn Gott ist ihr Eigentum*«[231] (ebd., S. 194). Hier verleibt sich also weder, wie im römisch-katholischen Modell, die Kirche den Staat, noch, wie im hobbesischen Modell, der Staat die Kirche ein. Beide sind vielmehr, wie schon Spinoza fast gleichlautend gesagt hatte, von Anfang an ein und dasselbe. In einer solchen exklusiv theokratischen Verfassung muss der Monarch wie ein Usurpator göttlicher Vorrechte erscheinen. Mendelssohn führt in seinem Kommentar zu Dtn 17,15 aus, dass die Monarchie eigentlich eine »*Rebellion*« (*Mardut*) darstelle, dass sie aber aus demokratischen Gründen (»*man dürfe das Volk nicht unter eine ihm unerwünschten Herrschaftsform zwingen*«, »*Lo Jilchazu Et HaAm Tachat HaSchilton Bilti Razui LaHem*«) gleichwohl geboten sei (JubA XVIII, S. 418).[232] Infolgedessen kommt es zur langsamen Auflösung der Theokratie. »*Schon zu den Zeiten des Propheten Samuel gewann das Gebäude einen Riss, der sich immer weiter aufthat, bis die Theile völlig zerfielen*« (ebd., S. 197). Seither habe sich dieser »*Riss*« zwischen Religion und Politik, Staat und Kirche ständig erweitert. In Bezug auf das rabbinische Judentum sei der Begriff »Theokratie« vollends ungeeignet, weil Juden bereits seit der formativen Phase des Judentums unter fremden Herren gelebt hatten. Für sie sei die Trennung von Staat und »Kirche« also der normale Zustand gewesen. Gewiss, auch

Mendelssohn hatte als Vorkämpfer der Juden-Emanzipation bestimmte politische Interessen und musste im friederizianischen Berlin die hierokratische Phase der jüdischen Geschichte herunterspielen, die für Josephus ideal und für Spinoza katastrophal war. Seinem Kritiker konnte er aber erwidern, dass die »*mosaische Verfassung*« schon aus dem Grund nicht als »Kirchenrecht« bezeichnet werden könne, weil es in ihr gar keine Unterscheidung von Kirchen- und Staatsrecht gab (ebd., S. 195); ferner, dass das rabbinische Judentum niemals eine Theokratie gewesen sei – und vollends nach der Zerstörung Jerusalems jegliche Befugnis zur weltlichen oder religiösen Strafgerichtsbarkeit verloren habe (ebd., S. 195, vgl. auch Mendelssohns Ritualgesetze der Juden, JubA VII, S. 115 u. S. 482). Das neue jüdische »Jerusalem« brauche sich also gar nicht an der mosaischen Verfassung zu orientieren. Die Synagoge stand nach Mendelssohns Ansicht vor dem gleichen Problem wie die Kirche und die Moschee: Wie lässt sich, so das Problem seines Theologisch-Politischen Traktats, ein erträgliches Gleichgewicht zwischen Staat und Kirche, Bürgern und Gläubigen, zeitlichen und ewigen Interessen herstellen (ebd., S. 197f.). Die »totalitäre« Theokratie war für Mendelssohn eine unwiederbringliche, singuläre historische Erscheinung.

Martin Buber war dagegen im 20. Jahrhundert ein Nostalgiker dieser »totalitären« Verfassung. »Israel« bedeutete für ihn nichts anderes als die programmatische Aussage: »*Gott herrscht*«. Er hat sich neben einigen protestantischen Exegeten für diese Namenserklärung ausgesprochen, denn in dem so gedeuteten Namen verdichte sich emblematisch die »*theopolitische Botschaft*« vom Sinai, stimme Name und Sache genau überein. Dort wurde die Herrschaft Gottes über das Volk verkündet, »*nun konstituiert sich das Volk, ‚Am', die Gemeinschaft, als die Einheit der seiner Herrschaft Untergebenen. ‚Gott herrscht' ist der rechte Name des heiligen Bundes, zu dem sich die Stämme unter Moses vereinigt haben.*«[233] Allerdings versteht Buber unter »*Theokratie*« keine Verfassungsform unter anderen, sondern eine aus »*anarchische*(m) *Seelengrund*« (S. 686), aus »‚*beduinische(r)*' *Freiheitslust*« (S. 840) geborene Opposition gegen alle Formen der Herrschaft von Menschen über Menschen, gegen alle Manifestationen des »*ewige*(n) *Phara-*

onentum(s)« (ebd., S. 123).[234] »*Im Königsbund*«, schreibt er über das Gottkönigtum, wörtlich Lev 26,13 zitierend, »*beugt sich das ,starrnackige' Volk unter die Herrschaft des göttlichen Befreiers, der die Stangen ihres Jochs zerbrach und sie aufrecht gehen ließ* (nach Lev 6,13, ebd., S. 686). Die theokratische Opposition richtet sich aber nicht nur gegen das fremde, ägyptische »*Pharaonentum*«, sondern auch gegen das eigene israelitische Königtum. Daher der von Buber stark betonte antimonarchistische Affekt der biblischen *Richter* und *Propheten*. Gewiss, einige moderne israelische Bibelwissenschaftler, wie Jecheskel Kaufmann und Benjamin Uffenheimer haben diese antimonarchistische Tendenz der Bibel bestritten.[235] Es kann aber kein Zweifel daran bestehen, dass die Bibel mit den israelitischen Herrschern sehr streng ist und dass die so genannten *Königsbücher*, die im jüdischen Kanon zu den *Propheten* zählen, monarchomachische Annalen sind. Das Endzeitkönigtum verschlägt dagegen nichts, es bestätigt vielmehr in utopischer Inversion das Versagen der Jetztzeitkönige. Diese königskritische Tendenz ist, wie sich uns gezeigt hat, bereits in unserem mosaischen Normtext verankert.

6. Gotteskrieg

Der nächste Abschnitt aus dem Buch Deuteronomium beginnt mit den Worten: »*Wenn Du gegen deine Feinde in den Krieg ziehst* (...)« (*Ki-Teze LaMilchama Al-Oiwecha*, Dtn 21,10). Bereits der Schluss des vorigen Wochenabschnitts hatte vom Krieg gehandelt. Dort hatte es ebenso geheißen: »*Wenn du gegen deine Feinde in den Krieg ziehst und Rosse und Wagen siehst, ein Volk, das zahlreicher ist als du, so fürchte dich nicht vor ihnen, denn mit dir ist der Ewige dein Gott* (...). *Wenn ihr nun zur Schlacht heranrückt, dann trete der Priester vor und rede zum Volk. Und er spreche zu ihnen: Höre, Israel* (*Sch'ma Jisrael*), *ihr rückt heute gegen eure Feinde zur Schlacht heran, euer Herz sei nicht verzagt, fürchtet euch nicht, zittert nicht und erschreckt nicht vor ihnen, denn der Ewige, euer Gott, ist es, der mit euch zieht, um für euch gegen eure Feinde zu streiten und euch zu helfen*« (Dtn 20,1-5). Das Szenario kommt uns sehr bekannt vor. Wir erinnern uns an die christlichen Priester, die die Truppen mit »*Gott-will-es*«- und »*Gott-mit-uns*«-Aufrufen anfeuerten und die Waffen segneten, oder an muslimische Prediger, die ihre Gemeinde zum »*heiligen Krieg*« aufrufen und den Märtyrern ewigen Lohn versprechen. Angesichts der Unmenschlichkeit, mit der Religionskriege geführt werden, verlieren wir rasch die Geduld mit solchen so genannten »*heiligen Texten*«. Aber lassen wir die Bibel ausreden und hören uns die biblische Mobilmachung einmal aufmerksam an: »*Und die Aufseher* (die etwa unseren Militärpolizisten entsprechen) *sollen zum Volke sprechen: Wer hat ein neues Haus gebaut und nicht eingeweiht? Er mag gehen und heimkehren, damit er nicht in der Schlacht falle und ein anderer es einweihe. Wer hat einen Weinberg gepflanzt und ihn noch nicht ausgelöst? Er mag gehen und heimkehren, damit er nicht in der Schlacht falle und ein anderer ihn auslöse. Wer hat sich mit einer Frau verlobt und sie noch nicht heimgeführt? Der mag gehen und heimkehren, damit er nicht in der Schlacht falle und ein anderer sie heimführe. Dann soll der Aufseher weiter zum Volk sprechen und sagen: Wer ist furchtsam und im Herzen verzagt? Er mag gehen und heimkehren, damit nicht seinen Brüdern der Mut ebenso schwinde wie ihm*« (Dtn 20,5-9). Hier wird nicht verlangt, dass die Kämpfer ihr privates Glück opfern und im Namen Gottes mitten aus dem Leben scheiden. Ganz zu schweigen davon, dass hier nicht Kinder und Jugendliche, deren Leben noch gar nicht richtig begonnen hat, in den sicheren Tod geschickt werden. Zwischen der Ansprache des Priesters und der der Aufseher gibt es außerdem einen wichtigen Unterschied. Während der Priester das Volk aufruft, im Gottvertrauen ohne Furcht und Zittern in die Schlacht zu ziehen, so schicken die Aufseher alle, die sich dennoch fürchten, wieder nach Hause. Kriegsdienstverweigerung muss nicht umständlich begründet werden und es stehen keine Militärpsychiater hinter der Front, um »*Kriegszitterer*«, wie sie im 1. Weltkrieg genannt wurden, mit brutalen Therapiemethoden wieder einsatzbereit zu machen. Nicht alle verfügbaren Kräfte werden mobilisiert, das zivile Leben behält vielmehr auch im Kriegsfall seine volle Daseinsberechtigung. Eine solche Mobilmachung klingt in unserer Zeit geradezu idyllisch und ist jedenfalls nicht Ausdruck blutrünstiger Kriegslüsternheit. Auch die folgenden biblischen Bestimmungen zeigen, dass der Krieg kein Selbstzweck war und der Friede vorgezogen wurde: »*Wenn nun die Aufseher ihre Ansprache an das Volk beendet haben, soll man Heerführer an die Spitze des Volkes stellen. Wenn du gegen eine Stadt heranrückst, um sie zu bekriegen, so sollst du ihr Frieden anbieten. Wenn sie dir friedlich antwortet und sich dir öffnet, so soll alles Volk, das sich in ihr findet, dir steuerpflichtig und dienstbar sein. Wenn sie aber mit dir nicht in Frieden leben, sondern Krieg führen will, und du sie einschließt, und der Ewige, dein Gott, sie in deine Hand gibt, so sollst du die Männer in ihr mit der Schärfe des Schwertes schlagen. Jedoch die Frauen, die Kinder und das Vieh und alles in ihr, all ihr Gut, erbeuten«* (Dtn 20,10-14). Das auch im Fall des unvermeidlichen Krieges kein »*Vernichtungskrieg*« gemeint ist, mit zerbombten Städten und verbrannter Erde, zeigt die letzte Bestimmung dieses altisraelitischen Kriegsgesetzes: »*Wenn du eine Stadt lange Zeit einschließt und bekriegst, um sie einzunehmen, so sollst du die Bäume um sie herum nicht zerstören, indem du die Axt gegen sie schwingst, sondern sollst nur von ihnen essen, sie selbst aber nicht umhauen, denn sind etwa die Bäume des Feldes Menschen, dass sie von dir in die Belagerung hineingezogen werden sollten?*« (Dtn 20,19). Die Tradition hat dieses biblische Kriegsgesetz weiter verfeinert. So bedürfen Kriege der Zustimmung des obersten Gerichtshofs (*Sanhedrin*)[236] und sie unterliegen ganz bestimmten Regeln. Eine belagerte Stadt darf z. B. nicht ganz umzingelt werden, damit die Flüchtlinge noch Auswege finden.[237] Wenn man solche Bestimmungen mit den Schrecken des heutigen Krieges vergleicht, dann hat man den Eindruck, dass die Menschheit seither zurückgeschritten ist.

Es wäre aber unfair zu verschweigen, dass in unserem Abschnitt auch vom »*Vernichtungskrieg*« gegen die damaligen Bewohner des heiligen Landes die Rede ist (20,17-19). Dieser Krieg wird als Maßnahme gegen den Götzendienst gerechtfertigt: »*damit sie euch nicht alle Gräueltaten lehren, die sie ihren Göttern gegenüber geübt und ihr sie ebenfalls übt*« (Dtn 20,18) und zur religiösen Pflicht erhoben (»*Pflichtkrieg*«, »*Milchemet Mizwa*«). Welche Gräueltaten die Bibel hier meint, deutet sie kurz zuvor an: »*Alles, was dem Ewigen ein Gräuel ist, was er hasst, haben sie ihren Göttern gegenüber getan, ja sie verbrennen selbst ihre Söhne und Töchter ihren Göttern zu Ehren*« (Dtn 12,31). Es gibt Feinde, die nicht geschont werden dürfen, weil sie eine gottes- und menschenverachtende Ideologie verbreiten. Wer imstande ist, im Namen eines Götzen seine »*Söhne und Töchter*« zu verbrennen, ist zu allem fähig und verdient keine Nachsicht. Feindesliebe ist hier fehl am Platz, weil das ein zusätzlicher Schlag gegen ihre Opfer wäre! Unsere Weisen sagen uns zwar, dass die Völker, gegen die diese Art von Krieg gerechtfertigt war, längst verschwunden seien (mJad 4,4),[238] wir kennen aber leider genügend Beispiele dafür, dass Menschen ihre »*Söhne und Töchter*« für ihre religiösen und nationalistischen Götzen durchs Feuer gehen lassen. Aber auch im Falle eines solchen Pflichtkrieges, der bis heute als ein Hauptargument gegen die Bibel ins Feld geführt wird, gilt nach der Tradition die Regel: »*Wenn du dich einer feindlichen Stadt näherst, um sie zu bekämpfen, musst du sie vorerst zum Frieden auffordern*« (Dtn 20,10). Nimmt die Stadt daraufhin die sieben Gebote Noachs – eine Art Kurzfassung der zehn Gebote – an, so wird sie verschont. Es handelt sich bei diesen Kriegen also nicht um ethnische, sondern um ethische Säuberungen.[239]

Trotz alledem ist uns heute die alttestamentarische Rede von den »*Gotteskriegen*« (*Milchamot Ha-Schem*) und von Gott als »*Kriegsmann*« (*Isch Milchama*), wie Mose ihn in seinem Triumphlied auf den Untergang der Ägypter am Meer nennt (Ex 15,3), peinlich geworden. Aber die Erfahrung, die wir soeben mit dem biblischen Kriegsgesetz gemacht haben, sollte uns vor schnellen negativen Vorurteilen warnen und uns veranlassen, einmal genauer das Phänomen der biblischen »*Gotteskriege*« zu prüfen. Es fängt schon damit an, dass der älteste hebräische Bardengesang (Ri 5), der in den Synagogen nach der Lesung des Triumphlieds am Meer vorgetragen wird, die Heldentaten zweier Frauen preist, der Prophetin und Richterin Debora (Ri 5,8) und Jael (Ri 5,24), während der Feldherr Barak, der Nachfolger Ehuds, eine ganz schlechte Figur macht (4,9). Aber auch die männlichen Anführer sind in diesen israelitischen Heldensagen keine Ritter ohne Furcht und Tadel, sondern ausgesprochen kampfunerfahrene »*Richter*«. Der Bauer Gideon, der die Midianiter besiegen soll, war der Jüngste aus der kleinsten Sippe des Stammes Manasse (Ri 6,15). Der Bauer *Saul*, der die Philister besiegen soll, kommt aus der kleinsten Sippe des kleinsten Stammes Benjamin (1 Sam 9,21) und versteckt sich bei seiner Wahl schüchtern hinterm Gepäck (1 Sam 10,22). Der Hirte

David ist der jüngste, der kleinste und der unscheinbarste der Kinder Isais. Der Prophet, der den ältesten, hochgewachsenen Eliab zuerst erblickt und sofort einsetzen will, bekommt von Gott den charakteristischen Bescheid: »*Achte nicht auf sein Aussehen, auf seine Körpergröße, denn ihn verschmähe ich, denn nicht was der Mensch sieht,* (zählt), *denn der Mensch sieht nach den Augen, aber der Ewige sieht nach dem Herzen*« (1 Sam 16,6f) – es kommt also nicht auf die »*langen Kerls*« an, ja die langen Kerls *à la* Goliat ziehen in der Bibel immer den Kürzeren (1 Sam 17). Auch die Heere Israels sollen nicht durch Größe und Stärke imponieren. Gideon, der zuerst ein Heer von 32 000 Männern gesammelt hatte, zieht schließlich mit 300 Mann in den Kampf: »*Das Volk bei dir*, sagt ihm Gott, *ist zu zahlreich, als dass ich die Midianiter in deine Hand geben könnte. Israel möchte sich sonst wider mich rühmen und sprechen: Meine Hand hat mir geholfen*« (Ri 7,2). Ja, als David seine wehrfähigen Männer zählen ließ, wurden sie umgehend durch eine von Gott geschickte Pest dezimiert (2 Sam 24; 1 Chr 21). Die »*Gotteskriege*« verstoßen ganz offensichtlich gegen die militärische Logik von Truppenstärke und Feuerkraft – Gott ist mit den schwächeren Regimentern! Wie sollte man sonst auch »*Gotteskriege*« von gewöhnlichen Kriegen unterscheiden können? Der Beistandspakt Gottes mit Israel, wie die Bibel sagt, dem »*kleinsten unter allen Völkern*« (Dtn 7,8), tritt aber keineswegs automatisch in Kraft. Eine der Geschichten, die den Titel *Die Bibel hat doch recht* verdienen würde, straft jede *Gott-mit-uns*-Ideologie Lügen. Einmal, so erzählt das erste Buch Samuel, wurden die Israeliten von den Philistern geschlagen. Sie wollten die Niederlage nicht hinnehmen, holten die Bundeslade, die auch der Sitz Gottes war, und rückten mit großem Kampfgeschrei noch einmal aus. Sie wurden nicht nur ein zweites Mal geschlagen, sondern ihre Feinde nahmen ihnen auch noch ihren *Gott-mit-uns*-Fetisch ab und führten ihn im Triumph heim (1 Sam 4 – 6). Die Gotteskriege sind eben Kriege Gottes zur Rettung Verfolgter und nicht religiös legitimierte imperialistische Kriege von Verfolgern. Gewiss, das »Alte Testament« hat den Krieg nicht verworfen und die »*Gotteskriege*« sogar verherrlicht. Es enthält aber auch das Motto aller späteren Friedensbewegungen. So weissagen die Propheten Jesaja und Micha: »*Sie werden stumpf machen ihre Schwerter zu Sicheln und ihre Lanzen zu*

Winzermessern. Kein Volk wird gegen ein anderes Volk das Schwert erheben und sie werden nicht mehr Krieg lernen (...)« (Jes 2,4; Mi 4,3). Auch das »Alte Testament« sehnt sich nach dem Ende aller Kriege. Nur hat es dieses Ende nicht vorgezogen und den Krieg nicht verdrängt. Im 20. Jahrhundert hat die Welt den Krieg nach dem Schwerter-zu-Pflugscharen-Motto des Propheten zwar geächtet, aber in keinem Jahrhundert sind grausamere Kriege geführt worden (s. o. Tl. I, 10). Es wäre insbesondere unfair, unsere schlechten Erfahrungen mit den »heiligen Kriegern« im 21. Jahrhundert eins zu eins auf das Alte Testament zurückzuprojizieren. Dass die Kriegszüge Israels nichts mit roher Unmenschlichkeit zu tun haben, zeigt vielleicht die folgende Liste von Gütern und Werten.

7. Menschlichkeit

Der sechste Abschnitt des Buches Deuteronomium steht, wie gesagt, unter dem Titel: *»Wenn Du gegen deine Feinde in den Krieg ziehst (...)«* (Dtn 21,10). Doch handelt das folgende Kapitel dann nicht vom Krieg, sondern von der gefreiten und verstoßenen Gefangenen und vom ungeliebten Erben, vom aufsässigen Sohn und vom unbestatteten Leichnam. Noch unübersichtlicher ist die berühmte Gesetzesreihe im 22. Kapitel des Deuteronomium, die in der Bibelwissenschaft gelegentlich unter dem Titel »Humanitätsgesetz« geführt wurde. Um einen Eindruck davon zu geben, zitieren wir sie in voller Länge: *»1 Du darfst es nicht mit ansehen, wie der Ochse oder das Lamm deines Bruders in die Irre gehen und dich von ihnen wegwenden, sondern sollst sie deinem Bruder zurückbringen. 2 Wenn aber dein Bruder nicht in deiner Nähe wohnt oder du nicht weißt, wer er ist, so sollst du es in dein Haus aufnehmen, dass es bei dir bleibe, bis dein Bruder danach fragt; dann sollst du es ihm zurückgeben. 3 Ebenso sollst du auch mit seinem Esel, ebenso mit seinem Gewande verfahren, und ebenso sollst du mit jedem Gegenstand deines Bruders, der ihm verloren gegangen ist und den du gefunden hast, verfahren; du darfst dich nicht wegwenden. 4 Du darfst es nicht mit ansehen, wie der Esel oder Ochse deines Bruders am Wege liegt, und dich von ihnen wegwenden, sondern sollst sie ihm aufrichten helfen. 5 Eine Frau soll nicht Männertracht anlegen,*

und ein Mann soll nicht Frauengewänder anziehen; denn ein Gräu-
el ist dem Ewigen, deinem Gotte, wer dies tut. [6]Wenn du auf dem
Wege auf ein Vogelnest triffst mit Küchlein oder Eiern, es sei auf
irgendeinem Baume oder auf der Erde, und die Mutter auf den
Küchlein oder den Eiern sitzt, dann darfst du nicht die Mutter samt
den Jungen nehmen. [7]Die Mutter musst du fliegen lassen, die Jun-
gen aber darfst du dir nehmen, auf dass es dir wohlergehe und du
lange lebest. [8]Wenn du ein neues Haus baust, so sollst du am Dach
ein Geländer machen; du würdest Blutschuld auf dein Haus brin-
gen, wenn jemand von ihm herunterfiele. [9]Du sollst nicht auf dei-
nem Weinberge zweierlei Arten säen, sonst würde, was in deine
Scheuer kommt, verboten sein: die Saat, die du ausgesät, und der
Ertrag des Weinberges. [10]Du sollst nicht Ochse und Esel zusammen
zum Pflügen nehmen. [11]Du sollst nicht Scha'attnes, ein Kleid, in
dem Wolle und Flachs zusammen sind, anziehen. [12]Geflochtene
Fäden sollst du dir an die vier Ecken deines Gewandes machen, mit
dem du dich bedeckst. [13]Wenn jemand eine Frau nimmt und ihr
beiwohnt und sie ihm dann verhasst wird [14]und er ihr anstößige
Dinge zur Last legt und ihr einen bösen Namen ausbringt und
spricht: Diese Frau habe ich genommen, und als ich ihr nahte, da
fand ich sie nicht als Jungfrau; [15]dann sollen der Vater und die Mut-
ter des Mädchens den Beweis der Jungfernschaft des Mädchens neh-
men und zu den Ältesten der Stadt vor das Tor hinausbringen.
[16]Und der Vater des Mädchens soll zu den Ältesten sprechen: Die-
sem Manne habe ich meine Tochter zur Frau gegeben, und sie wur-
de ihm verhasst. [17]Nun aber legt er ihr anstößige Dinge zur Last
und spricht: ‚Ich habe deine Tochter nicht als Jungfrau gefunden',
dies aber ist der Beweis der Jungfernschaft meiner Tochter; und sie
sollen das Tuch vor den Ältesten der Stadt ausbreiten. [18]Dann sollen
die Ältesten jener Stadt den Mann holen und ihn züchtigen lassen.
[19]Und sie sollen ihn um hundert Silberstücke strafen und diese dem
Vater des Mädchens geben, weil er über eine israelitische Jungfrau
einen bösen Namen ausgebracht hat; und er muss sie zur Frau
behalten, er darf sie sein Leben lang nicht fortschicken. [20]Wenn aber
diese Sache wahr ist, wenn das Zeichen der Jungfernschaft bei dem
Mädchen nicht gefunden worden, [21]dann soll man das Mädchen an
den Eingang des Hauses ihres Vaters führen, und die Leute aus
ihrer Stadt sollen sie steinigen, dass sie stirbt, weil sie eine solche

Schandtat in Israel verübt, im Hause ihres Vaters Unzucht zu treiben; so sollst du das Böse aus deiner Mitte hinwegschaffen. [22]Wenn man jemanden bei einer Frau liegen findet, die einem Gatten zu eigen ist, dann sollen die beiden sterben: der Mann, der bei der Frau gelegen hat, und die Frau; so sollst du das Böse aus Israel hinwegschaffen. [23]Wenn ein jungfräuliches Mädchen einem Manne verlobt ist, und ein anderer sie in der Stadt trifft und sich zu ihr legt, [24]dann sollt ihr die beiden vor das Tor jener Stadt bringen und sie steinigen, dass sie sterben: das Mädchen, weil es doch in der Stadt war und nicht geschrien hat, und den Mann, weil er die Frau seines Nächsten geschwächt hat; so sollst du das Böse aus deiner Mitte hinwegschaffen. [25]Wenn der Mann aber das verlobte Mädchen auf dem Felde trifft, und der Mann sie ergreift und sich zu ihr legt, dann soll der Mann, der bei ihr gelegen, allein sterben. [26]Aber dem Mädchen sollst du nichts tun, das Mädchen hat keine Todsünde begangen; denn diese Sache ist ebenso, wie wenn einer seinen Nächsten überfällt und ihn ermordet. [27]Hat er sie doch auf dem Felde getroffen; das verlobte Mädchen hat geschrien, aber es war niemand da, der ihr half. [28]Wenn jemand ein jungfräuliches Mädchen trifft, das nicht verlobt ist, und sie ergreift und sich zu ihr legt und sie werden dabei betroffen, [29]dann soll der Mann, der bei ihr gelegen, dem Vater des Mädchens fünfzig Silberstücke geben; und er muss sie zur Frau behalten, dafür, dass er sie geschwächt hat, er darf sie sein Leben lang nicht fortschicken«. Es ist trotz des scheinbar kunterbunten Durcheinanders nicht schwer zu erkennen, dass hier in loser Reihenfolge unsere Verantwortung für Güter und Werte aufgezählt wird, die sonst schutz- und wehrlos unserer Gewalt ausgeliefert sind, wie z. B. das verlorengegangene fremde Eigentum (1-4), die Eigenart der Geschlechter, des Viehs, der Pflanzen (5 u. 9-11), die Ehre des schwächeren Geschlechts (13-29). Ein Paradigma für diese Menschlichkeitspflichten ist vielleicht das merkwürdige Gesetz über den Schutz des Vogelnestes, das wir deshalb genauer unter die Lupe nehmen wollen.

»Wenn du auf dem Wege auf ein Vogelnest triffst mit Küchlein oder Eiern, es sei auf irgendeinem Baume oder auf der Erde, und die Mutter auf den Küchlein oder den Eiern sitzt, dann darfst du nicht die Mutter samt den Jungen nehmen. Die Mutter musst du fliegen lassen, die Jungen aber darfst du dir nehmen, auf dass es dir

wohlergehe und du lange lebest«. Dieses Ver- bzw. Gebot wird in der Halacha unter dem Titel *»Schilluach Hakken«* geführt und ist nach der Zählung des Maimonides das 148. von den 248 Geboten der Tora. Es galt als klassischer Fall eines *»Chok«*, eines unerklärlichen Gesetzes (vgl. Raschi zu bBer 33b und bJom 67b). Das ergibt sich schon daraus, dass es völlig aus der Reihe fällt und gleichsam wie eine zufällige Trouvaille am Wegrand liegt. Ihm gehen vier Gebote über Fundsachen (1-4) und das Verbot des Transvestismus (5) voran; ihm folgen ein Gebot über die Haftung des Hauseigentümers (8) und drei Mischungtabus (9-11). Es selbst ist aber weder eine soziale Pflicht (wie 1-4 u. 8), weil es sich ausdrücklich auf ein herrenloses Nest in der freien Natur bezieht, noch ein kultisches Reinheitsgebot (wie 5 u. 9-11), weil ja das Muttertier und die Kleinen von Natur aus zusammengehören. Hinzu kommt, dass es durch eine völlig unverhältnismäßige Sanktion auffällt und die Vermutung nahe legt, dass es hier nicht nur um Nester und Eier im gewöhnlichen Sinn gehen kann. Der Zusammenhang und Sinn des Gebotes bleibt rätselhaft und hat gerade deshalb die jüdischen Bibelkommentatoren aller Zeiten herausgefordert. Das primäre Interesse der rabbinischen Ausleger bezieht sich allerdings nicht auf die Deutung der Gebote *(Ta'ame HaMizwot)*, sondern auf ihre kasuistische Bestimmung *(Chilluk)*. Sie bedienen sich dabei hauptsächlich zweier Verfahren: *Erstens* versuchen sie durch eine logische Analyse des Wortlautes das Gesetz weiter zu bestimmen. So wird etwa aus der inklusiven Disjunktion *»oder«* im Passus: *»und die Mutter liegt auf den Küchlein oder auf den Eiern«* eine nähere Eingrenzung des Falles vorgenommen: *»Wie die junge Brut«*, so heißt es im Midrasch Halacha zum Deuteronomium, *»lebende Junge sind, (so sind) auch die Eier lebende Junge. (Da sind) ausgeschlossen verdorbene (Eier). Wie die Eier ihre Mutter nötig haben, (so) hat auch die junge Brut ihre Mutter nötig. (Da) ist ausgeschlossen die junge Brut, die ihre Mutter nicht mehr nötig hat«* (Sifre §227 u. mChul 12,3). Daraus schließen sie, dass das Gebot nur für den Fall gilt, dass sowohl die Eier wie die Jungen noch der Mutter bedürfen; andernfalls, wenn die Eier faul sind oder die Jungen schon flügge, darf das Nest mit der Vogelmutter ausgehoben werden. *Zweitens* versuchen sie durch Analogieschlüsse das Gesetz zu verallgemeinern. Dabei kann die bloße räumliche Nähe von

Stellen *(Smichut)* oder aber die formale oder inhaltliche Ähnlichkeit *(Gesera Schawa oder Binjan Aw)* weit auseinander liegender Stellen als Grundlage dienen. Diese beiden Verfahren der inneren oder äußeren Reihenbildung werden aber nicht nur in der engeren juristischen Kasuistik *(Midrasch Halacha)*, sondern auch in der weiteren homiletischen Hermeneutik *(Midrasch Haggada)* angewandt und können bei der Aufklärung des Sinns des vorliegenden Gebotes helfen. Es gibt zunächst verschiedene Möglichkeiten, unser Gebot mit seiner näheren Umgebung zu verknüpfen. Raschi, ein Spezialist für solche Operationen, sieht z. B. einen Zusammenhang zwischen unserem Gebot und dem folgenden: *»Wenn du ein neues Haus baust, so sollst du am Dach ein Geländer machen (...)«* (8). Wer unser Gebot erfüllt, die Vogelmutter zu schonen und somit das Vogelnest zu schützen, ist würdig, selber ein Haus – gleichsam ein Menschennest – zu bauen und für dessen Schutz zu sorgen. Der Reihe Nest – Schutz – Wohlstand hier entspricht die Reihe Haus – Dach – Schutz dort. Raschi sieht hier das rabbinische Prinzip der Gebotsverkettung *(Mizwa Goreret Mizwa,* mAb 4,2) und fasst demgemäß die Beziehung zwischen den Geboten Dtn 22,6-7 und Dtn 22,8 als kausales Bedingungsverhältnis auf (Kom. z. St.). Der geniale Homiletiker Samson Raphael Hirsch hebt in seinem Pentateuch-Kommentar hingegen den Zusammenhang unseres Gebotes zum vorangehenden hervor: *»Die vorhergehenden Gesetze (Verse 1-5) haben für das der Begründung und Entwicklung entgegengehende Volksleben die großen Grundsätze der Solidarität und der Brüderlichkeit für die Erhaltung des Eigentums und die Förderung der Unternehmungen des Nächsten, sowie der Aufrechterhaltung der geschlechtlich gesonderten Lebensweise des Mannes und des Weibes proklamiert. Jene bilden ebenso die Grundsäulen des sozialen Verkehrs, wie diese dem ‚Hause' zur Grundlage dient, (...). Schon in Vers 5 war in dieser Beziehung das Weib in den Vordergrund gestellt (...), dass nicht ‚sei Mannesgerät an einem Weibe', dass das Weib die ganze Hoheit und Würde seines Berufes als ‚Mutter des Hauses' begreift (....). Indem daher das Gesetz nun zu Bestimmungen übergeht, die überwiegend der Konstituierung des Familienlebens angehören, stellt es eine Institution an die Spitze, die jedem im Volke zu Bewusstsein bringt, welche hohe Bedeutung dem häuslichen*

Wirken eines weiblichen Wesens das Gesetz beimisst, indem es diesem Wirken selbst bis in den Kreis des Tierlebens nachgeht, einer Vogelmutter im Momente ihrer Mutterthätigkeit Immunität zusichert (....)« (Bd. 5, S. 323). Für Hirsch verhält sich unser Gesetz also wie ein fabelhaftes Exempel zum vorigen. Der Reihe: Brüderlichkeit – Weiblichkeit – Mutterschutz entspricht hier etwa die Reihe: Tierliebe – Brutpflege – Nesterschutz. Hirsch sieht hier das von ihm hervorgehobene biblische Prinzip des Artenschutzes am Werk und fasst demgemäß die Beziehung zwischen Dtn 22,6-7 und Dtn 22,5 und 22,9-11 als symbolisches Zeichenverhältnis auf. Gewöhnlich stellen die jüdischen Schriftausleger unser Gesetz aber auch in eine Reihe mit ähnlichen Bestimmungen aus anderen Kontexten. So etwa zu den Geboten: *»Du sollst ein Böckchen nicht in der Milch seiner Mutter kochen«* (Ex 23,19b; 34,26; Dtn 14,21) und: *»Ein Rind oder Schaf dürft ihr nicht zusammen mit ihren Jungen an einem Tag schlachten«* (Lev 22,28). In diesem Zusammenhang wurden diese Verse als Verbot der Tierquälerei aufgefasst, weil sie verbieten, Eltern- und Jungtiere gleichzeitig zu fangen, zu schlachten und zu kochen. Eine weitere überaus problematische Parallele ist das 6. der zehn Gebote: *»Ehre deinen Vater und deine Mutter« (Kibud Aw WaEm,* Ex 20,12 u. Dtn 5,16), denn auf beiden Geboten steht fast die gleiche Sanktion: *»auf dass du lange lebest und es dir wohlergehe (...)«*. Als ob der Respekt vor der eigenen und vor der Vogelmutter gleichwertig wären. Diese auf den ersten Blick absurde Unverhältnismäßigkeit unterstreicht wieder die Unerklärlichkeit unseres Gebotes und wirft überhaupt die Frage nach dem Sinn der Gebote auf. Was die Ausleger allerdings nicht entmutigt hat – ganz im Gegenteil. Der Rahmen ihrer Auslegung wird aber im Wesentlichen durch die angegebenen inneren und äußeren Determinanten (wie Ex 23,19b; 34,26; Dtn 14,21; Lev 22,28 und Dtn 5,16) abgesteckt. Wir wollen jetzt einige Spielarten der Auslegung unseres Verses im Laufe der Geschichte kennen lernen.

Unsere Verse wurden bereits in der Antike im Zusammenhang mit Ex 23,19b; 34,26; Dtn 14,21; Lev 22,28; Dtn 22,10 und Dtn 25,4 als ein Gebot der Humanität aufgefasst. Jüdische Apologeten führten diese Gebote ins Feld, um die Menschlichkeit des mosaischen Gesetzes zu beweisen. Flavius Josephus verteidigte in seiner bereits angeführten Schrift *Gegen Apion* den Gesetzgeber gegen den Vorwurf der Misanthropie mit dem Hinweis, »*dass er sogar die unvernüftigen Tiere nicht vergaß*«, und untersagte, »*mit jungen Vögeln auch die alten aus dem Nest zu nehmen*« (Nr. 29, S. 182f.). Auch Philo von Alexandrien hat in seinem Traktat über die Philanthropie diese Gesetze angeführt, um die menschenfreundliche Gesinnung des israelitischen Gesetzgebers zu beweisen. Hier nur eine kleine Kostprobe seiner Homiletik: »*Was für ein Vergnügen kann beim Fleischessen darin bestehen, das Fleisch einer Mutter und ihres Jungen zusammen zu genießen? Mir scheint sogar, ihre Glieder würden, wenn einer sie untereinander mischen und an den Spieß stecken wollte, um sie zu braten und sie zu verzehren, nicht ruhig bleiben, sondern vor Empörung über eine so unerhörte Grausamkeit ihre Stimme erheben und laut schelten über die Gefräßigkeit von Menschen, die ein so ungenießbares Mal rüsten*« (Peri Trion Areton, §136 u. ff., ferner §160, Werke, Bd. II, S. 353 ff.). Damit will Philon die Verleumdungen der antiken Antisemiten wiederlegen: »*Mögen nun die schlimmen Verleumder noch weiter unser Volk des Menschenhasses beschuldigen und unsere Gesetze anklagen, dass sie Absonderung und Ungeselligkeit vorschreiben, während doch diese Gesetze in solcher Klarheit Mitleid selbst mit den Viehherden bekunden, und unser Volk durch die von frühester Jugend ihm gelehrten Gesetzesvorschriften gewöhnt wird, alle Härte in den Gemütern in Milde umzuwandeln*« (§141, ebd., S. 354 f.). Darüber hinaus wünscht er sich – »*es ist dies*«, sagt er, »*ein Wunsch, den ich seit meiner frühesten Jugend im tiefsten Herzen hege*« –, dass dieses humanste aller Gesetze zur Erziehung des ganzen Menschengeschlechts diene.

Im Gegensatz zur jüdischen Apologetik in der hellenistischen Welt sind die Rabbinen mit moralischen Motivierungen des Gebotes vorsichtig und verfügen in der Mischna: »*Wer im Gebet spricht: ‚Bis auf ein Vogelnest erstreckt sich dein Erbarmen', den heißt man schweigen*« (mBer 5,3). Der babylonischen Talmud fragt immerhin nach dem Grund für diese Bestimmung. Darüber streiten zwei Lehrer aus Palästina: Rabbi Josse bar Awin und Rabbi Josse bar Sewida: »*Der Eine sagt: Weil er dadurch in der Schöpfung Neid erregt, der andere sagt: weil er die Gebote des Heiligen zu Barmherzigkeiten macht, während sie ja Verordnungen* (Geserot) *sind*« (bBer 33b). Nach dem ersten Rabbi Josse soll das Verbot der

Mischna verhindern, dass die göttlichen Attribute der Barmherzigkeit und Gerechtigkeit gegeneinander ausgespielt werden. Es ist ja auch wirklich nicht einzusehen, weshalb sich Gott z. B. nur der Vögel oder in diesem speziellen Fall nur des Muttertiers und nicht der Jungtiere erbarmt. Nach dem zweiten Rabbi Josse soll das Verbot der Mischna Spekulationen über den Sinn der Gebote unterbinden, denn wenn die göttlichen Gesetze z. B. als Ausdruck der göttlichen Barmherzigkeit gewertet werden, dann werden sie fragwürdig, sobald sie unser moralisches Empfinden stören. Tierschützer oder Vegetarier werden vielleicht auch unser Gebot höchst grausam finden. Um jeglichem Relativismus vorzubauen, zieht Rabbi Josse bar Sewida einen klaren Trennungsstrich zwischen Moralität und Legalität. Befehl ist Befehl! Die Verbindlichkeit der Gesetze hängt nicht von irgendwelchen Sentimentalitäten ab, sondern von der Willkür des Gesetzgebers: *auctoritas non veritas legem facit*! Hinter der Vorsicht gegenüber einer moralischen Motivierung und apologetischen Ausschlachtung unseres Gebotes stecken, wie der nächste Absatz im Talmud lehrt, religiöse Bedenken: »*Einst trat jemand in Gegenwart Rabbas vor und betete: Du hast ja das Vogelnest geschont, schone auch und erbarme dich unser! Da sprach Rabba: Wie sehr versteht es dieser Jünger, seinen Herrn zu besänftigen*« (ebd.). Die religiöse Frage, die sich hier stellt, ist doch: Wie geht ein Mensch, der an die Vorsehung glaubt, die sich noch rührend um das letzte Vogelnest kümmert, mit den Unbarmherzigkeiten, Ungerechtigkeiten und Unmenschlichkeiten des Weltlaufs um? Oder geistesgeschichtlich formuliert: Wie kann die idyllische Physikotheologie der hellenistischjüdischen Apologeten mit dem katastrophistischen Geschichtsbewusstsein der Rabbinen, wie Pangloss mit Ijob harmonisiert werden.

Im Talmud wird die Theodizeefrage justament an unserm Beispiel in Kombination mit dem 6. der zehn Gebote konstruiert: »*Wo ist*«, heißt es an anderer Stelle, »*wenn zu einem sein Vater gesagt hat, dass er auf eine Burg steige und ihm junge Tauben hole, und er hinaufsteigt, die Mutter fliegen ließ und die Jungen holte, und auf der Rückkehr abstürzt und stirbt, das lange Leben von diesem und das Wohlergehen von diesem!?*« (bChul 142a). Der gehorsame Sohn, der gleichzeitig die zwei Gebote erfüllt, auf denen explizit langes Leben und Glück stehen, stürzt und stirbt!? Der Talmud benutzt diesen Fall, um den biblischen Tun-Ergehen-Zusammenhang in Frage zu stellen. Natürlich wird zur Verteidigung sogleich eingewandt, dass ein solcher Fall unrealistisch sei. Es wird aber erwidert, dass er dennoch vorkommt: »*Rabbi Jakob sah einen solchen Fall*«. Verstöße gegen das eherne Lohngesetz waren sicher keine Seltenheit. Der genannte Rabbi Jakob berichtet, sein Großvater, der Erzketzer der talmudischen Literatur, Elischa ben Abuja, den man gewöhnlich schlicht »*Acher*«, »*Anderer*« nannte, sei aufgrund eben dieses Falls vom Glauben abgefallen: »*Es gibt*«, habe er daraus geschlossen, »*kein Gericht und keinen Richter*«. Eine andere Überlieferung kennt freilich ein ernsteres Motiv »*Achers*«. In der Zeit der hadrianischen Verfolgungen habe er die Zunge des gefeierten Dolmetschers Chuzpit auf einem Misthaufen liegen sehen und gesprochen: »*Ein Mund, der Perlen hervorbrachte, muss nun Staub lecken!*« (bChul 142a). Im Prinzip ist es aber ganz gleich, ob das göttliche Wort in einem Einzelfall oder in einer allgemeinen Katastrophe gebrochen wird, in jedem Fall steht die Glaubwürdigkeit Gottes auf dem Spiel. Die ehemaligen Kollegen von »*Acher*«, die ja alle ähnliche Erfahrungen wie er gemacht hatten, konnten sich ihren Glauben nur bewahren, weil sie dem biblischen Vergeltungsglauben keinen inner-, sondern einen außerweltlichen Sinn gaben. Eben der genannte Rabbi Jakob legte die Zusage in unserem Vers in diesem Sinn aus: »*‚damit du lange lebst‘ in der Welt, die ganz Ewigkeit ist, und ‚damit es dir wohlgehe‘ in der Welt, die ganz Wohlergehen ist*« (bChul 142a), und der Talmud meint, dass der Großvater nicht abgefallen wäre, wenn er die einleuchtende Auslegung seines Enkels – übrigens auch schon zur Zeit des Großvaters eine verbreitete Meinung der Schule Hillels – gekannt hätte. Unsere Verse stellen aber die Lohnmoral überhaupt in Frage. Die Gleichheit der Löhne bei Geboten von so unterschiedlicher moralischer Wertigkeit wie das 148. Gebot und das 6. der zehn Gebote beweist ja die Unberechenbarkeit der Belohnungen. Die letzte Mischna zu unserem Thema drückt diesen Sachverhalt folgendermaßen aus: »*Wenn die Tora von einem leichten Gebote im Wert eines Issars* (sagen wir einmal eines Cents, D.K.) *sagt: ‚damit es dir wohlergehe und du lange lebest‘, um wie viel mehr gilt dies von den strengen Geboten der Tora*« (mChul 12,5 u. Raschi zu Dtn 22,7). Damit soll nicht etwa ein Spitzentarif konstruiert, sondern gerade die Gleichwertigkeit aller Gebote ausgedrückt werden. Jedenfalls hat die Tradition diese Lehre im Sinne jener anderen Lehre aus den Sprüchen der Väter ausgelegt: »*Sei ebenso achtsam auf ein geringes Gebot wie auf ein wichtiges, denn du kennst nicht die Belohnung der Gebote*« (mAw II,1, vgl. den Kommentar von Rabbeinu Jona Gerundi zu diesem Spruch). Und von da ist der Weg zum rigoristischen Ideal des vollständigen Lohnverzichts nicht mehr weit: «*Seid nicht wie Knechte*", heißt es in den Sprüchen der Väter, «*die dem Herrn dienen, Lohn zu empfangen, sondern wie Knechte, die dem Herren dienen ohne die Absicht, Lohn zu empfangen*" (mAw I,3).

Es wäre aber ungerecht, aufgrund solcher Spitzenaussagen die rabbinische Tradition insgesamt als rigoristisch und legalistisch abzutun. Die lange Auslegungsgeschichte unseres Gebotes zeigt vielmehr, dass in der jüdischen Tradition ganz unabhängig von nach außen gerichteten apologetischen Interessen immer wieder moralische Begründungen unseres Gebotes gesucht wurden. Obwohl z. B. in den soeben wiedergegebenen talmudischen Diskussionen Rücksichten wie Grausamkeit und Tierquälerei keine Rolle spielen, sind solche Gesichtspunkte dem rabbinischen Denken sonst keineswegs fremd. Die Rücksicht auf das Leid der Lebewesen (*Za'ar Ba'ale Chajim*) bricht z. B. den Schabbat (bSchab 128b), und Grausamkeit gegen Tiere rächt Gott am Menschen Maß für Maß (*Midda Keneged Midda*). Dafür gibt es im Talmud ein berühmtes Exempel. Rabbi Jehuda, der Redaktor der Mischna, sei aus folgendem Grund erkrankt: »*Es war einmal ein Kalb, das man gerade zum Schlachten führte. Es ging, barg seinen Kopf in Rabbis Rockzipfel und weinte. Er sagte zu ihm: Geh, dazu bist du gebildet worden. Da sprachen sie (im Himmel): Da er sich gar nicht erbarmt, sollen Leiden über ihn kommen!*« Und aus folgendem Grund genas er wieder: »*Eines Tages fegte Rabbis Magd gerade das Haus, warf eben junge Wiesel hinaus und fegte sie weg. Er sagte zu ihr: Lass sie! Es steht geschrieben: ‚Und sein Erbarmen waltet über all seinen Werken*' (Ps 145,9). *Da sprachen sie: Da er sich auch erbarmte, wollen wir uns auch über ihn erbarmen*« (bBaMe 85a). Die mittelalterlichen rabbinischen Auslegungen zu unserem Gebot sind denn auch vom Mitgefühl mit der stummen Kreatur und vom Glauben an eine die Tiere einschließende göttliche Gerechtigkeit bestimmt. Ohne Rücksicht auf die im Talmud geäußerten Bedenken unterlegen die meisten Erklärer unseren Versen eine moralische oder moralpädagogische Absicht. Darüber hinaus führen sie neue Gesichtspunkte ein, die davor keine Rolle gespielt haben, etwa den Arten- und Umweltschutz. Der bedeutendste spanischjüdische Exeget des Mittelalters, R. Abraham ibn Esra, etwa bringt unser Gebot im Zusammenhang mit dem Verbot: *»Ein Rind oder Schaf dürft ihr nicht zusammen mit ihren Jungen an einem Tage schlachten«* (Lev 22,28) und betrachtet diese Gesetze als Maßnahmen gegen die Grausamkeit (*Achsariut*). Die unglaublich hohe Belohnung für die Gebotserfüllung: *»auf dass es dir wohlergehe und du lange lebest«* deutet er nach dem Prinzip der ausgleichenden Gerechtigkeit: Wenn der Mensch sich der Tiere erbarmt, erbarmt sich Gott des Menschen; wenn er das Tier am Leben lässt, wird er am Leben gelassen. Der bedeutende deutschjüdische Exeget R. Schmuel ben Meir (Raschbam), der Enkel Raschis, stellt das Verbot, Vogelmutter und Junge gleichzeitig zu fangen, in eine Reihe mit dem Verbot, Mutter und Junges gleichzeitig zu schlachten (Lev 22,28), und dem Verbot, ein Böcklein in der Milch seiner Mutter zu kochen (Ex 23,19b; Ex 34,26; Dtn 14,2), die insgesamt gegen die Grausamkeit und Gefräßigkeit (*Ra'awtanut*) gerichtet seien. Bei beiden Exegeten kommt es dabei aber mehr auf die Menschen als auf die Tiere an; sie bleiben eine Erklärung dafür schuldig, warum das im Verbot untersagte Verhalten grausam sein soll. Der größte jüdische Religionsphilosoph des Mittelalters, Maimonides, hat dafür in seinem *Führer der Verirrten* eine bemerkenswerte Erklärung geliefert. Der Arzt empfiehlt zwar den Fleischgenuss, er untersagt aber jede Art von Quälerei beim Fangen und Schlachten der Tiere. Das wäre aber der Fall, wenn man die Mutter und die Jungen gleichzeitig beim Ausheben eines Nestes fangen und töten würde. Maimonides argumentiert, dass zwischen den Affekten der Menschen und der Tiere kein Unterschied bestehe. Die Mutterliebe hänge nicht von der Vernunft ab, die Mensch und Tier unterscheidet, sondern von der Einbildung, die beim Tier genauso ausgebildet ist wie beim Menschen. Das Leid der Vogelmutter ist in diesem Fall also vergleichbar dem Leid einer Menschenmutter, die Zeugin der Entführung und Ermordung ihrer Kinder wäre. Unter diesen Voraussetzungen ist das Vogelstellen überhaupt ein grausames Geschäft. Deshalb vermutet Maimonides hinter unserem Gebot eine pädagogische List: »*Denn die Eier, auf denen die Mutter sitzt, oder die Küchlein, die der Mutter bedürftig sind, sind zumeist zur Nahrung ungeeignet. Lässt man nun die Mutter frei und sie kann sich entfernen, so wird ihr die Qual erspart zuzusehen, dass man ihr die Jungen wegnimmt, und in den meisten Fällen wird dies den Ausheber veranlassen, das Ganze stehen zu lassen, weil das, was er nehmen darf, meist zum Essen ungeeignet ist*« (III, 48; Bd. II.2, S. 313). Unser Gebot soll den Vogelsteller entmutigen und verhindert mithin die Zerstörung der Nester. Dieser Artenschutz beruht auf der Annahme einer gemeinsamen Affektivität bei Mensch und Tier, was im Gegensatz zu den vorigen überwiegend anthropozentrischen Ansätzen steht und geeignet ist, eine pathozentrische Tierethik zu begründen. Maimonides verfolgt diese Fährte aber nicht weiter und kommt rasch wieder auf die Menschlichkeit der Gesetze zurück: »*Und wenn also das Gesetz dieses Seelenleid bei den Haustieren und Vögeln so schonend berücksichtigt, um wie viel mehr bei den Menschen*« (ebd. 313f). Josef ibn Kaspi (1279-1340) setzt seine Gedanken fort und gelangt, nachdem auch er die verwerfliche Praxis der Vogelsteller anschaulich geschildert hat, zu einer allgemeinen Umweltethik auf metaphysischer Grundlage. Dabei geht er vom porphyrianischen Stammbaum aller Seienden aus, der sich auch als eine Matroschka darstellen lässt. Die Materie umfasst die Pflanzen, die sich durch Leben und Wachstum unterscheiden, die Pflanzen umfassen die Tiere, die sich durch ihre Beweglichkeit unterscheiden, und die Tiere umfassen schließlich die Menschen, die sich durch Verstand und Sprache auszeichnen und weiter in Völker und Individuen differenzieren. Nur überhebliche Menschen glauben, »*dass es keine Verbindung zwischen uns und den übrigen Lebewesen gäbe. Um diese dumme Ansicht zu widerlegen, sind uns verschiedene Gebote gegeben worden, die die Minerale, die Pflanzen, die Tiere und schließlich die Menschen betreffen*«. Ibn Kaspi beginnt mit der Aufzählung der in der Nächstenliebe gipfelnden sozialen Gebote. Dann kommt er zu den Tieren. Der Mensch war ursprünglich Vegetarier und nur im Stand der Sünde wurde er zu einem »Fleischfresser«. Die Tora erlaubt zwar die Tötung der Tiere zum Zweck der Ernährung (Dtn 12,15), aber fast schon buddhistisch klingt, was Ibn Kaspi hierzu bemerkt: Weil sich der Mensch als besondere Tierart zur allgemeinen Gattung der

Tiere wie ein Sohn zum Vater verhalte, ist das so *»als ob wir unseren Vater essen«*. Obwohl das Gesetz den Fleischgenuss dennoch gestattet, gebietet es auch mit unserem und anderen analogen Geboten Mitleid mit den Tieren. Mehr kann es, wie ibn Kaspi feststellt, für die Tiere leider nicht tun – auch weil unser Mitleid mit der Entfernung der natürlichen Verwandtschaft zu den Kreaturen abnimmt. Die Gebote des Baumschutzes (Dtn 20,19) und des Brachjahres (Dtn 21,4) zeigen immerhin, dass die Tora auch zum Schutz der Pflanzen und der Böden verpflichtet. Ibn Kaspi meint am Schluss seines Kommentars, dass alle diese Gebote den Menschen Bescheidenheit im Gefüge der Schöpfung lehren wollen und fügt geradezu hinduistisch hinzu, dass sie uns *»dauernd bewusst machen, dass wir wie der zahme und der wilde Esel sind, wie der Johannisbrotbaum und der Granatapfelbaum, ja wie das Mineral«*.[240] Nach dem aristotelischen-neuplatonischen Weltbild, das dieser Erklärung zugrundeliegt, ist unser Gebot ein »Naturrecht«. Ja, sogar für die unverhältnismäßige Belohnung ließe sich ein natürlicher Grund anführen: Tier- und Naturschutz sind tatsächlich Voraussetzungen dafür, dass es dem Menschen auf der Erde *»wohlergehe und dass er lange lebe«*.

Alle angeführten Erklärer: R. Abraham ibn Esra, R. Samuel ben Meir, R. Moses Maimonides und Josef ibn Kaspi gehen in ihren Auslegungen zu unserem Gebot von nachvollziehbaren rationalen Gründen und moralischen Motiven aus. Der Einwand des Talmud gegen solche Deutungen der Gebote ist aber nicht vergessen. Moses Maimonides kommt unmittelbar nach der Erklärung des Gebotes darauf zurück. Er war ein entschiedener Gegner der voluntaristischen Theologie, die die Gebote auf den uneingeschränkten Willkürwillen Gottes zurückführte und ihren einzigen Sinn darin sah, die Menschen seiner absolutistischen Herrschaft zu unterwerfen. Ginge es nur darum, den menschlichen Eigenwillen zu brechen, dann hätte auch irgendetwas geboten oder verboten werden können. In den Augen des Maimonides ist Gott aber ein konstitutioneller Monarch, der sich bei aller Gesetzgebung stets mit seiner Weisheit berät: *»Alle Gebote«*, schreibt er, *»haben somit einen Grund, nämlich (...) einen nützlichen Zweck«* (ebd. III, 26, II.1; S. 168). Dieser Zweck ist nicht immer leicht zu erkennen und manche Einzelheiten der Gebote bleiben willkürlich. Im Allgemeinen sind aber fast alle Gebote sinnvoll und erschließen sich dem forschenden Verstand. Zur Unterstützung seiner Ansicht führt Maimonides eine Fülle biblischer und rabbinischer Autoritäten an. In unserem Fall begnügt er sich darauf hinzuweisen, dass er anderer Meinung sei als die genannten talmudischen Autoritäten und dafür auch durchaus traditionelle Unterstützung habe (ebd., S. 314).

Die jüdische Mystik gab sich im Gegensatz zu den jüdischen Philosophen als die Hüterin der wahren jüdischen Tradition (*Kabbala*) aus und führte einen erbitterten Kampf gegen die rationalistische Gebotsauslegung des Maimonides und seiner Anhänger. Einer ihrer frühen Vertreter, R. Moses ben Nachman (Nachmanides), zitiert in seinem Bibelkommentar zu unserer Stelle zwar respektvoll die Erklärung des Maimonides, wendet aber mit der Mischna ein, dass das Gebot nicht auf das Erbarmen Gottes mit den Tieren zurückzuführen sei, sonst hätte er die Tötung und Opferung von Tieren überhaupt untersagt. Es handele sich vielmehr um ein göttliches »*Dekret*«, das den Menschen vor der Verrohung bewahren solle, d. h. weniger den Tier- als den Menschenschutz beabsichtige. Obwohl Nachmanides also keineswegs auf eine Erklärung verzichtet, ja, seine eigene Deutung von der des Maimonides gar nicht so stark abweicht, betont er die voluntaristische Auffassung: »*Unsere Weisen betrachten alle Worte der Tora* (...) *als Dekrete*« (Bd. II, S. 458-451). Es geht aber Nachmanides nicht nur darum, den alten rabbinischen Legalismus gegen den philosophischen Rationalismus zu verteidigen, sondern auch darum, die profanen eudämonistischen und platten utilitaristischen Erklärungen der Aufklärer zurückzuweisen, um eine höhere theosophische Sinngebung der Gebote durchzusetzen. Sein Kommentar zur Stelle endet denn auch mit einem Hinweis auf eine kabbalistische Erklärung des Geheimnisses dieses Gebotes, und er erklärt mit diesem »*großen Sinngehalt*« (*Injan Gadol*) die unverhältnismäßig hohe Belohnung, die auf dieses Gebot steht.

Die Stelle, die Nachmanides zitiert, stammt aus dem frühen Klassiker der Kabbala, dem *Buch Bahir* (12 Jh.), und dort wird gegen den ornithologischen Verstand gefragt: »*Was bedeutet der Vers: ‚Freilassen sollst du die Mutter, und die Kinder magst du an dich nehmen?', und es heißt nicht: ‚Freilassen sollst Du den Vater?' Dies bedeutet:* (wenn der Vers sagt): *‚die Mutter‘,* (so spricht das) *von der ‚Herrlichkeit‘,* (als ob dastünde): *jene, die ‚Mutter‘ in der* (oberen) *Welt genannt wird, von der es heißt: ‚denn Mutter nenne die Einsicht* (*Bina*)‘ (Prov 2,3). *Was bedeutet ‚und die Kinder magst du an dich nehmen‘?* (...). *Jene ‚Kinder‘ nämlich, die sie erzogen hat.* usw.« (Ed. G. Scholem §74, S. 75). Für die Kabbalisten ist das Nest nichts Geringeres als ein Gottesbild, wobei Vater, Mutter und Junge für die verschiedenen göttlichen Aspekte, nämlich den väterlichen Aspekt der produktiven Vernunft (*Chochma*), den mütterlichen Aspekt des Verstandes (*Bina*) und die kindlichen Aspekte der moralischen und politischen Wirkungen Gottes stehen. Entziffert man mit diesem theosophischen Schlüssel unseren Vers, dann kann man sich die erste Frage des Kabbalisten, weshalb im Vers nur von der Mutter und den Jungen, nicht aber auch vom Vater die Rede sei, folgendermaßen verständlich machen. Sie soll andeuten, dass die menschliche Erkenntnis höchstens bis zur Matrix allen Seins (*Bina*) vorstoßen, sie selbst aber, die Allumfassende, nicht mehr erfassen könne, geschweige den väterlichen Urkeim alles Seins (*Chochma*). Das Gebot der Freilassung der Vogelmutter wäre demnach eine Art gnoseologische Chiffre für die Kritik der reinen Vernunft, die sich aufgrund ihrer Endlichkeit mit dem *deus revelatus*, mit der *natura naturata* begnügen muss.

Das *Buch Sohar*, der Klassiker der Kabbala, betrachtet unseren Vers als »*eines der verborgensten Gebote der Tora, und wir haben darin Geheimnisse der Lehre*« (*Chad MiPikude Oraita Genisin, WeAnan It Lan Be Rase DeOraita Genisin*, II, 8a). Auch nach dem *Sohar* symbolisieren die familiären Beziehungen im Nest bestimmte Konfigurationen der göttlichen Aspekte, das Gebot bzw. Verbot ist aber darüberhinaus als eine Handlungsanleitung im Umgang mit diesem göttlichen Bereich gedacht. Im allgemeinen geht es darum, Gott so zu beeinflussen, dass er die Welt mit seinen wohltätigen Emanationen beglückt, oder, um es mit den Worten des *Sohar* selber zu sagen, um das »*Erwecken von unten her*« (*Itarutta De Tata*, I 164a). Im *Sohar* wird an eine der zahlreichen Stellen, die sich auf unsere Verse beziehen, die brütende und nährende Vogelmutter als Bild für das symbiotische Verhältnis der Muttersfira *Bina* zur zehnten und letzten Tochtersfira *Sch'china* (*Einwohnung*), gesehen. Unter den sieben unteren Sfirot spielt diese zehnte

Sfira eine ganz besondere Rolle: sie bildet die Grenze zwischen dem göttlichen und dem außergöttlichen Bereich, sie empfängt die oberen Einflüsse und leitet sie nach unten weiter. Sie stellt also die Gegenwart Gottes in der Welt dar und ist daher zugleich das Symbol für sein Reich (*Malchut*), sein Volk (*Am Jissrael*) und seine Gemeinde (*Knesset Jisrael*) – eine freilich leidende, bedürftige, schwächliche Größe. Die Fürsorge der Vogelmutter für ihre Eier und Jungen wird zum Bild für die Erhaltung der Gegenwart Gottes in der Welt. Der mystische Sinn unseres Gebotes, das der *Sohar* übrigens als striktes Verbot, die Vogelmutter fortzuschicken, auffasst, sei, so eine der Auslegungen, die innige Verbindung der brütenden oder säugenden Mutter zu den Jungen nicht zu unterbrechen. »*Über die Tochter ist die säugende Mutter gebreitet, und darum heißt es: ‚Nicht sollst du nehmen die Mutter von den Kindern'. Auch haben wir gelernt: Es häufe nicht der Mensch seine Sünden, die ihn nach abwärts ziehen, denn dadurch wird die Mutter von den Kindern fortgehoben*« (I,219a). Das geschieht aber dann, wenn der Mensch sich durch Sünden erniedrigt und so die Gemeinschaft Gottes von ihrem Lebensquell trennt. Somit ist unser Vers geradezu eine Formel für das Sittengesetz der Kabbala: Der Mensch soll durch sein Tun und Lassen nicht »*Trennung*« (*Perud*), sondern »*Vereinigung*« (*Ichud*) der Bereiche anstreben. Wie die magische Rückwirkung der Gebotserfüllung auf Gott und die Welt vor sich gehen kann, beschreibt der kabbalistische Exeget R. Bachja ben Ascher in rührender Weise in seinem Kommentar zur Stelle: »*Die Erfüllung dieses Gebotes erregt* (Hitorrerut) *und erweckt das Erbarmen über die ganze Welt. Nach ihrer Vertreibung sorgt sich die Vogelmutter um ihr zerstörtes Nest und das Verschwinden ihrer Kinder. Sie klagt und will sich umbringen. Wegen ihres großen Leidens bittet der Engelfürst der Vögel vor Gott um Erbarmen. Gott, von dem es heißt: ‚Sein Erbarmen ist über all seinen Werken'* (Ps 145,9), *ergießt sein Erbarmen* (*Schefa HaRachamim*) *über alle Leidenden und übt Barmherzigkeit gegen sie. Wer also die Vogelmutter freilässt, erweckt Erbarmen in der ganzen Welt und wird mit den anderen Menschen glücklich, wie es heißt: ‚auf dass es dir wohlergehe und du lange lebest'. Das Fortschicken ist daher gut für dich und verlängert deine Tage*« (Bd. II, S. 316b unten). Demnach liegt es aber auch in der Hand des Menschen, durch die Erfüllung dieses

Gebots den Ausfluss der göttlichen Gnade auszulösen. Auf ihm lastet eine weitreichende Verantwortung für Gott und die Welt und er kann mit seiner Tat das Leiden in der Welt, auch das Leiden der stummen Kreatur im großen Versöhnungszusammenhang aufheben.

Es überrascht daher nicht, dass der *Sohar* auch noch eine sehr bunte apokalyptische Deutung unseres Verses bringt. Der Vogel unseres Verses ist hier kein beliebiger Vogel mehr, sondern der himmlische Künder der Zukunft. Aus seinem Flug, seiner Sprache und seinen Federn lesen die Weisen apokalyptische Orakel über den Endkampf der Weltreiche und das Schicksal Israels ab (II,6b). Das Nest dieses Vogels befindet sich zunächst im himmlischen Paradies, wo auch der Messias auf seinen Einsatz wartet. Wenn der Zeitpunkt gekommen ist, fliegt der Messias in diesem Nest »*auf irgendeinen Baum*« (Dtn 22,6) – in der baumreichen Stadt Jericho – oder landet »*auf der Erde*« (ebd.) – will sagen Jerusalem –. Er wird sich aber in Galiläa offenbaren, wo das Exil seinen Anfang nahm, und um sich die zusammengeschmolzene Schar der Gelehrten sammeln, die seiner Herrlichkeit freilich kaum würdig sind. »*Darum wird durch das Verdienst der lernenden Kinder seine Kraft erhöht werden, was geheimnisvoll mit den ‚Jungen' angedeutet ist.*« Diese Kinder und Säuglinge sind die Hoffnungsträger der Exilsgemeinde. Mit der Hervorhebung der Notwendigkeit der Kindererziehung lässt der *Sohar* die farbige, aber beliebige apokalyptische Vision in den großen kabbalistischen Erlösungsmythos einmünden, wonach die Erlösung Israels die Erlösung der göttlichen Gegenwart aus dem Exil (*Galut HaSch'china*) durch Israel und die Wiedervereinigung Israels aus der Zerstreuung die Wiedervereinigung Gottes aus der Zerstreuung durch Israel voraussetzt – der Messias ist das Produkt dieser messianischen Arbeit. In diesem Sinne schließt der *Sohar* die Deutung unseres Gebotes ab: »(...) *das ist der Sinn der Worte: ‚Und lagert die Mutter über den Jungen oder über den Eiern, du sollst nicht die Mutter von den Kindern nehmen'. Das bedeutet, dass die Schechina die Verbannung nicht verlassen darf, außer durch den oberen König. Denn wenn jene Kinder und Säuglinge dem Messias die Kraft steigern werden, dann wird die obere Mutter, welche über ihnen lagert, zu ihrem Gatten wiedererweckt* (...) *ihr Gatte wird kommen und sie vom Staube auf-*

richten« (II, 7a-9a). Wenn wir auf die kabbalistischen Auslegungen von Dtn 22,6 und 7 zurückblicken, so zeigt sich, dass das Vogelnest, die brütende und nährende Vogelmutter und die Jungen in irgendeiner Beziehung immer wieder die göttliche Empfindlichkeit darstellen, während die dem Menschen gebotene Zurückhaltung vor der wehrlosen Kreatur als Aufforderung zur gesteigerten Verantwortlichkeit in einer äußerst sensiblen und verletzlichen göttlichen Ordnung verstanden wird. Mag uns auch das theosophische Rahmenwerk etwas befremden, bemerkenswert ist doch der Geist dieser Frömmigkeit – ein Frömmigkeit, die das Herz der nachmittelalterlichen jüdischen Religiosität erobert. In jedem Fall gilt aber unser Gebot als Mittel bei der Erziehung zur Menschlichkeit, die in der Tat im Zentrum des 22. Kapitels des Deuteronomiums steht.

8. Bauer

Der siebente Abschnitt des Buches Deuteronomium (Dtn 26,1 – 29,8) beginnt mit der Vorschrift für den israelitischen Bauern, die Erstlinge seiner Ernte zu nehmen, nach Jerusalem hinauf zu ziehen und sie im Tempel darzubringen. Dabei soll er folgendes Bekenntnis sprechen: »26,5 *Ein umherirrender Aramäer war mein Vater. Er zog nach Ägypten hinab und war dort ein Fremdling mit wenigen Leuten. Er wurde dort ein großes, starkes und zahlreiches Volk.* 6 *Aber die Ägypter behandelten uns schlecht und bedrückten uns und legten uns harte Arbeit auf.* 7 *Da schrien wir zu dem Ewigen, dem Gott unserer Väter, und der Ewige hörte unsere Stimme und sah unser Elend, unser Unglück und unsere Bedrängnis.* 8 *Der Ewige führte uns aus Ägypten mit starker Hand und ausgestrecktem Arm, unter großen, furchtbaren Taten, unter Zeichen und Wundern.* 9 *Er brachte uns an diesen Ort und gab uns dieses Land, ein Land, das von Milch und Honig fließt.* 10 *Und nun bringe ich hier die Erstlinge der Früchte des Bodens, den du, Ewiger, mir gegeben hast.«* Dieses Bekenntnis sprechen Juden immer noch, wenn sie einmal im Jahr die Befreiung aus der Sklaverei feiern (*Haggada Schel Pessach*). Viele von ihnen leben nach wie vor in der Diaspora und wissen aus eigener, bitterer Erfahrung, was es heißt, ein Flüchtling und ein Fremder zu sein. Die biblische Vorschrift richtet sich aber an den sesshaften Bauern. Er soll nicht als erster von den Früchten seiner harten Arbeit kosten und etwa meinen: »*Meine Kraft und die Stärke meiner Hand*, wie es an einer anderen Stelle heißt, *haben mir diesen Reichtum geschaffen*« (Dtn 8,17). Nun weiß der Bauer besser als der besitzstolze Bürger, dass sein Ertrag vom Himmel – und sei es nur vom guten Wetter – abhängt. Aber warum wird ihm vorgeschrieben, an seine unbehausten Vorfahren zu denken? Weil gerade der Bauer zu seiner heimatlichen Scholle eine ganz intime Beziehung pflegt. Er betrachtet sich allzu leicht als Zweig eines tief verwurzelten Stammbaums und beruft sich auf sein angestammtes Recht auf das Land. Er sieht es nur ungern, wenn Fremde in sein Land kommen und wenn er mit Abgaben belastet wird. Deshalb ruft ihm das Bekenntnis ins Gedächtnis, dass auch er von entwurzelten, land- und rechtlosen Flüchtlingen abstammt. Deshalb wird gerade ihm geboten, sich auf Wanderschaft zu begeben, um die ersten Früchte seines Landes, das ihm nicht seit unvordenklichen Zeiten gehört, in den Tempel zu bringen. Außerdem soll der Bauer ein Herz für diejenigen haben, die heute in einer ähnlichen Lage sind wie einst seine Vorfahren. Mose schärft uns immer wieder ein, dass nicht nur Adel verpflichtet, sondern auch niedere Herkunft. Er verlangt, wie wir im ersten Teil dieses Buches gesehen haben, vom Bauern zum Beispiel: »*Wenn ihr in eurem Lande Ernte haltet, so sollst du die Ecke deines Feldes nicht völlig abernten und bei deiner Ernte keine Nachlese halten. In deinem Weinberge sollst du keine Nachlese halten und die einzelnen Trauben auf deinem Weinberge nicht auflesen, dem Armen und dem Fremden sollst du sie überlassen*« (Lev 19,9-10). Die Bibel erzählt uns die rührende Geschichte von der Ausländerin Rut, die aufgrund dieser Vorschrift auf den Feldern des wohlhabenden Bauern Boas für sich und ihre Hunger leidende Mutter Ähren auflesen ging. Sie blieb beim Bauern über Nacht und aus dieser Verbindung ging kein Geringerer als König David hervor (Rut 2,2-3). Natürlich geht es hier nicht nur um wirkliche Bauern. Eine weiterreichende spirituelle Bedeutung knüpft an den dunklen Spruch Jesajas an: »*Ich legte mein Wort in deinen Mund, und im Schatten meiner Hand barg ich dich, zu pflanzen die Himmel und die Erde*« (Jes 51,16). Wenn wir recht verstehen, dann soll dieser Ausspruch bedeuten, dass der Mensch mit den Worten Gottes Himmel und Erde pflanzt (*Lintoa Schamaim*). So wurde er jedenfalls von einem großen rabbinischen

Gelehrten des 18. Jahrhunderts, Rabbi Chajim aus Woloschin, im Anschluss an die Kabbala verstanden (Nefesch HaChajim I, 3.12, II,10 u.ö.). Der Bauer, könnten wir auch sagen, der das Wort Gottes erfüllt, baut am Himmel. Eine ähnliche Auslegung eines anderen Ausspruchs Jesajas durch die Weisen ist sogar Bestandteil des *Schabbat*-Gebets geworden. Der Prophet tröstet das Volk und sagt: »*Alle deine Kinder sind Lehrlinge des Ewigen, und groß ist der Friede deiner Kinder*« (Jes 54,13). Der hebräische Ausdruck für das zweimal wiederholte »*deine Kinder*« lautet »*Bana'ich*. Doch die Weisen fordern uns auf, das Wort, das im Urtext ja ohne Vokale steht, beim zweiten Mal anders zu lesen, statt »*Bana'ich*« »*Bona'ich*«, was soviel wie »*deine Erbauer*« bedeutet. Der Vers würde also bedeuten: »*Alle deine Kinder sind Lehrlinge des Ewigen, und groß ist der Friede deiner Erbauer*«. Die Lehrlinge Gottes sind die Bauern der Welt. Das sind, zugegeben, etwas komplizierte Ableitungen, aber sie sollen deutlich machen, dass die Verwirklichung des Himmelreichs auf Erden in unseren Händen liegt.

9. Umkehr

Der achte Abschnitt des Buches Deuteronomium heißt »*Nizawim*«, »*Ihr steht*« (29,9 – 30,20) und wird stets am Samstag vor dem Neujahrsfest in den Synagogen vorgelesen. Die letzten Worte des Propheten, die er in diesem Abschnitt vor dem Einzug ins gelobte Land zum Volk Israel spricht, gehen uns gerade an den hohen Feiertagen immer noch etwas an. »*Ihr*, sagt er, *steht heute alle vor dem Ewigen, eurem Gott, eure Anführer, eure Stämme, eure Ältesten und eure Wächter, jeder Mann Israels, eure Kinder, eure Frauen und der Fremde, der in deinem Lager ist, deine Holzhauer und Wasserschöpfer* (...)« (Dtn 29,9-10). Jedes einzelne der letzten Worte des Propheten ist bedeutsam: »*Ihr steht* (...) *vor dem Ewigen, eurem Gott*«, so beginnt er seine Rede. Aber das ist nach allem, was in den vergangenen vierzig Jahren nach der Befreiung aus der Sklaverei während der langen Wüstenwanderung geschehen ist, gar keine Selbstverständlichkeit. Man könnte dieses: »*Ihr steht* (...) *vor dem Ewigen, eurem Gott*« auch im Sinne von: »*Ihr steht trotz allem noch immer* (...) *vor dem Ewigen, eurem Gott*« verstehen. Und wir könnten 3500 schwere Jahre später hinzufügen: »*auch wir stehen an diesen Feiertagen trotz allem und noch immer vor dem Ewigen, unserm Gott«.* Der Prophet sagt denn auch: *»Ihr steht* ***heute*** (...) *vor dem Ewigen, eurem Gott«*, als wollte er damit andeuten, dass hier nicht nur von den alten Zeiten die Rede ist, sondern von allen Zeiten. Um diese ewige Aktualität seiner Worte zu unterstreichen, fügt er später hinzu: *»Nicht euch allein verpflichte ich auf diesen Bund und diesen Eid, sondern neben dem, der heute hier bei uns vor dem Ewigen, unserem Gott, steht, auch den, der heute nicht hier bei uns ist«* (Dtn 29,13-15). Jede Generation steht gleichsam an der Schwelle zum gelobten Land vor Gott: die Generation der befreiten Sklaven aus Ägypten und ihrer Kinder, zu der Mose hier sprach, die Generation der befreiten Gefangenen aus Babylonien, zu der womöglich der Verfasser des Buches Deuteronomium sprechen wollte, und unsere Generation, zu der unsere Prediger sprechen.

Der Prophet wendet sich ausdrücklich an *»alle«* Anwesenden: *»Ihr*, sagt er, *steht heute* **alle** *vor dem Ewigen, eurem Gott«. »Alle«*, darin schließt er sogar die *»Holzhauer und Wasserschöpfer«* ein, die er am Schluss seiner Aufzählung erwähnt. Man kann sich fragen, warum er ausgerechnet diese beiden Berufe, neben den »sehr wichtigen Leuten«, den *»Anführern«*, den *»Ältesten«* und den *»Wächtern«* nennt? Weil sie die in Israel am meisten verachteten Arbeiten ausübten, die in der Regel von Fremdarbeitern verrichtet wurden (vgl. z. B. Jos 9,21). Mit anderen Worten, alle bis auf den letzten Proleten sind vor dem Propheten erschienen. Und bis heute kommen sogar ganz ungläubige Juden, die so genannten »Dreitage-Juden«, zu den hohen Feiertagen in die Synagogen. Eine schöne symbolische Auslegung dieser Stelle verdanke ich dem Rabbiner von Würzburg, Herrn Jakob Ebert: *»Holzhauer und Wasserschöpfer«* sind zwei diametral entgegengesetzte Berufe. Der *»Holzhauer«* fällt den Baum, der auch ein Symbol für die göttliche Lehre ist, die oft mit dem *»Baum des Lebens«* (*Ez Chajim*) verglichen wird – der »Holzhauer« steht also für den Ketzer; während der *»Wasserschöpfer«* die neu gepflanzten Bäume bewässert – er steht für den Lehrer der *Tora*, die ebenso oft mit dem Wasser verglichen wird. So *stehen* am Neujahrs- und Versöhnungstag alle Juden vor Gott: die Zerstörer und die Erbauer, die Ungläubigen und die Gläubigen, die Freigeister und die Frommen.

In jedem Fall meint das Wort »*alle*« das »*ganze*« Volk – einschließlich der Ungebildeten. Für sie darf aber die Ansprache und der Anspruch nicht zu hoch oder zu tief, zu weit hergeholt oder zu schwer sein. Darum unterstreicht Mose etwas später in seiner Rede: »*dies Gebot, das ich dir* ***heute*** *gebe, ist dir nicht zu schwer und liegt dir nicht zu fern. Es ist nicht im Himmel, dass du sagen könntest: Wer wollte für uns in den Himmel steigen, es uns holen und es uns vernehmen lassen, dass wir danach tun. Und es ist nicht jenseits des Meeres, dass du sagen könntest: Wer wollte für uns über das Meer fahren, es uns holen und es uns vernehmen lassen, dass wir danach tun. Sondern es liegt dir sehr nahe, in deinem Munde und in deinem Herzen, so dass du danach tun kannst*« (Dtn 30,11-16). Der Prophet schärft ferner ein: »*Was verborgen ist, steht bei dem Ewigen, unserem Gott, was aber offenbar ist, liegt auf ewig* ***bei uns und unseren Kindern****, dass wir alle Worte dieser Weisung tun*« (Dtn 29,28). Jeder Buchstabe des Ausdrucks »***bei uns und unseren Kindern***« wird in den Handschriften eigens unterstrichen und vom Vorleser in der Synagoge mit erhobener Stimme vorgetragen. Die mosaische Religion ist keine Angelegenheit für Himmelsreisende und Höllenfahrer, für spirituelle Abenteurer und mystische Genies, sie handelt von ganz alltäglichen und naheliegenden Dingen – mit ihr beginnt, um mit dem deutschen Philosophen Hegel zu sprechen, die »*Prosa*« in der Geistesgeschichte.

Eigenartiger Weise erwähnt Mose, mitten in seiner Aufzählung aller Gruppen des Volkes, noch einmal: »*jeden Mann* (*Kol Isch*) *Israels*« besonders und fährt, nachdem er in der Mehrzahl begonnen hat, dann in der Einzahl fort, als ob er sagen wollte, dass zwar alle zusammen vor Gott *stünden*, dass aber sein Wort an jeden Einzelnen gerichtet sei. Wenn in der Bibel dieser Wechsel des Numerus sich auch aus der Tatsache erklärt, dass Mose das Kollektiv individuell anspricht, so spiegelt er doch genau die Situation der Juden an den hohen Feiertagen wider. Zwar erscheint das ganze Volk vor Gott, aber jeder *steht* einsam vor ihm und muss sich selbst entscheiden. Er »*steht*« am Anfang des Jahres 5763 der Weltära vor der gleichen Wahl wie die Israeliten vor dreitausendfünfhundert Jahren: »*Siehe,* sagte Moses damals, *ich lege dir heute vor das Leben und das Glück und den Tod und das Unglück. Wenn du gehorchst den Geboten des Ewigen, die ich dir heute gebiete, deinen Gott zu lieben, in seinen Wegen zu wandeln und seine Gebote, Gesetze und Rechtsvorschriften zu beobachten; dann wirst du leben bleiben und dich vermehren, und der Ewige, dein Gott, wird dich in dem Lande segnen, in das du ziehst* « (30,15-7).

An diesem Punkt spricht der Prophet die zentrale Idee der hohen jüdischen Feiertage aus. Er sagt: »*Wenn nun alle diese Worte über dich kommen werden, der Segen und Fluch, die ich dir vorgelegt, und du es dir zu Herzen nimmst (Haschewota), wenn du unter allen den Völkern weilst, unter die der Ewige, dein Gott, dich verbannt hat, und du zu dem Ewigen, deinem Gott, zurückkehrst (Schawta) und auf seine Stimme hörst, ganz so, wie ich es dir heute gebiete, du und deine Kinder, mit deinem ganzen Herzen und deiner ganzen Seele, dann wird auch der Ewige, dein Gott, dein Geschick (Schwutecha) wenden (Schaw) und sich deiner erbarmen und wird dich wieder aus allen Völkern sammeln (Schaw), unter die dich der Ewige, dein Gott, zerstreut hat. Wenn deine Verbannten am Ende des Himmels weilen werden, so wird der Ewige, dein Gott, dich dort sammeln und von dort heimholen*« (Dtn 30,1-5). Das Leitwort und Leitmotiv dieses ganzen Abschnitts ist das Tunwort »*Schuw*«, *umkehren*, das auch dem Hauptwort »*Tschuwa*«, »*Umkehr*« zugrunde liegt, die jeder Jude zwischen dem Neujahrs- und Versöhnungstag vollziehen soll. Hier sind zwei Bedeutungen des Wortes »*Umkehr*« eng miteinander verknüpft. Erstens, die innere »*Umkehr*« im Sinne von »*Bekehrung*« »*Tschuwa*« und, zweitens, die räumliche Umkehr im Sinne von »*Rückkehr*« aus dem Exil. Die innere Umkehr besteht in der Bereitschaft, Gottes Frage an den Menschen (»*Wo bist du?*« *Ajeka*, Gen 3,10) zu hören und ihm Antwort (»*Tschuwa*«) zu geben. Erst nach dieser inneren Einkehr, der Besinnung auf den Ursprung und die Abwege, ist auch eine äußere Rückkehr ins Land der Väter denkbar.

Natürlich ist Umkehr nicht nur in der Zeit zwischen dem Neujahrs- und Versöhnungstag angesagt. Von Rabbi Elieser ist der Spruch überliefert: »*Bekehre dich einen Tag vor deinem Tod*« (mAw II, 10). Wie er das meinte, erläutert ein Gespräch zwischen Lehrer und Schüler: »*Der Lehrer. ‚Du willst die Buße verschieben? – Wohl! So lange es dir gefällt. Nur bessere dich einen Tag vor dei-*

nem Tode!' Der Schüler. ,Weiß ich den Tag, wann ich sterben werde?' Der Lehrer. ,Wenn du diesen nicht weißt, so ist kein andrer Rat, als heute noch anzufangen'« (bSchab 153a). Daraus schloss der Philosoph Moses Maimonides in seinen Regeln der Umkehr: »*dass* (der Mensch) *alle seine Tage in Buße verbringen soll*« (Maimonides, Hilchot Tschuwa 7, 2). Jeder Tag, sagt er, nicht nur der als Gerichtstag (*Jom HaDin*) bezeichnete Neujahrstag und die anschließenden »*furchtbaren Tage*« (*Jamim Noraim*) bis zum Versöhnungstag sollen ihm als »*Gerichtstage*« gelten.

Man könnte meinen, eine solche fromme Maxime sei über jeden Zweifel vollkommen erhaben. Der berühmte evangelische Theologe Rudolf Bultmann sah das anders und zitiert 1940 die angeführte Stelle aus dem Talmud in einem Aufsatz für die *Beiträge zur Evangelischen Theologie* mit dem Titel *Christus – des Gesetzes Ende* (Gesammelte Aufsätze II, S. 32-58). Als der Beitrag erschien, waren die jüdischen Gotteshäuser in Deutschland abgebrannt und in Polen verbrannte man Juden in ihren Gotteshäusern. Seine theologische Vernichtung des Judentums hätte ebenso: *Christus – des Judentums Ende* oder aktueller noch – *der Juden Ende* heißen können. Er stellt die jüdische Frömmigkeit als selbstgerechte, ruhm- und geltungssüchtige Werkfrömmigkeit dar, die die Ruhm- und Geltungssucht des modernen Menschen vorwegnehme. Wobei die alten und modernen Heiden vor den Juden noch den Vorzug hätten, dass sie ihre leistungsorientierte Werkgerechtigkeit nicht als ein gottgewolltes Verhalten betrachteten: »*Der Jude*«, heißt es im Singular der zeitgenössischen antisemitischen Propaganda, »*lebt im Wahne, das Gesetz zu erfüllen, und übertritt es doch; er sieht gar nicht, dass er immer nur Böses tut, dass er im Streben nach dem Leben immer nur tiefer in den Tod hineingerät.*« (S. 35f) Im Anschluss an die angeführte Aggada aus dem Talmud schreibt der Theologe triumphierend: »*Es ist bezeichnend, dass bei Paulus die ,Buße' (metanoia) eine ganz geringe Rolle spielt.*« (S. 35) Der Theologe spricht den Gläubigen von skrupulösen Sündenängsten ausgerechnet in einer Zeit frei – wo sie dringend nötig gewesen wären. (S. 43)

Von Jesus sind im Neuen Testament allerdings ganz andere Aussagen über den Wert der Buße überliefert. So das, freilich auch gegen die »*Schriftgelehrten und Pharisäer*« gerichtete, Gleichnis vom verlorenen Schaf: »*Welcher Mensch ist unter euch, der hundert Schafe hat und, so er deren* **eines** *verliert, der nicht lasse die neunundneunzig in der Wüste und hingehe nach dem verlorenen, bis dass er's finde? Und wenn er's gefunden hat, so legt er's auf seine Achseln mit Freuden. Und wenn er heimkommt, ruft er seine Freunde und Nachbarn und spricht zu ihnen: Freuet euch mit mir; denn ich habe mein Schaf gefunden, das verloren war. Ich sage euch: Also wird auch Freude im Himmel sein über einen Sünder, der Buße tut, vor neunundneunzig Gerechten, die der Buße nicht bedürfen.*« (Lk 15,4-7) Was sagen unsere »*Schriftgelehrten und Pharisäer*« dazu? Wenn Bultmann Recht hätte, dann müssten sie auf der Seite der »*neunundneunzig Gerechten*« stehen. Es ist aber nicht so! Es ist allerdings auch nicht so, dass sie auf der Seite des »verlorenen Schafs« stehen. Wir finden sie vielmehr unüberholbar auf beiden Seiten wieder! Im Talmud wird diese Frage anhand einer Prophetenstelle diskutiert, die am Versöhnungstag vorgelesen wird: »*Rabbi Abahu sagte, <wo die Bußfertigen stehen, vermögen selbst die vollkommen Gerechten nicht zu stehen, denn es heißt bei dem Propheten Jesaja gleichfalls: ‚Friede, Friede dem Fernen und dem Nahen‘* (Jes 57,19), *zuerst dem Fernen, nachher dem Nahen.‘ Und Rabbi Jochanan? Er kann dir erwidern: die ‚Fernen‘ meinen denjenigen, der seit jeher von der Sünde fern war, und die ‚Nahen‘ denjenigen, der sich von ihr jetzt entfernt hat*>» (bBer 34b). Rabbi Jochanan meint offenbar, dass dauernde Selbstbeherrschung mehr wert ist als eine dramatische Bekehrung in letzter Sekunde, womöglich in einer Situation, wo Versuchungen gar nicht mehr zu befürchten sind. Er verkörpert also genau den Standpunkt, den Jesus in seinem Gleichnis vom verlorenen Schaf angreift. Aber Rabbi Abahu, der genauso ein »*Schriftgelehrter und Pharisäer*« ist wie Rabbi Jochanan, vertritt den entgegengesetzten Standpunkt und somit die gleiche Meinung wie Jesus. Und auch wenn Rabbi Jochanan um einen Gegenbeweis nicht verlegen ist, ja, dazu sogar die gleiche Prophetenstelle heranzieht, so sind doch beide Meinungen authentische jüdische Überlieferung. In einer Zeit, wo auf einen Gerechten neunundneunzig Sünder kommen, berief man sich allerdings lieber auf die Ansicht von Rabbi Abahu.

Bachja ibn Pakuda (11. Jh.), der einflussreichste mittelalterliche spanischjüdische Moralist, hat in seinem weit verbreiteten Erbauungsbuch *Herzenspflichten* die Frage behandelt, ob der Büßer oder der Gerechte höher stehe (VII, 8), und kasuistisch geantwortet: Es kommt auf die Sünden an! Im Fall von lässlichen Sünden kann der Büßer den Gerechten überragen, im Fall von Todsünden steht der Büßer aber unter dem Gerechten. Die Unterscheidung selber ist talmudisch (bJoma 86a), interessant ist aber, wie Bachja seine Ansicht begründet. Diese Erörterung zeigt, dass die billige theologische Antithese: Gesetz und Evangelium, die uns in besonders aggressiver Form bei Bultmann begegnet ist, von schierer Unkenntnis zeugt. Bei einem aufrichtig zerknirschten Büßer, schreibt Bachja, ist nämlich sichergestellt, »*dass er nicht auf seine gute Handlung stolz sein wird, dass sie ihm nicht groß scheint und er sich nicht ihrer rühmt* (...). *Ein solcher Sünder hat einen Vorzug vor dem Frommen, der noch nicht diese Sünde oder eine ähnliche Sünde begangen hat; denn von dem Frommen haben wir noch nicht die Gewährleistung, dass er nicht stolz und hochmütig auf sein Tun werden wird. Man sagt daher, dass es manche Sünde gebe, die dem Büßenden von mehr Vorteil ist als dem Gerechten all seine Gerechtigkeit; und Tugenden, die dem Gerechten mehr Schaden zufügen als dem Büßenden alle seine Sünden. Wenn jener sich nämlich von der Demut abwendet und sich dem Stolz, der Heuchelei und der Ehrsucht hingibt. Ein Frommer sagte einst zu seinen Schülern: ‚Solltet ihr keine Sünde begangen haben, so würde ich für euch um die größte aller Sünden fürchten‘. Und da fragten sie ihn: ‚Und was ist die größte aller Sünden.‘ ‚Hochmut und Heuchelei‘ antwortete er ihnen.*« Dazu zitiert Bachja das Diktum R. Abahus aus dem Talmud.

Für die mittelalterlichen deutschjüdischen Pietisten, die so genannten *Chasside Aschkenas* war die Buße der Kern der Frömmigkeit. Sie wetteiferten geradezu mit christlichen Mönchen und Laien in asketischen Bußübungen. Ihr *Buch der Chassidim* ist voller peinibler Sündenkasuistik und exzessiver Bußtarife (z. B. Ed. Parma, §§ 991, 1556). An einer Stelle wird von der Kasteiung eines *Chassid* berichtet, der sich im Sommer zwischen die Flöhe legte und im Winter seine Schuhe mit Wasser füllte – und dafür wird er sehr gelobt (Ed. Bologna, § 528). Die polnischjüdischen Chassidim haben im späten 18. Jh. die spirituelle Gefahr, die von solcher übersteigerten Bußfrömmigkeit ausgeht, erkannt und vor der Selbstgerechtigkeit der Asketen gewarnt. Von einem ihrer Anführer, Raw Zwi Hirsch von Schydaschow, ist eine Predigt über die dreizehn Eigenschaften der göttlichen Güte und Gnade überliefert, die Gott Mose nach der schweren Sünde des goldenen Kalbes offenbart hat und die den Refrain des Versöhngstagsgottesdienstes bildet. Gott stellt sich folgendermaßen vor: »*Herr, Herr, Gott, barmherzig und gnädig, langmütig und reich an Huld und Treue*« (Ex 34,6). Der Talmud hat das zweimalige »*Herr, Herr*« am Anfang des Verses im Sinne von: »*Ich bin* (Herr), *ehe der Mensch sündigt, und Ich bin* (es), *nachdem er gesündigt hat und die Umkehr vollzieht*« (bRHa 17b) verstanden und die Rabbinen erläutern diese Auslegung an einer anderen Stelle wie folgt: »*Der Heilige, gesegnet sei Er, tröstete Mose und sagte zu ihm: Wie ich sie vor jener Tat nach dem Maß der Barmherzigkeit beurteilt habe, so werde Ich sie auch jetzt nach dem Maß der Barmherzigkeit beurteilen*« (NumR 12,1). Dazu fragt nun unser chassidischer Raw Zwi Hirsch: »*Wozu aber bedarf jemand der göttlichen Barmherzigkeit, ehe er sich vergangen hat? Im Buch der Herzenspflichten* (von Bachja ibn Pakuda) *fand ich dazu dies: ‚Ein frommer Mann sagte zu seinen Schülern: Meine Söhne, solltet ihr keine Sünde begangen haben, so fürchte ich, dass etwas Schlimmeres euch anhaftet – der Stolz!'*« Raw Zwi fährt fort: »*Überlegt euch jetzt: Wenn ein Mensch des Erbarmens bedarf, nachdem er gesündigt hat und sein Herz zerbrochen ist, und er sich wegen der Sünde sorgt, um wieviel mehr ist der Stolze, der mit aufgerichteter Gestalt einhergeht und sich einbildet, alles habe Gott um seinetwillen erschaffen, auf des Himmels Erbarmen angewiesen – selbst wenn er sich noch nicht schuldig gemacht hat.*« So ist noch die Sünde göttliche Gnade, weil sie uns von unserer Überheblichkeit heilt. Man sieht, die tiefen Einsichten des Bachja sind in der Tradition nicht verloren gegangen.

Eine andere Erklärung für den Spruch des Rabbi Abahu finden wir bei Maimonides. Von diesem gestrengen Gesetzeslehrer erwartet man eigentlich, dass er sich auf die Seite von Rabbi Jochanan in jenem talmudischen Disput über den Büßer und die Gerechten schlagen werde. Doch in seinem Gesetzbuch (Hilchot Tschuwa 7, 4) entscheidet er sich unumwunden für Rabbi Abahu und gibt dessen Ansicht obendrein als die Meinung aller Weisen aus. Er begründet seine Ansicht mit einer einfachen Beobachtung. Der Sünder verdient einen größeren Lohn, »*weil er von der Sünde gekostet hat, und dennoch sich von ihr fern gehalten hat und seinen Trieb bezwingen konnte. Die Weisen sagten: ‚Zu der Stufe, welche die Büßenden einnehmen, gelangen selbst die Frömmsten nicht‘, was so viel sagen will als: ihre Stufe sei darum höher als die Stufe derjenigen, welche niemals gesündigt haben, weil sie mehr als jene ihre Gelüste im Zaum halten müssen.*« Gewiss, dieser rationale Grund des Maimonides ist spirituell nicht ganz so anspruchsvoll, wie der moralische des Bachja, aber Maimonides hat dem Ausspruch von R. Abahu Gesetzeskraft verliehen, so dass viele Juden ganz im Gegensatz zu den christlichen Theologen meinen, dass dies die Ansicht des Judentums sei. Doch im Judentum gibt es zu derartigen Fragen immer zwei Ansichten und es hängt von den Umständen ab, welche der beiden gerade zum Tragen kommt.

Die Voraussetzung zur Umkehr des Sünders ist die »*Zurechtweisung*« (*Tochacha*). Es ist nach Lev 19,17 unsere Pflicht, unseren Nächsten zurechtzuweisen: »*Zurechtweisen sollst du deinen Nächsten, du würdest sonst seinetwegen eine Sünde auf dich laden*« (*Hocheach Tochiach Et-Amitecha WeLo-Tissa Alaw Chet*) (s.o. I, Kap. 6). Bei Unterlassung dieser Pflicht wird man an der Sünde des Nächsten mitschuldig, auch wenn man daran weder direkt noch indirekt – etwa durch Beihilfe, Anstiftung – beteiligt ist. Die Pflicht, sich einzumischen und zu ermahnen, ist für alle Beteiligten lästig: natürlich für die Adressaten, aber nicht minder für die Mahner. Wie weit geht diese lästige Pflicht, wie oft soll man sich gegen den Willen des anderen für seine Umkehr einsetzen. Nach den Auslegungsregeln des Midrasch könnte man aus der Wiederholung des Verbs im biblischen Text: »*mahne, ermahne*« (*Hocheach Tochiach*) vielleicht schließen zweimal: Einmal »mahnt« man, noch einmal »ermahnt« man und dann überlässt man den Unbelehrbaren seinem wohlverdienten Schicksal. Doch weit gefehlt! Im Talmud wird die gleiche Frage gestellt: »*Vielleicht ‚Zurechtweisen‘* (‚*Hocheach*‘) *einmal, ‚zurechtweisen sollst Du‘* (‚*Tochiach*‘) *ein zweites Mal? Dieser* (Rawa) *erwiderte* (das unbestimmte) *‚Zurechtweisen‘* (‚*Hocheach*‘) *sogar hundertmal.* (Aus dem bestimmten) *‚zurechtweisen sollst Du‘* (‚*Tochiach*‘) *ist weiter nichts herzuleiten, als dass der Lehrer den Schüler* (zurechtweisen soll). *Woher dies, auch vom Schüler* *in Bezug auf seinen Lehrer. Denn es heißt ‚Hocheach Tochiach‘* – (das heißt) *in jedem Fall«* (bBMe 31a). Die Pflicht, den anderen zurechtzuweisen, ist also grenzenlos, wir müssen ihm unentwegt auf die Nerven gehen. Nicht nur der Lehrer dem Schüler, was ja selbstverständlich ist, sondern auch der Schüler dem Lehrer, was in Anbetracht der strengen Höflichkeitsregeln, die hier sonst gelten, sehr erstaunlich ist. Das *Sefer Chassidim*, das Sittenbuch der deutschen Chassidim im Mittelalter, schärft ein, man solle bei der »*Tochacha*« weder auf Alter noch auf Ansehen der zurechtgewiesenen Person achten. (Ed. Bologna, Nr.5) Das erfordert unter Umständen Zivilcourage, denn die Geduld eines Vorgesetzen ist schnell erschöpft. Diese Pflicht kann also leicht gefährlich werden. Wie weit soll man sich dieser Gefahr aussetzen? Moses Maimonides entscheidet: Man ist solange verpflichtet fortzufahren, *»bis der Sünder zuschlägt und sagt: ‚Ich will nicht hören‘«* (Hilchot Deot VI, 7). Andererseits will das Religionsgesetz nicht den unerträglichen Rechthaber züchten, der bei jeder Gelegenheit und gegen alle Anstandsregeln Protest absondert. Daher legt sie auch fest, dass in der Regel eine öffentliche Beschämung des Zurechtgewiesenen unterbleiben soll. *»Du sollst«*, bestimmt Maimonides, *»niemanden so zurechtweisen, dass er schamrot wird«* (ebd. 8). Denn andernfalls würde man seinetwegen, wie es in Lev 19,17 heißt, gleichfalls eine Sünde auf sich laden. Man solle also zu verhindern suchen, dass jemand sündigt, gleichzeitig aber darauf achten, dass man sich vor lauter Fürsorge nicht an seiner Ehre versündigt. Was, wie das *Sefer Chassidim* psychologisch korrekt analysiert, den Sünder noch verhärten dürfte. Solche Rücksichten gelten freilich nicht bei religiösen Angelegenheiten. Der Prophet etwa ist vielmehr verpflichtet, den uneinsichtigen Sünder öffentlich bloßzustellen. Im allgemeinen gilt der Grundsatz: »*Wer dem Unrecht wehren kann und ihm nicht wehrt, der wird selbst der Sünde teilhaftig, weil er ihm doch hätte wehren können«* (Hilchot Deot VI,7). Der Talmud sagt dazu konkret: »*Wer seinen Familienangehörigen etwas wehren kann und dies unterlässt, wird für seine Familienangehörigen gefasst; – den Leuten seiner Stadt, wird für die Leute seiner Stadt gefasst; – der ganzen Welt, wird für die ganze Welt gefasst«* (bSchab 119b). Als Beispiel führt er den Fall Jerusalems an, das nur deshalb zerstört wurde, weil man da einander nicht zurechtwies. Der Talmud verweist auf die Klagelieder, wo es heißt: »*ihre Fürsten glichen den Widdern, die keine Weide finden*« (1,6), was der Talmud so kommentiert : »*wie bei den Widdern der eine seinen Kopf am Schwanze des anderen hält, so drückten die Israeliten jenes Zeitalters das Gesicht zu Boden und wiesen einander nicht zurecht*« (ebd.) – alle schauten weg. Nach einer anderen Tradition, die den Unterschied zwischen der ersten und der zweiten Zerstörung Jerusalems zu ergründen versucht, hängt mit diesem Punkt auch die lange Dauer des gegenwärtigen Exils zusammen: »*Die Sünden der Ersteren wurden bekannt gegeben, so wurde auch das Ende* (ihres Exils) *bekannt gegeben* (nämlich durch Jer 29,10), *die Sünden der Späteren wurden nicht bekannt gegeben, so wurde das Ende* (ihres Exils) *nicht bekannt gegeben*« (bJom 9b). Der vielbemühte chassidische Spruch: »*Das Geheimnis der Erlösung heißt Erinnerung*« bedeutet mehr als nur ein feierliches Gedenken der Sünden, sondern meint erinnern im Sinne von ermahnen. Wie soll man von Sünden lassen, an die man sich nicht erinnert oder an die man nicht erinnert wird. Jona ist in der jüdischen Tradition das Exempel eines Propheten, der seine Prophezeiungen unterdrückt (mSan XI, 5), der sich vor der Pflicht zurechtzuweisen drückt und deshalb von Gott zurechtgewiesen wird.

Exempla der Zurechtweisung und Umkehr

Das Buch **Jona** wird zum Versöhnungstag in den Synagogen vorgelesen, denn Jona ist das beste biblische Beispiel für die Themen »*Zurechtweisung*« und »*Umkehr*«, die auch am Versöhnungstag im Mittelpunkt stehen. Das Buch handelt erst einmal davon, dass niemand sich vor der Pflicht zurechtzuweisen drücken darf und die Flucht vor Gott zwecklos ist. Dabei erscheint Gott als »*gnädiger und barmherziger Gott, langmütig und von großer Güte*« (4,2; Ex 34,6), als welcher er auch am Versöhnungstag von der Gemeinde ständig angerufen wird. Vor allem aber erzählt das Buch über »Umkehr«: Es schildert die Umkehr eines Einzelnen, der buchstäblich wie Jona ganz unten angekommen ist, und die Umkehr einer ganzen Gesellschaft, die jenseits von Gut und Böse lebte. Diese Motive sind in den knappen vier Kapiteln des Buches so kunstvoll verwoben wie das Muster eines orientalischen Teppichs. Das Buch enthält darüber hinaus aber auch eine Lehre über religiösen Fanatismus, die höchst aktuell ist.

Das Buch ist kurz und kommt gleich zur Sache. Jona hört den Befehl: *»Steh auf, geh nach Ninive!«*, um die Heiden zurechtweisen (1,2). Jona stand zwar auf, er ging aber zum Hafen hinab *(WaJered)* und schiffte sich in die Gegenrichtung ein. Und das ist nur der Beginn seines Abstiegs, der ihn vom Schiffsbauch in den Fischbauch führt, bis er ganz unten ankommt. Warum tat Jona das? Was hatte er sich dabei gedacht? Solche Fragen lässt die Bibel wie immer offen. Sie erzählt meistens nur, was die Leute tun, nicht was sie denken. Somit wird das Wesentliche der Phantasie der Leser überlassen. Was könnte Jona zur Flucht bewegt haben? Vielleicht hat er sich gedacht: »Was geht mich Ninive an. Ich mische mich nicht in fremde Angelegenheiten ein, das ist nicht meine Sache!« So zu denken hätte er gute Gründe gehabt. Was sollte er sich als Provinzprophet in den Fußgängerzonen der Großstadt lächerlich machen? Und hatte sein Volk nicht unendlich unter dieser Stadt gelitten? »Soll sie doch untergehen« – hat er sich vielleicht gewünscht. Wenn nun Gott diesen Unmenschen verzeiht? Wäre das gegen deren Opfer nicht unfair. Und wie stünde sein verstocktes Volk da, wenn sich diese Heiden nun gar bekehrten. Eben solche Gedanken unterstellen ihm die jüdischen Weisen: *»Ich will ins Ausland, denn die Völker sind der Buße nahe, damit ich Israel nicht schuldig mache«* (Mechilta, Bo zu Ex 12,1). Und genau so ist es ja auch gekommen, die Christen beriefen sich auf die Umkehr der Heiden im Buch Jona, um die hartnäckigen *»Stockjuden«* bloßzustellen (Mt 12,41). Das wollte Jona seinem Volk womöglich ersparen. Vielleicht fühlte er zuerst als Israelit und dann erst als Mensch.

Aber wie ehrenhaft die Motive Jonas immer gewesen sein mögen, für einen *»Lotsen des lebendigen Gottes«*, wie ihn Vater Mapples bei seiner Predigt vor den Walfängern der

Pequod im Roman *Moby Dick* von Hermann Melville nennt, schicken sich solche Ausreden nicht. Vater Mapples malt den vor Gott fliehenden Jona so aus: *»Den Hut in der Stirn und mit schuldbewusstem Auge schleicht er davon (...). Hätte es damals eine Hafenpolizei gegeben, er wäre auf den bloßen Verdacht irgendeiner Untat hin festgenommen worden, bevor er den Fuß auf das Deck eines Schiffes gesetzt hätte.«* Heiden nahmen den Mann gegen Bares an Bord und stachen in See. Dem Weltlenker konnte der »Lotse Gottes« jedoch nicht entkommen. Sein Schiff geriet in Seenot und drohte genauso wie jene Großstadt, die auf Gottes Wort wartete, unterzugehen. Was tat Jona? Jetzt zeigte sich, wie tief er schon gesunken war – nach dem Wort des Dichters: von der Humanität über die Nationalität zur Bestialität. Jona stieg in den Schiffsbauch hinunter *(WaJered),* legte sich seelenruhig hin und versank in Tiefschlaf *(WaJeradam).* Obwohl er mit den Heiden buchstäblich im gleichen Boot saß und ihr Untergang auch sein Untergang gewesen wäre, ist ihm alles egal. Als die Mannschaft ihn weckte und befragte, nahm er alle Schuld auf sich und wählte den allerletzten Fluchtweg – den Selbstmord. *»Jona ging nur,* sagen die jüdischen Weisen, *um sich im Meer selbst zu vernichten«* (Mechilta, Bo zu Ex 12,1).

Die Bibel stellt dem verstockten Israeliten die edlen Heiden gegenüber. Sie warfen ihn nicht einfach über Bord, sondern versuchten ihn, ans Land zu rudern. Die jüdischen Weisen unterstreichen den Kontrast noch. Sie erzählen, dass die Matrosen Jona erst bis zu den Knien ins Wasser tauchten. Da beruhigte sich das Meer, und sie zogen ihn wieder heraus. Doch da brach der Sturm noch heftiger los. Sie tauchten Jona bis zum Hals ins Wasser, prompt legte sich der Sturm wieder und sie versuchten, ihn noch einmal zu retten. Doch als die Flut, wie man so sagt, das Boot mit Mann und Maus zu verschlucken drohte, ließen sie Jona los (Pirke de Rabbi Elieser, 10; Tanchuma, Leviticus, 8). Man kann nicht sagen, dass diese Heiden nicht alles Menschenmögliche getan hätten, um den Israeliten vor dem Untergang zu retten. Die Bibel ist keine Nationalliteratur!

Nun kommt der große Auftritt des Fischs. Vater Mapples schildert von seiner Kanzel, die selbst das Aussehen eines Mastkorbes hatte, in lebhaften Seemansfarben, *»wie Jona emporgehoben wird wie ein Anker und hinuntergeworfen ins Meer (...) das Unwetter mit sich hinabzieht«*, wie *»Gott in Leviathan über ihn kam und ihn einschlürfte in lebendige Abgründe der Verdammnis und ihn mit schwindelndem jähen Ruck in die Tiefe mitten ins Meer riss.«* Jetzt erst, so erzählt die Bibel weiter, als Jona ganz unten angekommen war, richtete er sich zu Gott in der Höhe und betete Psalmen, die zu seiner Lage passten. Den 120. Psalm: *»Ich rief zu dem Herren in meiner Angst und er antwortete mir; ich schrie aus dem Bauch der Hölle und du hörtest meine Stimme«;* den 42. Psalm: *»Du warfest mich in die Tiefe mitten im Meer, dass die Fluten mich umgaben; alle deine Wogen und Wellen gingen über mich«.* Gott hörte und erhörte diese Gebete aus den engsten Verließen des Walfisches. Das Tier spie ihn aus und, *»seine Ohren noch voll vom unendlichen Rauschen des Ozeans«* (Moby Dyck), vernahm er wieder den Befehl: *»Nach Ninive!«*

Jona kam in die riesige Weltstadt. Der sittenstrenge Provinzprophet sah sich in der verdorbenen Großstadt wohl um und predigte dann öffentlich den drohenden Untergang. Kaum zu glauben – aber die ganze Stadt tat Buße. Vom König bis zum letzten Rindvieh hielten alle einen Fasttag, und Gott vergab ihnen. Jona allerdings nahm ihnen die Reue nicht ab und dachte wohl, dass Gott so viel Schuld gar nicht vergeben könne. Deshalb suchte er sich einen bequemen Platz außerhalb der Stadt und wartete auf die großartige Apokalypse. Zu seiner Freude wuchs auch noch ein Schatten spendender Strauch. Unter seinem Sonnenschirm konnte er in sicherem Abstand die Freude der Guten am Untergang des Reichs der Bösen genießen. Außer dass der Strauch verdorrte, passierte aber gar nichts. Jona war schwer enttäuscht und dachte sofort wieder an Selbstmord. An diesem Beispiel belehrt ihn Gott: So wenig er es erträgt, dass sein Strauch verdorrt, so wenig kann es Gott vertragen, wenn seine Geschöpfe grundlos vernichtet werden. Der Schöpfer will sich dem Wunsch des Fanatikers nicht fügen und eine ganze Stadt mit Menschen und Tieren in Schutt und Asche legen. Die Bibel ist hier, wie so oft, weniger ein religiöses, als ein religionskritisches Buch. Sie ruft in der Geschichte mit dem Schiff und dem Fisch zum religiösen Einsatz, sie verweigert sich in der Geschichte des Strauches und der Stadt aber den selbstgerechten Weltuntergangsphantasien. Dieses Buch enthält für eine Zeit, in der alle möglichen Parteien Gottes niemals davor zurückschrecken, Städte in Schutt und Asche zu legen, eine überlebenswichtige Botschaft. In der christlichen Tradition heißt Jona: Jonas und in der islamischen: Yunus.

Ein weiteres Exempel für die Unwiderstehlichkeit der Umkehr ist König **Manasse**. Er regierte Juda mehr als ein halbes Jahrhundert von 696 bis 642 v. im Schatten Ninives, das mit planvoller Grausamkeit das erste Weltreich vom Tigris bis zum Nil errichtete und mit unerbittlicher Härte hielt. Im Gegensatz zu seinem Vater, dem frommen König Hiskija, und seinem Enkel, dem frommen König Joschija, *»tat er«,* wie die Schrift so häufig von den Königen Israels und Judas sagt: *»was böse ist in den Augen des Herren«* (2 Chr 33,2ff.). Sein Sündenregister war lang, und er hat in der Tat kaum einen Frevel ausgelassen: Den Tempel Gottes entweihte er mit Götzenbildern und brachte Menschenopfer dar. Er herrschte wie ein grausamer orientalischer Despot und das Blut der Oppositionellen füllte, wie die Schrift sagt, *»Jerusalem bis oben an den Rand«.* Obwohl die Propheten ihm mehrmals den Untergang geweissagt hatten, hielt er sich länger als irgendein anderer König Israels und Judas. Das wäre ihm kaum gelungen, wenn er nicht ein treuer Vasall Ninives gewesen wäre und den Göttern Assyriens gehuldigt hätte. Im Übrigen folgte er Jesaja, der seinem Vater geraten hatte, angesichts der assyrischen Gefahr still zu halten. Seinen späteren Richtern, die nicht mehr unter dem Auge Ninives leben mussten, ging seine Kompromissbereitschaft aber zu weit. Sie erwarteten von ihm ein heldenhafteres monotheistisches Engagement. Doch Aufstand ist nicht notwendigerweise und unter allen Umständen besser als

Anpassung. Wenn man auf die lange Reihe von Rebellen blickt, die vom assyrischen Reich verschluckt wurden, überkommt einem die ketzerische Lust, eine Ehrenrettung dieses Kollaborateurs zu schreiben.

Allerdings weiß die biblische Chronik auch zu berichten, dass sich Manasse während seiner kurzen babylonischen Gefangenschaft bekehrt habe (2 Chr 33,12). Ja, es wird sogar apokryph ein Gebet von ihm überliefert, in dem er seine Sünden bitter bereut: *»Ich aber«*, spricht er, *»ich habe gesündigt, und meine Sünden sind zahlreicher als der Sand am Meer, und ich gehe gekrümmt in schweren, eisernen Banden und finde keine Ruhe, weil ich deinen Zorn erweckt und viel Böses vor dir damit getan habe, dass ich so gräuliche Götzenbilder aufgestellt und so viele Ärgernisse angerichtet habe. Nun aber beuge ich die Knie meines Herzens und bitte dich, Herr, um Gnade«* (1,19-11). Kann es ein schöneres Bußgebet geben? Die Chronik weiß ferner noch zu berichten, dass Gott ihm vergeben habe, und erklärt damit seine lange Herrschaft.

Die Rabbinen haben den Tyrannen Manasse trotzdem verdammt (mSan 10,2), doch auch hier melden sich abweichende Stimmen. Ein Rabbi meint, dass Manasse selig sei, denn die Tore der Umkehr bleiben auch vor dem größten Scheusal nicht verschlossen! Ein anderer Rabbi fügt hinzu, dass andernfalls *»die Hände der Bußfertigen erschlaffen würden«* (bSan 103a). Gerade Manasse, der schlimmste aller Könige, wird also zur größten Hoffnung der Sünder! Der Talmud schildert Manasse als einen tiefgelehrten König, der sogar die Weisen an rituellem Wissen übertraf. Ein Weiser fragte ihn im Traum: *»Wieso habt ihr, wenn ihr so weise seid, den Götzen gedient? Manasse erwiderte: Wenn du da gewesen wärest, so würdest du den Saum deines Gewandes hochgehoben haben und mir nachgelaufen sein* (um die Götzen anzubeten)« (bSan 102b).« Zur Überheblichkeit der Spätgeborenen besteht also kein Anlass. Jede Generation, die Weisen und die Unwissenden, erliegen ihren eigenen Versuchungen. Die Späteren können die Anziehungskraft der Irrtümer der Früheren nicht mehr nachvollziehen, doch würden sie ihnen unter den gleichen

Umständen genauso erliegen. Wenn sich also nicht alle Rabbinen durchringen konnten, Manasses scheußliche Sünden aus der Zeit vor seiner Umkehr zu vergessen, so zeigen sie doch Verständnis.

Der Gott, der Zurechtweisung und Umkehr verlangt, ist nicht nur *»barmherzig und gnädig, langmütig und reich an Huld und Treue, der Huld bewahrt dem tausendsten Geschlecht, der Schuld und Freveltat vergibt, der ungestraft lässt* (...)« (Ex 34,6-7), sondern, wie es gleich weiter heißt, der Gott »(...) *der nichts ungestraft lässt, der die Schuld der Väter ahndet an Kindern und Kindeskindern, am dritten und vierten Geschlecht*« (Ex 34,7-8). Aber Gott ist in der Episode des goldenen Kalbes, die in dieser Selbstaussage Gottes gipfelt, ein Exempel für die Umkehr vom Zorn zur Gnade. Mit dem umgekehrten Verhalten ist Mose zum Exempel der Zurechtweisung geworden. Darauf spielt nach der Tradition der Schluss des Buches Deuteronomium an. Die letzten drei Verse des Pentateuch lauten: *»Es stand aber in Israel kein Prophet mehr auf wie Mose, den der Ewige von Angesicht zu Angesicht erkoren – Nach all den Zeichen und Wundern, die ihm der Ewige aufgetragen hatte, im Lande Ägypten auszuführen, an Pharao, an allen seinen Dienern und seinem ganzen Land. Und nach all der starken Hand (HaJad HaChasaka) und nach all den großen, furchtbaren Taten, die Mose ausgeführt hat, vor den Augen von ganz Israel*« (Dtn 34,10-12). Der letzte Vers wurde in der jüdischen Tradition auf eine höchste problematische Tat des großen Propheten bezogen, das Zerbrechen der Bundestafeln mit den zehn Geboten angesichts des goldenen Kalbes. Hatte sich Mose hier nicht in ungebührlicher Weise von seinem Zorn übermannen lassen (Ex 32,19), nachdem er noch kurz zuvor den Zorn Gottes über das Volk besänftigt hatte (32,11-15)? Waren diese Tafeln nicht ein orginales »*Werk Gottes*« (»*Maasse Elohim*«), auf das er mit seiner eigenen »*Handschrift*« (»*Michtaw Elohim*«, Ex 32,16) seinen Namen eingraviert (»*Charut*«) hatte? Wie konnte Mose es wagen, ein solches Heiligtum zu zertrümmern? War das nicht im wahrsten Sinne des Wortes ein durch nichts gerechtfertigter Gesetzesbruch?[241] Warum sollte das Lob des großen Propheten ausgerechnet mit einer solchen Erinnerung ausklingen? Raschi insbesondere bezieht in seinem Kommentar den Ausdruck *»starke Hand«* (*Jad HaChasaka*) auf die kräftigen Arme des Propheten, mit denen er, übrigens im Wissen um die Ereignisse am Fuß des Berges (Ex 32,7ff.), die Steintafeln heruntergetragen hat und den Ausdruck: *»vor den Augen von ganz Israel«* nach dem Bericht des Propheten: *»Da fasste ich die beiden Tafeln, schleuderte sie mit beiden Händen weg und zerschmetterte sie* ***vor euren Augen****«* (Dtn 9,17) auf das Herunterwerfen der Steintafeln. Ja, Raschi beglückwünscht den Propheten sogar zu dieser »Heldentat« im letzten Wort seines ganzen Tora-Kommentars: *»Glückwunsch, dass Du sie zerbrochen hast«* (*»Jischar Kochacha ScheSchibarta«*). Dabei stützt er sich auf den Wortlaut, mit dem die Schrift dieses Ereignis öfters schildert (Ex 34,1; Dtn 10,2 u. 9,17). Im göttlichen Auftrag, neue Tafeln anzufertigen, heißt es etwa von den alten: *»welche Du zerschmettert hast«* (*Ascher Schibarta*) (Ex 34,1). Das Relativpronomen *»Ascher«* (*»welche«*) wird als das gleichlautende Verb *»Ischer«* (*»bestätigen«*) bzw. als Interjektion *»Aschrei«* (*»Heil dem ...!«*, *»Glücklich, wer ...!«*) gelesen und der Relativsatz als göttliche Bestätigung der Tat oder als Glücklichpreisung des Täters aufgefasst. So gleitet der womöglich leicht vorwurfsvolle Relativsatz aus der Bibel auch lautmalerisch in den Ausruf über, mit dem man gewöhnlich jemanden zur Erfüllung eines Gebot beglückwünscht: *»Jischar Kochacha*!« (*»Gott stärke deine Kraft«*). Bei der Tat des Mose hat es sich freilich nicht um die Erfüllung eines göttlichen Gebotes, sondern um eine Eigenmächtigkeit gehandelt. Der Talmud rechnet diese Handlung zu den drei Handlungen, die *»Mose aus eigenem Ermessen* (tat), *und der Heilige, gepreisen sei er, stimmte ihm bei«*. Diese Stelle ist nebenbei bemerkt die Quelle des zutiefst beunruhigenden letzten Wortes Raschis zur Tora. »*Worauf stützte sich* (Mose)«, fragt der Talmud, *»die Bundestafeln zu zerbrechen? Er sprach: Wenn die Tora vom Pessachopfer, das nur eines von den sechshundertdreizehn Geboten ist, gesagt hat: ‚kein Fremder darf es essen‘* (Ex 12,43), *um wieviel mehr ist die Tora verboten, wo sie alle abtrünnig sind. Woher, dass der Heilige, gepriesen sei er, ihm zugestimmt hat? Es heißt: ‚die du zerbrochen hast (Ascher Schibarta)‘, und Resch Lakisch erklärte: Dank dir, dass du sie zerbrochen hast (Jischar Kochacha ScheSchi-*

barta) (bSchab 87a u. Kommentar Raschis z. St.). Nach dieser Erklärung folgte Mose beim Zerbrechen der Tafeln nicht einem irrationalen Impuls, sondern einem kühlen rabbinischen Analogieschluss (*a fortiori*) – und dafür wird er von Gott gelobt. Der gleiche talmudische Lehrer (*Amora*) aus dem 3 Jh. n. bemüht an einer anderen Stelle des Talmud eine andere Maxime, um die Tat des Mose zu rechtfertigen: »*Manchmal ist die Aufhebung der Tora ihre Wiederbegründung* (»*Peamim ScheBitula Schel Tora Sehu Jissuda*«), *denn es heißt: ‚die Du zerbrochen hast‘* (Ex 34,1)*; der Heilige, gepriesen sei er, sprach nämlich zu Mose: Dank dir, dass du sie zerbrochen hast*« (bMen 99a-b). In einem Notfall wie diesem ist eine Schocktherapie indiziert und religiöse Skrupel wären tödlich gewesen. Das Zerbrechen des Gesetzes sollte den Gesetzesbrechern ihre Untat direkt vor Augen führen, sie wieder zur Besinnung bringen und sie zur Umkehr bewegen. Gott würde Mose also dafür loben, dass er sich nicht scheute, das Gesetz durch eine scheinbar gesetzlose Tat zu retten. Dieser Schlussakkord des ganzen Gesetzes ist tief bedeutsam. Natürlich hat er rein gar nichts mit der Gutheißung des Antinomismus zu tun, wie sie der Prophet des vergangenen Jahrhunderts, Nietzsches Zarathustra, predigte. Sein Ruf: »*Zerbrecht, zerbrecht mir die alten Tafeln*!«[242] diente nicht der Aufrichtung, sondern der Zerstörung des Gesetzes.

10. Lernen

Das wichtigste aller 613 Gebote und Verbote des Mose ist das Lernen der Tora (*Talmud Tora KeNeged Kulan*, mPea 1,1). Die Lernpflicht wird aus dem Vers »*Nicht weiche dieses Buch der Weisung von deinem Mund, du sollst darüber nachsinnen Tag und Nacht*« aus dem ersten Kapitel des Buches Josua abgeleitet (Jos 1,8 u. mPea 1,1).[243] Im biblischen Kontext wird der Nachfolger des verstorbenen Mose auf dessen Lehre eingeschworen und verpflichtet, sich Tag und Nacht mit ihr zu beschäftigen. In der rabbinischen Literatur, die gerne militärische in scholastische Tugenden umwandelt, erscheint Josua deshalb auch nicht als Haudegen und Eroberer, sondern als »ewiger Student« (bMeg 3a). Die rabbinische Literatur hat den Vers aber auch verallgemeinert und jede Beschäftigung außerhalb des Torastudiums als Aufhebung der Tora (*Bittul Tora*) verurteilt und verdammt. Welche Folgen hat dieser absolute Anspruch für das profane Wissen und Tun? Die rabbinische Diskussion der Tragweite und Grenze des absoluten Lerngebotes ist zugleich ein gutes Beispiel für die Methode des talmudischen Lernens. Sie zeigt insbesondere, wie beim Lernen Absolutheitsansprüche gemäßigt und abgebaut werden.[244] Der allgemeine Lehrsatz, der in einer berühmten Mischna ausgesprochen wird und von dort in das Morgengebet übernommen wurde, lautet, dass das Toralernen zu den maßlosen Pflichten zählt (*Ejn Laben Schiur*). Dazu gibt es im jerusalemischen Talmud eine bezeichnende Diskussion: »*Man fragte Rabbi Jehoschua: Darf ein Mensch seinen Sohn Griechisch (Jewanit) lernen lassen? Er sagte zu ihnen: Er darf ihn lernen lassen in der Stunde, die weder Tag noch Nacht ist. Denn es steht geschrieben: ‚und du sollst Tag und Nacht darüber nachsinnen‘* (Jos 1,8). *Folglich wäre es einem Menschen auch verboten, seinen Sohn ein Handwerk lernen zu lassen, weil geschrieben steht: ‚und du sollst Tag und Nacht darüber nachsinnen‘. Aber (dagegen) lehrt doch Rabbi Jischmael: ‚und du sollst das Leben erwählen‘* (Dtn 30,19). *Das ist das Handwerk. Rabbi Abba, der Sohn von Rabbi Chija bar Abba im Namen von Rabbi Jochanan: (Das Verbot des Griechischlernens besteht) wegen der Verräter (Mipnei HaMassorot). Rabbi Abbahu im Namen von Rabbi Jochanan: Es ist einem Menschen erlaubt, seine Tochter Griechisch lernen zu lassen, weil das ein Schmuck (Tachschit) für sie ist. Schimon bar Abba hörte das (und) sagte: Weil er seine Töchter lernen lassen will, hängt er diese (Ansicht) an Rabbi Jochanan! Es möge (Unheil) auf mich kommen, wenn ich es von Rabbi Jochanan (selbst) gehört habe!*« (jPea 15c). Das Lerngebot ist vor allem ein Lehrgebot.[245] Aus unserem Lehrsatz folgt, dass das Torastudium im Lehrplan des männlichen Schülers das Griechischstudium verdrängt. Mit Griechisch ist hier sicher nicht bloß eine Fremdsprache gemeint. In den Parallelstellen in der rabbinischen Literatur ist auch von »*griechischen Büchern*« oder von »*griechischer Weisheit*« die Rede.[246] Offenbar wird hier also die ganze klassische Bildung angesprochen, die in der Antike zum Sprachunterricht gehörte. Die jüdischen Eiferer knüpften später an Jos 1,8 an, um das Philosophiestudium als nutzlose Zeitverschwendung (*Bittul S'man*) und Aufhebung der Tora (*Bittul Tora*) zu entlarven. So argumentierten zum Beispiel die

Initiatoren des Banns gegen das Studium der Philosophie, der am 31. Juli 1305 in der Synagoge von Barcelona verkündet wurde.[247] In der talmudischen Diskussion stellt sich aber sofort die Frage, wie sich die unbegrenzte Pflicht zum Torastudium mit anderen Pflichten vertrage. Damit wird das absolute Lerngebot ad absurdum geführt, denn wenn man es wörtlich verstünde, dann dürfte man auch nicht arbeiten. R. Ismael löst das Dilemma mit dem Argument auf, dass die Arbeit lebensnotwendig sei und deshalb die Pflicht zum Torastudium, das ja auch dem Leben dienen soll, begrenzt. Das ist auch ein Hoffnungsschimmer für die Allgemeinbildung, wenn nachgewiesen werden kann, dass sie nicht nur schön, sondern auch nützlich ist. Aber selbst diese Kompromisslösung bleibt in unserem Text umstritten. Im Babylonischen Talmud gibt es zu diesem Punkt eine weitere Kontroverse zwischen dem eben genannten R. Jischmael und R. Schimon bar Jochai: »*Die Rabbanan lehrten: ‚Du wirst dein Korn einbringen‘* (Dtn 11,14), *was lernst du daraus? Da es ja heißt: ‚Nicht soll dieses Buch der Gesetzeslehre aus deinem Mund weichen‘* (Jos 1,8), *so könnte man glauben, man nehme diese Worte buchstäblich, daher heißt es: ‚Du wirst dein Korn einbringen‘. Verfahre außerdem nach der Landessitte (Minhag Derech Erez) – dies sind Worte des Rabbi Jischmael. Rabbi Schimon bar Jochai sagt: Ist es denn möglich, dass der Mensch zur Zeit des Pflügens pflüge, zur Zeit des Säens säe, zur Zeit des Mähens mähe, zur Zeit des Dreschens dresche und zur Zeit des Windes worfle? Was sollte dann aus der Gesetzeslehre werden? Vielmehr zur Zeit, da Israel den Willen Gottes tut, wird seine Arbeit durch andere verrichtet, wie es heißt: ‚Es werden Fremde auftreten und eure Schafe weiden‘* (Jes 61,5), *zur Zeit aber, da Israel den Willen Gottes nicht tut, wird seine Arbeit durch ihn selbst verrichtet, wie es heißt: ‚Du wirst dein Korn einbringen‘ und nicht nur das, sogar die Arbeit anderer wird durch ihn verrichtet, wie es heißt: ‚Du wirst deinen Feinden dienen‘* (Dtn 28,48). *Abaje sagte: Viele taten wie R. Jischmael und es gelang ihnen wie Rabbi Schimon bar Jochai und es gelang ihnen nicht. Rawa sprach zu den Rabbanan: Ich bitte euch, erscheinet vor mir nicht in den Tagen des Nissan und des Tischri, damit ihr wegen eures Erwerbs das ganze Jahr nicht zu sorgen habt. Rabba bar Bar Chana sagte im Namen Rabbi Jochanans* (...): *Komme und siehe, dass nicht wie die früheren Geschlechter die späteren Geschlechter sind. Die früheren Geschlechter machten ihre Lehre zur Hauptbeschäftigung und ihre Arbeit zur Nebenbeschäftigung, so blieb sowohl dieses wie jenes in ihrer Hand bestehen, die späteren Geschlechter aber machten ihre Arbeit zur Hauptbeschäftigung und ihre Lehre zur Nebenbeschäftigung, und so blieb weder dieses noch jenes in ihrer Hand bestehen* (bBer 35b). R. Jischmael lehnt in dieser Kontroverse ausdrücklich eine buchstäbliche Auffassung von Jos 1,8 ab. Dagegen führt er einen Vers aus dem Glaubensbeknntnis an: *»Du wirst dein Korn einbringen«* (Dtn 11,14). Diese Verheißung bedeutet auch Arbeit! Das biblische Israel ist ein Volk von Bauern, nicht von Intellektuellen. Der Israelit soll sich an die landläufige Lebensweise halten und nicht nach der Ausnahmeexistenz des theoretischen Lebens streben. Der Kontrahent R. Jischmaels, R. Schimon bar Jochai, fasst Jos 1,8 aber ganz wörtlich auf. Die Pflicht unbegrenzten Torastudiums lässt sich mit der Landarbeit nicht vereinbaren. Wie sehr R. Schimon diese Arbeit verachtete, zeigt eine berühmte Erzählung aus dem Talmud. R. Schimon hatte sich auf der Flucht vor den Römern mit seinem Sohn zwölf Jahre lang in einer Höhle versteckt und ununterbrochen gelernt. Als sie aus ihrem Versteck hervorkamen, *»sahen sie Leute pflügen und säen. Da sprach er: Sie lassen das ewige Leben und befassen sich mit dem zeitlichen Leben. Jeder Ort, auf den sie ihre Augen richteten, ging in Flammen auf«* (Schab 33b). Wer soll denn dann die notwendige Arbeit verrichten? R. Schimon vertraut scheinbar ganz auf Gott und denkt an Gastarbeiter. Für ihn ist Arbeit ein Fluch (Gen 3,17) und er ist sogar bereit die Verheißung »*Du wirst dein Korn einbringen*« gegen den Wortsinn als solchen auszulegen. Erlösung bedeutet für ihn Befreiung von der Arbeit und Muße zum Studium. Wie steht nun der Talmud zu dieser Kontroverse zwischen R. Jischmael und R. Schimon? Zunächst einmal missbilligt er scharf den intellektuellen Hochmut R. Schimons. Die Moral der soeben angeführten Geschichte ist in dieser Hinsicht ganz eindeutig: *»Da ertönte*, heißt es anschließend, *ein Widerhall und sprach zu ihnen: Seid ihr herausgekommen, um meine Welt zugrunde zu richten? Kehret in eure Höhle zurück.«* Sie gehen in die Höhle zurück und sitzen zur Strafe noch einmal zwölf Monate ab. In die gleiche Richtung gehen die verschiedenen von der Gemara angeführten Stellungnahmen zu diesem Streit. Abaje sieht die

Sache ganz pragmatisch. Die Erfahrung lehre, dass es besser sei, R. Jischmael als R. Schimon zu folgen, d.h. für seinen Erwerb zu sorgen, als sich auf Gott zu verlassen. Eine zweite Tradition über Rawa regt ein quantitatives Lösungsmodell an. Er fordert seine Studenten dazu auf, während der beiden Ernte- und Keltermonate der Akademie fern zu bleiben. Demnach wäre das Verhältnis von Broterwerb zu Torastudium eins zu sechs. [248] Eine dritte Tradition von Rabbi Jochanan formuliert das Verhältnis eher qualitativ: Das Torastudium solle Hauptsache und die Arbeit Nebensache sein. Insgesamt wird der Streit gegen R. Schimon entschieden, aber das unverhältnismäßige Gewicht des Torastudiums verrät doch seinen Geist. Als Ergebnis könnte man festhalten, dass die Lebensnotwendigkeit die unbegrenzte Lernpflicht zwar einschränkt, diese Einschränkung soll aber so klein wie möglich bleiben: Tora et labora!

Selbstverständlich verbietet sich jeder Müßiggang. Die biblische Quelle dafür ist eine Parallelstelle zu Jos 1,8: »*Heil dem Manne, der nicht nach der Gesinnung der Gottlosen geht, noch auf dem Wege der Sünder steht, noch auf dem Sitze der Spötter sitzt, sondern an der Lehre des Herren Lust hat und Tag und Nacht über sein Gesetz nachsinnt* (*Jehege Jomam WaLaila*, V. 1-2).« Dazu heißt es nun im Talmud: »*R. Schimon ben Pazi trug vor: ‚Heil dem Mann, der nicht geht', nämlich in die Theater und Zirkusse der Nichtjuden, ‚und auf dem Wege der Sünder nicht steht', der bei keinem Hetzkampf zugegen ist, ‚und auf dem Sitze der Spötter nicht sitzt', der keinen Unterhaltungsspielen beiwohnt. Vielleicht sagt jemand: Da ich keine Theater und Zirkusse besuche, keinem Hetzkampf beiwohne, so will ich gehen und mich dem Schlafe hingeben, so heißt es: ‚und Tag und Nacht über seine Lehre nachsinnt'*« (bAwSa 18b). Wie steht es dann mit der Teilnahme an der allgemeinen Kultur? Kann sie nach dem knappen Bescheid für die Arbeit noch auf Nachsicht hoffen? Sie wird wohl nur dann eine Chance bekommen, wenn sie ihre Nützlichkeit nachweist. Nur das Torastudium ist Selbstzweck, alle anderen Fächer haben nur einen relativen Wert, insofern sie dem Torastudium Hilfsdienste leisten. So musste z. B. die jüdische Philosophie im Mittelalter stets nachweisen, das sie irgendwie lebens- oder toradienlich ist, ansonsten wurde sie von den Traditionalisten als die »*Magd* (*Schifcha*), *die ihre Herrin beerbt*« (Spr 30,23), schlimmer noch als das verführerische »*fremde Weib*« (*Ischa Sara*

MiNochria) (Spr 2,16; 5,20), als die »*Hure*« (*Sona*) (Spr 7,5ff) aus den *Sprüchen* Salomos denunziert. Ja, das ganze Buch der *Sprüche* wurde entgegen der modernen Auffassung nicht als internationales Spruchgut, sondern als Allegorie für den Kampf gegen die fremde Weisheit betrachtet. Mit einer ähnlichen Metaphorik arbeitet auch der erwähnte Bannspruch von Barcelona: Diejenigen, die sich mit der griechischen und arabischen statt mit der göttlichen Weisheit befassten, enterbten die ältere zugunsten der jüngeren Tochter (Gen 29,26), sie führten wie Simri öffentlich ein fremdes Weib ins Lager Israels und forderten den Zorn der Eiferer heraus (Num 25,6-8.14-15) usw. Kurzum die Königin der Wissenschaften musste sich gehorsam in ihr Magddasein und in ihren ancillarischen Stand fügen.[249]

In der oben zitierten Diskussion aus dem jerusalemischen Talmud wurde im Namen Rabbi Jochanans noch ein weiteres Argument gegen das Griechischstudium vorgebracht. Es sei nicht nur nicht lebens- oder toradienlich, sondern »*wegen der Verräter*« geradezu lebensgefährlich. Das kann zweierlei bedeuten: erstens, dass die Hellenisierung an und für sich Verrat am Judentum ist und daher grundsätzlich verboten werden muss, oder zweitens, dass der Griechischkenntnisse voraussetzende Umgang mit den fremden Machthabern unter bestimmten historischen Umständen gefährlich war und deshalb unterbunden wurde. Im letzteren Fall würde es sich bei dem Verbot des Griechischstudiums um eine temporäre Verordnung, etwa gegen das Denunziantentum, handeln und nicht um eine grundsätzliche Unverträglichkeit zwischen Tora- und Griechischstudium. Alles spricht dafür, dass diese Intervention in unserer Diskussion den Sinn hat, das Verbot des Griechischstudiums als eine zeitweilige Notverordnung hinzustellen. Solche Verordnungen hat es in Notsituationen immer wieder gegeben. Etwa bei der Niederschlagung des Aufstandes der jüdisch-hellenistischen Diaspora. »*Im Krieg* (*Polemos*) *des Quietus*,[250] heißt es in der Mischna, *verbot man* (...) *den Unterricht seines Sohnes im Griechischen*«(mSot 9,14). Ähnliches gilt für die Verfluchung der »*griechischen Weisheit*« in der Zeit des hasmonäischen Bürgerkrieges. Der in den Talmuden öfter zitierte Fluch lautete: »*Verflucht sei, der Schweine züchtet, und verflucht sei, der seinen Sohn die griechische Weisheit lehrt*« (bSot 49b, bBKa 83a-b) und wird stets als Reaktion auf eine Denunziation angeführt. Bei dieser Replik im jerusalemischen Talmud handelt es sich also aller Wahrscheinlichkeit nach um einen Einwand gegen eine grundsätzliche Verwerfung des Griechischstudiums.

Wenn das Griechischstudium aber nur unter bestimmten Umständen untersagt werden musste, so ist es nicht unter allen Umständen verboten, und zwar auch dann nicht, wenn es nur als Luxus betrieben wird. So könnte die im jerusalemischen Talmud gleich anschließende, wiederum im Namen von R. Jochanan mitgeteilte, Überlieferung verstanden werden: »*Es ist einem Menschen erlaubt, seine Tochter Griechisch lernen zu lassen, weil das ein Schmuck* (Tachschit) *für sie ist.*« Vermutlich handelt es sich aber weniger um eine allgemeine Neubewertung der klassischen Bildung als vielmehr um die Konstruktion eines Falles, der alle Bedenken ausräumt. Erstens bezieht sich die im jerusalemischen Talmud eingangs aufgeworfene Frage ausdrücklich auf das Griechischstudium des Sohnes, nicht der Tochter; zweitens ist die Tochter nicht zum Torastudium verpflichtet und hat also genug Muße, sich mit dem Griechischstudium zu befassen; drittens schließlich mischen sich die Töchter nicht in die Politik ein und so besteht auch nicht die Gefahr der Denunziation. Wir halten fest, dass das Griechischstudium in diesem Argument unter einem ästhetischen Gesichtspunkt (»*Schmuck*«) gefasst wird und insofern im Gegensatz zu den vorigen utilitaristischen und politischen Argumenten steht. Die ästhetische Sicht des Griechischen knüpft an einer Namensetymologie an. Nach der Genealogie der Genesis (9,27) ist Jafet der Vater Jawans und somit der Stammvater der Jonier bzw. Griechen (*Jewanim*). Die Rabbinen leiten diesen Namen von der Wurzel »*Jafa*« (schön sein) ab (bMeg 9b, BerR 36,8). Die »*Schönheit*« (*Jafiut*) wird in der rabbinischen Literatur auf die schönste aller japhetitischen Sprachen, das Griechische[251], und speziell auf die Septuaginta bezogen. Die Authentizität dieser Überlieferung des R. Abbahu wird im jerusalemischen Talmud aber angezweifelt. Der für seine Griechischkenntnisse berühmte R. Abbahu habe nur eine Ausnahme für seine Töchter erwirken wollen.[252] Hier meldet sich also wieder die Ansicht, dass das Griechischstudium in jedem Fall verboten sei – und zwar auch dann, wenn es nicht in Konkurrenz zum Torastudium tritt und die Umstände keinen Grund zur Sorge geben. Der Kasuistik des auf Jos 1,8 gestützten Verbotes, die die Regel zur Ausnahme macht bzw. eine Ausnahme zur Regel sucht, wird in Zweifel gezogen. Die Diskussion endet gewissermaßen mit einem Patt. Immerhin haben wir unterwegs die wichtigsten Kategorien und Argumentationsstrategien in dieser Frage kennen gelernt. Im baylonischen Talmud wird die Frage noch einmal prinzipiell angegangen.

Was ist eigentlich mit »*ständigem*« (*Tamid*) Lernen gemeint? Soll das heißen, dass man wirklich »*Tag und Nacht*« lernt? Wie jener *Matmid*, den Chajim Nachman Bialik in einem berühmten Gedicht geschildert hat. In der Jeschiwa von Woloschin, in der der Dichter selber studiert hat, wurde tatsächlich Tag und Nacht in Schichten studiert, um das Wort Jos 1,8 zu erfüllen. Oder ist vielleicht eine andere Art von Beständigkeit gemeint, die durch Unterbrechungen nicht angefochten wird? Im Kontext, wo diese Frage im bayblonischen Talmud verhandelt wird, geht es um die so genannten »*Schaubrote*« (*Lechem Panim*), die »*ständig*« (*Tamid*) vor Gottes Antlitz im Heiligtum liegen sollen (Ex 25,30). Die Brote heißen geradezu »*ständiges Brot*« (*Lechem HaTamid*) (Num 4,7). Die Mischna beschreibt ein Verfahren, das es bei dem wöchentlichen Auswechseln des Brotes erlaubt, das alte Brot fortzunehmen und frisches Brot aufzulegen, ohne das eine Intermittenz entsteht (mMen 11,7). Die alten Brote werden von der einen Seite fortgenommen, während die frischen gleichzeitig von der Gegenseite an ihre Stelle geschoben werden. R. Jose vertritt die Mindermeinung: »*Auch wenn die einen (zuerst) fortnehmen und die anderen (nachher) niedersetzen, heißt dies beständig*«. In seinen Augen bedeutet Beständigkeit also nicht dauernde Anwesenheit. Es ist sehr charakteristisch, wie die Gemara zu dieser Mischna nun vom Motiv der physischen Nahrung des Menschen für Gott zum Motiv der spirituellen Nahrung Gottes für den Menschen überwechselt. »*Es wird gelehrt: R. Jose sagte: Selbst wenn man morgens das alte fortgenommen und abends das neue niedergelegt hat, ist nichts dabei. Aber wie erfüllt man dann: ‚vor mir beständig*‘ (Ex 25,30)*? Es darf der Tisch über Nacht nicht ohne Brot sein. R. Ami sagte: Aus den Worten R. Joses lernen wir, dass, wenn jemand auch nur einen Abschnitt morgens und einen Abschnitt abends lernt, er ausübt das Gebot: ‚Nicht soll dieses Buch aus deinem Munde weichen*‘ (Jos

1,8). *R. Jochanan sagte im Namen des Rabbi Schimon bar Jochai: Auch wer nur morgens und abends das Sch'ma liest, übt aus: ‚nicht soll weichen‘* (Jos 1,8)*: Dies darf man aber nicht vor Leuten aus dem gemeinen Volke sagen. Rawa sagte: Es ist sogar Pflicht, dies vor Leuten aus dem gemeinen Volk zu sagen. Ben Dama, ein Schwestersohn R. Jischmaels, fragte R. Jischmael: Darf einer wie ich, der ich die ganze Tora gelernt habe, die griechische Weisheit lernen? Da las er ihm folgenden Schriftvers vor: ‚Nicht soll dieses Buch der Lehre aus deinem Munde weichen, und sinne darüber Tag und Nacht‘* (Jos 1,8). *Suche dir eine Stunde, die weder zum Tage noch zur Nacht gehört, und lerne dann die griechische Weisheit. Er streitet somit gegen Schmuel bar Nachmani, denn Schmuel bar Nachmani sagte im Namen R. Jonathans: Dieser Schriftvers ist weder Pflicht noch Gebot, sondern ein Segen. Der Heilige, gepriesen sei er, sah nämlich, dass die Worte der Tora ihm besonders lieb waren, wie es heißt: ‚und sein Diener Jehoschua, der Sohn Nuns, wich nicht aus dem Zelte‘* (Ex 33,11), *da sprach er zu ihm: Jehoschua, dieweil die Worte der Tora dir so lieb sind, so soll dieses Buch der Lehre nicht aus deinem Munde weichen. In der Schule Rabbi Jischmaels wurde gelehrt: Die Worte der Tora sollen dir nicht als Pflicht erscheinen, auch darfst du dich ihrer nicht befreien«* (bMen 99b).[253] Die Diskussion dreht sich darum, was unter »*ständigem*« Lernen genau zu verstehen ist. R. Ami ist im Anschluss an R. Jose der Auffassung, dass dies nicht Tag und Nacht lernen heiße. Es reiche vielmehr, einen Abschnitt jeden Tag und jede Nacht zu lernen, um das Gebot zu erfüllen. Trotz der zeitlichen Intermittenzen ist ihm zufolge die Permanenz des Studiums nicht in Gefahr. Wie ja überhaupt jenes Gebot maßlosen Lernens nicht unbedingt maßlos viel bedeuten muss. Wie wenig ausreicht, zeigt die Intervention R. Jochanans im Namen R. Schimon bar Jochais – also jenes Mannes, der in der oben angeführten Diskussion des bayblonischen Talmuds die Lernpflicht aus Jos 1,8 ganz wörtlich nahm (bBer 35b). Im Grunde genommen reichen die zur Gebetsordnung gehörenden Lernabschnitte aus. Ist das nicht eine Ermunterung für das unwissende Landvolk (*Am HaArez*)? Bestärkt es nicht eine naive Auffassung vom jüdischen Leben, die meint, der Jude erfülle bereits mit dem Aufsagen der täglichen Gebete seine Pflicht? Darüber gibt es in unserem Abschnitt eine Meinungsverschiedenheit. R. Jochanan fürchtet, dass das eine bequeme Ausrede für Ignoranten sein könnte, und man sollte sie deshalb im Glauben belassen, dass die quantitativ unbestimmte Lernpflicht unbegrenzt viel von ihnen abverlange. Dabei besteht allerdings die Gefahr, dass der »*Mann vom Lande*« wie in Kafkas Parabel *Vor dem Gesetz* an der Unerfüllbarkeit der Aufgabe verzweifelt. Dagegen ist Rawa der Ansicht, dass man sogar verpflichtet sei, die einfachen Leute darüber aufzuklären, dass sie mit dem täglichen Gebet ihr Soll erfüllt haben. Er vertraut wohl darauf, dass das betende Judentum von selbst eine Basis für das lernende Judentum schafft: die Permanenz des religiösen Milieus induziert die Permanenz des Studiums. Es überrascht nicht, dass jetzt noch einmal die Frage nach der Erlaubnis des Griechisch- bzw. Philosophiestudiums auftaucht. Wenn man die Pflicht des Toralernens so rasch erledigen kann, dann bleibt doch noch genug Zeit übrig, sich mit anderen Fächern abzugeben? Der Neffe von R. Jischmael stellt sich als jemand mit abgeschlossenem Torastudium vor. Demgegenüber unterstreicht R. Jischmael mit Jos 1,8, dass man dieses Studium niemals beenden könne[254] und dass es alle anderen Studien verdränge. Das sagt der gleiche R. Jischmael, der in der Diskussion im jerusalemischen Talmud für eine Begrenzung der Lernpflicht zugunsten der Arbeit plädiert hatte. Das gilt aber nur für die Arbeit, nicht für andere Studien, namentlich nicht für die der Philosophie. Jedenfalls ist die Dämmerstunde, die R. Jischmael dafür freistellt, im Morgenland nur sehr kurz. Die Antwort R. Jischmaels wird aber sofort in Frage gestellt, und zwar mit dem grundsätzlichen exegetischen Zweifel, dass Jos 1,8 überhaupt ein Gebot des Torastudiums sei. Es sei gar nicht nötig gewesen, Josua das Torastudium zu gebieten und andere Studien zu verbieten, dieser seltsame Feldherr saß sowieso Tag und Nacht in der Jeschiwa und lernte. Weil er nicht aus Pflicht, sondern aus Neigung studierte, sei ihm in unserem Vers als Lohn – dauerndes Torastudium versprochen worden! Wenn der Vers aber keine Ermahnung für die schlechten, sondern eine Verheißung für die guten Studenten ist, dann lässt sich aus ihm auch kein Verweis des Philosophiestudiums ableiten. Was bedeutet das für die griechische Weisheit? Es ist nicht sicher, ob der Antagonist von R. Jischmael von der griechischen Weisheit eine bessere Meinung hat als er. Aber er vertraut darauf, dass das Torastudium aus eigener

Kraft alles andere verdrängen werde und die Prohibition der griechischen Weisheit überflüssig ist. R. Jischmael hätte seinem Neffen also antworten sollen: Wenn Du meinst, mit dem Torastudium fertig zu sein, dann hast Du noch nicht richtig damit angefangen und noch nicht seine unwiderstehliche Anziehung erfahren, denn in diesem Fall hätte sich deine Frage von selbst erledigt. Die Permanenz des Studiums wird hier durch die Liebe zur Sache garantiert und nicht durch den Zwang einer Studienordnung. Auch wenn man nicht ununterbrochen Tora lernt, kann man der Sache treu bleiben. Allerdings hat aber auch R. Jischmael seinem Neffen das Studium der griechischen Weisheit nicht einfach verboten. Er beruft sich ihm gegenüber nicht auf das Verbot oder die Verdammung der griechischen Weisheit; er konfrontiert ihn nur mit dem totalen Anspruch, wie er in Jos 1,8 zum Ausdruck kommt, und lässt ihn selber seine Schlüsse ziehen. Die Schule Jischmaels sucht in dieser Frage einen mittleren Weg zwischen Prohibition und Permissivität und gelangt zu einer paradoxen Formulierung: *»In der Schule Rabbi Jischmaels wurde gelehrt: Die Worte der Tora sollen dir nicht als Pflicht erscheinen, auch darfst du dich ihrer nicht befreien.«* Gewiss, die Liebe zur Weisheit und nicht die Pflicht sollte das Motiv des Torastudiums sein. Aber die Schule Jischmaels vertraut nicht auf den *pondus amoris* allein. Anstelle eines missverstandenen *»Dilige, et quod vis fac!«* (*Liebe und tu, was du willst!*) [255] heißt es hier: Liebe, aber tue auch, was dein Herz begehrt. Nicht der Gegenstand, wohl aber die Konsequenz der Liebe, die Treue, wird eingefordert. Am Ende dieser Diskussion ergibt sich, dass hier weder die Protagonisten noch die Antagonisten aus Jos 1,8 ein förmliches Verbot des Unterrichts in der griechischen Weisheit für Söhne, Töchter, Neffen oder gar ein Verbot für Erwachsene ableiten. Die Diskussion kommt zu dem Schluss, dass man das Torastudium nicht begreift, wenn man die Konkurrenz des Philosophiestudiums fürchtet und mit gesetzlichen Maßnahmen verbieten will. Die Diskussion von Jos 1,8 im Jerusalemischen Talmud versuchte, kasuistisch Ausnahmen von der Regel zu finden, die Diskussion im Babylonischen Talmud hinterfrägt dagegen prinzipiell den aufgestellten Lehrsatz und definiert Formen der Permanenz des Studiums, die Intermittenzen nicht ausschließen: die Permanenz des Milieus und die Permanenz der Leidenschaft.

Anmerkungen

1 Wir folgen hier den Einsichten von Alfred Marx, Opferlogik im alten Israel, in: B. Janowski, M. Welker (Hg.), Opfer. Theologische und kulturelle Kontexte, Frankfurt/M. 2000, S. 129-149.

2 Vgl. Peter Schäfer, Der verborgene und offenbare Gott, Tübingen 1991, S. 1f. u. ö..

3 Schulchan Aruch, Jore Dea 65, §§1-9 u. die Hassagot von Moses Isserles aus Krakau; Naftali Benedikt, Sefer B'rit Melach über Hilchot Dam und Hilchot M'licha, Prag 1816.

4 Hyam Maccoby, Der heilige Henker. Die Menschenopfer und das Vermächtnis der Schuld (1982), dtsch. v. Eva Heim, Stuttgart 1999. Gunnar Heinsohn, Was ist Antisemitismus?, Frankfurt/M. 1988.

5 Nicoline Hortitz, Die Sprache der Judenfeindschaft, in: Julius H. Schoeps, Joachim Schlör (Hg.), Bilder der Judenfeidnschaft. Antisemitismus. Vorurteile und Mythen, München 1995, S. 23f. u.ö.

6 H. Denzinger – A. Schönmetzer, *Enchiridion symbolorum*, 36. Aufl., Basel, Freiburg 1976, S. 690.

7 Hermann L. Strack, Der Blutaberglaube in der Menschheit, Blutmorde und Blutritus, 4. Aufl., München 1892, S. 69. Wie komplex die Wechselwirkungen zwischen Judentum und Christentum in diesem Punkt waren, zeigt der Aufsatz von David Biale, Blut und Glauben. Über jüdisch-christliche Symbiose, in: Ulrich Raulff, Garry Smith (Hg.), Wissensbilder. Strategien der Überlieferung, Berlin 1999, S. 147-167.

8 So wurde etwa Simon von Trient 1584 in das Martyrologium Romanum aufgenommen, vgl. zur Ritualmordbeschuldigung, Rainer Erb (Hg.), Die Legende vom Ritualmord. Zur Geschichte der Blutbeschuldigung gegen Juden (Dokumente. Texte. Materialien, Bd. 6), Berlin 1993.

9 Elemente des Antisemitismus. Grenzen der Aufklärung II, Frankfurt/M. 1971, S. 153.

10 Vgl. Stéphane Mosès, Thomas Mann und der Mythos des Hebräertums, in: Etudes Germaniques 21 (1976), dtsch. v. Eva Moldenhauer, in: Ders., Spuren der Schrift. Von Goethe bis Celan, Frankfurt/M 1987, S. 11ff.

11 In der Folge von Alfred Marx, Familiarité et transcendance. La fonction du sacrifice d' après l'Ancien Testament, in Adrian Schenker (Hg.), Studien zu Opfer und Kult im Alten Testament. Mit einer Bibliographie 1969-1991 zum Opfer in der Bibel (Forschungen zum Alten Testament, Bd. 3), Tübingen 1992, S. 1-14, bes. S. 8 u. 12-13.

[12] Der Ausdruck: *odium generis humani* ist bei Tacitus zwar auf die *Christiani* gemünzt (Annalen 15,44), aber er entspricht der üblichen Charakterisierung der jüdischen Einwohner Judäas, »*der ersten Quelle des Übels*« (ebd.), von denen Tacitus an anderer Stelle sagt, sie würden alle übrigen Menschen als Feinde hassen »*adversus omnes alios hostile odium*«, Hist. V, 5. Nach Tacitus machten sie besonders ihre Riten – »*novos ritus contrariosque ceteris mortalibus*«, Historiae V, 4 – zum Gegenvolk. Vgl. dazu Peter Schäfer, Judeophobia. Attitudes toward the Jews in the Ancient World, Cambridge (Mass.) 1997, S. 15-33 u. S. 185-192.

[13] R. Jizchak Arama, Akedat Jizchak, Schaar 60, Ed. Polack, Warschau 1911, Tl. III, S. 51a-b, sowie 79, IV, S. 109a-b u. R. Jizchak Abrawanel, Kommentar zu Lev 11,13, Jerusalem 1979, Bd. II. 2, S. 65.

[14] Vgl. Wilfried Paschen, Rein und unrein. Untersuchung zur biblischen Wortgeschichte, München 1970, S. 44ff..

[15] Wir folgen hier im Wesentlichen Mary Douglas, Reinheit und Gefährdung. Eine Studie zu Vorstellungen von Verunreinigung und Tabu, dtsch. v. B. Luchesi, Frankfurt/M. 1988, S. 60-78.

[16] Was sollte nach der Vernichtung des europäischen Judentums mit den Judensäuen geschehen? In Wittenberg hat man sich gegen einen Bildersturm entschieden und statt dessen das alte Spottbild durch eine Bodenreliefplatte des ostdeutschen Bildhauers Wieland Schmiedel relativiert. Auf der Trittplatte ist ein Kreuz, aus dem das Verdrängte sozusagen plastisch hervorgequetscht wird. Dazu hat der Berliner Schriftsteller Jürgen Rennert eine Inschrift verfasst, die nicht nur das Spottbild, sondern auch das Mahnmal in Frage stellt: »GOTTES EIGENTLICHER NAME / DER GESCHMÄHTE SCHEM HA MPHORAS / DEN DIE JUDEN VOR DEN CHRISTEN / FAST UNSAGBAR HEILIG HIELTEN / STARB IN SECHS MILLIONEN JUDEN / UNTER EINEM KREUZESZEICHEN«. Hoffentlich hilft soviel Subtilität gegen den antisemitischen Grobianismus.

[17] Erste Verordnung zum Reichsbürgergesetz vom 14. November, § 6.

[18] Zur verschlungenen Wirkungsgeschichte dieser Bibelstellen, vgl.: Francoise Bériac, Histoire des lépreux au moyen âge. Une société d'exclus, Paris 1988, S. 88ff.

[19] Vgl. Julius Preuss, Biblisch-Talmudische Medizin. Beiträge zur Geschichte der Heilkunde und der Kultur, 1911, Nachdruck 1992, S. 369-390. Jacob Milgrom, Levitcus 1-16, The Anchor Bible, Bd. 3, S. 816-820.

[20] Zu diesen Berichten vgl. Jan Assmann, Moses der Ägypter. Entzifferung einer Gedächtnisspur, München, Wien 1998, S. 54-72.

[21] F. Bériac führt Zitate der lateinischen Kirchenväter Ambrosius und Augustinus und von dem überaus einflussreichen Isidor von Sevilla an, ebd., S. 99.

[22] Carlo Ginzburg, Hexensabbat. Entzifferung einer nächtlichen Geschichte, Berlin 1990, S. 39-66.

[23] Frantisek Graus, Judenpogrome im 14. Jahrhundert. Der Schwarze Tod, in: Bernd Martin u. Ernst Schulin (Hg.), Die Juden als Minderheit in der Geschichte, S. 68-84; ders., Pest – Geissler – Judenmorde. Das 14. Jahrhundert als Krisenzeit, Göttingen 1987.

[24] Vgl. Wolf-Daniel Hartwich, Die Sendung Moses. Von der Aufklärung bis Thomas Mann, München 1997, S. 27f.

[25] Vgl. Vgl. Karl-Heinz Brackmann/Renate Birkenhauer. NS-Deutsch – »Selbstverständliche« Begriffe und Schlagwörter aus der Zeit des Nationalsozialismus, Straelen 1988.

[26] Zur Tier- und Schädlingsmetaphorik vgl. den sehr aufschlussreichen Aufsatz von Nicoline Hotzitz, Die Sprache der Judenfeindschaft, in: Julius H. Schoeps, Joachim Schlör (Hg.), Bilder der Judenfeindschaft. Antisemitismus, Vorurteile und Mythen, Augsburg 1999, S. 19-40. Jürgen Bernatzky, Der nationalsozialistische Antisemitismus im Spiegel des politischen Plakates. »Juden – Läuse – Flecktyphus«, in: Günther B. Ginzel (Hg.), Anitisemitismus. Erscheinungsformen der Judenfeindschaft gestern und heute, Bielefeld 1991, S. 389-417.

[27] La violence et le sacré, Paris 1972, S. 458.

[28] R. Girard, Le bouc émissaire, Paris 1982, Kap. 10, S. 167-186.

[29] W. Burkert, Homo Necans. Interpretationen altgriechischer Opferriten und Mythen, 2. Aufl., Berlin 1997.

[30] Anthroplogie des religiösen Opfers. Die Sakralisierung der Gewalt, München 1984 (Karl Friedrich von Siemens Stiftung: Themen XL) , S. 34. Barbara Ehrenreich, Blutrituale. Ursprung und Geschichte der Lust am Krieg, dtsch. v. Wolfgang Heuss, Hamburg 1999 hat die ethologischen Einsichten von Burkert in einem spannenden Sachbuch verarbeitet.

[31] W. Burkert verweist auf analoge Fälle des Überlassens an eine fremde Macht, ebd., S. 34.

[32] Patrick Tierny, Zu Ehren der Götter. Menschenopfer in den Anden, dtsch. v. Dinka Mrkowatschki, München 1989, S. 400.

[33] Hyam Maccoby, Der heilige Henker. Die Menschenopfer und das Vermächtnis der Schuld (1982), dtsch. v. Eva Heim, Stuttgart 1999, S. 58-62.

[34] Vgl. auch James Frazer, Der goldene Zweig. Das Geheimnis von Glauben und Sitten der Völker (1922), Kap. LV-LVIII, dtsch. v. Helen von Bauer, Hamburg 1989, S. 783-853.

[35] Der Sündenbock, dtsch. v. Elisabeth Mainberger-Ruh, Zürich 1988, S. 148-300.

[36] P. Robert J. Daly SJ, The Origins of the Christian Doctrine of Sacrifice, Philadelphia 1978 und Hyam Maccoby, ebd., S. 155-298.

[37] Le Jugement du Roy de Navarre, Ed. Ernest Hoeppner, Paris 1908, S. 144-45 (Dtsch. v. Elisabeth Mainberger-Ruh, S. 9-10). Bereits beim Ausbrauch der Pest in Athen im Peloponnesischen Krieg wurden die Feinde der Brunnenvergiftung bezichtigt, Thukydides, Die Geschichte des Peloponnesischen Krieges, II,48, vgl. dazu Stefan Winkle, Kulturgeschichte der Seuchen, Düsseldorf, Zürich 1997, S. 422-517.

[38] Frantisek Kraus, Judenpogrome im 14. Jahrhundert: Der Schwarze Tod, in: Bernd Martin, Ernst Schulin (Hg.), Die Juden als Minderheit in der Geschichte, 3. Aufl. 1985, S. 68-84. Ders., Pest – Geissler – Judenmorde. Das 14. Jahrhundert als Krisenzeit, Göttingen 1987.

[39] Das erste Verbot datiert bereits von der Trullanischen Synode, 692 n. Benedikt XIII hatte es in seiner Judenbulle am 11. Mai 1415 wieder erneuert und das Konzil von Tortosa von 1429 verschärfte es noch einmal, vgl. Richard Landau, Geschichte der jüdischen Ärzte. Ein Beitrag zur Geschichte der Medicin, Berlin 1895, S. 52. Freilich ließen sich nach wie vor hohe kirchliche und staatliche Würdenträger von Juden behandeln.

[40] Maamar BeKadachot HaDewrijot Umine HaKaddachat, Ed. H. Pinkhof, Abraham Kashlari oder Pestachtige Koortsen, Amsterdam 1891 (hebr., Holl.), Joshua O. Leibowitz, Abraham Caslari's (fourteenth-century) Hebrew Manuscript ‚Pestilential Fevers', Edited by H. Pinkhoff, Korot 4 (1968), S. 69-72 (Engl.), S. 517-520 (Hebr.). Vgl. dazu Harry Friedenwald, The Jews and Medecine. Essays (1944), 1967, Bd. 1, S. 158; Bd. II, S. 620. Joseph Shatzmiller, Jews, Medecine, and Medieval Society, Berkeley 1994, S. 54. Nebenbei finden wir in der Bibel 1 Sam 5 u. 6 den ersten Hinweis auf einen Zusammenhang zwischen Rattenplage und Beulenpest.

[41] München 1940, S. 62.

[42] Vgl. Dennis E. Showalter, Little man, what now? Der Stürmer in the Weimar Republic, Hamden Conneticut 1982, Abbildung, S. II. u. S. 133-134.

[43] Vgl. Karrikaturen, ebd., S. 39 u. S. 197.

[44] Vgl. die Abbildungen, ebd., S. 238 u. S. 66 und den Kommentar S. 237-239.

45 Nach der rabbinischen Tradition war Anah, der Bruder und Sohn Ziwons aus den Nachkommen Esaus (Gen 36,21 u. 24), von dem es heißt: *»dies ist der Anah, der die Maulesel* (*Jemim*, eigentlich: *P'eradim*) *in der Wüste gefunden habe, als er für seinen Vater die Esel weidete«* (ebd., 24) der erste, der die Kreuzung von Esel und Pferdestute bzw. Hengst und Eselstute beobachtet habe (jBer 12b, bPes 54a). Raschi sagt: Er war ein Bastard und brachte Makeliges (*Psulin*) zur Welt.

46 Vgl. auch mGit 4,5.

47 Vgl. Sigmund Freud, Die Widerstände gegen die Psychoanalyse (1925), Gesammelte Werke, Bd. XIV, S. 97 ff.

48 Verf., Neue Tafeln. Nietzsche und die jüdische Counter-History, in: Verf., Werner Stegmaier, Jüdischer Nietzscheanismus, Berlin 1997, S. 53-81.

49 Mischne Tora, Hilchot Deot 1, 4. Moses Maimonides übernimmt hier den Begriff der Mitte (*mesótes*) aus der aristotelischen Ethik.

50 Hilchot Deot 1, 5. Wir wandeln die altertümliche deutsche Übersetzung von Sack (S. 145) etwas ab.

51 Hilchot Deot 2, 2ff.

52 Hilchot Deot 3, 1.

53 Hilchot Deot 3, 1, bTaan 11a-b, bNas 22a zu Num 6,11 (und ebd. 5, sowie Spr 11,17: *Ein frommer Mann* (*Isch CHessed*) *tut sich selbst Gutes, der Grausame zerrüttet das eigene Fleisch.*). Der Nasir ist nach Num 6,14 ohnehin zum Sündopfer verpflichtet und nach Num 6,11 zu einem zusätzlichen Sündopfer, wenn er sich an einem Toten, einer *Seele* (*Nefesch*), verunreinigt hat. Die Auslegung von Vers 11 beruht darauf, dass der Ausdruck *Seele* auf ihn selbst bezogen wird. Der Nasir, der sein Fleisch abtötet, gilt gleichsam als Toter. Als Meinung *»unserer Weisen«* gibt Maimonides freilich an, was *ein* Weiser, nämlich Mar Samuel (3. Jh. n.) sagt und im gleichen Kontext umstritten ist. In SifNum z. St. wird die Aussage dessen Vater, Elasar Hakappar, zugeschrieben. Vgl auch Raschi z. St.

54 So heißt es in der Editio princeps, Rom 1480: *Komrei Edom* d.h. edomitische Priester, wobei Edom der Prototypus Roms und des Christentums in der rabbinischen Literatur ist, vgl. Faksimile, Mossad Harav Kook, Jerusalem 1955, 27.

55 Vgl. Moses Maimonides, *Acht Kapitel.* Eine Abhandlung zur jüdischen Ethik und Gotteserkenntnis (arab-dt), Maurice Wolff (Üb.), Hamburg 2. Aufl. 1981, 21ff. Die *Acht Kapitel* sind die Einleitung zu seinem Kommentar zu den *Sprüchen der Väter* und sind in den Talmudausgaben in der Übersetzung von Samuel ibn Tibbon zu diesem Traktat abgedruckt.

56 Moses Maimonides, Acht Kapitel, 26.

57 Moses Maimonides, Acht Kapitel, 22.

58 Obadja et David Maïmonide, Deux Traités de Mystique Juive. Le Traité du Puits. Le Guide du Detachement, Paul B. Fenton (Hg.), Lagrasse 1987, S. 13-111.

59 Leopold Lucas, Zur Geschichte der Juden im vierten Jahrhundert. Der Kampf zwischen Christentum und Judentum, Berlin 1910, Repr. Hildesheim u. a., S. 13.17.37.

60 Heinz Schreckenberg, Die christlichen Adversus-Judaeos-Texte und ihr literarisches und historisches Umfeld (1.–11. Jh.) Europäische Hochschulschriften, Reihe XXIII, Theologie, Bd. 172, Frankfurt/M. 1982, S. 326, sowie die Einträge unter dem Stichwort: Juden – ihre Sinnenlust, Sinnlichkeit, sittliche Zügellosigkeit, Schamlosigkeit, Lasterhaftigkeit, Unzucht, ebd., S. 707. Weitere Belege bei Rosemary Ruether, Nächstenliebe und Brudermord. Die theologischen Wurzeln des Antisemitismus, München 1978, S. 122.

61 Christina von Braun, Antisemitische Stereotype und Sexualphantasien, in: Jüdisches Museum der Stadt Wien (Hg.), Die Macht der Bilder. Antisemitische Vorurteile und Mythen, Wien 1995, S. 180-191.

62 Über die Verkehrung dieses Begriffs im Rassismus vgl. die interessanten Ausführungen zur Verweltlichung der kultischen ‚Reinheit' bei Chr. v. Braun, ebd., S. 186.

63 Eine Auswahl seiner Cartoons zu diesem Sexualklischee bei Christina von Braun, Und der Feind ist Fleisch geworden. Der rassistische Antisemitismus, in: Chr. v. Braun, Ludger Heid (Hg.), Der Ewige Judenhass. Christlicher Antijudaismus. Deutschnationale Judenfeindlichkeit, Rassistischer Antisemitismus, Stuttgart, Bonn 1990, zwischen S. 192 u. 193.

64 Vgl. D. F. Showalter, Little Man, What Now?, ebd., S. 86-108.

65 Zu Dinter vgl. Chr. von Braun, Und der Feind ist Fleisch geworden, ebd., S. 158-167. Susanne Omran, Frauenbewegung und ‚Judenfrage'. Diskurse um Rasse und Geschlecht nach 1900, Frankfurt/M. 2000, S. 431ff.

66 Stefan Maiwald / Gerd Mischler, Sexualitat unter dem Hakenkreuz. Manipulation und Vernichtung der Intimsphäre im NS-Staat, Hamburg u. a. 1999, S. 208-209.

67 Der Terminus stammt von Iwan Bloch, vgl. die monographischen Aufsätze von Erwin J. Haeberle, Iwan Bloch (1872-1922) und von Rainer Herrn, Magnus Hirschfeld (1868-1935), in: Hans Erler, Ernst Ludwig Ehrlich, Ludger Heid (Hg.), »Meinetwegen ist die Welt erschaffen.«

Das intellektuelle Vermächtnis des deutschsprachigen Judentums. 58 Portraits, Frankfurt/M., New York 1977, S. 165-172 u. 173-78.

[68] Wir zitieren den Nachdruck der 1. Aufl. von Geschlecht und Charakter, München 1980. Zum Plagiatsvorwurf vgl. Jacques Le Rider, Otto Weininger als Anti-Freud, in: Ausstellungskatalog, Traum und Wirklichkeit. Wien 1870-1930, 2. Aufl. 1985, S. 248-251. Man vergleiche z. B. das erste Kapitel von *Geschlecht und Charakter*, ebd., S. 7-13 und Wilhelm Fliess, Vom Leben und vom Tod, Jena 1909, S. 51-64.

[69] Zit. bei Chr. v. Braun, ebd.

[70] Zit. bei Dieter Mersch, Der Traum vom besseren Menschen. Eugenik und Rassismus, in: Utz Thimm, Karl-Henz Wellmann, Darwins Urenkel. Zwischen Evolutionsforschung und Genetik, Marburg 2002, S. 97.

[71] Zit. in der wertvollen Untersuchung von Robin T. Maitra, »... wer imstande und gewillt ist, dem Staate mit Höchstleistungen zu dienen!«. Hans Reiter und der Wandel der Gesundheitskonzeptionen im Spiegel der Lehr- und Handbücher der Hygiene zwischen 1920 und 1960, Husum 2001, S. 303f.

[72] Zit. bei Josef Ackermann, Heinrich Himmler als Ideologe, Göttingen u. a. 1970, S. 163.

[73] Zit. bei Josef Ackermann, Heinrich Himmler als Ideologe, ebd., S. 170.

[74] Das antike Weltjudentum. Tatsachen, Texte, Bilder (Forschungen zur Judenfrage, Bd. 7), Hamburg 1943, S. 39.

[75] München 1930, S. 176.192f.

[76] Ebd., S. 303.

[77] Vgl. Michel Serres, Hermes IV, Verteilung, Fäulnis, dtsch. v. Michael Bischoff , S. 199.

[78] Vgl. z. B. Chr. v. Braun, ebd., S. 188 und Anm. 25.

[79] Ebd., S. 188ff.

[80] Für das schwierige Wort »*Scha'atnes*« gibt es viele Erklärungen. Die Mischna betrachtet es als Kürzel von »*Schua*« (*gehechelt*), »*Tawui*« (*gesponnen*) und »*Nus*« (*zusammengezwirnt*), mKil 9,8 und Raschi zu Lev 19,19. Zu diesem ganzen Komplex vergleiche die hervorragende Untersuchung: Günter Mayer, Ein Zaun um die Tora. Tradition und Interpretation im rabbinischen Recht dargestellt am Toseftatraktat Kil'ajim, Stuttgart u. a. 1973, S. 54 u.a.

[81] Im Gegensatz zu Ez 44,17.19.

[82] Vgl. Heinz-Günther Schöttler, Christliche Predigt und Altes Testament.

Versuch einer homiletischen Kriteriologie, Freiburg i. Br. 2001, S. 172-176. Schötteler zeigt die chiastisch-konzentrische Struktur des Textes auf, wobei wir aber aufgrund unseres Heiligkeitsbegriffs den Schwerpunkt etwas anders setzen.

83 Nach einer alten aramäischen Übersetzung (Jonathan ben Usiel) wird die »Goldene Regel« sogar anstelle des Ausdrucks »*wie dich selbst*« gesetzt »*Liebe deinen Nächsten, denn was dir unlieb ist, tue ihm nicht!*«.

84 Vgl. Kurt Hruby, Die Nächstenliebe im jüdischen Denken (1969), in: Ders., Aufsätze zum nachbiblischen Judentum und zum jüdischen Erbe in der frühen Kirche, Peter von der Osten-Sacken, Thomas Willi, Berlin 1996, S. 100-124 (dtsch. v. Th. Willi).

85 Jüdische Schriften, Berlin 1924, Bd. I, S. 145-174, bes. S. 149, Anm. 1.

86 Zum Prioritätsstreit über das Gebot der Nächstenliebe (1894), ebd., S. 175-181, S. 178f. bringt eine Auslegung des ganzen Kapitels; *Der Nächste* (1914), ebd., S. 182-195.

87 Georg Strasser, Kampf um Deutschland, München 1932, S. 171.

88 Baldur von Schirach, Die Hitler-Jugend. Idee und Gestalt, Leipzig 1936, S. 18f.

89 Vgl. Éric Michaud, »Soldaten einer Idee«. Jugend im Dritten Reich, in: Giovanni Levi / Jean-Claude Schmitt (Hg.), Geschichte der Jugend, Bd. II, dtsch. v. Holger Fliessbach, Ruth Marder u. Leonie Schröder, Ffm 1997, S. 343-375. Siehe dort auch den Beitrag v. Laura Malvano, Jugendmythos im Bild. Der italienische Faschismus, S. 309-342.

90 S. Heschel, Sind Juden Männer? Können Frauen jüdisch sein? Die gesellschaftliche Definition des männlich/weiblichen Körpers, in: S. L. Gilman u. a. (Hg.), »Der schejne Jid«. Das Bild des ‚jüdischen Körpers' in Mythos und Ritual, Wien 1998, S. 89f.

91 Poeter Leoewenberg, The Kritallnacht as a public Degradation Ritual, in: Leo Baeck Institute Year Book XXXII (1987), S. 309-323 und unabhängig davon Verf., 9. November 1989, 14. Mai 1948. Zur Entmythologisierung von zwei historischen Ereignissen, in: Babylon. Beiträge zur jüdischen Gegenwart, Heft 5 (1989) S. 7-21.

92 Vgl. Rita Thalmann, Emmanuel Feinermann, Die Kristallnacht, Frankfurt/M. 1988, S. 92-93.

93 Ebd., S. 106ff.

94 Ebd., S. 113.

95 Zit. bei Saul Friedländer, Das dritte Reich und die Juden. Die Jahre der Verfolgung 1933-1939, München 1998, S. 300.

[96] Rita Thalmann, Emmanuel Feinermann, ebd., S. 104.

[97] Hugo Bergmann, Die Heiligung des Namens (1914), wiederabgedruckt in: Kurt Wilhelm (Hg.), Jüdischer Glaube. Eine Auswahl aus zwei Jahrtausenden, Birsfelden-Basel o.J., S. 396-407. Dort auch das Zitat von Adolph Jellinek.

[98] Affidavit von Gerstein, 26. April 1945, in: Raul Hilberg, Die Vernichtung der europäischen Juden. Die Gesamtgeschichte des Holocaust, Berlin 1982, S. 659b.

[99] Hans Jonas, Unsere Teilnahme an diesem Krieg, in: Anne Birkenhauer (Hg.), Jüdischer Almanach 2001/5761 des Leo Baeck Instituts, Frankfurt/M. 2001, S. 79-91 mit einem Nachwort von Christian Wiese, »ein ‚bellum judaicum' in des Wortes tiefster Bedeutung«. Hans Jonas Kriegsaufruf 1939 im Kontext seiner Biographie und seines philosophischen Denkens, ebd., S. 92-105.

[100] Wiederabgedruckt in dem Band: Hans Jonas, Gedanken über Gott. Drei Versuche, Frankfurt/M. 1992, S. 29-49.

[101] Jan Assmann, Der zweidimensionale Mensch: Das Fest als Medium des kollektiven Gedächtnisses, in: Ders. (Hg.), Das Fest und das Heilige. Religiöse Kontrapunkte zur Alltagswelt (J. Assmann, Theo Sundermeier: Studien zum Verstehen fremder Religionen, Bd. 1), Gütersloh 1991, S. 17.

[102] Der Mensch und das Heilige (1939, 2. Aufl. 1950), dtsch. v. Brigitte Weidmann, München 1988, S. 130.

[103] Zum politischen Sinn der großen Dionysien von Athen, die ja der Ort des Dithyrambos, der Tragödie und Komödie waren, vgl. den aufschlussreichen Aufsatz von Bernhard Zimmermann: Stadt und Fest. Zur Funktion der athenischen Feste im 5. Jahrhundert v. Chr., in: Aleida Assmann, Dietrich Harth (Hg.), Kultur als Lebenswelt und Monument, Frankfurt/M. 1991, S. 153-161.

[104] Ebd., S. 159ff. Zum politischen Ort des Werkes von Caillois vgl. den aufschlussreichen Aufsatz von Peter Geble, Soziologie des Heiligen – heilige Soziologie. Zu Roger Caillois' Entwurf einer Sakralsoziologie, in: Dietmar Kamper / Christoph Wulf (Hg.). Das Heilige. Seine Spur in der Moderne, Frankfurt/M. 1987, S. 82-98.

[105] In den Apokryphen wird einmal auf den Gegensatz zum Bacchuskult angespielt (2 Makk 6,7).

[106] Wir übersetzen nach Eduard Mahler, Handbuch der jüdischen Chronologie, Leipzig 1916, S. 43ff., der wahrscheinlich gemacht hat, dass das Verb »Schawat« hier in der Grundbedeutung von »fertig sein«, »zu Ende« zu verstehen ist (wie in Gen 8,22; Jos 5,12; Jes 33,8; Klgl 14,15;

Neh 6,3; ferner in der Hifil-Form: Ex 5,5; 12,15; Dtn 26,6; 32,26; 2 Kön 23,5.11; Jes 16,10; 21,2; 30,11; Jer 7,34; 16,9; 48,35; Ez 7,24; 23,27; 23,48; 26,13; 34,10; 34,25; Hos 1,4; 2,13; Ps 8,3; Dan 9,27; 11,18; Neh 4,5; schließlich in der Nifal-Form: Neh 4,5; Jes 17,3; Ez 6,6; 30,18), und nicht wie üblich als »*ruhen*«, »*feiern*«. Vgl. dort auch die interessanten Ausführungen zum Schabbat als Vollmondtag (ebd., S. 29ff.). Wenn man das Verb »*Schawat*« im Sinne von »ruhen« auffasst, dann würde der »*Kiddusch*« aussagen, dass Gott den siebten Tag heiligt, weil er an ihm ruht, anstatt dass er an ihm ruht, weil er ihn heiligt. Ferner wäre dann entweder der Vordersatz oder der Nachsatz zur Heiligung überflüssig.

107 Matthias Klinghardt, »... auf dass du den Feiertag heiligest«. Sabbat und Sonntag im antiken Judentum und frühen Christentum, in: Jan Assmann (Hg.), Das Fest und das Heilige, ebd., S. 216 ff.

108 Auf diese komplexere Dialektik von Festtag und Alltag geht der Mitstreiter von Caillois, Georges Bataille in seinen 1948 gehaltenen Vorträgen Theorie der Religion, III, §6 u. 7, dtsch. v. Andreas Knop, München 1997, S. 46-50 ein.

109 München, Leipzig 1922, S. 265.

110 Die Frühschriften, Siegfried Landshut (Hg.), Stuttgart 1971, S. 201 u. 204.

111 Die Bezeichnung »Kosmiker« folgt aus dem Imperativ Nietzsches: »*Über mich und dich hinaus! Kosmisch empfinden*«. Sie nannten sich auch die »*Enormen*« im Gegensatz zur Masse der »*Belanglosen*«. Über die zahlreichen jüdischen George-Anhänger, vgl. jetzt Cornelia Blasberg, Der Meister und die Juden. Das Phänomen des George-Kreises, in: Daniel Hoffmann (Hg.), Handbuch zur deutsch-jüdischen Literatur des 20. Jahrhunderts, Paderborn i. a. 2002, S. 81-102.

112 Vgl. Hansjürgen Linke, Das Kultische in der Dichtung Stefan George und seiner Schule, München und Düsseldorf 1960, Bd. 1, S. 59-62. Linke spricht von der »Säkularisierung des Heiligen« oder »Konsekrierung des Profanen« in Georges Dichtung, S. 27. Ferner Manfred Frank, Gott im Exil. Vorlesung über die Neue Mythologie. Tl. II, Frankfurt/M. 1988, S. 285f., dem ich die angeführte Liste der Feste entnehme.

113 Zum Schlagwort der »*logozentrischen Geistesrichtung*« im Gegensatz zur »*biozentrischen*«, vgl. Der Geist als Widersacher der Seele, 6. Aufl., Bonn 1981, S. 374. Zur weltgeschichtlichen Rolle des »*Judaismus*« und »*Jahwismus*«, ebd., S. 1242f. Zum »*lebensgelösten*« Monotheismus als Todfeind der »*lebensabhängigen*« Symbol- und Bildreligionen, ebd., S. 1264-1269.

[114] Zu Klages und Schuler, vgl. Hermann Wilhelm, Dichter, Denker, Fememörder. Rechtsradikalismus und Antisemitismus in München von der Jahrhundertwende bis 1921, Berlin 1989, S. 9-35. Michael Pauen, Dithyrambiker des Untergangs. Gnostizismus in Ästhetik und Philosophie der Moderne, Berlin 1994, S. 135-198 und Stefan Breuer, Ästhetischer Fundamentalismus. Stefan George und der deutsche Antimodernismus, Darmstadt 1996, S. 95-113.

[115] Zu den Pelasgern, vgl. L. Klages, Der Geist als Widersacher der Seele, V, 2, S. 1251ff.

[116] Das Hakenkreuz wurde zum Signet von Georges *»Blätter für die Kunst«*, H. Wilhelm, op. cit., S. 17-19. Hitler selbst ist Anfang der 20er Jahre im Hause des Verleger-Ehepaars Bruckmann in den Dunstkreis Schulers hineingeraten, der dort vielbesuchte Vorträge gehalten hatte.

[117] Über das gespannte Verhältnis Lessings zu den Kosmikern vgl. dessen Autobiographie *Einmal und nie wieder*, 23 (Prag 1935), Gütersloh 1969, S. 302-329. Zur übrigens keineswegs uneingeschränkten Rationalismuskritik Theodor Lessings, vgl. Geschichte als Sinngebung des Sinnlosen, München 1921, S. 128-134. Zum Judentum als Vorläufer der wissenschaftlich-technischen Entzauberung vgl. Ders., *Der jüdische Selbsthass* (Berlin 1930), München 1984, S. 69.

[118] Neuauflage mit einem Essay von Elisabeth Lenk, München 1995 (wir zitieren nach dieser Ausgabe).

[119] Vgl. Evamaria Brockhoff, Karl Wolfskehl (1869-1948), Im Zeichen des »doppelten Antlitzes«, in: M. Treml, W. Weigand (Hg.), Geschichte und Kultur der Juden in Bayern. Lebensläufe (C. Grimm, Veröffentlichungen zur Bayerischen Geschichte und Kultur, Nr. 18/88), 1988, S. 263-268, sowie das Portrait des gleichgesinnten Frederick P. Bargebuhr, Karl Wolfskehl, deutscher Dichter und Jude, in: Hans Lamm (Hg.), Vergangene Tage. Jüdische Kultur in München, 2. erw. Aufl. 1982, S. 344-351. Neuerdings hat der Jüdische Verlag eine Sammlung von Texten des Dichters herausgebracht, Cornelia Blasberg, Paul Hoffmann (Hg.), Karl Wolfskehl, Gedichte, Essays, Briefe, Frankfurt/M. 1999.

[120] Else Reventlow (Hg.), Berlin 1987. Vgl. auch Helmut Fritz, Die erotische Rebellion. Das Leben der Franziska Gräfin zu Reventlow, Frankfurt/M. 1980, S. 59-70.

[121] Sämtliche Werke in 18 Bänden, Bd. VI/VII, Stuttgart 1986, S. 185. Siehe dort auch das Gedicht »Maskenzug«, das George anlässlich dieses Festes verfasste.

[122] In: Karl Wolfskehl, Bild und Gesetz, Berlin und Zürich 1930, S. 219-221.

[123] So etwa im *Vorspruch* zu Ijob oder Die Vier Spiegel, Ruth Bowert, Die Prosa Karl Wofskehls. Grundzüge seines Denkens und seiner Ausdrucksformen (Diss.), Hamburg 1965, S. 111. Gunter Grimm, Karl Wolfskehl. Die Ijob-Dichtung, Bonn 1972, S. 35 (kritisch). Cornelia Blasberg, Metamorphosen. Der Dionysos-Mythos in Karl Wolfskehls Dichtung, in: Hansgerd Delbrück, »Sinnlichkeit in Bild und Klang«. Festschrift für Paul Hoffmann zum 70. Geburtstag (Stuttgarter Arbeiten zur Germanistik Nr. 189), Stuttgart 1987, S. 399-414.

[124] G. Grimm, ebd., S. 223.

[125] Rolf Rentdorff, Die Entwicklung des altisraelitischen Festkalenders, in: Jan Assmann (Hg.), Das Fest und das Heilige, ebd., S. 185-205.

[126] Vgl. Peter Lenhardt. Peter von der Osten-Sacken, Rabbi Akiva. Texte und Interpretationen zum rabbinischen Judentum und Neuen Testament, Berlin 1983, S. 271f.

[127] Kommandant in Auschwitz. Autobiographischen Aufzeichnungen von Rudolf Höss, Martin Broszat (Hg.), Stuttgart 1958, S. 161.

[128] Michel Mafesoli, Der Schatten des Dionysos. Zu einer Soziologie des Orgiasmus (1982), dtsch. v. Martin Weinmann, Frankfurt/M. 1986, S. 159, s. auch S. 42-48.

[129] Aleida Assmann, Das puritanische Fest, in: Jan Assmann (Hg.), Das Fest und das Heilige, ebd., S. 169-181.

[130] Die jüdische Bewegung. Gesammelte Aufsätze und Ansprachen (1900-1914), Bd. 1, Berlin, 2. Aufl. 1920, S. 26-27

[131] Zit. bei Henning Ottmann, Geschichte des politischen Denkens, Bd. 1, Die Griechen. Tlbd.1 Von Homer bis Sokrates, Stuttgart 2001, S. 94-97.

[132] Gustav Landauer gebraucht die Formel »*Mosaismus und Sozialismus*«, vgl. seinen Essay *Judentum und Sozialismus*, Prag 1912, Hanna Delf, Gustav Landauer Werkausgabe, Bd. 3: Dichter, Ketzer, Außenseiter. Essays und Reden zu Literatur, Philosophie, Judentum, Berlin 1997, S. 160 und die hervorragende Einleitung v. H. Delf, »Prediger in der Wüste sein ...«. Gustav Landauer im Weltkrieg, S. XXXVII-XLI.

[133] Zit. bei H. Delf, Gustav Landauer Werkausgabe, Bd. 3, ebd., S. XL u. Rolf Kauffeldt, Jüdische Tradition und revolutionärer Geist. Gustav Landauer zum Beispiel, in: Daniel Hoffmann (Hg.), Handbuch zur deutsch-jüdischen Literatur des 20. Jahrhunderts, Paderborn 2002, S. 145.

[134] Eine Ansprache an die Dichter, Gustav Landauer. Der werdende Mensch, hg. v. Martin Buber, Potsdam 1921, Repr. Hilversum 1977, S. 263.

[135] Zu Kurt Eisner jetzt die hervorragende Biographie von Bernhard Grau, Kurt Eisner, 1867-1919, München 2001.

[136] Hansjörg Viesel (Hg.), Literaten an der Wand. Die Münchner Räterepublik und die Schriftteller, Ausstellungskatalog, Berlin 1976, S. 57.

[137] Vgl. etwa den Brief von Thomas Mann an Ph. Witkop, Ed. Erika Mann, Bd. I, S. 162.

[138] Der offene Brief ist abgedruckt bei Hans Lamm (Hg.), Vergangene Tage. Jüdische Kultur in München, 2. Aufl. 1982, S. 373-375.

[139] Immanuel Birnbaum, Juden in der Münchner Räterepublik, in: H. Lamm, ebd., S. 369-371.

[140] Die Revolution (hg. v. M. Buber, Die Gesellschaft. Sammlung sozialpsychologischer Monographien), Frankfurt/M. 1907, S. 113 u. 115.

[141] Ebd., S. 96.

[142] Briefe aus der Französischen Revolution, Berlin 1999, S. XVI.

[143] Br. v. 13. Dez. 1918, Gustav Landauer. Sein Lebensgang in Briefen, Martin Buber (Hg.), Frankfurt/M. 1929, Bd. II, S. 336, vgl. dazu Norbert Altenhofer, Terror und Anarchie. Gustav Landauer und sein Plädoyer für eine gewaltlose Revolution, in: Leonhard M. Fiedler, Renate Heuer, Annemarie Taeger-Altenhofer (Hg.), Gustav Landauer (1870-1919). Eine Bestandsaufnahme zur Rezeption seines Werkes, Frankfurt/M. 1995, S. 15-23.

[144] Erinnerung an einen Tod (Dem Gedächtnis Gustav Landauers) (1929), in: Ders., Pfade in Utopia. Über Gemeinschaft und deren Verwirklichung, 3. erw. Aufl., Heidelberg 1985, S. 335.

[145] Vgl. Hermann Gilbhard, Die Thule-Gesellschaft. Vom okkulten Mummenschanz zum Hakenkreuz, München 1994. Von der Thule-Gesellschaft ging der Mord an Eisner aus und die Geiseln der zweiten Räterepublik gehörten ihr an.

[146] Der Anarchist hatte in seiner Novelle *Arnold Himmelheber* (1903) freilich auch der sexuellen Freizügigkeit das Wort geredet.

[147] Fritz Gross, Die letzte Stunde. Legenden vom Tode, Berlin 1929, S. 151ff., zit., in: H. Viesel, ebd., S. 77-78.

[148] Zit. in Gustav Landauer. Sein Lebensgang in Briefen, Martin Buber (Hg.), Frankfurt/M. 1929, Bd. II, S. 423.

[149] Landauer und die Revolution (1919), in: Ders., Pfade in Utopia. Über Gemeinschaft und deren Verwirklichung, 3. erw. Aufl., Heidelberg 1985, S. 330.

[150] Vgl. David Clay Large, Hitlers München. Aufstieg und Fall der Bewegung, aus dem Engl., Karl Heinz Sieber, TB München 2001, S. 127.159.160-161.

[151] Thorsten Hinz, Mystik und Anarchie. Meister Eckhart und seine Bedeutung im Denken Gustav Landauers, Berlin 2000.

[152] Werner Angress, Juden im politischen Leben der Revolutionszeit, in: Werner E. Mosse (Hg.), Deutsches Judentum in Krieg und Revolution 1916-1923, Tübingen 1971, S. 266.

[153] Eisner an den Kommerzienrat Mayer, der ihn im Nov. 1918 wegen der möglichen antisemitischen Konsequenzen zum Rücktritt aufforderte, zit. bei W. T. Angress, ebd., S. 247.

[154] Schreiben Landauers an den kommunistischen Aktionsausschuss v. 16. 4. 1919, zit. bei W. T. Angress, ebd., S. 264.

[155] Der Begriff »aktiver Messianismus« stammt von Amos Funkenstein, Maimonide. Nature, histoire et messianisme (1983), franz. v. Cathrine Chalier, Paris 1988, S. 91-116.

[156] Die Schwurformel ist kodiert: *»bei den Gazellen* (*BiZewaot* > *Adonai Zewaot*) *oder Hinden auf der Flur* (*HaSade* > *Schaddai*).

[157] Perusch HaMischna, Sanhedrin I, 3 und Hilchot Sanhedrin IV,11.

[158] Vgl. S. Freehof, A Treasury of Responsa, Kap. 18 (Restoring the Sanhedrin), Philadelphia 1962, zit. in: Elliot N. Dorff, Arthur Rosett (Hg.), A Living Tree. The Roots and Growth of Jewish Law, NA 1988, S. 329-337.

[159] Schon der erste Kritiker des Maimonides, Abraham ben David aus Posquiere, hatte gegen die allegorische Deutung der Verheißung Jesajas vom Verschwinden der wilden Tiere eingewandt, dass eine solche Verheißung bereits bei Mose stehe (Lev 26,6) und deshalb nicht allegorisch gedeutet werden dürfe (Hassagat HaRabad zu Hilchot Melachim 12,1).

[160] Zu Isaak Abrawanel, vgl. B. Netanyahu, Don Isaac Abravanel. Statesman & Philosopher, Philadelphia 1972.

[161] Ebd. II, III, 7, Königsberg 1861, Bne Brak 1993, S. 157-162 (wir zitieren nach dieser Ausgabe). Dieser fragliche Text von Abrawanel liegt jetzt in einer guten franzöischen Übersetzung vor, Jean-Christophe Attias, Isaac Abravanel. La mémoire et l'espérance, Paris 1992, S. 175-186 vor.

[162] Perusch Al HaTora, Bd. 1, Jerusalem 1979, 130a. Eine gute Präsentation und Übersetzung dieses und verwandter Texte bei H.-G. v. Mutius, Der Kainiterstammbaum in der jüdischen und christlichen Exegese. Von den Anfängen bis zum Ende des Mittelalters nach dem Zeugnis des Don Isaak ben Jehuda Abravanel (Judaistische Texte und Studien, Bd. 7),

Hildesheim, New York 1978, S. 67. Es liegt jetzt auch eine vollständige französische Übersetzung von Abravanels Kommentar zum ersten Wochenabschnitt der Tora vor, Isaac Abravanel, Commentaire du récit de la creation, Geneèse 1:1 à 6:8, franz. v. Yéhouda Schiffers, Lagrasse 1999, S. 473 (unsere Stelle).

163 Kom. zu Gen 1, Perusch Al HaTora, Bd. 1, ebd., S. 176a, dtsch. v. H.-G. v. Mutius, ebd., S. 149.

164 Vgl. Epraim Elimelech Urbach, Die Staatsauffassung des Don Isaak Abrabanel MGWJ 81 (1937), S. 257-270, wiederabgedr. in: Kurt Wilhelm (Hg.), Wissenschaft des Judentums im deutschen Sprachbereich. Ein Querschnitt, Bd. II, Tübingen 1967, S. 461-469. Leo Strauss, Abravanel's Philosophical Tendency and Political Teaching (1937), Gesammelte Schriften, Bd. 2, Stuttgart, Weimar 1997, S. 195-227. B. Netanyahu, Don Isaac Abravanel: Statesman & Philosopher, Philadelphia 1968. Gershon Weiler, Jewish Theocracy, engl., Leiden, New York i. a. 1988, S. 69-85. Johann Maier, Formen politischer Herrschaft: Jüdische Erfahrungen und Entwürfe, in: Werner Stegmaier (Hg.), Die philosophische Aktualität der jüdischen Tradition, Frankfurt/M. 2000, bes. S. 102-110.

165 Perusch Al Hatora, Bd. 5, Jerusalem 1979, 205a-b.

166 Verfasst 1483, Perusch Al HaNewiim Rischonim, Jerusalem 1976, S. 208ff.

167 Vgl. B. Netanyahu, ebd., S. 166-173.

168 Der Judenstaat, J. H. Schoeps, »Wenn ihr wollt, ist es kein Märchen«. Altneuland / Der Judenstaat, Königstein/Ts. 1985, S. 243.

169 Vgl. Paul von Naredi-Rainer, Salomos Tempel und das Abendland. Monumentale Folgen historischer Irrtümer, Köln 1995, S. 235-259.

170 Perusch Al Hatora, Bd. 5, Jerusalem 1979, 205b-206b, vgl. B. Netanyahu, S. 189-194.

171 Zum Theokratiebegriff vgl. Josephus, Gegen Apion 2,16, vgl. auch seine Jüdische Altertümer IV,8,17: dtsch. v. H. Clementz, Repr., Wiesbaden o. J., S. 232f. u. VI, 3, 4-5, ebd., S. 324ff. u. Philo, Über die Einzelgesetze, IV, 160ff., dtsch. v. I. Heinemann, Die Werke Philos von Alexandrien II, Breslau 1910, S. 293ff. Vgl. dazu den hervorragenden Beitrag von J. Maier, ebd., S. 78ff.

172 Perusch Al HaNewiim Rischonim, S. 422b, vgl. auch seine Einl. zu seinem Deuteronomium-Kommentar.

173 EA, Saloniki 1526, Amsterdam 1644, 8c-10d. Da uns der hebräische Text nicht vorgelegen hat, zitieren wir nach der franz. Üb. von J.– Chr. Attias, ebd., S.189-210.

[174] Vgl. die zionistische Beurteilung B. Netanyahus, ebd., S. 254-256 u. G. Weiler, ebd., S. 72.

[175] Altneuland II,6, Ed. Schoeps, ebd., S. 78.

[176] Hermann Cohen, Jüdische Schriften, Bd. 3, Bruno Strauss (Hg.), Berlin 1924, S. 173-74. Vgl. auch Religion der Vernunft aus den Quellen des Judentums XIII, Nr. 28., Repr. Wiesbaden 1966, S. 291 u. XIV, Nr. 8, ebd., S. 318f.

[177] Berlin 1904, S. 411 u. Religion der Vernunft aus den Quellen des Judentums XVI, Repr. 1966, S. 422.

[178] Marianne Weber, Max Weber. Ein Lebensbild, München – Zürich 1989, S. 46, vgl. mein Aufsatz, Ernst Blochs Exkurs über die Juden, in: Bloch-Almanach 13 (1993), S. 41-58.

[179] Anson Rabinbach, Between Enlightenment and Apocalypse: Benjamin, Bloch and Modern Jewish Messianism, in New German Critique Nr. 34 (Winter 1985), S. 78-124; Michael Löwy, Erlösung und Utopie. Jüdischer Messianismus und libertäres Denken. Eine Wahlverwandschaft (Paris 1988), Berlin 1997; Enzo Traverso, Auschwitz denken. Die Intellektuellen und die Shoah, dtsch. v. Helmut Dahmer, Hamburg 2000.

[180] 3. Aufl., Frankfurt/M. 1990, S. 108.

[181] Die Herausgeber datieren das Fragment nach den Angaben von Scholem auf das Jahr 1920/21, Gesammelte Schriften, Bd. II.3, S. 946ff.

[182] Frankfurt/M. 1969, S. 333f.

[183] Judaica I, Frankfurt/M. 1968, S. 7-74.

[184] Difficile liberté (1963), 2. Aufl., Paris 1976, S. 83-92, bes. Anm. Er zitiert die Auseinandersetzung zwischen Rabbi Jochanan und Mar Samuel nach bSan 99a.

[185] Vgl. das Vorwort zu seinem ersten Hauptwerk, Totalité et Infini. Essay sur l'extériorité, 4. Aufl. Den Haag 1974, S. IX-XVIII.

[186] Henriette Hannah Bodenheimer, Im Anfang der zionistischen Bewegung. Eine Dokumentation auf der Grundlage des Briefwechsels zwischen Theodor Herzl und Max Bodenheimer von 1896 bis 1905, Frankfurt/M. 1965, S. 74ff.

[187] Vgl. Wolf Stegemann, S. Johanna Eichmann (Hg.), Der Davidstern. Zeichen der Schmach – Symbol der Hoffnung. Ein Beitrag zur Geschichte der Juden, Dorsten 1991, S. 97.

[188] Vgl. W. Stegemann, S. Eichmann (Hg.), Der Davidstern, ebd., S. 98ff.

[189] Vgl. Gershom Scholem, Das Davidschild (1948), in: Ders., Judaica I, Ffm 1968, S. 75-118.

[190] Christoph Dohmen, Günter Stemberger (Hg.), Hermeneutik der jüdischen Bibel und des Alten Testaments, Stuttgart 1996, S. 165.

[191] Aus den Papieren des Ungenannten, Viertes Fragment, G. E. Lessing, Werke. H. G. Göpfert, Bd. VII, S. 401.

[192] Vgl. Tamar Bermann, Produktivierungsmythen und Antisemitismus. Eine soziologische Studie, Wien 1973.

[193] Brief an Friedrich Nicolai v. 8. Juli 1779.

[194] David Friedländer, Moses Mendelssohn. Fragmente von ihm und über ihn, 1819.

[195] A. D. Gordon, Auswahl aus seinen Schriften, dtsch. V. Viktor Kellner, Berlin 1937, S. 50.

[196] Aus den Papieren des Ungenannten, Drittes Fragment, G. E. Lessing, Werke. H. G. Göpfert, Bd. VII, S. 397.

[197] Vgl. zu dieser Talmudstelle den Kommentar von Emmanuel Levinas, Quatre lectures talmudiques, Paris 1968, S. 67-109.

[198] Zu dieser mystischen Hermeneutik, vgl. Gershom Scholem, Der Sinn der Tora in der jüdischen Mystik, in: Ders., Zur Kabbala und ihrer Symbolik, Frankfurt / M., 8. Aufl. 1995, S. 89 (dort auch die Zitate).

[199] Sohar Chadasch, Midrasch HaNe'elam zum Buch Ruth IV, 7, 88d; Asarja Menachem MiFano, Ma'amar HaNefesch III,6, 17a-b, R. Chajim Woloschyner, Nefesch HaChajim IV, 11 u. 32.

[200] Baruch de Spinoza, Theologisch-Politischer Traktat (1670), XVII, dtsch. C. Gebhardt, 3. Aufl., Hamburg 1994, S. 253,9.

[201] Zur impliziten politischen Theorie dieser Spekulation, vgl. Michael Walzer, Exodus und Revolution (1985), dtsch. v. Bernd Rullkötter, Berlin 1988, S. 93 u. Gordon Freeman, The Rabbinic Understanding of Covenant as a Political Idea, in: Daniel J. Elazar (Hg.), Kinship and Consent: The Jewish Political Tradition and its Contemporary Uses, Ramat Gan 1981, S. 68.

[202] Der Text ist angeführt und übersetzt bei Charles Mopsik, Les grands textes de la Cabale. Les rites qui font Dieu, Lagrasse 1993, S. 410f.

[203] E. Durkheim: Les formes élémentaires de la vie religieuse, 1912, S. 536f. u. 610.

[204] Jubiläumsausgabe Bd. IX.2, S. 114,28-31 u. Bd. XVIII, S. 132f.

[205] Zur Verlegenheit der Rabbinen mit diesen Namen vgl. bSot 34b-35a und die Vorlesung von E. Lévinas über diese Stelle, S. 113-148.

[206] Aus der Sammlung, Der Wille zur Macht. Versuch einer Umwertung aller Werte, Nr. 870.

[207] Ebd., Nr. 223 u.a.

[208] Ernst Bloch, Die Deutschen Juden und Palästina, 17.4.1918.

[209] Thesen über den Begriff der Geschichte Anhang B, Gesammelte Schriften, Frankfurt/M. 1991, Bd. I. 2, S. 704.

[210] Jizchak Katznelson, Dos lied vunem ojsgehargeten jidischn volk, dtsch. v. Wolf Biermann, Köln 1994, S. 157 u. 159. Wir übersetzen ein wenig anders.

[211] Wir vertiefen hier eine Beobachtung über die drei »Wie«-Fragen von Jeschajahu Leibowitz in seinen Anmerkungen zum Wochenabschnitt.

[212] Zum Gottkönigtum in der Bibel und im Alten Orient, vgl. Josef Schreiner, Sion-Jerusalem. Jahwes Königssitz. Theologie der Heiligen Stadt im Alten Testament, München 1963, S. 214ff.

[213] V. Aptowitzer, BSCHKML"W. Geschichte einer liturgischen Formel, in: MGWJ 73 (1929), S. 93-118.

[214] Königsberg 1711, I., S. 84.

[215] Ich erlaube mir, auf meinen Aufsatz hinzuweisen: Mendelssohns Begriff des Zeremonialgesetzes und der europäische Antizeremonialismus. Eine begriffsgeschichtliche Untersuchung, in: Ulrich Kronauer und Jörn Garber, Tübingen 2001, S. 128-160.

[216] Buber, Die Erneuerung des Judentums, in: Der Jude und sein Judentum. Gesammelte Reden und Aufsätze, Köln 1963, S. 38.

[217] Brief an Franz Rosenzweig v. 3.6.1925, in: Briefwechsel, Heidelberg 1973, Bd. II, S. 222.

[218] M. Buber, Werke, Bd. 2, Schriften zur Bibel, Heidelberg 1964, S. 684 u. 686.

[219] Sheldon H. Blank, Some Observations concerning Biblical Prayer, HUCA, 1961, S. 87ff.

[220] Geschichte der Inquisition im Mittelalter, dtsch. v. H. Wieck u. M. Rachel, Nördlingen 1987, Bd. I, S. 597.

[221] Jerusalem oder über religiöse Macht und Judentum, Berlin 1783, 1. Abb., S. 92.

[222] Die Religion innerhalb der Grenzen der blossen Vernunft, 2. Aufl., Königsberg 1794, S. 210ff.

[223] Hilchot Awodat Kochawim, 4.

[224] Krochmal, Nachman: More Neboche ha-seman (Führer der Verirrten der Zeit) sive Director errantium nostrae aetatis, 1851, 2. Aufl., ebd., 1863, 3. Aufl., Warschau 1893, verbesserte 4. Aufl., Michael Wolf (Hg.) [Die religionsphilosophischen Werke des Judentums, Louis Lamm (Hg.), Bd. X] Berlin 1923 (wir zitieren hier nach dieser Ausgabe mit dem Kürzel MNH).

[225] What is Judaism? An Interpretation for the Present Age, 1987, II,5.

[226] Encounters between Judaism and Modern Philosophy IV, 1973, 3. Aufl., Northvale u.a. 1994, S. 186.

[227] Vgl. zu dieser Stelle, Gerald J. Blidstein, The Monarchic Imperative in Rabbinic Perspective, in: AJSreview, Bd. 7-8 (1982-1983), S. 15-39. Zwischendurch wird die Monarchie sogar mit Idolatrie gleichgesetzt (ebd. V. 9).

[228] Ernst Bloch, Arkadien und Utopien, in. K. Garber (Hg.), Europäische Bukolik und Georgik (1968), Darmstadt 1976, S. 1.

[229] Zum Kontext des talmudischen Alexanderromans erlaube ich mir auf meinen Aufsatz, Kynisches in der Rabbinischen Literatur zu verweisen, in: Manfred Voigts. Von Enoch bis Kafka. Festschrift für Karl E. Grözinger, Wiesbaden 2002, S. 235-270.

[230] *»Als Diogenes im Kraneion sich sonnte, trat Alexander an ihn heran und sagte: ‚Fordere, was du wünschest!‘, worauf er antwortete: ‚Geh mir aus der Sonne!‘* (*metásteti olígon apò tou helíou*) (Diog. Laert., VI, 68, 328-329). In dieser Anekdote treffen der Philosoph (*philósophos*) und Herrscher schlechthin (*basileús kat exochén*) als Verkörperungen von Geist und Macht, Herrschsucht und Unabhängigkeit, Habsucht (*pleonexía*) und Bedürfnislosigkeit aufeinander. Die kynische Anekdote spiegelt in alexanderfeindlicher Tendenz den Triumph des Philosophen und die Erniedrigung des Herrschers wider: Nicht Diogenes kommt zu Alexander, sondern Alexander muss zu Diogenes kommen; Alexander interessiert sich für Diogenes, aber Diogenes ignoriert Alexander; Alexander will etwas von Diogenes – nämlich, dass er etwas von ihm wollen soll, Diogenes will aber nicht mehr von ihm, als dass er ihn in Ruhe lasse, der Sonnenkönig ist ihm nur ein lästiger Schatten beim Sonnenbad. Diogenes erteilt dem Versuch Alexanders, ihn durch seine Wohltaten zu korrumpieren, eine souveräne Abfuhr. Der unbestechliche Philosoph ist für den beutegierigen Welteroberer eine faszinierende Herausforderung; der Aufsteiger ist mit dem Aussteiger dialektisch verbunden. Eine weitere Anekdote berichtet, Alexander habe nach dem Treffen zu seinem

Gefolge gesagt: »*Wenn [ich] nicht Alexander wäre, möchte [ich] Diogenes sein*« (Diog. Laert. VI, 32, 310).

[231] Der Name »*Levi*« kommt vielleicht von: »*Leviel*«, was »*Anhänger Gottes*« bedeutet. Der fromme Levit vernachlässigte, wie Mose in seinem Segen betont, alle Familienbande und achtete nur auf den Bund mit Gott. Wir wissen, dass die Leviten kein eigenes Stammesgebiet, ja überhaupt keinen Grundbesitz hatten (Num 18,24) und von den Gaben der anderen Israeliten abhingen (Lev 7; Dtn 12,18; 26,12). Sie widmeten sich ausschließlich dem Gottesdienst – was die Schrift mit dem zweimaligen: »*hingegeben, hingegeben*« (*Netunim, Netunim*) ausdrückt, Num 3,9; 8,16.

[232] Warren Zev Harvey, Mendelssohn's Heavenly Politics, in: Alfred L. Ivry, Elliot R. Wolfson, Allan Arkusch, Perspectives on Jewish Thought and Mysticism, Gedenkschrift für Alexander Altmann, Amsterdam 1988, S. 403-412.

[233] Moses (1945, dtsch. 1952), M. Buber, Werke, Bd. 2, Schriften zur Bibel, Heidelberg 1964, S. 130. Zur nichtkultischen, sondern politischen Bedeutung der Bezeichnung des jüdischen Volkes als »*Königreich von Priestern*« (*Mamlechet Kohanim*, Ex 19,6), ebd., S. 121. Ebenso in seinem Buch über die primitive Theokratie Israels, Königtum Gottes (1. Aufl., 1932, 2. Aufl., 1936, 3. Aufl., 1952), Werke, Bd. 2, S. 557, Anm. 24.

[234] Vgl. dazu Friedrich-Wilhelm Marquardt, Martin Bubers Gedanken von der Theopolitik, in: H.-G. Geyer u. a. (Hg.), »Wenn nicht jetzt, wann dann?«. Aufsätze für Hans-Joachim Kraus zum 65. Geburtstag, Neukirchen 1983, S. 197-208. Michael Weinrich, Grenzgänger. Martin Bubers Anstöße zum weitergehen, München 1987, S. 200-216. Zur Auseinandersetzung mit verfassungstheoretischen Einwänden vgl. das Vorwort zur 2. Aufl. von Königtum Gottes, ebd. II, S. 501f. und die ziemlich gewundenen Erklärungen zum theokratischen »*Verfassungs-*« und »*Erfüllungswillen*« im 1. Abschnitt, ebd. II, S. 547.

[235] Y. Kaufmann, Vom Geheimnis des biblischen Schöpfertums (hebr.), Jerusalem 1966, S. 256-280 u. B. Uffenheimer, Buber und die moderne jüdische Bibelforschung, in: Jochanan Bloch, Haim Gordon (Hg.), Martin Buber. Bilanz seines Denkens, Freiburg 1983, S. 182-230, bes. S. 226-230.

[236] bSan 20b, MT Hil. Melachim, 5, 5.

[237] Maimonides, Hilchot Melachim, 5, 6.

[238] Maimonides, Buch der Gebote, Gebot Nr. 187.

[239] Maimonides, Hilchot Melachim 6, 1.

[240] Wir zitieren Ibn Kaspi nach Roland Goetschel, Exégèse littéraliste, philosophie et mystique dans la pensée juive médiévale, in: Michel Tardieu

(Hg.), Les règles de l'interprétation, Paris 1987, S. 163-172. Goetschel geht in diesem Aufsatz auch der Auslegungssgeschichte unseres Verses nach.

[241] Zum Gesetz über den Umgang mit Gottesnamen, vgl. Maimonides, Hilchot Jessodei Hatora 6,1.

[242] Also sprach Zarathustra III, Von den alten und Neuen Tafeln, 7 u. 10, Ed. A. Bäumler, S. 222 u. 224. Vgl. dazu mein Aufsatz: Neue Tafeln. Nietzsche und die jüdische Counter-History, in: Daniel Krochmalnik, Werner Stegmaier (Hg.), Jüdischer Nietzscheanismus (Monographien und Texte zur Nietzsche-Forschung), Bd. 36, Berlin 1997, 53-81.

[243] Maimonides, Hilchot Talmud Tora I, 8. Der Halbvers »*WeHagita Bo Jomam WaLaila*« ist die Losung der Hochschule für Jüdische Studien in Heidelberg.

[244] Zu diesem Gebot vgl. in historischer Perspektive, Dieter Vetter, »Gehe hin und erkunde eine Stunde, die weder zum Tage noch zur Nacht gehört, und in ihr lerne griechische Weisheit«. Kunst und Literatur im Spiegel des antiken jüdischen Schrifttums, in: Gerhard Binder u.a. (Hg.), Affirmation und Kritik. Zur politischen Funktion von Kunst und Literatur im Altertum, Trier 1995, S. 203-251.

[245] Maimonides, Hilchot Talmud Tora 1,1ff. Als Stützen des Lehrgebots führt Maimonides Dtn 4,9; 6,7 u. 11,19 an und daraus leitet er die Lehrpflichten gegen den Sohn, gegen den Enkel und gegen alle Kinder ab. Die Frauen sind dagegen vom Lernen und vom Lehren dispensiert, ebd., 1,1 und 1,13.

[246] jSot 9, 16, 24c, jShab 7 d, 55-59, tAbZa I, 20.

[247] Abgedruckt in: R. Schlomo ben Adret (RaSCHbA), Sefer Scheelot Utschuwot (Responsen), Tl. I, Nr. 415, Wien 1812, ND, Jerusalem 1976, 52a. Ferner bei Benzion Dinur, A Documentary History of the Jewish People from its Beginning to the Present (hebr.), 2. Serie, Bd. II, Buch IV, Jerusalem 1969, S. 252f. Der Begriff der Philosophie wird im Bann umschrieben. Es ist die Rede von den Büchern der Griechen (*Sifre HaJewanim*), die über Naturwissenschaft (*Chochmat HaTewa*) und Theologie (*Chochmat HaElohut*) handeln.

[248] Maimonides geht z. B. davon aus, dass der Handwerker täglich drei Stunden arbeiten und neun Stunden lernen soll, Hilchot Talmud Tora 1, 12.

[249] Vgl. meinen Aufsatz: Modelle Jüdischen Philosophierens, in: TRUMAH. Zeitschrift der Hochschule für Jüdische Studien Heidelberg, Bd. 11 (2001), S. 89-107.

[250] Vermutlich ist Quietus Marcius Turbo gemeint, der den jüdischen Aufstand in der Diaspora 117 n. niederschlug, was auch das Scheitern der hellenistisch-jüdischen Symbiose dokumentierte.

[251] BerR XVI, 2, 124; jMeg 1, 71b, wo das Griechische als Sprache der Dichtung gelobt wird im Unterschied zum Hebräischen, der Sprache der Rede, und des Lateinischen, der Sprache des Krieges. Das Griechische wird sogar ausdrücklich dem West-Aramäischen (Syrischen) vorgezogen (bSot 49b u.ö.). Zugleich wird aber auch vor der verführerischen Schönheit dieser Sprache gewarnt. Vom erwähnten Erzketzer »Acher« heißt es: »*Griechischer Gesang vestummte nie in seinem Munde*« (bHag 15b).

[252] Zu den Griechischkenntnissen von Rabbi Abbahu, vgl. z. B. BerR 14, 2.

[253] Diesen Abschnitt der Gemara hat Emmanuel Lévinas kommentiert, Modèle de L'Occident, in: L'Au-Delà du verset. Lectures et discours talmudiques, Paris 1982. Wir sind dieser Talmudvorlesung verpflichtet.

[254] In SiphLev Achare Mot 13, 10 zu Lev 18,4 wird folgende Exegese gebracht: »*Du sollst nicht sagen: Ich habe die Weisheit Israels (Chochmat Jisrael) gelernt, nun will ich die Weisheit der Völker (Chochmat Umot HaOlam) lernen! Es heißt:* ***‚Meine Satzungen sollt ihr halten, in ihnen zu gehen'.*** *Du hast nicht das Recht, dich von ihnen loszumachen.*«

[255] Die Formeln stammen von Augustinus, Bekenntnisse 13, 9, 10 und Kommentar zum Johannes-Brief 78.

Literaturverzeichnis

Jüdische Bibelübersetzungen (nach Übersetzern)

Buber, M.; Rosenzweig, F.: Die Fünf Bücher der Weisung, (Üb.): Heidelberg 1931.

Buber, M.; Rosenzweig, F.: Verdeutschung der Schrift, 15 Bde., 1925 ff.

Hertz, Joseph Herman, Pentateuch und Haftaroth. Hebräischer Text und deutsche Übersetzung mit Kommentar, 5 Bde., 3. Aufl., Zürich 1995.

Mendelssohn, Moses: Schriften zum Judentum III,I: Pentateuchübersetzung in deutscher Umschrift, JubA Bd. IX.1-2.

Torczyner, Harry (Tur-Sinai) u. a.: Die Heilige Schrift neu ins Deutsche übertragen, Berlin 1935-38, zweisprachige 2. Aufl. Jerusalem 1954.

Wohlgemuth, J.; Bleichrode, I.: Pentateuch mit deutscher Übersetzung, Berlin 1899, Neudruck Basel 1969 u. ö. (Wir zitieren gewöhnlich diese Übersetzung).

Zunz, Leopold (Hg.): Zunz-Bibel, 1837/38ff., Nachdruck o. J., Basel

Rabbinische Bibelauslegung

Der Babylonische Talmud, Lazarus Goldschmidt (Üb.), 12 Bde., 1919-1936, Nachdruck der 2. Aufl., Frankfurt/M 1996.

Midrash Raba (engl.), H. Freedman, M. Simon (Hg.), 10 Bde., London 1939, 3. Aufl. 1961.

Midrasch Tanchuma, Ed. Eschkol, 2. Bde, Jerusalem 1990.

Pesikta des Rab Kahana, Das ist die älteste in Palästina redigierte Haggada, August Wünsche (Üb.), Leipzig 1885.

Pirke Rabbi Elieser (Ed. Eschkol), Jerusalem 1973, engl. v. Gerald Friedlander (nach einem Ms v. A. Epstein aus Wien), 1. Aufl., London 1916, New York 1965.

Sefer Hasohar Al Chamischa Chumsche Tora, R. Jehuda Edri (Hg.), (Ed. Jarid Hasfraim), 9 Bde., Jerusalem 1994, engl. Harry Sperling, Maurice Simon: The Zohar, 5 Bde. London 1931-34. Auszüge auf dtsch., Ernst Müller, Der Sohar, das heilige Buch der Kabbala, Wien 1932; auf engl., The Wisdom of the Zohar. An Anthology of Texts, Isaiah Tishby (Hg.), engl. v. David Goldstein, 3 Bde., London u. a. 1989.

Jüdische Bibelauslegung

Mikraot Gedolot (Biblia Rabbinica) mit den Kommentaren von Raschi, Ibn Esra Raschbam, Ramban, Sforno, Baal HaTurim u.a., (Ed. Pardes), New York 1951.

Abrawanel, Jizchak: Al HaTora, 5 Bde., Jerusalem 1979.

Arama, Isaak: Akedat Jizchak (hebr.), Chajim Josef Pollak (Hg.), 6 Bde., Pressburg 1849, Warschau 1884, Nachdruck Jerusalem 1974, engl. Zusammenfassung v. Eliyahu Munk, 2 Bde., Jerusalem 1986.

Bachya ben Ascher, 2 Bde., Jerusalem, o. J., engl. v. Eliyahu Munk, 7 Bde., Jerusalem 1998.

Hirsch, Samson Raphael: Der Pentateuch, übersetzt und erläutert, 5 Bde. 3. Aufl., Frankfurt/M. 1996.

Ramban (Nachmanides), Peirusch Hatora LeRabbeinu Mosche Ben Nachman (RaMBaN), R. Ch. D. Schawel, engl. Ders., Commentary on the Torah, 5 Bde., New York 1973-1976.

Maimonides, Moses: Mischne Tora, Mossad HaRaw Kook (Hg.), R. Schmuel Tanchum Rubinstein u. a. (Kom) (HaRambam LaAm, Bd. 2-9), 11. Aufl., Jerusalem 1988.

Maimonides, Moses: Das Buch der Erkenntnis (hebr.-dt.), Chajim Sack (Üb.), Eveline Goodman-Thau, Christoph Schulte (Hg.), Berlin 1994.

Maimonides, Moses: Führer der Unschlüssigen (dt.), Adolf Weiss (Üb., Kom.), 3 Bde., Leipzig 1923, Nachdruck, mit einer Einl. und Bibl. v. Johann Maier, 2 Bde. (Philosophische Bibliothek, Bd. 184a-c), 2. Aufl., Hamburg 1972.

Mendelssohn, Moses: Gesammelte Schriften. Jubiläumsausgabe. In Gemeinschaft mit Fritz Bamberger, Chaim Borodianski, Simon Rawidowicz, Bruno Strauss, Leo Strauss, begonnen von Ismar Ellbogen, Julius Guttmann, Eugen Mittwoch, fortgesetzt von Alexander Altmann in Gemeinschaft mit Haim Bar-Dayan, Eva J. Engel, Leo Strauß, Werner Weinberg, M. Albrecht, Reuwen Michael, Michael Broke und Daniel Krochmalnik, Berlin 1929-1932, Breslau 1938, Stuttgart-Bad Cannstatt 1971 ff. (zitiert im Text mit dem Siegel JubA, Bandzahl in römischen und Seiten- und Zeilenzahl in arabischen Ziffern).

Mendelssohn, Moses: Hebräische Schriften II,I: Der Pentateuch, Werner Weinberg (Hg.), JubA, Bd. XV.1 – XVIII.

Philo von Alexandrien: Die Werke in deutscher Übersetzung, Leopold Cohn, Isaak Heinemann, M. Adler, W. Theiler (Hg.), Berlin ^{2}1962 (wir zitieren: Werke).

Raschis Pentateuchkommentar, dtsch. v. Selig Bamberger, 3. Aufl., Basel 1975.

Raschi, Commentary on the Tora, R. Y. I. Z. Herczeg (Hg.), (The ArtScroll Series), 5 Bde., New York 1995.

Sforno, Commentary on the Thora, engl. v. R. R. Pelcovitz, (The ArtScroll Series), New York 1997.

Anthologien zur traditionellen jüdischen Bibelauslegung

Gradwohl, Roland: Bibelauslegungen aus jüdischen Quellen, 4. Bde., Stuttgart 1986-1989 (Folgt den alttestamentlichen Predigttexten).

Kasher, Menahem Mendel: Encyclopaedia of Biblical Interpretation (Tora Schelema). A millennial anthology, engl. V. R. Dr. Harry Freedman, 8 Bde. (bis Ex. 17, 16), New-York 1953-1970 (Folgt dem Text des Pentateuch).

Leibowitz, Nehama: Studies in Bereshit (Genesis) bis Dewarim (Deuteronomy). In Kontext of Ancient and Modern Jewish Bible Commentary, engl. v. Aryeh Newman, The World Zionist Organisation, Departement for Torah Education & Culture in the Diaspora (Hg.), 6 Bde. Jerusalem 1972-1980.

Leibowitz, Yeshayahou: Brèves leçons bibliques, franz. von Gérard Haddad, Paris 1995 (Folgt thematisch den Wochenabschitten).

Munk, Elie: La Voix de la Thora. Commentaire du Pentateuque, 5 Bde., Paris 1969, 4. Aufl. 1986 (Folgt dem Text des Pentateuch); engl. v. E. S. Maser, The Call of The Torah. An anthology of interpretation and commentary on the Five Books of Moses, Jerusalem, New York 1980.

Radday, Yehuda T., Schultz Magdalena: Auf den Spuren der Parascha. Ein Stück Tora. Zum Lernen des Wochenabschnitts, Heft 1-10, Frankfurt/M. 1989ff.

Moderne jüdische Bibelauslegung

Jacob, Benno: Das erste Buch der Tora, Genesis, Berlin 1934.

Jacob, Benno: Das Buch Exodus, Shlomo Mayer (Hg.), Stuttgart 1997.

Levine, Baruch P., Leviticus, Wajikra (The JPS Torah Commentary, Bd. 3) Philadelphia, 1989.

Milgrom, Jacob, Leviticus. A new Translation with Introduction and Commentary (The Anchor Bible, Bd. 3-3B) New York u.a., 1991-2000.

Milgrom, Jacob, Numbers, Bemidbar (The JPS Torah Commentary, Bd. 4), Philadelphia u.a., 1990.

Tigay, Jeffrey H., Deuteronomy, Dewarim (The JPS Torah Commentary, Bd. 5) Philadelphia, 1996.